漢文도 익히고 中國史도 배우는

십팔사략 선
十八史略 選

漢文도 익히고 中國史도 배우는

십팔사략 선
十八史略選

曾先之 저 / 박찬수 역

探求堂

머리말

신체적으로 연약한 인간이, 지구상의 주인이 될 수 있었던 것은 인간만이 문자를 발명하여 이를 매개로 지식과 경험을 기록하고 활용할 줄 알았기 때문이었다. 따라서 찬란한 현대문명도 그 동안 인간이 꾸준히 쌓아온 지식 축적(蓄積)의 결과로 이루어진 것이다. 이러한 인간의 경험과 지식을 남기기 위해 역사 기록은 시작되었다. 때문에 동양에서는 '역사란 지난 일을 보여 주어 다가올 일을 알게 하는 것으로 옛날의 모든 기록은 모두가 역사이다'라는 인식을 가지고 있었다. 그러다가 경(經)과 사(史)가 나누어짐으로써 비로소 역사는 별도의 학문으로 성립하게 되었고, 유학(儒學)이 정치지도이념으로 채택되면서 선두자리를 경에게 양보했지만 그 중요성이 감쇄(減殺)된 적은 한 번도 없었다. 유학의 명분론(名分論)이 고양(高揚)되면 될수록 그 가치는 배가(倍加)되어, 후대에는 '시간을 초월하여 비춰 볼 수 있는 거울'이란 뜻에서 '통감(通鑑)'으로 불리어지기까지 하였다.

인류 역사가 똑같이 반복하는 것은 아니지만, 비슷하게 되풀이하면서 진보하는 것이므로 고금의 천하를 다스린 이치나 통치한 변화가 모두 역사 속에 들어 있어, 우리는 어떠한 새로운 문제가 닥치더라도 역사에서 그 교훈이나 해결책을 찾을 수 있는 것이다. 그러나 유사 이래의 역사 기록은 너무 호번(浩繁)하여 이를 다 섭렵한다는 것은 유한한 개인의 능력으로는 불가능한 일이다.

때문에 그 정수(精髓)를 잘 정리한 역사서가 필요했던 것이고, 그 대표적인 책이 중국사의 경우 『십팔사략(十八史略)』이었다. 이 책은 송말(宋末)·원초(元初)의 학자였던 증선지(曾先之)가 망국(南宋)의 한을 품고, 삼황(三皇) 오제(五帝)의 상고시대로부터 남송이 원나라에 의해 멸망한 1279년 2월까지 약 4천여 년 간의 중국 역사를 편년체(編年體)로 약술(略述)한 것이다. 『십팔사략(十八史略)』이라고 한 것은 사마천(司馬遷)의 『사기(史記)』로부터 『송사(宋史)』까지 중국의 정사(正史) 이십사(二十史) 중 중복되는 『신·구당서(新舊唐書)』와 『신·구오대사(新舊五代史)』를 각각 하나로 치면 십팔사(十八史)가 되기 때문이다. 물론 이때 탁극탁(托克托)의 『송사(宋史)』는 아직 편찬되기 전이라 『송사』를 참고할 수는 없어 다른 사료들에 의거했지만 시대는 조송(趙宋)을 포괄하고 있기 때문에 『송사』를 포함하여 말한 것이다.

이 『십팔사략』은 고려 말 우리나라에 전래된 이래 중국사의 개설서(槪說書)로서 탐독되어 왔다. 성리학(性理學) 유일 체제였던 조선시대에서도 비록 『통감절요(通鑑節要)』처럼 정규 교과과정의 역사 교재는 아니었지만, 어느 정도 문리(文理)가 난 한문 학습자라면 누구나 한번쯤은 독파(讀破)하는 필독의 교양서였다. 여기에는 흥망치란(興亡治亂)의 역사뿐만 아니라, 모략·부정·배반과 인정·충성·의리 등 각종 인간의 다양한 사랑과 갈등이 얽혀 있고, 우리가 널리 쓰고 있는 고사성어(故事成語)의 원천(源泉)이었기 때문에 선비라면 누구나 『십팔사략』 정도는 알고 있어야 대화의 상대가 될 수 있었다. 그래서 한학자들은 특수한 사람을 제외하고는 우리 역사에 대해서는 대부분 문외한(門外漢)들이었지만 중국 역사 내용은 꿰뚫고 있었는데 그것은 『통감절요』와 이 『십팔사략』 덕택이었다.

그러나 요즈음 같이 바쁘고 다원화된 시대에는 중국사의 연부(淵府)요 지식의 보고(寶庫)인 『십팔사략』마저도 읽을 겨를이 없게 되었다. 필자는 일찍이 이 책을 읽으면서 이렇게 흥미진진한 역사 자료를 일반 독자들이 손쉽게 접할 수 있는 방법이 없을까 하는 생각을 하게 되었다. 그리하여 오래 전부터 중요한 대목을 추려 원문을 제시한 대역본(對譯本)을 만들어야겠다는 구상을 해 왔는데 수십 년 만에야 그 결실을 보게 되었다. 그러나 천려(千慮)에도 일실(一失)이 있듯이 오역(誤譯)이 없을 수 없을 터이니 잘못된 부분에 대해서는 독자 제현께서 아낌없는 질정(叱正)을 해 주시기 바란다.

체재는, 매 페이지마다 원문을 제시하고, 그 아래에 번역문을 수록했으며, 하단에 상세한 제목주(題目註)와 각주(脚註)를 붙였다. 굳이 대역본을 고집한 이유는, 고전을 이해하는 데는 원전(原典)을 보아야 깊은 뜻을 음미(吟味)할 수 있고, 또 한문을 공부하고자 하는 사람들에게 도움을 주기 위함이었다. 이렇게 필자 나름대로 산삭(刪削)하고 편집해서 한 권의 책을 만들게 되니 『십팔사략』 전체 분량의 20% 정도밖에 수록할 수 없어, 중국사의 흐름을 이해하기에는 한계가 있었다. 그리하여 두세 왕조를 통합, 몇 단계의 시기로 대별(大別)하여 장(章)을 설정하고 각 장마다 시대 개황을 약술함으로써 중국사의 줄거리를 파악토록 했으며, 몇 장의 관련 지도(中龍澈 저, 『東洋의 歷史와 文化』에서 채록)를 삽입하여 역사의 공간적 이해를 도왔다. 또 본서가 편년사(編年史)라고는 하지만, 춘추전국시대 같은 경우는 각 국가별로 기록되었기 때문에 연대순으로 서술되지 않은 것도 있고, 선역(選譯)을 하다 보니 생략이 많아 시기의 전후를 알 수 없는 경우도 있어, 권말(卷末)에 간단한 연표(年表)를 붙임으로써 시대적 흐름을 이해하는 데 도움이 되게 하였다.

끝으로, 요즈음 같이 출판계가 어려운 시기에 본서의 출판을 흔쾌히 맡아주신 홍석우(洪錫禹) 탐구당 사장님과 홍기수 부장, 그리고 복잡한 원고가 한 권의 아담한 책으로 나오기까지 편집 교정에서 표지 도안 일체를 맡은 김영이 씨, 진행과 제작을 전담한 홍정수 과장 등 관계자 여러분들에게 이 자리를 빌려 거듭 감사의 말씀을 드린다.

2006년 7월
역자

차례

1장 상고시대(설화시대~서주)

동서양을 불문하고 역사가 오래된 민족들은 그 민족 고유의 건국 신화나 설화(說話)를 가지고 있다. 서양의 그리스·로마 신화와 우리의 단군설화가 그러한 것들이다. 흔히들 신화와 설화를 같은 것으로 보지만, 신화의 세계는 인간의 현실 생활과는 동떨어진 초인간적인 것인 반면, 설화는 인간의 현실 생활과 상응될 수 있는 내용이란 점에서 차이가 있다.

중국도 예외가 아니어서 많은 건국 설화를 가지고 있다. 그런데 중국의 경우는 현실과 동떨어진 신화보다는 이지적(理智的)이며 인간적인 설화가 중심을 이루고, 이들 설화가 하나의 확실한 역사상(歷史像)으로 취급되고 있으며, 후대의 통치자들도 자신들의 가계(家系)를 여기에까지 끌어다 붙여 정통성을 과시하려 한다는 점이다.

중국 고대사회의 형성과 국가 성립과정을 말해 주는 설화는 이른바 삼황오제설(三皇五帝說)인데, 이 삼황과 오제에 대한 내용도 이설(異說)이 많아 통일성이 없다. 일반적으로 이 삼황오제설은 황하의 범람으로 불안한 생활을 해야 하는, 황하 중·하류 지방의 설화에 삼재(三才 : 天地人) 사상과 오행(金木水火土) 사상이 첨가되고, 여기에 유학(儒學)의 정치·윤리관이 분식(粉飾)되어 형성된 것으로 생각된다.

당시 통치자의 자격 요건은 황하의 범람을 어떻게 효과적으로 다스리느냐는 치수(治水) 문제에 달려 있었고, 이 통치 지위는 요(堯)가 순(舜)에게 물려주고, 순(舜)은 우(禹)에게 물려주는 선양(禪讓)의 형태였다는 것이다. 그러다가 우가 아들 계(啓)에게 왕위를 세습함으로써 하(夏) 왕조가 탄생했다고 하였다. 이러한 통치 권력의 이동 패턴은 고대 국가 성립의 일반적인 형태였다. 즉 초기 천하의 통치자는 유력한 몇몇 부족장들의 합의에 의해 선출되었고 따라서 그 권력도 그렇게 강대하지 못하였다. 그러다가 강력한 부족이 등장하여 특정 부족에 의해 통치권이 독점되고, 절대 권력을 휘두르던 이 부족도 말년에는 정치가 문란해져 다른 유력한 부족에 의해 통치권을 빼앗기게 되니 이것이 역성(易姓) 혁명으로 우(禹)의 하(夏) 왕조가 그 시작이다.

우의 마지막 임금 걸(桀)은 은(殷)의 성탕(成湯)에게 나라를 빼앗기고, 은도 말년에 주(紂)의 학정으로 주(周)에게 나라를 빼앗기게 된다. 중국 역사에서는 이 하·은·주 세 왕조를 삼대(三代)라 하여 이상정치(理想政治)의 모델로 내세우고 있지만, 하 왕조에 대해서는 그 실존 여부를 둘러싼 논란이 많다. 주가 쇠퇴하여 견융(犬戎)의 침략을 받고 동쪽으로 옮겨가니 이것이 춘추시대(春秋時代)의 시작이다.

周代의 鼎

1. 요임금의 정치* —帝堯陶唐氏

帝堯陶唐氏 伊祁姓 或曰 名放勛 帝嚳子也 其仁如天 其知如神 就之如日 望之如雲 都平陽 茆茨不剪 土階三等 有草生庭 十五日以前 日生一葉 以後日落一葉 月小盡 則一葉厭而不落 名曰蓂莢

요임금 도당 씨[1]의 성은 이기(伊祁)[2]인데 일설에는 이름을 방훈(放勛)이라고도 하며 제곡(帝嚳)[3]의 아들이다. 그의 어짊은 만물을 생육하는 하늘과 같고 지혜는 신과 같아 백성들이 태양을 우러러보듯 구름을 바라보듯[4] 했다. 그는 평양(平陽)에 도읍했는데, 띠를 덮은 궁궐은 처마를 가지런히 자르지도 않았고 흙으로 된 계단은 3층뿐이었다.[5] 그 궁궐 뜰에 이상한 풀이 났다. 보름까지는 날마다 한 잎씩 나고 보름 후부터는 날마다 한 잎씩 떨어지는데, 작은 달에는 그믐이 되어도 떨어지지 않고 그대로 말라버렸다.[6] 이 풀의 이름은 명협(蓂莢)

---

* 실존 여부를 떠나 요임금과 순임금은 성군의 모델이고 성인(聖人)의 표상(表象)이다. 그래서 걸핏하면 요순시대, 요순 같은 사람이라고들 말한다. 요의 당(唐)과 순의 우(虞)자를 따서 '당우정치'라고도 한다.

1 요(堯)가 처음에 도(陶)에 봉해지고, 후에 당(唐)에 봉해졌기 때문에 도당 씨라 하고 약칭으로 당(唐)이라고도 한다.

2 이기(伊祁)는 이기(伊耆)로 쓴다.

3 훈(勛)은 훈(勳)의 옛글자. 제곡(帝嚳)은 황제(黃帝)의 증손으로 방훈과 지(摯) 두 아들이 있었는데 처음 지가 제위를 계승했다가 그가 죽자 방훈에게 제위가 계승되니, 이가 요임금이라는 것이다.

4 본문의 지(知)는 지혜(智慧). 백성이 요임금 우러러보기를 해바라기가 해를 향하듯, 가뭄에 비를 내리는 구름을 기다리듯 했다는 말.

5 평양(平陽)은 지금의 산서성(山西省) 임분현(臨汾縣) 경내이고, 궁전이 화려하지 않고 검소했음을 말한다.

觀之 以知旬朔 治天下五十年 不知天下治歟不治歟 億兆願戴己歟 不願戴己歟 問左右不知 問外朝不知 問在野不知 乃微服遊於康衢 聞童謠曰 立我烝民 莫匪爾極 不識不知 順帝之則 有老人 含哺鼓腹 擊壤而歌曰 日出而作 日入而息 鑿井而飮 耕田而食

으로 이것을 보면 날짜를 알 수 있었다.[7]

요임금이 천하를 다스린 지 50년에, 천하가 잘 다스려지고 있는지 그렇지 않은지, 모든 백성이 자기를 기꺼이 천자로 모시고 있는지 그렇지 않은지를 알지 못했다, 그래서 측근에게 물어보아도 알지 못하고, 조정의 여러 신하들에게 물어 보아도 알지 못했으며, 재야 인사에게 물어보아도 모른다고 했다. 그리하여 요임금은 평복을 입고 번화한 네거리로 나갔다. 거기에서 다음과 같은 동요를 들었다.

"우리 백성이 안정되었음은 그 분의 지극하신 은덕 아님이 없어[8] 아는 듯 모르는 듯 임금님의 법 따르네."

또, 어떤 늙은이가 입에는 음식을 물고 배를 두드리며 발로 땅을 구르면서[9] 노래하고 있었다.

"해 뜨면 일어나 일하고 해지면 잠자네, 우물 파 물 마시고 농사지어 밥 먹

---

6 음력으로 작은 달은 29일, 염(厭)은 말라비틀어진다는 의미.

7 순(旬)은 열흘, 삭(朔)은 초하루. 즉 날짜를 말한다.

8 입(立)은 안정된다는 정(定)의 뜻으로 해석했으나 일설에는 입은 곡식알 입(粒)으로 풀이하기도 한다. 이렇게 보면 '우리 백성이 먹고 사는 데는'으로 풀이될 수 있다. 이(爾)는 요임금을 가리키는 대명사.

9 격양(擊壤)은 흥이 고조하여 발로 땅을 구르며 장단을 맞춘다는 뜻이나 일설에는 양(壤)을 '나무로 만든 악기'로 보기도 한다. 태평성대를 구가하는 격양가(擊壤歌)란 말이 여기서 유래되었다.

帝力何有於我哉 觀于華 華封人曰 噫 請祝聖人 使聖人壽富多男子 堯曰 辭 多男子則多懼 富則多事 壽則多辱 封人曰 天生萬民 必授之職 多男子而授之職 何懼之有 富而使人分之 何事之有 天下有道 與物皆昌 天下無道 修德就閒 千歲厭世 去而上僊 乘彼白雲 至于帝鄉 何辱之有

으니, 임금님의 권력인들 나에게 무슨 소용 있으리.[10]

요임금이 화산(華山)을 시찰하는데 화산의 봉인(封人)[11]이 아뢰기를,

"아! 성인(聖人)께 축원하오니 성인께서 장수하고 부유하고 아들이 많기를 바랍니다."

하자, 요임금이 이르기를,

"사양하노라. 아들이 많으면 걱정할 일이 많고, 부유해지면 일이 많고, 오래 살면 욕을 많이 먹게 되는 것이니라."

하니, 봉인이 아뢰었다.

"하늘이 만백성을 내면서 반드시 그 직임(職任)을 내려주었으니, 아들이 많더라도 직임을 내려준다면 무슨 걱정이 있을 것이며, 부유해져서 사람들에게 나누어 준다면 어찌 일이 많을 것입니까. 천하에 도가 있으면 만물과 함께 창성(昌盛)하고 천하에 도(道)가 없으면 덕을 닦으면서 한가히 계시다가 천세(千歲)[12] 후 세상사에 싫증이 나시거든 하늘로 올라가 신선이 되시어 저 흰 구름을 타고 상제(上帝)의 고향에 이르게 되신다면 무슨 욕될 것이 있겠습니까."

---

10 임금의 권력이 아무리 강대하나 나에게 무슨 관계가 있느냐고 한 것은 태평성대에 백성들이 매우 만족하고 있음을 뜻한다.

11 봉인(封人)은 강역(疆域)을 봉(封)하는 일을 맡은 관리이다.

12 죽음을 완곡하게 표현한 말.

堯立七十年 有九年之水 使鯀治之 九載弗績 堯老 倦于勤 四嶽擧舜 攝行天下事 堯子丹朱不肖 乃薦舜於天 堯崩 舜卽位

요임금이 즉위한 지 70년 동안에 9년의 홍수가 있었다. 곤(鯤)[13]에게 이를 다스리게 했으나 9년이 되도록 아무런 성과를 거두지 못했다.

요임금은 이미 늙어 정치에 싫증이 나자 사악(四嶽)[14]들이 순(舜)을 천거하여 정사를 대행시켰다. 요임금의 아들 단주(丹朱)는 못난이여서 이에 순(舜)을 하늘에 추천하여 임금으로 삼을 것을 고하였다. 요임금이 붕어(崩御)하자 순이 즉위하였다.

---

13 곤(鯀)은 우(禹)의 아버지. 치수에 실패하고 죽음을 당했다고 한다.
14 사악(四嶽)은 사방 제후들의 장(長).

2. 순임금의 정치 — 帝舜有虞氏

帝舜有虞氏 姚姓 或曰 名重華 瞽瞍之子 顓頊六世孫也 父惑於後妻 愛少子象 常欲殺舜 舜盡孝悌之道 烝烝乂不格姦 耕歷山 民皆讓畔 漁雷澤 人皆讓居 陶河濱 器不苦窳 所居成聚

순임금 유우 씨(有虞氏)[1]의 성은 요(姚)이고, 일설에는 이름을 중화(重華)라고도 하는데 고수(瞽瞍)의 아들이며, 전욱(顓頊)의 6대손이다.[2] 그 아버지가 후처에게 빠져서 작은 아들 상(象)[3]을 사랑하여 항상 순을 죽이려 하였다. 순은 부모에 대한 효도와 형제간의 우애를 다하여 화목하기를 힘썼으므로 부모와 아우는 차차 선도되어 간악한 지경에 이르지 않았다.[4] 역산(歷山)[5]에서 농사를 짓자 백성들이 모두 밭둑을 양보할 정도로 감화되었고, 뇌택(雷澤)[6]에서 고기잡이를 하자 사람들이 낚시터를 사양하여 한 사람이 좋은 자리를 독차지 하는 일이 없게 되었다. 또 하빈(河濱)에서 질그릇을 굽자 나쁜 그릇을 만들어내지 않게 되었다.[7] 그러므로 그가 사는 곳에서는 그의 덕을 사모하여 모여든 사람

---

1 순(舜)이 처음 유우(有虞)에 봉해졌으므로 유우 씨라 하고 약칭으로 우(虞)라고도 한다.
2 고수(瞽瞍)는 고약하기로 유명한 순의 아버지. 장님이라는 뜻으로 그가 장님이었기 때문인지 또는 어리석었기 때문에 그런 이름이 붙었는지는 불분명하다. 전욱(顓頊)은 황제(黃帝)의 손자라 하는데, 고양 씨(高陽氏)라고도 한다.
3 상(象)은 순의 계모 몸에서 난 동생.
4 증증(烝烝)은 화목함, 예(乂)는 치(治)의 뜻, 격(格)은 이르다(至)의 뜻이다.
5 역산(歷山)은 산동성(山東省) 복현(濮縣) 동남쪽에 있다.
6 뇌택(雷澤)은 산동성 동남쪽에 있는 호수.
7 하빈(河濱)은 뇌택 부근, 고(苦)는 거칠다. 유(窳)는 이지러지다의 뜻.

二年成邑 三年成都 堯聞之聰明 擧於畎畝 妻以二女 曰娥皇 女英 釐降於嬀汭 遂相堯攝政 放驩兜 流共工 殛鯀 竄三苗 擧才子八元八愷 堯崩 舜避位河南 天下朝覲訟獄謳歌者 不歸堯之子而歸舜 遂卽位 以土德王 命九官 咨十二牧 四海之內 咸戴舜功 彈五絃之琴 歌南風之詩

들이 2년이 되자 고을을 이루고 3년이 되자 도시가 되었다.

요임금이 그가 총명하다는 말을 듣고 그를 농촌에서 뽑아 올려 두 딸을 아내로 삼게 했으니, 곧 아황과 여영인데 규수와 예수의 합류 지점으로[8] 시집보냈다. 드디어 요임금을 도와 정사를 대행하게 되었다. 환도(驩兜)를 방축하고, 공공(共工)을 유배하고, 곤(鯀)을 주살(誅殺)하고, 삼묘(三苗)를 쫓아버렸다.[9] 그리고 재주와 지혜가 있는 팔원팔개(八元八愷)[10]를 등용하고, 구관(九官)[11]을 임명하고 12목(牧)[12]에 자문하여 정사를 의논했다. 그래서 천하는 잘 다스려지고 모두 순임금의 공덕을 기뻐했다. 오현금(五絃琴)[13]을 타면서 남풍(南風)의 시를 노

8 아황(娥皇)은 아황(娥黃)으로도 쓴다. 규수(嬀水)와 예수(汭水)의 합수 지점에 순(舜)임금이 살았는데, 두 딸을 이리로 시집보낸 것이다. 이후부터 공주나 옹주가 신하에게 시집가는 것을 이강(釐降)이라 하게 되었다.

9 이들 환도·공공·곤·삼묘를 사흉(四凶)이라 일컫는다. 이중 삼묘는 종족 이름.

10 원(元)은 착하다(善), 개(愷)는 화락(和樂)의 뜻. 고양 씨(高陽氏 : 顓頊)의 여덟 재자(才子)를 팔원(八元), 고신 씨(高莘氏 : 帝嚳)의 여덟 재자를 팔개(八愷)라 함.

11 구관(九官)은 수토(水土)를 관장하는 사공(司空), 곡물을 맡은 후직(后稷), 문교를 맡은 사도(司徒), 옥송(獄訟)을 맡은 사(士), 백공(百工)을 맡은 공공(共工), 산택(山澤)를 맡은 우(虞), 예의를 맡은 질종(秩宗), 음악을 맡은 전악(典樂), 왕명 출납을 맡은 납언(納言)의 아홉 관직을 말한다.

12 목(牧)은 행정 단위, 또는 그 장(長). 기(冀)·연(兗)·청(青)·서(徐)·형(荊)·양(揚)·옹(雍)·예(豫)·양(梁)의 9주에 유(幽)·병(幷)·영(營)의 3주를 더한 것을 말한다.

13 오현금은 순임금이 친히 만들었다는 악기이고, 남풍 시는 순임금이 지었다는 시.

而天下治 其詩曰 南風之薰兮 可以解吾民之慍兮 南風之時兮 可以阜吾民之財兮 時 景星出 卿雲興 百工相和而歌曰 卿雲爛兮 禮縵縵兮 日月光華 旦復旦兮 舜子商均不肖 乃薦禹於天 舜南巡狩 崩於蒼梧之野 在位六十一載 禹卽位

래하니 천하가 다스려졌다. 그 시에 이르기를,

"남풍의 훈훈함이여! 우리 백성들의 성냄 녹일 수 있네.

남풍의 때맞음이여! 우리 백성의 재산 살찌울 수 있네!"

하였더니 경성(景星)이 나오고 경운(卿雲)이 일어나며[14] 모든 관리들이[15] 서로 화락하여 이렇게 노래하였다.

"경사스러운 구름 흐드러져 예법의 교화가 널리 퍼짐이여![16]

해와 달의 광채가 날마다[17] 계속됨이여!"

순임금의 아들 상균(商均)이 못나서 순은 우(禹)를 천거하여 하늘에 고했다. 순임금은 남쪽으로 순수(巡狩)하러 나갔다가 창오(蒼梧)[18]의 들판에서 붕어하고 우임금이 즉위하였다.

---

14 경성은 덕성(德星)으로 어진이가 임금이 되면 나온다는 별이고, 경운은 '慶雲'으로도 쓰는데 상서로운 구름.

15 백공은 여기서는 모든 관리.

16 만만(縵縵)은 교화가 널리 퍼짐을 말함.

17 단(旦)은 아침의 뜻. '아침이 오고 또 아침이 된다'는 말은 '날마다'의 뜻임.

18 창오는 지금의 호남성(湖南省) 영원현(寧遠縣).

3. 술로 망하는 자 있으리-夏禹氏

夏后氏禹 姒姓 或曰 名文命 鯀之子 顓頊孫也 鯀湮洪水 舜擧禹代鯀 勞身焦思 居外十三年 過家門不入 陸行乘車 水行乘船 泥行乘橇 山行乘樺 開九州 通九道 陂九澤 度九山 告厥成功 舜嘉之 使率百官行天下事

하후 씨(夏后氏) 우(禹)[1]의 성은 사(似) 씨다. 일설에는 이름을 문명(文命)이라고도 하는데, 곤(鯀)의 아들이요, 전욱(顓頊)의 후손이다. 곤이 홍수를 다스리는 데 실패하자[2] 순임금은 우를 등용하여 곤을 대신하게 했다. 우는 노심초사 그 일에 열중해서 13년 동안이나 집을 떠나 있었고, 때로는 자기 집앞을 지나가는 일이 있어도 들르지 않았다. 평지를 갈 때는 수레를 타고, 물길에는 배를 타고, 흙탕길에는 진흙 썰매(橇)[3]를 타고, 산을 오를 때는 나무신(樺)[4]을 신고 다니면서 진력했다. 구주(九州)[5]를 열고, 아홉 갈래의 길을 통하게 하고, 아홉 곳의 늪[6]에는 제방을 쌓아 수해를 막고, 아홉 산[7]을 측량하여 사업의 성공을 순임금에게 고했다. 순임금은 그 공을 매우 가상히 여겨 우에게 백관을 거느

1 우(禹)는 처음 하(夏)에 봉해졌기 때문에 하후 씨라 한다. 후(后)는 임금이란 뜻이다.
2 인(湮)은 막힌다는 뜻. 즉 홍수가 통하지 않고 막혀 있었으므로 치수(治水)에 실패한 것이다.
3 교(橇)는 나무 판자로 만든 키(箕) 모양의 썰매.
4 국(樺)은 나무 판자에 못을 박아 미끌어지지 않게 만든 신.
5 전편 주 12) 참조
6 아홉 곳의 늪은 대륙(大陸)·뇌하(雷夏)·대야(大野)·팽려(彭蠡)·진택(震澤)·하택(荷澤)·맹저(孟豬)·형택(滎澤)을 말한다.
7 아홉 산은 회계산(會稽山)·형산(衡山)·화산(華山)·기산(沂山)·대산(岱山)·의무려산(醫無閭山)·항산(恒山)·곽산(霍山)·악산(嶽山)이다.

舜崩 乃踐位 聲爲律 身爲度 左準繩 右規矩 一饋十起 以勞天下之民 出見罪人 下車問而泣曰 堯舜之人 以堯舜之心爲心 寡人爲君 百姓各自 以其心爲心 寡人痛之 古有醴酪 至禹時 儀狄作酒 禹飮而甘之曰 後世 必有以酒亡國者 遂疏儀狄 收九牧之金 鑄九鼎 三足象三德

리고 천하의 정사를 맡아보게 하였다.

순임금이 붕어하자 우가 즉위했다. 그의 말소리는 음률이 되었고, 그의 행동은 모두 법도가 맞았다. 왼손은 준승(準繩),[8] 오른손은 규구(規矩)[9]와 같이 일푼도 어긋남이 없었으며, 한번 식사하는 사이에도 열 번이나 일어나서 정무를 볼 정도로 백성들을 보살폈다.

외출했을 때 죄지은 사람을 보면 수레에서 내려 그 사유를 물어보고 울면서 말했다.

"요순시대의 백성들은 요순과 같은 마음을 가지고 있었다. 그런데 과인(寡人)이 임금이 된 뒤로는 백성들이 각자 자기 마음대로 하기 때문에 과인이 매우 가슴 아프게 생각한다."

옛날에는 단술(醴酪)이 있었는데 우임금 때 와서 의적(儀狄)이 술을 만들었다. 우임금이 마셔 보고서 매우 맛있다고 생각하고,

"후세에 반드시 술 때문에 나라를 망치는 자가 있을 것이다."

고 하며, 드디어 의적을 멀리했다.

구목(九牧)[10]의 쇠를 거두어 구정(九鼎)[11]을 주조(鑄造)했는데, 발을 세 개 단

---

8 준은 수평을 재는 기구, 승은 먹줄을 치는 줄.
9 규는 동그라미를 그리는 콤파스, 구는 길이를 재는 자.
10 구목은 구주(九州)의 장관을 말하는데, 여기서는 구주 지역을 말함.

以享上帝鬼神 會諸侯於塗山 執玉帛者萬國 子啓賢 能繼禹道 禹嘗薦益於天 謳歌朝覲者 不之益而之啓 曰吾君之子也 啓遂立 有扈氏無道 啓與戰于甘 至王履癸 號爲桀貪虐 力能伸鐵鉤索 伐有施氏 有施以末喜女焉 有寵 所言皆從 爲瓊宮瑤臺

것은 삼덕(三德)[12]을 상징하여 상제(上帝)와 귀신에게 제향(祭享)을 드리는 데 사용했다. 제후를 도산(塗山)에서 회합하니 옥백(玉帛)[13]을 가진 것이 만여 국이나 되었다.

우의 아들 계(啓)는 현명해서 아버지의 법도를 잘 이어받았다. 우가 일찍이 익(益)을 천거하여 하늘에 고했는데, 임금의 덕을 칭송하고 임금에게 조회하는 신하들이 익에게 가지 않고 계에게 가서 이렇게 말했다.

"우리 임금님의 아들이다."

그리하여 계가 즉위하였다.

유호 씨(有扈氏)[14]가 무도하여 계가 그와 감(甘)[15] 땅에서 싸웠다.

후세 왕 이계(履癸)에 이르니 이름을 걸(桀)[16]이라고 했다. 성품이 탐학하고 힘은 쇠갈고리나 쇠줄을 펼 수 있었다.

유시(有施)를 정벌하자 유시가 말희(末喜)를 시집보냈는데, 말희는 굄을 받아 그가 하는 말이면 모두 들어주었다. 아름다운 옥으로 궁궐과 누대를 만들고

---

11 구주(九州)를 상징한 솥으로 국가의 상징으로 전해오는 보물이다.
12 삼덕(三德)은 바름(正道)·굳음(剛)·부드러움(柔)을 말한다.
13 옥(玉)은 5등급의 제후를, 백(帛)은 부용국(附庸國)을 상징한다.
14 섬서성(陝西省) 호현(鄠縣)에 있던 제후국.
15 섬서성 호현 경내에 있다.
16 원 이름은 이계, 걸(桀)은 그가 죽은 후에 붙여진 이름.

殫民財 肉山脯林 酒池可以運船 糟堤可以望十里 一鼓而牛飮者 三千人 末喜以爲樂 國人大崩 湯伐夏 桀走鳴條而死

백성의 재물을 다 써서 고기 산, 육포(肉脯)의 숲을 이루었으며 술은 배를 띄울 만하고 술지게미 언덕이 십리에 바라다 보일 정도여서 한번 북을 울리면 소처럼 와서 마시는 자들이 3천 인이나 되니, 말희가 <이것을 보고> 즐거워하였다. 민심이 크게 이반하여 산이 무너지듯 구할 길이 없었다.

탕(湯)[17]이 하(夏)나라를 치자 걸은 명조(鳴條)[18]로 달아나 그곳에서 죽었다.

---

17 성탕(成湯) 다음 장에 자세히 보인다.
18 섬서성 안읍현(安邑縣).

4. 청탁과 뇌물이 횡행합니까* —殷王成湯

殷王成湯 子姓 名履 其先曰契 帝嚳子也 母簡狄 有娀氏女 見玄鳥墮卵呑之 生契 爲唐虞司徒 封於商 賜姓 傳昭明 相土 昌若 曹圉 曰冥 曰振 曰微 曰報丁 報乙 報丙 主壬 主癸 主癸子天乙 是爲湯 始都亳 從先王居 使人以幣 聘伊尹于莘 進之夏桀 不用

상(商)나라 임금 성탕(成湯)은 성이 자(子) 씨이고, 이름은 이(履)인데 그의 선조는 설(契)로, 제곡(帝嚳)의 아들이다. 어머니 간적은 유융 씨(有娀氏)의 딸로 현조(玄鳥)가 알을 떨어뜨리는 것을 보고 그것을 삼켜 설(契)을 낳았다. 요와 순 시대에 사도(司徒)가 되어 상(商)에 봉해지고 황제로부터 성을 하사받았다.

그로부터 소명(昭明)·상사(相土)·창약(昌若)·조어(曹圉)·명(冥)·진(振)·미(微)·보정(報丁)·보을(報乙)·보병(報丙)·주임(主壬)·주계(主癸)의 12대를 전해왔다. 주계의 아들이 천을(天乙)인데, 이가 바로 탕으로 박(亳)[1]에 도읍을 정하니, 선왕(先王)[2]이 도읍한 자리를 계승한 것이다.

탕(湯)은 사람을 시켜 예물을 보내 신(莘)[3]이란 땅에 있던 이윤(伊尹)[4]을 초빙해다가 하(夏)의 걸왕(桀王)에게 추천했다. 그러나 걸왕은 이윤을 채용하지 않

---

* 은(殷)의 중흥조(中興祖)로 하(夏)나라 걸왕(桀王)이 학정을 하자 이를 쳐서 천하를 통일하였다. 처음에는 상(商 : 亳)에 봉해졌기 때문에 국호를 상이라 했다가 17대 반경(盤庚)이 하남성(河南省) 안양(安陽)의 은(殷)으로 천도하면서 국호를 은으로 개칭했다.

1 하남성 상구현(商邱縣)에 있다.
2 선조 제곡(帝嚳)을 말한다.
3 산동성(山東省) 신현(莘縣).
4 이름은 지(摯).

尹復歸湯 桀殺諫者 關龍逄 湯使人哭之 桀怒召湯 囚夏臺 已而得釋 湯出 見有張網四面而祝之曰 從天降 從地出 從四方來者 皆罹吾網 湯曰 嘻盡之矣 乃解其三面 改祝曰 欲左左欲右右 不用命者 入吾網 諸侯聞之曰 湯德至矣 及禽獸 伊尹相湯伐桀 放之南巢 諸侯尊湯爲天子

았으므로 이윤은 탕에게로 돌아왔다.

걸왕이 간하는 신하 관룡방(關龍逄)[5]을 죽였으므로 탕은 사람을 보내 그를 조상했다. 이 때문에 걸왕은 노하여 탕을 불러다 하대(夏臺)[6]의 옥에 가두었다가 얼마 후에 석방했다.

어느 날 탕이 외출했는데 어떤 자가 사방에 그물을 쳐 놓고 빌고 있었다.

"하늘에서 내려오는 것이나 땅에서 올라오는 것이나 사방에서 날아오는 것이나 모두 내 그물에 걸려라."

이것을 본 탕은,

"아! 저러다가는 씨도 안 남겠구나."

하고, 몸소 삼면을 틔워 주고 다시 빌었다.

"왼쪽으로 가려는 자는 왼쪽으로 가고, 오른쪽으로 가려는 자는 오른쪽으로 가라. 다만 하늘의 명(天命)을 따르지 않는 자만 걸려라."

이 이야기를 들은 제후들은 이렇게 말했다.

"탕의 덕은 지극하도다. 금수에까지 미치는구나."

이윤이 탕을 도와 걸을 쳐서 남소(南巢)[7]에 추방하였다. 천하의 제후들이 탕

5 하(夏)나라 걸(桀)의 신하.
6 하(夏)나라 감옥의 명칭.
7 안휘성(安徽省) 소현(巢縣).

大旱七年 太史占之曰 當以人禱 湯曰 吾所爲請者民也 若必以人禱 吾請自當 遂齋戒 剪爪斷髮 素車白馬 身嬰白茅 以身爲犧牲 禱于桑林之野 以六事自責曰 政不節歟 民失職歟 宮室崇歟 女謁盛歟 苞苴行歟 讒夫昌歟 言未已 大雨方數千里

을 추대하여 천자로 삼았다.

7년 동안 큰 가뭄이 들어 태사(太史)[8]가 점을 치니 점괘의 말이,

"인간을 희생으로 삼아 제사를 지내라."

하는 것이었다. 탕왕은 말하기를,

"내가 비를 청하는 것은 백성을 위한 것이다. 만약 사람을 희생으로 빌고자 한다면 내 스스로 감당하리라."

하고, 드디어 재계하여 손톱을 깎고, 머리를 자르고, 흰 수레 흰 말에, 자신의 몸을 백모(白茅)[9]로 싸서 자신이 희생처럼 하고서 상림(桑林)[10]의 들에 나가 여섯 가지 일을 가지고 자책했다.

"정치가 간소하지 않았습니까. 백성들이 직업을 잃었습니까. 궁궐이 너무 높았습니까. 부녀자의 청탁이 있었습니까. 뇌물이 횡행했습니까. 아첨하는 자들이 들끓었습니까."[11]

이 말이 채 끝나기도 전에 큰 비가 사방 수천 리에 내렸다.

---

8 태사는 천문(天文)을 맡은 관리.

9 백모는 풀 이름.

10 당시 기우제(祈雨祭)를 지내던 곳.

11 여알은 부녀자의 청탁이다. 이들 여섯 가지가 유명한 성탕 육책(成湯六責)이다.

5. 술로 못을 만들고 고기로 숲을 이루다* —紂王暴惡

帝辛 名受 號爲紂 資辯捷疾 手挌猛獸 智足以拒諫 言足以飾非 始爲象箸 箕子歎曰 彼爲象箸 必不盛以土簋 將爲玉杯 玉杯象箸 必不羹藜藿 衣短褐 而舍茆茅之下 則錦衣九重 高臺廣室

제신(帝辛)의 이름은 수(受), 호를 주(紂)라고 한다. 주는 언변이 능했고, 행동이 민첩했으며, 맨손으로 맹수를 쳐서 죽일 정도로 완력이 있었다. 간악한 지혜는 어떠한 간언도 반박해서 물리칠 수 있었고, 교묘한 말재주는 자기의 잘못을 합리화할 수 있었다.

처음으로 상아(象牙) 젓가락을 만드니, 이를 보고 기자(箕子)[1]가 탄식했다.

"그가 상아로 젓가락을 만든 이상, 반드시 토기(土簋)[2]에 음식을 담지 않고 옥배(玉杯)[3]를 만들 것이다. 옥배와 젓가락을 쓰는 이상, 반드시 거친 나물국(藜藿)[4]을 먹거나 거친 베옷을 입지 않을 것이며, 검소한 집(茆茨)[5]에서 살지 않을 것이다. 그렇다면 비단 옷을 아홉 겹이나 두껍게 입어야 하고, 높은 대(臺), 넓

---

* 은(殷)은 약 600여 년간 지속하다가 주왕(紂王) 대에 이르러 주지육림(酒池肉林)에 빠져 갖은 학정을 자행하다 주 무왕(周武王)의 정벌을 받아 망한다. 하(夏)나라 걸(桀)임금과 함께 대표적인 폭군이다. 그래서 동양의 네로라고 불린다.

1 주왕(紂王)의 숙부로 태사(太師)로 있었다. 여러 차례 주의 무도를 간하다가 구금되었다. 뒷날 주(周)나라 무왕(武王)이 은(殷)을 멸하자 동쪽으로 와 주의 지배를 받지 않았다고 한다. 이로써 기자가 조선으로 왔다는 '기자 동래설'이 있게 된 것이다.

2 흙으로 만든 밥그릇. 궤(簋)는 그릇.

3 옥으로 만든 국그릇. 배(杯)는 국을 담는 그릇. 술잔으로 보기도 한다.

4 여(藜)는 명아주, 곽(藿)은 콩잎. 즉 거친 채소를 말한다.

5 띠풀로 지붕을 덮은 검소한 집.

稱此以求 天下不足矣 紂伐有蘇氏 有蘇以妲己女焉 有寵 其言皆從 厚賦稅 以實鹿臺之財 盈鉅橋之粟 廣沙丘苑臺 以酒爲池 縣肉爲林 爲長夜之飮 百姓怨望 諸侯有畔者 紂乃重刑辟 爲銅柱以膏塗之 加於炭火之上 使有罪者緣之

은 궁전을 지을 것이니 이와 어울리게 하려면 천하의 것을 다 거두어 들여도 부족할 것이다."

주가 유소 씨(有蘇氏)를[6] 치자 유소 씨는 달기(妲己)라는 절세미인을 그에게 시집보냈다.[7] 주왕은 달기를 몹시 총애해서 그의 말이라면 무엇이든 들어주었다. 주는 세금을 많이 거두어 녹대(鹿臺)[8]에는 재보(財寶)가 가득하고 거교(鉅橋)[9]에는 곡식이 가득 찼다. 사구(沙丘)의 원대(苑臺)[10]를 넓히고 고쳐 지었으며, 술을 부어 못을 만들고 고기를 매달아 수풀을 이루어 놓고[11] 밤을 새워 가며 주연을 베풀었다.

이렇게 되자 백성은 왕을 원망하고 제후 중에는 반란[12]을 꾀하는 자도 생겼다. 그래서 주는 형벌(刑罰)을 무겁게 했다, 구리로 둥근 기둥을 만들어서 기름을 칠하고 이것을 시뻘겋게 핀 숯불 위에 걸쳐 놓고 죄인으로 하여금 그 위로 걸어가게 했다. 죄인이 발이 미끄러워 불속으로 떨어져 타죽으면 주는 달기와

---

6 하남성(河南省) 제원현(濟源縣)에 있던 나라.

7 여언(女焉)의 여(女)는 시집보내다. 언(焉)은 목적격 대명사로 '그'의 뜻. 여기서는 곧 주(紂).

8 보물을 보관하는 창고가 있는 곳.

9 곡식 창고가 있는 곳.

10 원(苑)은 화원(花園), 대(臺)는 누대(樓臺) 즉 왕실 소유 공원의 누대.

11 주지육림(酒池肉林)의 고사가 여기서 나왔다. 하(夏)나라 마지막 임금 걸(桀)에게도 이와 비슷한 내용이 있어 그 원류는 동일한 설화에서 나온 듯하다. 縣(고을 현)은 懸(매달 현)의 본자이다.

12 반(畔)은 반란으로 풀이한다.

足滑跌墜火中 與妲己觀之大樂 名曰炮烙之刑 淫虐甚 庶兄微子數諫 不從 去之 比干諫 三日不去 紂怒曰 吾聞聖人之心有七竅 剖而觀其心 箕子佯狂爲奴 紂囚之 殷大師 持其樂器祭器奔周

같이 이것을 바라보며 크게 즐거워했다.

이 형벌을 '포락(炮烙)의 형벌'[13]이라고 했다.

잔학함이 심해지자 서형(庶兄)인 미자(微子)가 자주 간(諫)[14]했으나 듣지 않자 떠나 버렸다. 비간(比干)[15]이 3일 동안 간하면서 떠나지 않자 주가 노하여,

"내 들으니 성인의 심장(心臟)은 구멍이 일곱 개가 있다고 하더라."

하고, <가슴을> 갈라 심장을 보기까지 했다.

기자는 거짓 미친 체하며 종이 되니 주가 그를 가두었다. 은나라 태사(大師)[16]가 은나라 악기와 제기를 가지고 주(周)나라로 달아났다.

---

13 통째로 굽는 형벌. 포(炮)는 통째로 굽는다. 낙(烙)은 지진다는 뜻.

14 이름은 계(啓), 미(微) 땅에 봉해졌으므로 '미자(微子)'라 한다. 주(周)나라가 은나라를 멸하고 미자로 은나라의 후사를 이어 제사를 받들게 하니 이것이 춘추시대 송(宋)나라이다. 『서경』에 '미자지명(微孜之命)'편이 있다. 원문의 '數'는 '삭'으로 읽고 '자주'라는 뜻이다.

15 주(紂)의 숙부인지 숙항(叔行)인지 잘 알 수 없으나 당시 성자(聖者)의 명망이 있었던 듯하다.

16 미자(微子)를 말한다.

6. 주(周)나라가 융성해지다* — 周興隆

周武王 姬姓 名發 后稷十六世孫也 后稷名棄 棄母曰姜嫄 爲帝嚳元妃 出野見巨人迹 心欣然踐之 生棄 以爲不祥 棄之隘巷 馬牛避不踐 徙置山林 適會林中多人 遷之冰上 鳥覆翼之 以爲神 遂收之 兒時屹如巨人之志 其游戱好種樹 及成人 能相地之宜 敎民稼穡 興於陶唐虞夏之際 爲農師 封於邰

주 무왕(周武王)은 성이 희(姬) 씨이고 이름은 발(發)인데 후직(后稷)의 16대손이다. 후직의 이름은 기(棄),[1] 기의 어머니는 강원(姜嫄)이라고 하는데 제곡(帝嚳)의 첫 번째 부인이 되었다.

강원이 들판에 나갔다가 마음이 끌리어 거인(巨人)의 발자국을 밟은 뒤 기를 낳았다. 불길한 아이라 하여 좁은 골목에 버렸더니 우마(牛馬)가 피해가고 밟지 않았다. <이번에는> 산중 수풀 속에 옮겨 두려 했다. 그러나 마침 그때 사람들이 많이 있었으므로 다시 옮겨다 찬 얼음 위에 놓았더니 새들이 날개로 덮어주었다. 이에 신(神)이라 여겨 드디어 데려다 키웠다.

어릴 때부터 우뚝하여 거인(巨人)의 기상이 있었고, 노는데도 풀이나 나무 심기를 좋아했다. 어른이 되자 어떤 토질에 무엇이 잘 자라는지를 살필 줄 알아 백성들에게 농사짓는 법을 가르쳤다. 그는 도당(陶唐 : 堯) · 우(虞 : 舜) · 하(夏 : 禹)의 삼대 즈음에 출세하여 농사(農師)[2]가 되고, 태(邰)[3] 땅에 봉토를 받아 별

---

* 주(周 : B.C. 1046~B.C. 256)는 고공단보(古公亶父)가 일찍이 주(周)에 봉해졌고, 무왕(武王)이 은(殷)나라의 마지막 왕 주(紂)를 멸하고 천하를 차지했다.

1 버렸던 아이라는 뜻으로 이름을 기(棄)라 하였다.

別其姓 號后稷 至古公亶父 獯鬻侵之 去豳 渡漆沮踰梁山 邑於岐山下居焉 豳人曰 仁人也 不可失也 扶老携幼以從 他旁國皆歸之 古公長子太伯次虞仲 其妃太姜 生少子季歷 季歷娶太任生昌 有聖德 太伯虞仲 知古公欲立季歷以傳昌 乃如荊蠻 斷髮文身 以讓季歷

도로 성(姬)을 만들고 호를 후직이라 하였다.

<11대를 전하여> 고공단보(古公亶父)[4] 때에 훈육(獯鬻)[5]이 침략해 왔다. 그리하여 빈(豳)[6]을 떠나 칠수(漆水)와 저수(沮水)[7]를 건너고 양산(梁山)[8]을 넘어 기산(岐山)[9] 기슭에 터전을 잡고 살았다. 그러자 빈 지방 사람들은 '고공단보는 어진 사람이니 그를 놓쳐서는 안 된다'며 늙은이는 부축하고 어린이는 이끌고 그를 따랐다. 그뿐 아니라 부근의 다른 나라들도 모두 그에게 귀순했다.

고공의 장자는 태백(太伯)이고 차자는 우중(虞仲)이다. 그 <고공>의 비는 태강(太姜)으로 막내아들 계력(季歷)을 낳고, 계력이 태임(太任)에게 장가들어 창(昌)을 낳았는데 성인의 덕이 있었다. 태백과 우중은 고공단보가 계력을 세워 창에게 전하게 하려고 하는 것을 알고는 이에 형만(荊蠻)[10]으로 가서 머리를 깎고 몸에 문신을 함으로써 계력에게 왕위를 양보하였다.

---

2 농사를 관장하는 관직.
3 섬서성(陝西省) 무공현(武功縣) 경내에 있다.
4 호가 고공이고, 이름이 단보이다.
5 북방에 살던 적인(狄人)의 일종.
6 섬서성 순읍현(栒邑縣) 경내에 있다.
7 칠수와 저수는 모두 강 이름이다.
8 섬서성 기산현(岐山縣)에 있다.
9 섬서성에 있다.
10 양자강 이남의 미개한 지역. 머리를 깎고, 몸에 문신하는 풍습이 있었다.

古公卒 公季立 公季卒 昌立 爲西伯 西伯修德 諸侯歸之 虞芮爭田 不能決 乃如周 入界見耕者皆遜畔 民俗皆讓長 二人慙 相謂曰 吾所爭周人所恥 乃不見西伯而還 俱讓其田不取 漢南歸西伯者四十國 皆以爲受命之君 三分天下 有其二 有呂尙者 東海上人 窮困年老

고공(古公)이 죽고 공계(公季)[11]가 즉위하였다. 공계가 죽고 창(昌)이 즉위하니 이 사람이 서백(西伯)[12]이다. 서백이 덕을 닦자 여러 제후가 귀순해왔다.

이때, 우(虞)와 예(芮) 두 나라 사람이 토지 문제로 분쟁이 일어나 해결할 수가 없자 주(周)나라에 갔다. 주의 국경을 넘어 들어서니 농민들은 모두 밭두둑을 서로 사양하고, 백성들의 풍속은 연장자에게 길을 양보하는 것이었다.[13]

이를 보고 두 사람이 부끄럽게 생각하고 서로 이렇게 말했다.

"우리가 다투는 것은 주나라 사람이 수치로 여기는 일이다."

이리하여 서백을 만나보지도 않고 자기 나라로 돌아가 다함께 토지를 양보하였다.

한수(漢水) 남쪽의 제후로 서백에게 귀순한 나라가 40여 국에 이르렀는데, 이들은 모두 서백이야말로 천명(天命)을 받은 임금이라고 생각했다. 당시 천하의 3분의 2를 서백이 소유하였다.

여상(呂商)[14]이라는 사람은 동해인(東海人)으로 늙고 가난하여 물고기를 낚으

---

11 고공의 맏아들은 태백(太伯), 둘째는 우중(虞仲), 막내 아들은 계력(季歷)인데 고공의 막내란 뜻에서 공의 막내 아들. 즉, 공계라 하였다.

12 계력에게 왕위가 전해져 창에게 계승되었다. 이가 문왕(文王)인데, 문왕이 서방 제후의 수령이 되었으므로 서백이라 하였다.

13 주나라 풍속이 연장자를 존경하였으므로 연장자에게 길을 양보하여 먼저 가게 하였다. 즉 연장자를 존경했다는 뜻이다.

漁釣至周 西伯將獵 卜之曰 非龍非彲 非熊非羆 非虎非貔 所獲覇王之輔 果遇呂尙於渭水之陽 與語大悅曰 自吾先君太公曰 當有聖人適周 周因以興 子眞是耶 吾太公望子久矣 故號曰太公望 載與俱歸 立爲師 謂之師尙父 西伯卒 子發立 是爲武王 東觀兵至於盟津 諸侯不期而會者八百 皆曰 紂可伐矣 王不可

면서 주나라에까지 흘러왔다. 서백이 사냥을 나가려고 점을 치니 점괘(占卦)가 이렇게 나왔다.

"용(龍)도 아니요, 이무기(彲)도 아니며, 곰(熊)도 아니요, 큰곰(羆)도 아니며, 범도 아니요, 비(貔 : 맹수 이름)도 아니다. 잡은 것은 패왕(霸王)을 보필할 재상이다."

과연, 그날 위수(渭水)의 북쪽(陽)에서 여상을 만나 그와 이야기해 보고 크게 기뻐하였다.

"우리 선군(先君) 태공(太公)[15]께서 '어떤 성인이 주나라를 찾아오면 그로 인하여 주나라가 흥할 것이다.' 하였는데 당신이야말로 바로 그 성인인가 봅니다. 우리 선군 태공께서 바란 지가 오래되었습니다."

그러므로 서백은 '태공이 바라던 인물'이란 뜻으로 '태공망(太公望)'이라 하고 수레에 태워 함께 돌아와 스승으로 모시고 스승 상보(尙父)라 하였다.

서백이 죽고 아들 발(發)이 즉위하니 바로 무왕이다. 무왕(武王)이 동쪽의 맹진(盟津)[16]에서 열병하니, 약속도 하지 않았는데 모인 제후가 8백이나 되었다.

---

14 본성은 강(姜), 자는 자아(子牙), 무왕을 도와 주(紂)를 멸하고 제(齊)에 봉해졌다.

15 선군은 이미 죽은 임금이란 뜻. 선군 태공은 고공단보이다. 고공단보는 문왕(文王)에게 조부(祖父)이므로 여기서 태공(太公)이 조부라는 의미도 생겼다.

16 하남성(河南省) 맹현(盟縣)의 남쪽에 있다.

引歸 紂不悛 王乃伐紂 載西伯木主以行 伯夷叔齊叩馬而諫曰 父死不葬 爰及干戈 可謂孝乎 以臣弑君 可謂仁乎 左右欲兵之 太公曰 義士也 扶而去之 王旣滅殷爲天子 天下宗周 武王崩 太子誦立 是爲成王 成王幼 周公位冢宰攝政 管叔蔡叔流言曰 公將不利於孺子

모두들 '주(紂)는 정벌해야 한다'라고 했으나 무왕은 그래서는 안 된다 하며 군사를 이끌고 귀환하였다. 그런데도 주왕은 뉘우칠 줄 모르자 무왕은 주왕을 치려고 서백의 나무 신주(木主)를 전차에 싣고 행군했다. 이때 백이(伯夷)와 숙제(叔齊)[17]가 무왕의 말고삐를 잡고서 간했다.

"부왕(父王)이 돌아가 아직 장례도 치루지 않았는데 전쟁을 하다니 효도라고 할 수 있겠습니까? 신하로서 임금을 시해(弑害)하는 것을 인(仁)이라고 할 수 있습니까?"

이를 보고 좌우 사람들이 백이와 숙제를 죽이려고 했지만 태공이 '이 사람들은 의사(義士)이다'라 하고 호위하는 사람을 붙여 물러가게 했다. 무왕은 은을 멸하고 천자가 되니, 천하 제후들이 주(周)를 종주국으로 받들었다.

무왕이 붕어하고 태자 송(誦)이 즉위하니 이가 바로 성왕(成王)이다. 성왕이 어렸으므로 주공(周公)[18]이 총재(冢宰)[19]의 지위에 올라 정치를 대행했다.

---

17 백이와 숙제는 고죽군(孤竹君)의 두 아들. 고죽군이 죽을 때 숙제에게 왕위를 잇도록 유언했으나 숙제는 형에게 왕위를 양보하려 하였다. 그러나 백이는 아버지의 명을 따르기 위해 몰래 도망가니 숙제 또한 왕위를 사양하여 도망쳤다. 주 무왕(周武王)이 은(殷)을 멸하자 주나라 곡식을 먹지 않는다고 수양산(首陽山)에 들어가 고사리를 캐먹다가 함께 굶어죽었다고 한다.

18 이름은 단(旦), 무왕의 동생. 무왕을 도와 주(紂)를 멸하고, 총재로서 어린 성왕(成王)을 보좌하여 제도와 예악을 제정했다. 뒤에 곡부(曲阜)에 봉해져 노공(魯公)이 되었다.

19 주대(周代)의 재상(宰相).

與武庚作亂 武庚者 武王所立紂子祿父 爲殷後者也 周公東征 誅武庚管叔 放蔡叔 王長周公歸政 初 武王作鎬京 謂之宗周 是爲西都 將營洛邑 未果 王欲如 武王之志 召公遂相宅 周公至洛築王城 是爲東都 以洛爲天下中 四方入貢 道里均也

이렇게 되자 관숙(管叔)과 채숙(蔡叔)[20]이 '주공은 유자(孺子)[21]에게 불리한 행동을 할 것이다'라는 유언비어를 퍼뜨리고 무경(武庚)과 더불어 난을 일으켰다. 무경이란 자는 무왕이 세워 놓은 주왕(紂王)의 아들 녹부(祿父)로서 은의 후계자가 된 사람이다. 이에 주공이 동정(東征)하여 무경과 관숙을 죽이고 채숙은 추방했다. 성왕이 장성하자 주공은 정사를 성왕에게 돌려주었다.

일찍이 무왕이 호경(鎬京)을 영조(營造)하고 이를 종주(宗周)라 하니 이것이 바로 서도(西都)이다. 그는 다시 낙읍(洛邑)을 영조하려 했으나 이루지 못하고 죽었다. 성왕은 무왕의 유지(遺志)를 받들고자 하여, 먼저 소공(召公)으로 하여금 대궐 자리를 정하게 한 다음, 주공을 낙양에 보내 왕성을 쌓으니 이것이 동도(東都)이다.

낙양은 <당시> 천하의 중앙에 자리잡고 있어서 사방의 제후가 조공을 바치는 데 있어서 원근의 이수(里數)가 균등한 지역이었다.

---

20 관숙 선(管叔鮮)과 채숙 도(蔡叔度)의 약칭. 모두 무왕의 동생들로 관숙은 주공의 형, 채숙은 동생이다.

21 어린 아이, 곧 성왕(成王)을 말한다.

7. 주가 동쪽으로 옮겨 가다—周東遷

夷王崩 子厲王胡立 無道暴虐侈傲 得衛巫使監國人之謗者以告則殺之 道路以目 王喜曰吾能弭謗矣 或曰 是障也 防民之口 甚於防川 水壅而潰 傷人必多 王弗聽 於是國人相與畔 王出奔彘 二相周召共理國事 曰共和者十四年 而王崩于彘 子宣王靜立

이왕(夷王)이 죽고 아들 여왕(厲王) 호(胡)가 섰는데, 무도하며 포악하고 거만했다. 위(衛)의 무당을 얻어 그로 하여금 나라 사람들 중 <왕을> 비방하는 자를 감시하여 고발하면 죽이니, 길에서 눈을 흘겨보기만 했다.[1] 왕이 기뻐하여

"나는 비방을 그치게 할 수 있다."

하였다. 어떤 사람이

"이것은 가려서 막는 것입니다. 백성들의 입을 막는 것은, 냇물을 막으면 고였다가 터질 때 반드시 많은 사람을 상하게 하는데 이것보다 더합니다."

했으나 듣지 않았다.

이에 나라 사람들이 너도나도 배반하니 왕이 치(彘)[2] 땅으로 도망갔다. 두 재상인 주공(周公)과 소공(召公)이 함께 나라 일을 다스리니 이것이 공화(共和)라는 것으로[3] 14년간이었다. 왕은 치에서 죽었다. 아들 선왕(宣王) 정(靜)이 즉

---

1 말을 입 밖으로 냈다가는 곧바로 잡혀 가므로 눈짓만을 주고받았다는 뜻이다

2 지금 하동(河東)의 곽읍현(霍邑縣)이다.

3 "두 재상인 주공·소공이 함께 국사를 다스렸다"고 한 구절은 『사기』의 것을 그대로 인용한 것으로 사실이 아니다. 단지 그때의 상황을 비유한 것이다. 주공·소공은 주나라 초기, 어린

任賢使能 有召穆公方叔尹吉甫仲山甫等 爲政於內外 王化復行 周室中興焉 崩 子幽王立 至時 褒人有罪 入女於王 是爲褒姒 王嬖之 褒姒不好笑 王欲其笑 萬方不笑 故王與諸侯約 有寇至 則擧烽火 召其兵來援 乃無故擧火 諸侯悉至而無寇

위하여 어진 이에게 맡기고 유능한 사람을 부려, 소목공(召穆公)·방숙(方叔)·윤길보(尹吉甫)·중산보(仲山甫)[4] 등에게 내외 정사를 하게 하니, 왕의 교화가 다시 행해지고 주나라 왕실이 중흥하였다.

선왕이 죽고 아들 유왕(幽王)[5]이 섰다. 이때에 이르러 포(褒)나라[6] 사람으로 왕에게 죄를 지은 자가 있었는데 여인을 왕에게 바쳤다. 이 여인이 바로 포사(褒姒)[7]로 유왕은 포사를 총애했다. 그런데 포사는 잘 웃지를 않았다. 왕은 그를 웃기려고 갖은 방법을 다 써 보았지만 영 웃지를 않는 것이었다.

전일에 유왕은 제후들과 맹약을 했으니, 외적의 침략이 있을 경우 봉화(烽火)를 올리면 군사를 이끌고 와서 도와야 한다는 것이었다. 어느 날, 아무 일도 없이 봉화를 올렸더니 제후들이 일제히 군사를 이끌고 달려왔으나 적이 침입한 것이 아니었다. 이를 보고 포사는 비로소 크게 웃었다.

성왕(成王)을 보좌한 인물로 후대의 주실(周室) 보상(輔相)도 통칭 주공·소공이라 했다. 공화(共和)란 말은, 왕이 축출되어 공석이 되자 주나라 사람들이 공(共) 땅의 백작(伯爵)인 화(和)를 모셔와 섭정(攝政)을 삼아 여기에서 '공화'란 말이 나왔다는 것이다.

4 소목공 이하 앞의 세 사람은 외정(外政)으로, 마지막의 중산보는 재상으로 내정을 도왔다.

5 이름은 궁녈(宮涅), 선왕(宣王)의 아들. 주의 왕대(王代)는 성왕(成王)·강왕(康王)·소왕(昭王)·목왕(穆王)·공왕(共王)·의왕(懿王)·효왕(孝王)·이왕(夷王)·여왕(厲王)·선왕(宣王)으로 계승되었다.

6 하(夏)의 우왕(禹王)이 분봉(分封)한 나라. 지금의 섬서성 포성현(褒城縣)에 있었다.

7 옛날에 포나라 선군의 화신(化身)이라는 용의 침을 그릇에 받아 두었었다. 한번은 그릇을 열자 용의 거품이 흘러내려 금시에 도마뱀이 되었다. 한 동녀(童女)가 이 도마뱀과 관계하여 낳은 계집아이가 포사라고 한다.

褒姒大笑 王乃廢申后及太子宜臼 以褒姒爲后其子伯服爲太子 宜臼奔申 王求殺之 弗得 伐申 申侯召犬戎寇宗周 王擧烽火徵兵 不至 犬戎弑王驪山下 諸侯立宜臼 是爲平王 以西都逼於戎 徙居東都王城 時周室衰微 諸侯强倂弱 齊楚秦晉始大 平王之四十九年 卽魯隱公之元年 其後孔子修春秋始此

유왕은 신후(申后)와 태자(太子) 의구(宜臼)를 폐하고 포사를 왕후로, 그 아들 백복(伯服)을 태자로 삼았다. 의구가 신(申)나라[8]로 도망했는데 유왕은 그를 찾아내어 죽이려고 했으나 찾지 못하자 신을 치려고 군사를 일으켰다. 그러자 신후는 견융(犬戎)을 끌어들여 주나라(宗周)를 공격했다. 왕이 봉화를 올려 제후의 군사를 불렀으나 그들은 오지 않았다. 드디어 견융이 여산(驪山)[9] 아래서 유왕을 죽였다.

제후들이 의구를 세우니 이가 바로 평왕(平王)이다. 서도(西都)[10]가 견융과 아주 가까이 있어 위험하므로, 동도(東都)[11]의 왕성으로 옮겼다.

당시 주(周) 왕실이 쇠미(衰微)하고, 제후들 중 세력이 있는 자는 약한 자를 병탄하여 제(齊)·초(楚)·진(秦)·진(晉)이 이때부터 강성해졌다.

평왕 49년(B.C. 722)이 곧 노 은공(魯隱公) 원년(元年)인데 뒷날 공자가 『춘추(春秋)』[12]를 편찬한 것도 이해에 시작하였다.

---

8 신후(申后)의 친정 나라 지금의 하남성 남양현(南陽縣) 경내에 있었다.

9 섬서성 임동현(臨潼縣) 동남쪽에 있다.

10 주(周)의 구도(舊都)인 호경(鎬京)으로 섬서성 장안현(長安縣)이 있었다.

11 낙양(洛陽).

12 춘추는 노 은공으로부터 애공(哀公) 14년(B.C. 481)까지 12대 242년 간 노나라의 역사책이다. 춘추시대란 말도 여기에서 비롯되었다. 그러나 역사에서 말하는 춘추시대란 이와 차이가 있다. 즉, 주나라가 견융의 침략으로 동천(東遷)한 주 평왕(周平王) 1년(신미, 770)부터 진(晋)이 한(韓)·위(魏)·조(趙)로 나누어진 주 위열왕(威烈王) 23년(무인, 403)까지 360여 년간을 말한다.

2장 춘추 · 전국시대 (B.C. 770 ~ B.C. 221)

춘추 · 전국시대란 주(周)나라가 견융(犬戎)의 침입으로 동천(東遷)한 (B.C. 770) 동주(東周) 이후부터 중국이 진(秦)에 의해 통일되기까지(B.C. 221) 약 550여 년간을 말하며, 이를 다시 진(晋)이 한(韓) · 위(魏) · 조(趙)로 나누어지는 B.C. 403년을 기준으로 이전을 춘추시대, 그 이후를 전국시대로 구분하는데, 명칭은 각각 그 시기를 서술한 『춘추』와 『전국책(戰國策)』이란 역사서에서 유래하였다.

동주의 여러 제후국들은 각자 국력 배양이 치열하였지만, 이민족(異民族)의 침입은 가중되는 데 비해 주나라 왕실은 미약하였으므로, 주왕실의 권위를 존중하면서 이민족의 침략을 막을 리더가 필요하였다. 이를 패자(覇者)라고 하는데, 패자들은 주왕(周王)을 받들고 오랑캐를 물리친다는 존왕양이(尊王攘夷)를 표방하면서 회맹(會盟)의 주재자가 되어 주나라를 대신해서 국제정치를 주도하였다. 그 대표적인 인물들을 오패(五覇)라고 하며, 일반적으로 제(齊)의 환공(桓公), 진(晋)의 문공(文公), 초(楚)의 장왕(莊王), 오왕(吳王) 합려(闔廬), 월왕(越王) 구천(句踐)을 말하는데, 오 · 월 대신 송(宋)의 양공(襄公), 진(秦)의 목공(穆公)을 들기도 한다.

그러나 전국시대가 되면 주나라를 높인다는 의리와 명분은 사라지고 하극상의 풍조가 유행처럼 번져 동맹과 침략이 반복되는, 말 그대로 '전쟁의 시대'가 된다. 열국은 오직 자국의 부강만을 위해 심혈을 기울이고, 영토 확장에 여념이 없어 그 많던 제후국은 적자생존의 원리에 따라 몇몇 강대국에 통일되니 이것이 이른바 전국칠웅(戰國七雄)으로 진(秦) · 초

(楚)·연(燕)·제(齊)·한(韓)·위(魏)·조(趙)이다.

진은 동쪽의 선진(先進) 지역으로부터 다양한 기술을 섭취하고 유능한 인재들을 받아들여 국가 발전에 총력을 기울였다. 상대적으로 후진 사회였던 것이 강력한 부국강병책을 펴는 데 유리한 조건이 되었다. 진이 이렇게 강성해지자 6국이 동맹하여 진에 대항하자는 소진(蘇秦)의 합종책(合縱策)도 있었고, 6국이 함께 진을 섬기자는 장의(張儀)의 연횡책(連橫策=連

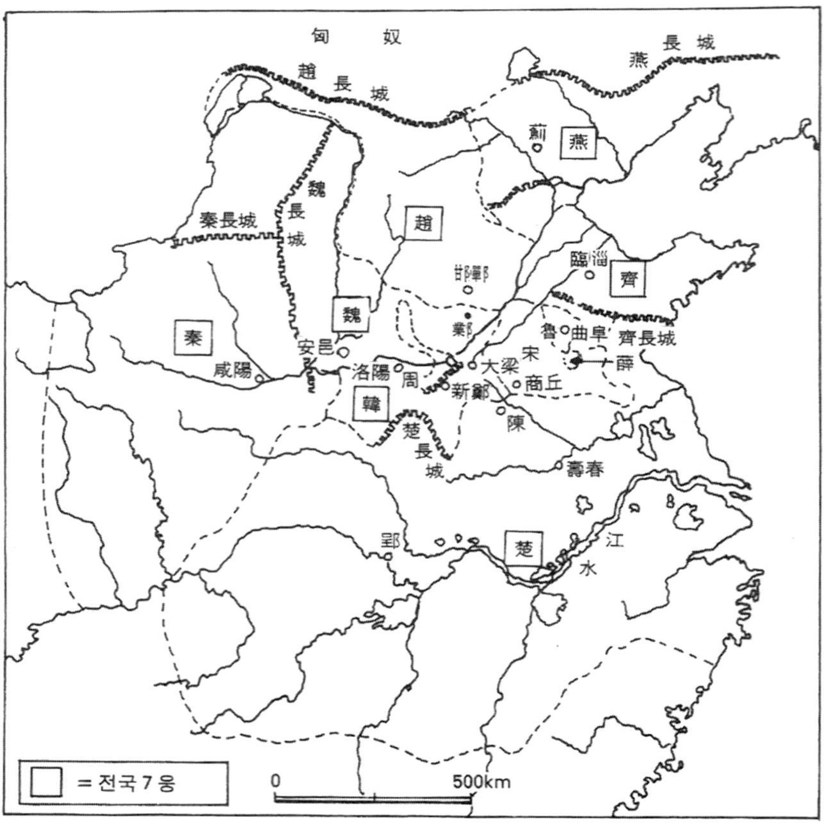

戰國末期 形勢圖

衡策)도 나왔다. 그러나 이 모든 것들이 진의 천하 통일로 가는 한 과정에 불과하였다. 그리하여 진은 B.C. 256년 종주국인 주나라를 멸망시키고 6국도 차례로 병합하여 B.C. 221년에는 완전한 통일을 달성하였다.

전국시대는 전쟁이 끊일 날이 없는 불안한 시기였지만, 사회적 · 경제적 · 학술적으로는 중국 역사상 획기적인 시대였다. 약 500년 동안 각국은 약육강식의 세계에서 살아남기 위해 저마다 다투어 부국강병책을 실시함으로써 농업 생산력은 증가하고, 상업과 화폐의 발달은 촉진되었다. 그리고 신분에 관계없이 유능한 인재를 다투어 발굴해 쓰자 한 가지 재주나 기술이라도 있는 사람은 버려지는 일이 없었고, 다양한 학술과 사상이 꽃피는 백가쟁명(百家爭鳴)의 시대가 되었다. 이를 제자백가(諸子百家)라 하였는데, 이는 문란한 사회상과 질서를 바로잡기 위한 관념적인 방법론이기도 하였다.

그 중요한 것들을 열거하면 가족도덕을 기초로 덕치주의를 주창한 유가(儒家), 타인을 나와 같이 사랑해야 한다는 묵가(墨家), 무위자연설(無爲自然說)을 주장한 도가(道家), 중농주의로 사회질서를 회복해야 한다는 농가(農家), 법치를 주장한 법가(法家), 사회 현상을 음양(陰陽) 오행(五行)의 조화로 보는 음양가(陰陽家), 언변(言辯)과 외교술로 질서를 잡아보려는 종횡가(縱橫家), 명(名)과 실(實)의 합일을 주장하는 명가(名家) 등이 대표적인 것들이다. 그러나 이들 중 가장 큰 세력을 형성하고 있던 것은 유가 · 묵가 · 도가였다. 이들 제자백가는 처음에는 단순하고 많은 모순을 갖고 있었으나 B.C. 4세기 후반, 제(齊)나라 임치(臨淄)의 직하(稷下)에서 학자들이 모여 토론하게 되는데, 이것이 이른바 '직하의 변(辯)'이라는 것이다. 이런 토론을 통해 상호 보완하면서 찬란한 중국의 고전문화(古典文化)인 제자백가 사상이 형성되었다.

1. 나무 섶에서 자고 쓸개를 핥다* — 臥薪嘗膽

吳姬姓 泰伯仲雍之所封也 十九世至壽夢 始稱王 壽夢四子 幼曰季札 札賢 欲使三子相繼立以及札 札義不可 封延陵 號曰延陵季子 聘上國過徐 徐君愛其寶劍 季子心知之 使還 徐君已歿 遂解劍懸其墓而去 壽夢後四君 而至闔廬 擧伍員 謀國事 員字子胥 楚人伍奢之子 奢誅而奔吳 以吳兵入郢

오(吳)나라의 성은 희(姬) 씨로 태백(太伯)과 중옹(仲雍)이 봉해진 나라이다. 19대를 지나 수몽(壽夢)에 이르러 처음으로 왕호를 일컬었다. 수몽에게 네 아들이 있었는데, 막내 아들의 이름은 계찰(季札)로 계찰은 매우 현명했다. 그래서 세 아들을 차례로 세웠다가 계찰에게 미치고자 했으나 계찰이 의리상 불가하다고 하여 연릉(延陵)에 봉하게 되니, '연릉의 계자'라고 불렀다.

계자가 상국에 사신으로 가다가 서(徐)나라를 지나게 되었는데, 서나라 임금이 그의 보검을 매우 좋아하였다. 계자는 마음속으로 그가 칼을 가지고 싶어한다는 것을 알고 사신 임무를 마치고 돌아오니 서나라 임금은 이미 죽은 뒤였다. 그래서 계찰은 자기가 차고 있던 칼을 그의 묘에 걸어두고 갔다.

수몽 뒤 네 임금을 지나 합려(闔廬)에 이르렀는데, 합려는 오원(伍員)을 등용해서 정사를 상의했다. 오원의 자는 자서(子胥), 초나라 사람 오사(伍奢)의 아들로서 오사가 죽임을 당하자 오나라로 도망갔다가 오나라가 군사를 이끌고 영

---

* 와신상담(臥薪嘗膽)이란 고사성어는 오월(吳越)의 각축(角逐)을 배경으로 나오게 되었다. 이웃한 두 나라의 혈투(血鬪)는 원수 사이의 모델이 되었고 여기서 오월동주(吳越同舟)란 말도 생겨났다. 오왕 합려(闔廬)는 '闔閭'로도 쓴다.

吳伐越 闔廬傷而死 子夫差立 子胥復事之 夫差志復讐 朝夕臥薪中 出入使人呼曰 夫差而忘越人之殺而父邪 周敬王二十六年 夫差敗越于夫椒 越王句踐以餘兵棲會稽山 請爲臣妻爲妾 子胥言不可 太宰伯嚭受越賂 說夫差赦越 句踐反國 懸膽於坐臥 卽仰膽嘗之曰

(郢)에 입성(入城)했다.[1]

오나라가 월(越)나라[2]를 치다가 합려가 부상을 입고 전사하자 아들 부차(夫差)가 즉위하니 오자서는 다시 그를 섬겼다.

부차는 아버지의 원수를 갚으려 아침 저녁 섶(薪) 위에 누워 출입하는 사람들로 하여금

"부차여! 그대(而)는 월왕이 그대의 아버지를 죽인 일을 잊었는가?"

라고 말하게 하였다.

주 경왕(周敬王) 26년, 부차는 부초산(夫椒山)[3]에서 월을 격파했다. 월왕 구천(句踐)은 남은 군사를 이끌고 회계산(會稽山)에 들어가 명맥을 부지하고 있으면서 사신을 보내 자신은 신하가 되고 아내는 첩으로 삼아 달라고 청하였다.

이에 대해 자서는 안 된다고 말했지만 태재(太宰) 백비(伯嚭)가 월나라로부터 뇌물을 받고 부차를 설득하여 용서해 주게 하였다.

월왕 구천은 귀국하자 짐승의 쓸개를 매달아 놓고 앉거나 눕거나 항상 핥으면서 이렇게 말했다.

---

1 오자서는 자기 아버지 오사(伍奢)가 초 평왕(楚平王)에게 살해되자 오나라로 망명하여 오나라 군사를 이끌고 초나라의 서울인 영(郢)에 쳐들어갔다. 이때 평왕은 이미 죽었으므로 그의 묘를 파고 시체를 꺼내어 매질을 가함으로써 자기 아버지의 원수를 갚았다.

2 주나라 때 하(夏)나라 소강(小康)의 후예를 회계(會稽)에 봉한 나라.

3 지금의 강소성(江蘇省) 오현(吳縣) 서남쪽 태호(太湖) 가운데 있다.

女忘會稽之恥邪 擧國政屬大夫種 而與范蠡治兵 事謀吳 吳太宰嚭譖子胥 恥謀不用怨望 夫差乃賜子胥屬鏤之劍 子胥告其家人曰 必樹吾墓檟 檟可材也 抉吾目懸東門 以觀越兵之滅吳 乃自剄 夫差取其尸 盛以鴟夷 投之江 吳人憐之 立祠江

"너(女)는 회계(會稽)의 수치를 잊었는가?"

구천은 국정(國政)을 대부 종(種)에게 완전히 맡기고 자기는 범려(范蠡)[4]와 함께 병무(兵務)만을 맡아 오나라를 칠 계획에만 몰두했다.

오나라의 태재 백비는 '자서가 자기 말이 쓰이지 않는 데 대하여 임금을 원망하고 있다'고 오자서를 참소했다.[5]

이 말을 곧이들은 오왕 부차는 자서에게 촉루(屬鏤)의 칼[6]을 주었다. 죽음에 임한 오자서는 자기 집안 사람[7]에게 말했다.

"부디 내 묘에는 가나무를 심으오. 가나무가 재목이 될 만하거든[8] 내 눈을 빼어다가 동문(東門)에 걸어 놓아 주오. 그러면 월나라 군사가 오나라 멸망시키는 것을 볼 수 있을 것이오."

그러고는 목을 찔러 자결했다. 화가 난 부차는 치이(鴟夷)[9]에 넣어 강물에 던져버렸다.

오나라 사람들이 그를 불쌍히 여겨 강언덕에 사당(祠堂)을 짓고 이것을 서산

---

4 다음 장의 도주공(陶朱公) 참조
5 그 즈음 부차는 월을 속국으로 삼고 월에서 공물(貢物)로 보낸 미녀 서시(西施)에게 빠져 간신 백비의 말만 들으면서 오자서의 말은 듣지 않았다.
6 촉루는 칼 이름. 옛날 임금이 신하에게 죽음을 요구할 때는 이 칼을 주어 자결하게 했다.
7 집안 사람(家人)을 아내로 보기도 한다.
8 그 가나무가 자라 나중에 오왕 부차의 관을 만들 재목이 된다는 뜻. 여기서 수(樹)는 '나무를 심는다'는 동사.
9 가죽 주머니.

上 命曰胥山 越十年生聚 十年教訓 周元王四年 越伐吳 吳三戰三北 夫差上姑蘇 亦請成於越 范蠡不可 夫差曰 吾無以見子胥 爲幎冒乃死

(胥山)이라고 이름 지었다.

한편, 월나라는 처음 10년 동안은 인구와 재물의 증가에 힘쓰고, 그 뒤 10년 동안은 백성을 교육하고 군사를 훈련시키는 일에 전력했다.

주 원왕(周元王) 4년, 월나라는 마침내 오나라를 공격했다. 오나라는 세 번 싸워 세 번 다 패했다. 부차는 고소(姑蘇)[10]로 쫓겨가 월나라에 화친을 청했다.[11] 그러나 범려는 들어주지 않았다. 오왕 부차는,

"아! 내가 잘못했다. 오자서를 만날 면목이 없구나!"

하고, 멱모(幎冒)[12]를 쓰고 자결했다.

---

10 지금의 강소성 오현(吳縣) 서남쪽에 있는 산 이름. 산 위에 고소대(姑蘇臺)가 있다.

11 원문의 청성(請成)은 화친을 청한다는 뜻.

12 머리로부터 뒤집어쓰고 끈으로 동이는 복면. 오왕 부차가 부끄러움을 깨닫고 죽은 뒤에 오자서를 볼 면목이 없었기 때문에 복면을 하고 죽은 것이다.

2. 암소 다섯 마리를 기르면 부자가 되리* —陶朱公

越旣滅吳 范蠡去之 遺大夫種書曰 越王爲人 長頸烏喙 可與共患難 不可與共安樂 子何不去 種稱疾不朝 或讒種 且作亂 賜劍死 范蠡裝其輕寶珠玉 與私從乘舟江湖 浮海出齊 變姓名 自謂鴟夷子皮 父子治產至數千萬 齊人聞其賢 以爲相 蠡喟然嘆曰

월나라가 오나라를 멸망시키고 나서 범려(范蠡)는 떠나면서 대부 종(種)에게 편지를 보냈다.

"월왕(越王)의 인상을 보건대, 목은 길고 입은 까마귀 부리와 같이 삐죽하오. 이러한 사람과는 환난(患難)을 같이할 수 있지만 안락(安樂)을 함께 할 수는 없소. 그대는 어찌하여 벼슬을 그만두지 않소?"

그래서 종은 병을 핑계하고 조정에 나가지 않았다. 이때 어떤 자가 종을 참소하고 또 반란을 일으키려 한다고 하자 왕은 그에게 칼을 내려 자결하게 했다.

범려는 가벼워 운반하기 좋은 보물과 주옥(珠玉)을 싸가지고 가족과 종자(從者)를 데리고 배를 타고 제(齊)나라로 들어가 성명을 고쳐 스스로 치이자피(鴟夷子皮)라 하였다. 아들과 함께 재산을 모아 큰 부자가 되었다.

제나라 사람들이 그가 어질다는 말을 듣고 그를 재상으로 삼았다. 범려는 이렇게 탄식했다.

---

* 범려(范蠡)에서 치이자피(鴟夷子皮)로, 다시 도주공으로 변신한 인물의 일대기는 춘추전국시대란, 능력에 따라 무한한 가능성이 열려 있는 격변의 시대였음을 알려 준다. 도주공(陶朱公)이란 낱말은 고대 부호(富豪)의 상징어가 되었다.

居家致千金 居官致卿相 此布衣之極也 久受尊名不祥 乃歸相印 盡散其財 懷重寶間行 止於陶 自謂陶朱公 貲累鉅萬 魯人猗頓往問術焉 蠡曰畜五牸 乃大畜牛羊於猗氏 十年間貲擬王公 故天下言富者 稱陶朱猗頓

"집에 있어서는 천금(千金)의 부자가 되고, 관직에 나아가서는 재상의 지위에 이르렀으니 이는 포의(布衣)[1]의 신분으로서는 최고의 영예다. 오래도록 높은 이름을 얻음은 불길한 일이다."

그리하여 그는 재상의 인수(印綬)를 반납하고 자기의 재산을 이웃에게 흩어준 뒤 남몰래 도(陶)에 이르렀다. 그리고 스스로 도주공(陶朱公)이라 일컬으며 거만(巨萬)의 재산을 모았다.[2]

노(魯)나라 사람 의돈(猗頓)이란 자가 그를 찾아와서 부자가 되는 방법을 묻자 범려는,

"다섯 마리의 암소를 기르시오."

하였다. 이에 의돈은 의씨(猗氏)[3]에서 축산을 크게 했다. 그래서 10년 사이에 왕공(王公)[4]의 재산에 비견할 만했다. 그러므로 천하 사람들이 부자를 도주(陶朱)·의돈(猗頓)이라 일컫게 되었다.

---

1 벼슬하지 않은 사람. 신분이 낮은 사람.

2 도(陶)는 지금의 산동성 비성현(肥城縣) 경내. 여기는 제(齊)나라 땅으로 당시 물산의 집산지로 경제의 중심지였다. 아들과 함께 농사와 축산에 힘써 돈을 모았다. 한편으로는 물건이 쌀 때 사두었다가 비쌀 때 파니 돈이 저절로 불어 얼마 안 있어 큰 부자가 되었다.

3 의돈(猗頓)이 살고 있던 지방 이름.

4 여기서는 제후(諸侯)를 지칭한다.

3. 머리 감고 밥 먹다가도 어진 이를 만나* – 周公與太公

> 魯 姬姓 周公子伯禽之所封也 周公誨成王 王有過則撻伯禽 伯禽就封 公戒之曰 我文王之子 武王之弟 今王之叔父 然我一沐三握髮 一飯三吐哺 起以待士 猶恐失天下賢人 汝之魯 愼無以國驕人

노(魯)나라는 희성(姬姓)으로 주(周)나라 공자 백금(伯禽)이 봉해진 나라이다. 주공(周公)이 성왕(成王)을 깨우칠 때 왕에게 잘못이 있으면 백금의 종아리를 쳤다.[1] 백금이 봉함을 받고 나아갈 때 주공이 이렇게 경계했다.

"나는 문왕의 아들이요, 무왕의 동생이며, 지금 임금님의 숙부이다.[2] 그러나 나는 한번 목욕할 때 세 번씩이나 머리털을 감아쥐었으며, 한끼 밥을 먹을 때 세 번씩이나 밥을 토해내고 일어나 선비를 맞이하면서도[3] 오히려 천하의 어진

---

* 주공(周公)은 조카인 어린 성왕(成王)을 보좌하여 주나라의 문물제도를 완비, 주나라의 기초를 닦은 인물로 공자로부터 지극한 존중을 받았다. 때문에 당대(唐代) 초기까지만 해도 문묘(文廟)에서 주향(主享)되고 공자(孔子)가 종향(從享)되는 인물이었다. 그리고 야심 없이 어린 조카를 끝까지 보필하였기 때문에 조선시대 단종의 왕위를 빼앗은 수양대군(首陽大君)과 대비된다.

1 주공과 성왕은 촌수로는 숙질간이지만 신분으로 보면 성왕은 임금이고 주공은 신하이다. 철없는 임금이 잘못을 저지른다고 처벌할 수가 없다. 그래서 자기의 아들인 백금을 매질하여 성왕을 깨우친 것이다. 옛날에 왕자나 고급 관리가 죄를 범하면 그 종이 처벌받는 것과 같은 이치이다.

2 주공은 어린 장조카를 잘 보좌하여 훌륭한 임금으로 키운 대표적인 인물이다. 그래서 수양대군(首陽大君, 世祖)이 단종(端宗)의 왕위를 위협할 때 단종을 옹위하던 신하들은 세조에게 주공을 본받으라고 권했다.

3 옛날에는 머리털을 길렀으므로 머리를 감고 말린 후 상투를 틀자면 시간이 많이 걸렸다. 그래서 머리 감는 중에 손님이 오면 머리를 감아쥐고 맞이하고, 밥 먹는 순간에도 입에 든 밥까지 뱉어내고 급히 가 손님을 맞이한 것은 상대를 높이는 태도이다.

太公封於齊 五月而報政 周公曰 何疾也 曰 吾簡其君臣禮從其俗 伯禽至魯 三年而報政 周公曰 何遲也 曰 變其俗革其禮 喪三年而後除之 周公曰 後世其北面事齊乎 夫政不簡不易 民不能近 平易近民 民必歸之

이를 잃을까 걱정했다. 너는 노나라에 가거든 조심해서, 나라를 다스리면서 백성들에게 교만하지 말라."

태공(太公)[4]이 제(齊)나라에 봉해졌는데, 5개월 만에 돌아와 정사를 보고하니,[5] 주공이 물었다.

"어찌 그리도 빠릅니까?"

"나는 군신(君臣) 간의 예(禮)를 간소하게 하고 그곳 풍습을 그대로 좇게 했습니다."

백금이 노나라에 갔다가 3년이 되어서야 <돌아와>정사를 보고하니 주공이 물었다.

"어찌해서 이렇게 늦었느냐?"

"그 풍속을 변화시키고, 그 예법을 바꾸고, 삼년상을 치른 후에 복을 벗게 하느라 <늦었습니다>."

주공이 말했다.

"후세에 북면하여 제나라를 섬길진저![6] 대개 정치란 간결하지 않으면 평이

---

4 강태공(姜太公)을 말한다. 낚시하다가 주무왕에게 발탁되어 주나라의 천하 통일에 기여했다.

5 정사를 보고한다는 말은 제후가 천자에게 자기 봉국의 국정을 보고하는 것을 말하며, 이를 직무에 대해 진술한다는 뜻에서 술직(述職)이라고도 한다.

6 노나라와 제나라는 처음에는 동격(同格)이었으나 제나라가 환공(桓公) 때 패업을 이루어 맹주가 되자 주공의 예측대로 노나라가 섬겼다. 임금은 항상 남향을 하고 앉고, 신하는 임금을 향하게 되므로 북면(北面)이란 신하로서 섬긴다는 말이다.

> 周公問太公 何以治齊 曰尊賢而尙功 周公曰 後世必有簒弑之臣 太公問周公 何以治魯 尊賢而親親 太公曰 後世寖弱矣 伯禽十三世 而至隱公 爲春秋之始 隱公之弟曰桓公 桓公之子曰莊公 莊公有庶弟三人 曰慶父 其後爲孟孫氏 曰叔牙 其後爲叔孫氏

하지 않아서 백성이 가까이할 수 없다. 평이해서 백성을 가까이해야 백성들이 반드시 귀의(歸依)하게 된다."

주공이 태공에게 묻기를,

"어떻게 제나라를 다스릴 것입니까?"

"어진 이를 높이고, 공로(功勞)를 숭상하게 할 것입니다."

그러자 주공이 말했다.

"후세에 반드시 찬시(簒弑)하는 자가 있을 것입니다."[7]

<이번에는> 태공이 주공에게 묻기를,

"어떻게 노나라를 다스릴 것입니까?"

"어진 이를 높이고 가까운 친척을 잘 대우할 것입니다."

그러자 태공이 말했다.

"후일 점차 쇠약해질 것입니다."

백금으로부터 13대의 은공(隱公)에 이르러 춘추시대가 시작된다.[8] 은공의 동생이 환공(桓公)이고, 환공의 아들이 장공(莊公)이다. 장공의 서(庶) 동생이 세

---

7 제나라는 한때 패자가 되어 위세를 떨쳤으나 전국시대에 들어와서 그 가신이었던 전씨(田氏)에게 민심을 빼앗기고 급기야 나라까지 전씨가 차지하게 되었다. 그래서 전 씨의 제나라를 전제(田齊)라 한다.

8 공자(孔子)가 자기 모국인 노나라 은공(隱公) 1년(B.C. 720)부터 시작하여 애공(哀公) 14년(B.C. 481)까지 242년간의 역사서를 지으니 이것이 『춘추』이고 여기서 춘추시대란 명칭이 생겼다.

曰季友 其後爲季孫氏 是爲三桓 世執國命 歷子班 閔公僖公文公宣公成公襄公 至昭公 伐季氏 三家共攻之 公奔乾侯以卒

사람 있었는데, 경보(慶父)의 후손은 맹손(孟孫) 씨가 되고, 숙아(叔牙)의 후손은 숙손(叔孫) 씨가 되며, 계우(季友)의 후손은 계손(季孫) 씨가 되니 이것을 삼환(三桓)이라 한다. 이들이 대대로 나라의 권세를 쥐고 민공(岷公)·희공(僖公)·문공(文公)·선공(宣公)·성공(成公)·양공(養公)·소공(昭公)에 이르렀는데 <소공이> 계씨(季氏)를 치니, 삼가(三家)가 함께 공격하여 소공이 간후(乾侯)[9]에게로 달아나 죽고 동생인 정공(定公)이 섰다.[10]

9 '乾'은 '간'으로 읽는다. 진(晋)나라에 있는 고을.
10 정공 때부터 공자가 노나라에 등용되었다.

4. 국위(國威)를 선양한 공자* — 夾谷之會

魯定公立 以孔子爲中都宰 一年四方皆則之 由中都爲司空 進爲大司寇 相定公會諸侯於夾谷 孔子曰 有文事者 必有武備 請具左右司馬以從 旣會 齊有司請奏四方之樂 於是旗旄劍戟

노(魯)나라[1] 정공(定公)이 즉위하여 공자를 중도(中都)의 장관에 임명했는데 1년쯤 지나자 사방 지역이 모두 그를 본받았다.[2] 다시 공자는 중도의 장관직에서 사공(司空)[3]이 되고 다시 벼슬이 높아져 대사구(大司寇)[4]가 되었다.

공자는 정공이 제나라 경공과 협곡(夾谷)[5]에서 회합할 때 보좌가 되었다. 출발에 앞서 공자는 이렇게 말했다.

"문사(文事)에는 반드시 무비(武備)가 있어야 합니다. 좌사마(左司馬)와 우사마를 데리고 가십시오."[6]

회합이 얼마쯤 진행되자 제나라 관원이 오랑캐의 음악[7]을 연주하겠다고 청

---

* 춘추시대에는 각국의 제후들이 모여 우의를 다지고 맹약을 하기도 했다. 명목은 우의를 다지는 것이라 하지만 기실은 기선을 제압하여 상대의 기를 꺾는 것이 주목적이었다. 그래서 얼마나 유능한 참모를 거느리고 있느냐가 관건이었다. 협곡의 모임에서 공자는 예(禮)를 가지고 국위를 선양했다.

1 주 무왕(周武王)이 자기의 동생인 주공(周公) 단(旦)을 봉한 나라 지금의 산동(山東) 지방 일부.
2 칙(則)은 법칙. 여기서는 동사로서 '본받다'로 해석한다.
3 지방의 수토(水土) · 인민(人民) · 호적을 맡은 관직.
4 법을 맡은 관서의 책임자.
5 지금의 강소성(江蘇省) 공유현(贛揄縣) 경내로 당시에는 제나라 지역이었다.
6 문사(文事)는 다른 나라와 수호(修好)의 의(義)를 닦는 일. 이때 이미 제나라 경공이 노나라 정공을 포로로 잡으려 한다는 것을 알아채고 시위하는 무관을 데리고 갈 것을 청한 것이다. 사마(司馬)는 병권을 맡은 관원.
7 원문에는 사방(四方)의 음악이라 했는데, 이는 중원(中原)의 음악이 아니라 사방 변두리에 사는 오랑캐 즉 이적(夷狄)의 음악이라는 뜻.

鼓譟而進 孔子趨而進曰 吾兩君爲好 夷狄之樂 何爲於此 齊景公心怍麾之 齊有司請奏宮中之樂 優倡侏儒戱而前 孔子趨而進曰 匹夫熒惑諸侯者 罪當誅 請命有司加法焉 手足異處 景公懼 歸語其臣曰 魯以君子之道輔其君 而子獨以夷狄之道教寡人 於是齊人 乃歸所侵魯鄆汶陽龜陰之地 以謝魯

하였다. 이에 기치와 창검을 휘두르며 종과 북을 치면서 많은 사람들이 우루루 몰려 나왔다. 이것을 보자 공자는 빠른 걸음으로 앞으로 나아가 아뢰었다.

"우리 제·노의 두 군주께서 친선을 도모하시는 이 자리에 오랑캐의 음악은 무엇 때문에 연주하는 것입니까?"

제나라 경공은 부끄러움을 느끼고 손짓하여 물러가게 하였다.

제나라 담당관이 궁중(宮中) 음악을 연주하겠다고 청하자 이번에는 여악(倡優)과 난장이(侏儒)들이 앞으로 쏟아져 나와 놀이를 벌였다. 이것을 본 공자는 빠른 걸음으로 앞으로 나가 아뢰었다.

"천한 자들로서 음탕한 행동으로 제후의 눈을 어지럽히는 자들은 그 죄가 죽여 마땅합니다. 청컨대 담당 관원에 명하시어 법대로 처벌하도록 하소서."

공자는 죽음을 각오하고 강경히 요구하자 경공이 그들<난장이>를 죽였다.[8]

경공이 두려워하여 본국에 돌아가 자기 신하들에게 이렇게 말했다

"노나라에서는 군자(君子)의 도리로 자기들의 임금을 보좌하고 있는데, 그대들은 한낱 오랑캐의 도로 나를 인도했구나."

그리하여 제나라는 전에 빼앗았던 노나라 땅인 운(鄆)·문양(汶陽)·귀음(龜陰)의 세 고을을 돌려주어 사례했다.

---

8 원문의 '머리와 발이 따로 떨어져 있다'는 뜻은 형벌을 받아 사지가 따로 떨어져 나감을 말함. 즉 죽음을 말한다.

5. 상갓집 개—孔子

孔子 名丘 字仲尼 其先宋人也 有正考父者 佐宋 三命滋益恭 其鼎銘云 一命而僂 再命而傴 三命而俯 循牆而走 亦莫余敢侮 饘於是 粥於是 以餬予口 孔氏滅於宋 其後適魯 有叔梁紇者與顔氏女 禱於尼山而生孔子

공자(孔子)는 이름을 구(丘), 자를 중니(仲尼)라고 했으며 그의 조상은 송(宋)나라 사람이었다.[1] 조상 중에 정고보(正考父)라는 사람이 있어서 송나라 군주를 보좌했다.[2] 이 사람은 세 번 명을 받았으나[3] 더욱 겸손해졌다. 자기가 쓰는 솥(鼎)에 다음과 같은 글을 새겼다.

"한 번 명을 받아 머리를 숙이고, 두 번 명을 받아 몸을 굽히고, 세 번 명을 받아 엎드린다. 길을 갈 때는 담 밑으로 종종 걸음으로 가되 나를 함부로 업신여기는 사람이 없다. 이 솥으로 된죽을 쑤거나 묽은 죽을 쑤거나 하여 입에 풀칠하여 살아갈 뿐이다."

공(孔) 씨는 송나라에서 대가 끊어졌지만 그 후손은 노나라에 옮겨 살았다. 숙량흘(叔梁紇)이라는 사람이 안(安) 씨의 딸과 결혼하여 니산(尼山)[4]에 기도한 뒤 공자를 낳았다.

---

1 주 무왕(周武王)이 미자(微子)를 송(宋)에 봉한 나라. 공자도 미자의 후손이다. 지금의 하남성(河南省) 상구현(商邱縣)에 있었다.

2 송나라의 국경(國卿), 곧 재상이었다.

3 한 번 명을 받으면 사(士), 두 번에는 대부(大夫), 세 번엔 경(卿)이 된다.

4 지금의 산동성 곡부현(曲阜縣)에 있다. 니구산(尼丘山)이라고도 한다.

爲兒 嬉戱常陳俎豆設禮容 長爲季氏吏 料量平 嘗爲司職吏 畜蕃息 適周問禮於老子 反而弟子稍益進 適齊齊景公將待以 季孟之間 孔子反魯 定公用之不終 適衛 將適陳 過匡 匡人嘗 爲陽虎所暴 孔子貌類陽虎 止之 旣免 反于衛 醜靈公所爲去之

공자는 어릴 때부터 조두(俎豆)[5] 따위를 늘어놓거나 예의범절의 흉내를 내며 놀았다. 장성하여 계씨(季氏)의 관리가 되자[6] 곡식의 수량을 매우 공정하게 다루었다. 일찍이 사직리(司職吏)[7]가 되었던 일이 있는데 가축을 잘 번식시켰다.

그 후 주(周)나라에 가서 노자(老子)에게 예를 묻고[8] 노나라로 돌아왔는데 제자가 점점 많아졌다. 제나라에 가니 제나라 경공(景公)은 그에게 계씨(季氏)와 맹씨(孟氏)의 중간쯤 대우를 하려고 하였다.[9] 공자가 노나라로 돌아가자 정공(定公)은 그를 등용했지만 끝까지 신임하여 중용(重用)하지는 않았다.

공자가 위(衛)[10]나라로 갔다가 진(陳)[11]나라로 가려고 광(匡)[12] 땅을 지나게 되었다. 그곳 사람들은 양호(陽虎)라는 자에게 고통을 당한 일이 있었는데 공자의 모습이 양호와 닮았으므로 공자가 가는 길을 막았다. 위기를 면하고 위나라로 되돌아갔다가 위나라 영공(靈公)의 행동이 못마땅하여[13] 위나라를 떠났다.

---

5 제기(祭器).

6 계씨(季氏)는 노나라 대부. 계손씨(季孫氏). 이(吏)는 창고의 양식을 맡은 관리.

7 목축(牧畜)을 맡은 관리.

8 노자의 성은 이(李) 씨. 이름은 이(耳), 자는 백양(伯陽), 시호는 담(聃). 공자가 예를 물은 내용은 다음 장(章)에 보인다.

9 당시 노나라에는 이른바 삼환(三桓)이라 하여 계손씨(季孫氏)는 상경(上卿), 숙손씨(叔孫氏)는 중경, 맹손씨(孟孫氏)는 하경의 지위에 있었다. 경공은 공자를 숙손씨의 지위 즉 중경으로 대우하려 한 것이다.

10 지금의 하남성(河南省) 위휘현(衛輝縣)고 하북성(河北省) 대명(大名) 일대에 걸쳐 있던 나라.

11 지금의 하남성 개봉(開封) 동남에서 안휘성(安徽省) 박현(亳縣) 일대에 있던 나라.

12 위나라에 속해 있던 지명. 지금의 하북성 장원현(長垣縣).

過曹適宋 與弟子習禮大樹下 桓魋伐拔其樹 適鄭 鄭人曰 東門有人 其顙似堯 其項類皐陶 其肩類子產 自要以下 不及禹三寸 纍纍然若喪家之狗 適陳又適衛 將西見趙簡子 至河 聞竇鳴犢舜華殺死 臨河歎曰 美哉水洋洋乎 丘之不濟 此命也 反于衛 適陳 適蔡 如葉 反于蔡

조(曹)[14]나라를 지나 송나라로 가서 제자들과 함께 큰 나무 아래서 예의를 익히고 있었는데 환퇴(桓魋)[15]라는 자가 그 나무를 베어 넘어뜨렸다. 그래서 정(鄭)나라로 가니 정나라 사람이 이렇게 말했다.

"동문에 이상한 사람이 있다. 이마는 요임금 같고, 목은 고요(皐陶 : 순임금 신하)와 같으며, 어깨는 자산 같고, 허리(要) 아래는 우임금보다 세 치나 짧다. 실의에 차 방황하는 것이 마치 '상갓집 개'와 같다.[16]

진(陳)나라로 갔다가 다시 위나라로 가서 조간자(趙簡子)를 만나보고자 서쪽으로 가려 하였다. 그리하여 하수(河水)에 이르렀을 때 두명독(竇鳴犢)과 순화(舜華)가 살해되었다는 말을 듣고 황하가에 서서 탄식하였다.[17]

"아름다운 물이 양양(洋洋)하구나! 구(丘)가 이 물을 건너지 않음은 바로 천명(天命)인가!"

그래서 다시 위나라로 돌아와 진(陳)나라로 갔다가 채(蔡)나라[18]로 갔다. 섭

13 위나라 영공은 여색을 즐겨 날마다 놀러만 다니자 공자는 '덕 좋아하기를 여색을 좋아하듯 하는 사람을 보지 못했다'라고 하였다.

14 지금의 산동성 경내에 있던 나라.

15 송나라의 대부 관직이 사마(司馬)였으므로 사마 환퇴(司馬桓魋)라 한다.

16 공자의 초라한 모습을 '상갓집 개'로 표현하면서도 어진 이들과 비교함으로써 공자에 대한 저자의 존경심을 엿볼 수 있다.

17 조간자는 진(晋)나라의 국경(國卿). 공자는 그가 어질다는 말을 듣고 그를 만나러 가다가 진나라의 어진 대부인 두명독과 순화가 조간자에게 살해되었다는 말을 듣고 되돌아왔다.

楚使人聘之 陳蔡大夫謀曰 孔子用於楚則陳蔡危矣 相與發徒圍之於野 孔子曰 詩云匪兕匪虎 率彼曠野 吾道非邪 吾何爲於是 子貢曰 夫子道至大 天下莫能容 顔淵曰 不容何病 然後見君子 楚昭王興師迎之 乃得至楚

(葉)나라로 갔다가 다시 채나라로 돌아왔다.

이때 초(楚)[19]나라에서는 사신을 보내 공자를 초청하니 진나라와 초나라의 대부(大夫)들이 의논하기를,

"공자가 초나라에서 등용되면 진나라와 채나라가 위태할 것이다."[20]

하며, 함께 군대를 보내 공자 일행을 들 가운데서 포위하자 공자가,

"시(詩)에 '뿔소(兕)도 아니고 범도 아닌데 광야(曠野)에서 헤맨다'고 했는데 내가 주장하는 도가 옳지 않기 때문이냐. 그렇지 않다면 내가 어찌 이와 같은 지경에 처한단 말이냐!"

하고, 탄식하자 자공(子貢)[21]은,

"선생님의 도는 너무나 커서 천하 사람들이 받아들이지 못하는 것입니다."

하고, 안회(顔回)[22]는,

"용납되지 않는다고 어찌 걱정하실 것이 있겠습니까? <천하의 속인들에게 용납되지 않는 뒤에야> 군자의 덕이 드러나는 것입니다."

라고 하였다. 초나라 소왕(昭王)이 군사를 내어 맞아들여서 공자는 가까스로 초나라에 들어갈 수 있었다. 소왕은 공자에게 서사(書社)[23]의 땅 7백리를 봉해

18 지금의 하남성 상채현(上蔡縣)에 있던 나라.

19 지금의 호북성(湖北省)과 호남성 북부 안에 걸쳐 있던 나라.

20 진나라와 채나라에서는, 만약 공자가 등용된다면 자기들이 초나라에 병합되지 않을까 두려워한 것이다.

21 공자 제자 성은 단목(端木), 이름은 사(賜), 자가 자공(子貢)이다.

22 공자의 수제자(首弟子), 자가 자연(子淵) 32세에 요절(夭折)했다.

將封以書社地七百里 令尹子西不可 孔子反于衛 季康子迎歸魯 哀公問政 終不能用 乃序書 上自唐虞 下至秦穆 刪古詩三千 爲三百五篇 皆絃歌之 禮樂自此可述 晩而喜易 序彖象繫辭說卦文言 讀易韋編三絶

주려고 하자 영윤(令尹) 자서(子西)가 반대했다.[24] 그리하여 공자는 또 위나라로 돌아갔다.

계강자(季康子)가 맞아들여 노나라로 돌아오니, 노나라 애공(哀公)이 공자에게 세상 다스리는 도리를 물었으나 끝내 중용(重用)되지 못했다.[25] 그래서 공자는 『서경(書經)』을 정리하니, 위로 당우(唐虞)에서부터 아래로 진(秦)나라 목공(穆公)에 이르는 것이었다.[26] 또 옛날부터 전해 오는 시(詩) 3천여 편을 정리해서 3백 5편으로 하고 이것을 모두 악곡에 맞춰 악기로 연주할 수 있게 하자 예악(禮樂)이 여기에서 기준을 삼게 되었다.[27]

공자는 만년에 역서(易書)를 즐겨 읽고 단(彖)·상(象)·계사(繫辭)·설괘(說卦)·문언(文言) 등을 지었다.[28] 그는 역서를 어찌나 많이 정독(精讀)했던지 위

---

23 서(書)는 호적. 고대에 25가(家)를 리(里)라고 하고 리마다 각각 사(社)를 세웠다. 그러므로 서사(書社)는 사(社) 내의 인구를 장부에 기록해 놓은 것

24 영윤은 관직 명, 자서는 인명. 자서는 자공(子貢)·재여(宰予)·자로(子路) 같은 현재(賢材)를 제자로 둔 공자에게 분봉(分封)한다면 초나라에 결코 이로운 것이 못된다고 역설함으로써 소왕(昭王)은 공자에게 봉지(封地)를 떼어 주려던 계획을 취소했다.

25 노나라를 떠난 지 14년 만에 돌아온 공자를 에공(哀公)은 전관(前官)의 예우로 맞아들이기는 했으나 중용(重用)하지는 않았다.

26 당(唐)은 요임금, 우(虞)는 순임금. 『서경』은 요전(堯典)에서 시작되어 목공(穆公)의 진서(秦誓)에서 끝남을 말한다. 그러나 『서경』이 공자의 저술이라는 말은 통설(通說)이 아니다.

27 술(述)은 따른다, 의지한다는 뜻.

28 『역경(易經)』 내의 「상하단전(上下彖傳)」·「상하상전(上下象傳)」·「상하계사전(上下繫辭傳)」·「설괘전(說卦傳)」·「문언전(文言傳)」·「서괘전(序卦傳)」·「잡봉전(雜封傳)」이 모두 공자가 지었다는 것이다. 후세 사람들은 이것을 십전(十傳) 혹은 십익(十翼)이라 한다.

因魯史記作春秋 自隱至哀十二公 絶筆於獲麟 筆則筆削則削 子夏之徒 不能贊一辭 弟子三千人 身通六藝者 七十二人 年七十三而卒 子鯉 字伯魚 早死 孫伋 字子思 作中庸

편(韋編)이 세 번이나 끊어졌다.[29]

또 노나라 역사 기록을 근거하여 『춘추(春秋)』를 지었는데 은공(隱公)으로부터 시작하여 애공(哀公)에 이르는 12공(公)까지의 것으로 애공이 기린(麒麟)을 잡는 데서 마쳤다.[30] 공자는 『춘추』를 지으면서 가필할 때는 가필하고 삭제할 것은 삭제하여 자하(子夏)[31] 같은 사람도 한 자 한 구를 거들어 줄 수 없었다.

제자 3천여 인 중에 육예(六藝)[32]에 통달한 자가 72인이었다.

공자는 73세에 죽었다 아들 이(鯉)의 자는 백어(伯魚)로 일찍 죽었다. 손자 급(伋)의 자는 자사(子思)로 『중용(中庸)』을 지었다.[33]

---

29 위(韋)는 부드럽게 두드려 만든 가죽. 편(編)은 엮는 것. 옛날 종이가 발명되기 전, 대나무의 기름을 뺀 뒤 이것을 납작하게 깎아 칼로 새기거나 옻칠로 글자를 쓰고, 이긴 가죽 끈으로 엮어 책(冊)을 만들었다. 공자는 이 가죽 끈이 세 번이나 끊어질 정도로 역경(易경)을 많이 읽었다고 한다.

30 노애공(魯哀公) 14년 애공이 '서쪽에서 사냥을 하다가 기린을 잡다'라는 대목에서 『춘추』가 끝난다. 242년간이다.

31 공자 제자. 성은 복(卜), 이름은 상(商), 자하는 자이다. 특히 문학에 뛰어났다.

32 예(禮)·악(樂)·사(射)·어(御)·서(書)·수(數)를 말한다.

33 공자의 학문은 손자인 자사를 거쳐 맹자(孟子)로 계승되었다.

6. 노자와 장자* — 老子與莊子

老子者 楚苦縣人也 李姓名耳 字伯陽 又曰字聃 爲周守藏吏 孔子問焉 老子告之曰 良賈深藏若虛 君子盛德 容貌若愚 孔子去謂弟子曰 鳥吾知其能飛 魚吾知其能游 獸吾知其能走 走者可以爲網 游者可以爲綸 飛者可以爲矰

노자란 사람은 초(楚)나라 고현(苦縣)[1] 사람이다. 성은 이(李) 씨요, 이름은 이(耳), 자는 백양(伯陽) 또는 담(聃)이라고 하는데, 주나라의 수장리가 되었다.[2]

이 무렵 공자가 예를 물으니 이렇게 일러주었다.

"훌륭한 장사치는 상품을 깊이 간직해두기 때문에 아무것도 없는 듯이 보입니다. 군자는 훌륭한 덕을 갖추고 있더라도 그 용모는 어리석은 것처럼 보입니다."

공자는 노자와 작별하고 돌아와 제자들에게 이렇게 말했다.

"새는 하늘을 잘 날고, 물고기는 헤엄을 잘 치고, 짐승은 땅 위를 잘 달린다는 사실을 나는 잘 안다. 달리는 것은 그물(網)로 잡을 수 있고, 헤엄치는 것은 낚시줄(綸)로 잡을 수 있고, 나는 것은 줄화살(矰)로 잡을 수 있다.

---

* 노자는 무위자연(無爲自然)을 주장한 도가(道家)의 비조(鼻祖)이다. 공자가 주(周)나라에 가서 노자에게 도(道)를 물었다는 이야기가 있어 공자보다 선배이거나 동시대 인물로 이야기하나 노자가 지은 『도덕경(道德經)』은 공자 이후에 성립되었다는 설이 유력하다. 장자는 맹자와 동시대 인물로 도가사상을 정리·완성했다. 저술로 『장자(莊子)』가 있다.

1 지금의 하남성 녹읍현(鹿邑縣).

2 수장리(守藏吏)는 미곡(米穀)의 출입을 맡은 창고지기로 보는 견해도 있으나 리(吏)는 사(史)로 보아 문서·서적을 맡은 관리로 보는 설이 더 유력하다.

至於龍 吾不能知 其乘風雲而上天也 今見老子 其猶龍乎 老子見周衰去至關 關令尹喜曰 子將隱矣 爲我著書 乃著道德五千餘言而去 莫知其所終 其後有鄭人列禦寇 蒙人莊周 亦爲老子之學 莊周著書 侮孔子而誚諸子焉

그러나 용(龍)에 대해서는 나는 아무것도 모른다. 그것은 풍운(風雲)을 타고 하늘을 오르기 때문이다. 지금 나는 노자를 만나고 왔는데 그는 마치 용과 같더구나."[3]

노자는 주나라 왕실이 쇠퇴해 가는 것을 보고 벼슬을 버리고 관(關)[4]에까지 이르렀다. 관문을 지키는 윤희(尹喜)라는 사람이,

"선생님께서는 세상에서 숨어지내시려 하시는 것 같은데 저를 위해 책을 하나 저술해 주십시오."

하고 청했다. 그래서 노자는 5천여 자로 된 『도덕경(道德經)』[5]을 지어주고 떠나갔는데 그가 끝내 어떻게 되었는지는 아무도 모른다.

그 뒤에 정나라 사람인 열어구(列禦寇),[6] 몽(蒙)[7] 지방 사람인 장주(莊周)가 있었는데 모두 노자의 학문을 연구했다. 장주는 책을 저술했는데[8] 공자를 모욕하고 제자(諸子)를 비방하였다.[9]

---

3 노자의 학문과 도덕이 너무나 넓고 위대해서 풍운을 타고 하늘을 오르는 용과 같이 그 변화를 측량할 수 없다는 말.
4 관(關)은 함곡관(函谷關)일 것으로 본다. 지금의 하남성 영보현(靈寶縣) 경내에 있다.
5 본문의 5천 언(言)은 5천 자(字)로 보아야 한다. 지금 세상이 전하고 있는 『노자(老子)』란 책이 그것이다. 『노자도덕경(老子道德經)』.
6 전국시대 사람. 황제(黃帝)와 노자의 도(道)를 신봉했고 저서로 『열자(列子)』라는 책이 있다.
7 지금의 하남성 수현(睢縣).
8 『장자(莊子)』 8권을 말한다.
9 『장자』 속에는 공자를 모욕한 내용이 많고, 또 기타 학자나 제자(諸子)들을 기롱(欺弄)한 말들이 많이 들어 있다.

7. 계란 두 개 때문에 성(城)을 버릴 것인가* — 子思與孟子

戰國時 子思居於衛 言苟變可將 衛侯曰 變嘗爲吏 賦於民 食人二雞子 故不用 子思曰 聖人用人 猶匠之用木 取其所長 棄其所短 故杞梓連抱 而有數尺之朽 良工不棄 今君處戰國之世 而二卵棄干城之將 此不可使聞於隣國也

전국(戰國)시대[1] 자사(子思)가 위(衛)나라에 있으면서 위후(衛侯)에게 구변(苟變)[2]을 장군으로 등용하도록 권했다. 그러니까 위후는,

"구변은 일찍이 관리로 있을 때 백성들로부터 세금을 거두면서 남의 계란 두 개를 먹은 일이 있소. 그래서 등용하지 않는 것이요."

라고 하였다. 그러자 자사는 이렇게 대답했다.

"성인(聖人)이 사람을 쓰는 것은 마치 목공(木工)이 재목을 다루는 것과 같아서 좋은 점을 취하고 나쁜 점을 버립니다. 그러므로 버드나무(杞)나 가래나무(梓) 같은 좋은 목재의 아름드리 재목[3]에 몇 자 썩은 부분이 있다고 하더라도 훌륭한 목수는 버리지 않습니다. 지금 임금께서는 전국시대란 어려움에 처하시어 계란 두 개 때문에 간성(干城)의 장재(將材)를 버리려 하시는데, 이러한 소문이 이웃나라에까지 들리도록 해서는 안 됩니다."

---

* 자사(子思)는 공자의 손자로 이름은 급(伋), 자가 자사이다. 아버지 이(鯉)가 일찍 죽어 공자의 가학(家學)을 이었다. 맹자(孟子)는 자사의 문인(門人)에게서 배웠다.

1 주 평왕(周平王)이 낙양(洛陽)으로 천도한 뒤로부터 위열왕(威烈王) 때, 진(晋)나라의 대부였던 한(韓)·위(魏)·조(趙) 삼가(三家)가 진나라를 3분하기 이전까지의 시기(B.C. 770~403)를 춘추시대. 이후부터 진(秦)이 6국을 병합할 때까지의 시기(B.C. 403~221)를 전국시대라 하는데 전국시대란 『전국책(戰國策)』이란 책에서 이 명칭이 유래되었다.

2 위(衛)나라 사람으로 장재(將材)였다.

3 본문의 연포(連抱)는 두 사람의 팔을 연해야 안을 수 있을 정도로 큰 재목이라는 뜻.

衛侯言 計非是 而群臣和者如出一口 子思曰 君之國事 將日非矣 君出言 自以爲是 而卿大夫莫敢矯其非 卿大夫出言自以爲是 而士庶人莫敢矯其非 詩曰 具曰予聖 誰知烏之雌雄
孟子其門人也 名軻 魯孟孫氏之後 生於鄒 幼被慈母三遷之教 長受業于子思之門 道旣通 遊齊梁不用 退與萬章之徒難疑答問 作七篇

위후가 내놓은 말은 옳지 않다고 생각되는 것도 모든 신하들의 대답이 한 입에서 나온 것 같았다. 그래서 자사는 이렇게 말했다.

"주상의 정치는 날로 글러질 것입니다. 주상께서 한번 말을 내놓으시면 스스로 옳다고 하시고 경(卿)이나 대부(大夫)도 감히 그 잘못을 바로잡으려는 자가 없습니다. 경이나 대부가 자기가 한 말을 스스로 옳다하면 사(士)나 서인(庶人)이 감히 그 잘못을 바로잡지 못합니다. 시(詩)에도 '스스로 성인(聖人)이라 하면 잘잘못조차 분별 못하네, 누가 까마귀의 자웅(雌雄)을 알랴' 했습니다."

맹자(孟子)는 그의 문인인데 이름은 가(軻)요, 노나라 맹손씨(孟孫氏)의 후예이며, 추(鄒)나라에서 났다. 어려서 그 어머니로부터 이사를 세 번 하는 가르침(三遷之教)[4]을 입었고, 장성하여 자사(子思)의 문인에게서 배웠다. 학문상의 도(道)를 통달하자 이것을 정치에 실천하려고 제(齊)나라 · 양(梁)나라[5]에 유세(遊說)했지만 쓰이지 않았다. 고향에 돌아와 제자 만장(萬章) 등의 무리와 함께 어렵고 의심스러운 문제를 토론하고 문답하여 7편의 『맹자(孟子)』를 저술했다.

---

4 맹자의 어머니가 처음 공동묘지 곁에 살았는데 어린 맹자가 장사 지내는 놀이만 해서 시장으로 이사를 했다. 그러니 이번에는 장사꾼의 놀이만 하는 것이었다. 그래서 다시 학교 부근으로 옮겼던 결과 맹자는 학습에 열중했다. 그 어머니는 비로소 여기에서 맹자를 키웠다고 한다.

5 양(梁)나라는 곧 위(魏)를 말한다. 혜왕(惠王) 때에 위 수도는 지금의 하남성 개봉(開封)인 대량(大梁)이었기 때문에 위를 양나라라고 했다. 『맹자』의 첫구절이 '孟子見梁惠王'이다.

8. 한식(寒食)의 유래* — 介子推

晉 姬姓 成王弟唐叔虞之所封也 成王幼 與叔虞戲 削桐葉爲圭曰 以此封若 史佚請擇日 王曰 吾與之戲耳 佚曰 天子無戲言 遂封唐 後世至文公霸諸侯 文公名重耳 獻公之次子也 獻公嬖於驪姬 殺太子申生

진(晉)은 성이 희(姬) 씨로 당숙우가 봉해진 나라이다.[1] 주나라 성왕(成王)이 어려서 숙우와 놀고 있을 때 오동 나뭇잎으로 규(圭)[2]를 만들어 주면서 이것을 증거로 너를 봉해주겠다 하였다. 이 말을 들은 사관 일(佚)이 아뢰었다.

"그러면 봉하실 날짜를 정해 주십시오."

"내가 그와 더불어 장난으로 한 말일 뿐이오."

"천자께서는 농담이라는 것이 없습니다."

이리하여 마침내 당(唐)에 봉하였다. 그 후 문공(文公) 대에 이르러 제후의 패자(霸者)가 되었다. 문공은 이름이 중이(重耳)로 헌공(獻公)의 둘째 아들이다.

헌공은 여희(驪姬)[3]를 총애하여, 태자 신생(申生)을 죽이고 중이를 포(蒲)[4]에서

---

* 한식(寒食)의 유래와 관계 있는 인물이다. 동지(冬至)로부터 105일째 되는 날을 한식이라고 하는데, 대개 양력 4월 4~5일 경이다. 문공의 충신 개자추(介子推)가 불에 타죽은 것을 애달프게 여겨 이날 하루 불을 사용하지 않고 찬 음식을 그냥 먹는다는 것이다. 한편, 이 시기는 건조하여 산불이 많이 나므로 불조심하라는 의미도 포함되어 있다.

1 성왕의 동생인 숙우가 당(唐) 지방에 봉해졌으므로 당숙우(唐叔虞)라 하였다. 뒤에 진(晋) 땅으로 옮겨 이것이 국호가 되었다. 춘추시대 말기 진(晋)은 한(韓)·위(魏)·조(趙)의 삼국으로 나뉘어졌다. 그래서 삼진(三晉)이라고도 한다.

2 위는 원형이고, 아래는 방형(方形)으로 되어 작위(爵位)에 따라 크기가 다르다. 제후를 봉하는 증빙(證憑).

而伐重耳於蒲 重耳出奔 十九年而後反國 嘗餒於曹 介子推割股以食之 及歸 賞從亡者狐偃趙衰顚頡魏犨 而不及子推 子推之從者 懸書宮門曰 有龍矯矯 頃失其所 五蛇從之 周流天下 龍飢乏食 一蛇割股 龍返於淵 安其壤土 四蛇入穴 皆有處所 一蛇無穴 號于中野 公曰 噫 寡人之過也 使人求之 不得 隱綿上山中

공격했다. 중이는 도망하여 이리 저리 돌아다니다가 19년 만에 귀국했다.

일찍이 조(曹)나라에 있을 때 굶주림에 시달리자 개자추(介子推)[5]가 자기의 넓적다리 살을 베어 중이에게 먹였다. 중이는 본국에 돌아가 문공이 된 다음, 망명 시에 따라 다니던 호언(狐偃)·조최(趙衰)·전힐(顚頡)·위주(魏犨)에게는 상을 주었지만 개자추에게는 아무런 혜택도 미치지 못했다. 그래서 개자추의 부하가 궁문(宮門)에 이런 글을 써 붙였다.

"용감하고 씩씩한 용 한 마리가 있었다. 그러나 그 용은 얼마 동안 있을 곳을 잃어버리고 다섯 마리의 뱀을 거느리고 천하를 유랑(流浪)했다. 용은 먹을 것이 떨어져 굶주리다 한 마리의 뱀이 자기의 넓적다리 살을 베어 용에게 먹였다. 이윽고 용은 자기가 거처하던 연못으로 되돌아가 그 나라를 안정시켰다. 네 마리의 뱀은 각기 제 굴로 들어갔는데 한 마리의 뱀만은 의지할 굴이 없이 들판에서 부르짖고 있구나."

이것을 본 문공은 '아! 과인의 잘못이로다' 하고 사람을 시켜 그를 찾게 했

3 진헌공(秦獻公)이 서융(西戎)인 여인(驪人)을 치자 여인이 한 미녀를 바쳤는데 이가 여희다. 여희는 자기 소생인 해제(奚齊)를 후계자로 삼기 위해 헌공에게 신생을 참소하여 죽게 했다.
4 지금의 산서성(山西省) 포현(蒲縣).
5 개지추(介之推)라고도 한다.

焚其山 子推死焉 後人爲之寒食 文公環綿山田封之 號曰介山 文公卒 其後遂世爲覇 歷襄公靈公成公景公厲公 至悼公覇業復盛 又歷平公昭公頃公 公室益弱 而六卿范氏知氏中行氏趙氏魏氏韓氏皆大 幽公立 晋獨有絳曲沃 餘皆入趙魏韓氏 號爲三晋 烈公立 三卿以周威烈王命爲侯

으나 찾지 못했다. 문공은 그가 면상(綿上)[6]의 산속에 숨어 있다는 말을 듣고 그 산에 불을 지르니 그는 불에 타 죽었다. 후세 사람들이 개자추가 불에 타 죽은 날을 한식(寒食)으로 삼았다. 문공은 면상 주위의 땅을 그에게 봉해 주고 이를 개산(介山)이라 이름하였다.

문공이 죽은 뒤에도 문공의 덕으로 진나라는 대대로 패자의 지위를 유지했다. 양공·영공·성공·경공·여공을 지나 도공(悼公)에 이르기까지 패업(霸業)이 다시 성하더니 또 평공·소공·경공을 지나면서 공실(公室)이 더욱 약해지고, 육경인 범 씨, 지 씨, 중행 씨, 조 씨, 위 씨, 한 씨가 모두 강대해졌다.

유공(幽公)이 즉위한 후 진은 강(絳)과 곡옥(曲沃)만 남고 나머지는 모두 조·위·한 세 성씨에게로 돌아가니 이것을 이름하여 삼진(三晉)이라 한다. 열공(烈公)이 서자 주 위열왕(周威烈王)은 삼경을 제후로 삼았다.[7](BC. 403)

---

6 산서성(山西省) 심원현(沁源縣) 경내에 있다.

7 그 후 정공(靖公) 때 삼경인 조 씨, 위 씨, 한 씨가 진나라를 분할하고 그 땅을 나누어 가지니 진나라는 대가 끊어졌다.

9. 관중과 포숙아의 우정* — 管鮑之交

齊 姜姓 太公望呂尙之所封也 後世至桓公覇諸侯 五覇桓公爲始 名小白 兄襄公無道 群弟恐禍及 子糾奔魯 管仲傅之 小白奔莒 鮑叔傅之 襄公爲弟無知所弑 無知亦爲人所殺 齊人召小白於莒 而魯亦發兵送糾 管仲嘗遮莒道 射小白中帶鉤

제(齊)는 성이 강(姜) 씨로 태공망 여상의 봉지이다. 후대 환공에 이르러 제후의 패자가 되니 오패(五覇)[1]는 제 환공에서 비롯되었다. 환공의 이름은 소백이다. 형 양공이 무도해서, 여러 아우들은 화가 자기들에게 미칠까 두려워했다.

그래서 자규(子糾)[2]는 노(魯)로 달아났는데 관중이 그를 보좌했고, 소백은 거(莒)로 달아났는데 포숙(鮑叔)이 그를 보좌했다. 양공은 동생 무지(無智)에게 시해(弑害)되고, 무지 또한 다른 사람에게 살해되니 제나라 사람들은 거에서 소백을 불러들였다.[3] 그런데 노나라도 규에게 군사를 딸리어 제나라로 들여보냈다. 규의 보좌였던 관중이 거에서 제나라로 들어가는 길을 차단하고 소백을 쏘니 화살이 소백의 허리띠 고리 쇠에 맞았다.

---

* 관중은 공자와 같은 춘추시대 인물이다. 적대 관계에 있던 제나라 환공을 도와 그를 패자(覇者)가 되게 했다. 그를 환공에게 추천한 인물은 친구인 포숙아(鮑叔牙)였다. 포숙아는 관중이 어떤 행동을 해도 그를 믿었다. 그래서 변함 없는 우정을 '관포지교(管鮑之交)'라고 일컫는다.

1 춘추시대 강성했던 다섯 제후. 여기에는 두 가지 설이 있다. 하나는 제환공·진문공(晋文公)·송양공(宋襄公)·진목공(秦穆公)·초장왕(楚莊王)이고, 다른 하나는 송(宋)·진(秦) 대신 오왕(吳王) 합려(闔廬)와 월왕(越王) 구천(勾踐)을 넣기도 한다.

2 공자 규, 양공의 동생.

3 소백을 불러들여 임금으로 삼고자 함이었다.

小白先至齊而立 鮑叔牙薦管仲爲政 公置怨而用之 仲字夷吾 嘗與鮑叔賈 分利多自與 鮑叔不以爲貪 知仲貧也 嘗謀事窮困 鮑叔不以爲愚 知時有利不利也 嘗三戰三走 鮑叔不以爲怯 知管仲有老母也 管仲曰 生我者父母也 知我者鮑子也 桓公九合諸侯 一匡天下 皆仲之謀 一則仲父 二則仲父

소백이 규보다 먼저 제나라에 들어가서 즉위했다. 포숙아(鮑叔牙)는 관중을 추천하여 제나라의 정치를 돕도록 하니, 환공(桓公)은 원한을 버려두고 그를 등용하여 정사를 맡겼다. 관중의 자는 이오(夷吾)이다.

일찍이 포숙아와 장사를 한 일이 있었는데 이익을 관중이 더 많이 차지하였으나 포숙아는 관중을 욕심쟁이라고 생각하지 않았다. 그것은 관중이 가난함을 알았기 때문이었다.

또 어느 때 관중이 포숙아와 어떤 계획을 세웠는데 이 일은 실패하여 곤궁한 처지에 이르게 되었다, 그러나 포숙아는 관중이 어리석어서 그렇다고 생각하지 않았다. 시기가 이로울 때도 있고 불리할 때도 있다는 것을 알았기 때문이었다. 언젠가 관중이 세 번 전쟁에 세 번 다 패주했는데, 포숙아는 관중이 겁장이라고 생각하지 않았다. 왜냐하면 관중에게는 늙은 어머니가 있어 그 어머니를 봉양해야 한다는 사실을 알았기 때문이었다.

관중은 포숙아의 우정에 감격하여 이렇게 말했다.

"나를 나아준 이는 부모님이지만 나를 알아준 사람은 포자(鮑子)[4]이다."

환공이 아홉 번 제후를 규합하여 천하를 바로잡은 것은 모두가 관중의 계획에서였다. 환공은 첫째도 중보(仲父)[5] 둘째도 중보라 하여 관중을 신임했다.

---

4 이를 연유하여 상대를 알아주는 친구간의 깊은 우정을 관포지교(管鮑之交)라 한다. 자(子)는 선생이란 뜻. 상대편의 성에 자(子)를 붙여 높임을 나타냈다. 노자(老子) · 공자(孔子) 등.

管仲病 桓公問 群臣誰可相 易牙何如 仲曰 殺子以食君 非人情不可近 開方何如 曰倍親以適君 非人情不可近 盖開方 故衛公子來奔者也 豎刁何如 曰自宮以適君 非人情不可近 仲死 公不用仲言 卒近之 三子專權

관중이 병이 들자 환공이 물었다.

"여러 신하들 중에 누가 재상으로 합당하오. 역아(易牙)[6]는 어떨까?"

"그는 자기 자식을 죽여서 그 살을 주상께 권했습니다. 이것은 인정에 어긋난 행동이니 이런 인물은 가까이해서는 안 됩니다."

"개방(開方)은 어떠하오?"

"개방은 부모를 배반하고 주상을 따른 사람입니다.[7] 이것도 인정에 어긋난 행동이니 이런 사람을 가까이해서는 안 됩니다."

대개 개방은 원래 위(衛) 나라의 공자(公子)로서 제(齊)나라로 도망온 자였던 때문이다. 환공은 물었다.

"수조(豎刁)는 어떠하오?"

"수조는 제 스스로 거세(去勢)하여 주상의 환심을 산 자입니다.[8] 이것도 인정이 아니니 가까이해서는 안 됩니다."

드디어 관중이 죽었다. 그러나 환공은 관중의 의견을 수용하지 않고 마침내 이들을 가까이했으므로 이들 세 사람은 권력을 함부로 휘둘렀다.

---

5 보(父)는 나이 많은 남자에 대한 미칭(美稱).

6 역아는 적아(狄牙)라고도 하는데, 요리를 잘하는 사람으로 관중이 요리를 좋아하자 자기 어린 자식을 쪄서 관중에게 바쳤다.

7 배(倍)는 배반하다(背), 적(適)은 영합(迎合)의 뜻.

8 수조(豎刁)는 제 스스로 자기의 생식기를 거세한 뒤 환관(宦官)이 되어 환공에게 접근, 그를 섬겼다.

10. 마부를 대부(大夫)로 추천하다 — 晏平仲

自桓公八世 至景公 有晏子者事之 名嬰 字平仲 以節儉力行 重於齊 一狐裘 三十年 豚肩不掩豆 齊國之士 待以擧火者七十餘家 晏子出 其御之妻 從門間窺其夫 擁大蓋策駟馬 意氣揚揚自得 旣而歸 妻請去曰 晏子身相齊國 名顯諸侯

제(齊)나라는 환공(桓公)으로부터 8대를 지나 경공(景公)에 이르러 안자(晏子)가 경공을 보좌하였다. 안자의 이름은 영(嬰), 자가 평중(平仲)인데 그는 절약에 힘쓰고 매사에 노력을 아끼지 않았으므로 제나라에서 명망이 무거웠다.

안자는 한 벌의 여우 털가죽 옷(狐裘)을 30년이나 입었고, 제사에 쓰는 돼지고기가 조두(俎豆)도 덮이지 않았다.[1] 이렇게 절약하여 제나라 선비로 안자에게 의지하여 생계를 이어가는 이가 70여 호나 되었다.[2]

어느 날 안자가 외출하는데, 그의 수레를 모는 마부의 아내가 문틈으로 안자의 행차를 엿보고 있었다. 그 남편은 큰 일산을 잡고 네 마리 말(駟馬)에[3] 채찍질하며 의기양양한 모습이 한없이 만족한 표정이었다. 남편이 집에 돌아오자 아내는 이혼하자고 했다.

"안자(晏子)님은 신분이 제나라의 재상이라는 높은 자리에 계시어 천하의 제후들에게 그 명성을 떨치는 분인데도 그 뜻을 보면 항상 공손하여 조금도 교만

---

1 돈견(豚肩)의 돈은 작은 돼지, 견은 어깨 부분 고기, 엄(掩)은 덮는다는 뜻, 두(豆)는 조두(俎豆) 곧 제기를 말한다. 제기 안에 들어가는 돼지고기, 즉 절약을 의미한다.

2 대(待)는 의지한다. 거화(擧火)는 불을 일으켜 밥을 짓는다는 뜻으로 생활을 영위해 나감을 말함.

3 네 마리 말이 끄는 수레. 부귀한 사람이 통상 타는 수레를 말한다.

觀其志 嘗有以自下 子爲人僕御 自以爲足 妾是以求去也 御者 乃自抑損 晏子怪而問之 以實對 薦爲大夫 公使晏子之晉與叔向私語 以爲齊政必歸陳氏 如其言 景公後五世 至康公田和受周安王命爲侯 遷康公海濱以死 姜氏遂絶不祀

한 빛이 없으십니다. 그런데 당신은 그 분을 위하여 마부노릇 하는 주제에 스스로 만족스러워하며 오만해 있으십니다. 첩(妾)은 이 때문에 가려는 것입니다."

남편은 크게 깨닫고, 그 후부터는 교만한 마음을 억제하여 겸손해졌다. 안자가 마부의 태도 변화를 이상하게 생각하고 까닭을 물었다. 마부는 사실대로 대답했다. 안자는 그를 대부로 추천했다.[4]

경공이 언젠가 안자를 진(晋) 나라에 사신으로 보냈다. 그는 <진의 재상인> 숙향(叔向)과 사담(私談)을 하면서

"제나라의 정사는 반드시 진씨(陳氏)에게로 돌아갈 것입니다."

라고 했는데, 과연 그의 말과 같이 되었다.

경공에서 5대를 지나 강공(康公) 때에 전화(田和)[5]가 주 안왕(周安王)의 명을 받아 제후가 되었다. 전화는 강공을 바닷가로 몰아내 죽게 하니 강(姜) 씨는 드디어 망하였다.

---

4 안자는 마부가 자기의 잘못을 고치는 데 조금도 주저함이 없는 것에 감탄하여 그를 대부로 추천했다. 후세 사람들은 자기의 하인이 비록 훌륭하다고 하더라도 자기와 같은 반열에 추천한 사실을 더욱 훌륭하게 여겼다.

5 전화(田和)는 원래 성이 규(嬀) 씨로 진(陳)나라 여공(厲公) 타(佗)의 아들 완(完)의 자손이다. 진(陳)나라에서 제나라로 도망하여 성을 진(陳)이라고 했다가 전(田)으로 고쳤다. 완은 환공(桓公)을 섬겨 공정관(工正官 : 土本長官)이 되었다. 그로부터 5대를 내려와서 경공(景公) 때 이자걸(釐子乞)이란 자가 조세(租稅) 징수를 맡았는데, 백성으로부터 받아들일 때는 작은 말을 쓰고, 내줄 때에는 큰 말을 써서 백성들의 환심을 샀다. 그 뒤에 몇 대를 지나 전화가 제나라를 완전히 빼앗았다. 이 전씨가 세운 제(齊)나라를 후세에서 전제(田齊)라고 부른다.

11. 어진 신하가 바로 보배—齊威王用賢

楚大發兵加齊 齊使淳于髡請救于趙 齎金百斤 車馬十駟 髡仰天大笑 王曰 先生少之乎 髡曰 臣見道傍 有禳田者 操一豚蹄 酒一壺 祝曰 甌窶滿篝 汙邪滿車 五穀蕃熟 穰穰滿家 臣見其所持者狹 所欲者奢 故笑之 王乃益黃金千鎰 白璧十雙 車馬百駟 髡乃行

초(楚)나라가 많은 군사를 동원하여 제나라로 침입해오자 제나라 위왕(威王)은 순우곤(淳于髡)[1]을 조(趙)나라에 보내 구원을 청하게 했다. 금(金) 1백 근과 거마 10 사(駟)[2]를 공물로 가져가도록 하자 순우곤은 하늘을 쳐다보고 크게 웃었다. 왕이 물었다.

"선생은 공물(貢物)이 너무 적다고 그러는 거요?"

"저는 오늘 이리로 오는 도중 길 옆에서 풍년을 비는 한 농부를 보았습니다. 그 농부는 작은 돼지 다리 하나와 술 한 잔을 부어 놓고는 '풍년이 들어서 밭곡식은 채롱에 가득 차고[3] 논농사는 수레에 산더미처럼 쌓이도록,[4] 모든 곡식이 잘 되어 집안에 넘치도록 해 주십시오.' 하고 빌었습니다. 신은 이 농부가 눈꼽만큼 바치고는 엄청나게 큰 것을 바라던 것이 생각나서 웃었습니다."

이 말을 들은 왕은 황금 1천 일(鎰)[5]과 흰 구슬 열 쌍, 거마 1백 사(駟)를 더

---

1 골계(滑稽)를 좋아하고 말을 잘해 제나라 사신으로 자주 각국을 방문했다.
2 말 4필이 1사(駟) 10사는 말 40필.
3 원문의 구루(甌窶)는 고지대의 메마른 땅. 곧 밭. 구(篝)는 대광주리.
4 오사(汙邪)는 저습지 즉 논.

時齊國幾不振 王乃召卽墨大夫 語之曰 自子之居卽墨也 毁言日至 然吾使人視卽墨 田野辟 人民給 官無事 東方寧 是子不事吾左右 以求助也 封之萬家 召阿大夫 語之曰 自子之守阿 譽言日至 然吾使人視阿 田野不辟 人民貧餒 趙攻鄄

주었다. 순우곤은 그제야 길을 떠났다.

이 무렵, 제나라는 거의 세력을 떨치지 못했다. 위왕(威王)은 즉묵(卽墨)[6]의 대부를 불러,

"그대가 즉묵을 다스린 뒤부터 헐뜯는 소리가 날마다 들려왔소. 그러나 내가 사람을 시켜 즉묵을 살펴보게 하였더니, 토지는 잘 개간되어 있고,[7] 백성은 넉넉하게 생활하고 있으며,[8] 관에서도 별일 없이[9] 일이 잘 처리된다고 했소. 그래서 동쪽 지방이 태평한데도 좋지 못한 소문이 들린 것은 바로 그대가 내 좌우에 있는 자들을 잘 섬겨서 그들의 도움을 얻으려 하지 않은 때문이었소"라고 칭찬하며, 1만 호(戶)를 봉해 주었다.

위왕은 또 아읍(阿邑)[10]의 대부를 불러,

"그대가 아읍을 다스리고 나서 칭찬하는 소리가 날마다 들려왔다. 그래서 내가 사람을 보내 실정을 알아보게 했더니, 토지는 황폐하고 백성들은 가난하여 굶주린다고 했다. 전일에 조(趙)나라가 우리나라 견(鄄)[11]을 공격해 왔을 때 그대는 달려와 구원하지 않았고, 위(衛)나라가 설릉(薛陵)[12]을 공격하여 빼앗아

---

5 1일(鎰)은 24량(兩), 1천 일이면 2만 4천 량.
6 지금의 산동성 즉묵현(卽墨縣).
7 벽(辟)은 벽(闢)과 같음. 개간을 말함.
8 급(給)은 넉넉하다는 뜻.
9 백성들이 안거낙업(安居樂業)하니 쟁송(爭訟) 사건이 없어 관가가 조용하다는 의미이다.
10 지금의 산동성 동평현(東平縣).
11 지금의 산동성 복현(濮縣).

子不救 衛取薛陵 子不知 是子厚幣事吾左右 以求譽也 是日烹阿大夫與嘗譽者 群臣聳懼 莫敢飾詐 齊大治 諸侯不敢復致兵 威王與魏惠王 會田於郊 惠王曰 齊有寶乎 王曰 無有惠王曰 寡人國雖小 猶有徑寸之珠 照車前後各十二乘者十枚威王曰 寡人之寶與王異 吾臣有檀子者 使守南城

갔을 때도 그대는 모르는 체했다. <그런데도 그대의 칭송만 들린 것은> 바로 그대가 내 측근들에게 후한 예물을 보내 좋게 말하도록 했기 때문이다."
하고는 그날로 아읍 대부와 전일에 그를 칭찬하던 자들을 끓는 가마솥에 넣어 삶아 죽이니 모든 신하들이 두려워서 벌벌 떨고 감히 거짓으로 꾸며 속이는 자가 없었다. 이로부터 제나라가 크게 다스려져 제후들이 다시는 감히 군사를 일으켜 침입해 오지 못하였다.

위왕이 위 혜왕(魏惠王)[13]과 함께 근교에 사냥을 갔을 때 혜왕이 물었다.

"제나라에는 보물이 있겠지요?"

"없습니다."

"과인의 나라는 비록 소국이지만 직경이 1촌(寸)이나 되는 구슬이 있는데 이것을 앞뒤에 각각 승거(乘車)[14] 12대씩을 세워 놓고 비추어도 비칠 만한 구슬이 10개가 있습니다."

"과인의 보배는 왕의 보배와는 다릅니다. 나의 신하 중에 단자(檀子)[15]란 사람이 있는데 그로 하여금 남성(南城)[16]을 지키게 하니 초(楚)나라가 사수(泗水)[17]

---

12 지금의 산동성 등현(滕縣) 경내.
13 『맹자』에 나오는 양혜왕(梁惠王)이다.
14 승거(乘車)는 전차(戰車). 승거 하나를 말 4필이 끈다.
15 제나라 대부.
16 지금의 산동성 비현(費縣).

楚不敢爲寇泗上 十二諸侯皆來朝 有盼子者 使守高唐 趙人不敢東漁於河 有黔夫者 使守徐州 則燕人祭北門 趙人祭西門 有種首者 使備盜賊 道不拾遺 此四臣者 將照千里 豈特十二乘哉 惠王有慙色

부근을 침략해 오지 못하며, 12제후가 모두 와서 조회하게 되었습니다. 또 변자(盼子)[18]란 사람이 있는데, 그에게 고당(高唐)[19]을 지키게 하니 조(趙)나라 사람이 감히 동쪽으로 하수(河水)에서 물고기를 잡지 못하고, 검부(黔夫)[20]란 사람이 있는데 그에게 서주(徐州)[21]를 지키게 한즉 연(燕)나라 사람이 북문(北門)에 가서 제사를 지내고, 조나라 사람은 서문(西門)에서 제사를 지냅니다.[22] 그리고 종수(種首)[23]란 사람이 있는데 그에게 도둑을 막게 하였더니 길에 떨어진 물건도 줍지 아니합니다. 이들 네 신하는 천 리를 비출 것이니 어찌 12승뿐이리오."

이 말을 들은 혜왕은 부끄러워하는 기색이었다.

---

17 지금의 산동성 제령현(濟寧縣) 경내.
18 제나라 대부.
19 지금의 산동성 우성현(禹城縣).
20 제나라 대부.
21 지금의 강소성(江蘇省) 동산(銅山).
22 위치로 보아 연(燕)나라는 제나라의 북쪽에 있고, 조(趙)나라는 제나라의 서쪽에 있었다. 제나라가 강성해지자 감히 제나라와의 국경 근처에서 의식(儀式)을 하지 못하여 연나라는 자기 나라의 북문에 가서 제사를 지내고, 조나라는 자기 나라 서문에 가서 제사를 지내는 것이다.
23 재나라 대부.

12. 손자(孫子)의 병법 — 孫臏破魏

魏伐韓 韓請救於齊 齊使田忌爲將 以救韓 魏將龐涓 嘗與孫臏同學兵法 涓爲魏將軍 自以所能不及 以法斷其兩足而黥之 齊使至魏 竊載以歸 至是臏爲齊軍帥 直走魏都 涓去韓而歸 臏使齊師入魏地者 爲十萬竈 明日爲五萬竈 又明日爲二萬竈 涓大喜曰

위(魏)나라가 한(韓)나라를 치자 한나라는 제(齊)나라에 구원을 청하고, 제나라는 전기(田忌)[1]를 장수로 삼아 한나라를 구원하게 하였다.

위나라 장수는 방연(龐涓)[2]이었는데, 그는 일찍이 손빈(孫臏)과 함께 병법을 배웠다. 방연이 위나라의 장수가 된 뒤, 자기의 재능이 도저히 손빈에게 미치지 못함을 알고, 장군의 위세로서 군법을 빙자하여 손빈의 두 발을 자르고 이마에는 입묵(入墨)[3]을 했다. 그 후 제나라의 사신이 위나라에 갔다가 몰래 손빈을 싣고 귀국하였다.[4]

이때에 이르러 손빈은 제나라의 군사(軍師)[5]가 되어 곧바로 위나라 수도를 공격했다. 이 소식을 들은 방연은 한나라를 버리고 급히 귀국했다.

손빈은 위나라 지역에 들어간 제나라 군사들에게 첫날에는 10만의 부뚜막(竈)을 만들고, 다음 날에는 5만, 그 다음 날에는 2만을 만들게 하였다.[6] 이것을

---

1 전국시대 제나라 사람.
2 전국시대 위나라 사람. 손빈 등과 함께 귀곡자(鬼谷子)를 따라 병법을 배웠다.
3 죄인의 면상에 먹으로 글자를 써 넣는 형벌. 경(黥).
4 제나라 사신 순우곤(淳于髡)이 위나라에 갔다가 싣고 온 것이다.
5 군대의 참모장.

我固知齊軍怯 入吾地三日 士卒亡者 過半矣 乃倍日并行逐之 臏度其行 暮當至馬陵 道陜而旁多阻 可伏兵 乃斫大樹 白而書曰 龐涓死此樹下 令齊師善射者萬弩 夾道而伏 期暮見火擧而發 涓果夜至斫木下 見白書以火燭之 萬弩俱發 魏師大亂相失 涓自剄曰 遂成豎子之名 齊大破魏師 虜太子申

본 방연은 크게 기뻐하며,

"나는 본디부터 제나라 군사가 겁(怯)이 많다는 사실을 익히 알지만 우리 땅에 들어온 지 3일 만에 도망한 사졸(士卒)이 반이 넘는구나."

하고는 이틀 길을 하루에 행군하며 추격해 왔다.

손빈은 방연의 행군 속도를 계산해 보고서 그날 해질 무렵에는 마릉(馬陵) 역[7]에 도달하리라 예상하였다. 이곳은 길이 좁고 험한 산이 양쪽에 다가 있어서 복병을 두기에 아주 알맞은 곳이었다. 손빈은 길 옆에 선 큰 나무둥치를 깎아내고, '방연이 이 나무 아래에서 죽는다'라고 흰 글씨로 써 놓고는 제나라 군사 중에서 활 잘 쏘는 만여 명의 궁수(弓手)를 가려 좁은 길 양쪽에 매복시켜 놓았다. 그리고 날이 저물어 불빛이 오르거든 활을 쏘라고 기약해 두었다.

방연이 과연 그날 밤 나무 아래에 이르렀다. 흰 글씨로 무엇인가 씌어 있기에 불을 밝혀 비춰 보았다. 그 순간 1만의 궁노(弓弩)가 일시에 발사하여 위나라 군사는 크게 허물어져 뿔뿔이 흩어져 달아났다.

방연은 스스로 목을 찔러 죽으면서 이렇게 말했다.

"기어코 그놈에게 명성을 얻게 했구나."

이리하여 제나라는 위나라 군사를 대파하고 태자 신(申)을 포로로 잡았다.

---

6 밥 지어 먹던 자리를 남겨 두어 방연이 보게 하였다.

7 지금의 산동성 복현(濮縣) 경내에 있다.

13. 빈객(賓客)을 좋아한 맹상군* — 孟嘗君好客

靖郭君田嬰者 宣王之庶弟也 封於薛 有子曰文 食客數千人 名聲聞於諸侯 號爲孟嘗君 秦昭王 聞其賢 乃先納質於齊 以求見 至則止囚欲殺之 孟嘗君使人抵昭王幸姬求解 姬曰 願得君狐白裘 蓋孟嘗君嘗以獻昭王 無他裘矣 客有能爲狗盜者

정곽군 전영이란 사람은 제(齊)나라 선왕(宣王)의 서동생으로 설(薛)에 봉해졌다. 그에게는 문(文)이라고 하는 아들이 있었는데, 문은 식객이 수천 인으로 명성이 제후들 사이에 떨쳤으니, 호를 맹상군이라 했다. 진(秦)나라 소왕(昭王)은 맹상군이 현명하다는 소문을 듣고 우선 자기 편에서 인질을 제나라에 보내고 맹상군을 보자고 청하였다. 그가 도착하자 잡아 가두고 죽이려 했다. 맹상군은 측근을 소왕의 총희(寵姬)에게 보내 구해 달라고 청하니, 희[1]는 말했다.

"맹상군께서 가지고 계신 호백구(狐伯裘)[2]를 얻고자 합니다."

그런데 호백구는 맹상군이 이미 소왕에게 바쳤고 다른 호백구는 없었다.

맹상군의 식객 중에는 개의 흉내를 내어 도둑질을 잘 하는 사람이 있어서

---

* 맹상군은 전영(田嬰)의 서자로 어릴 때부터 현명하여 아버지를 놀라게 했다. 전영의 뒤를 이어 설(薛) 땅의 지배자가 되었는데, 그는 한 가지 학문이나 기예(技藝)만 있어도 식객을 삼았으므로 재주꾼들이 사방에서 모여들었다. 당시에는 이런 공자(公子)들이 여럿 있었는데, 맹상군을 비롯하여 위(魏)의 신릉군(信陵君), 초(楚)의 춘신군(春申君), 조(趙)의 평원군(平原君)을 사군자(四君子)라 하였다.

1 희(姬)는 주(周)나라의 국성(國姓)으로서 희성(姬姓)의 여자는 다른 성의 여자보다 존귀했다. 그러므로 미인을 희라고 하고, 후에는 첩(妾)을 희라고 했다.

2 여우 겨드랑이 흰 털가죽을 모아 만든 매우 진귀한 갖옷.

入秦藏中 取裘以獻姬 姬爲言得釋 卽馳去 變姓名 夜半至函谷關 關法鷄鳴方出客 恐秦王後悔追之 客有能爲鷄鳴者 鷄盡鳴 遂發傳 出食頃 追者果至 而不及 孟嘗君歸怨秦 與韓魏伐之 入函谷關 秦割城以和 孟嘗君相齊 或毁之於王 乃出奔 初馮驩 聞孟嘗君好客而來見 置傳舍十日 彈劍作歌曰

진나라 보물 창고에 들어가서 호백구를 훔쳐다가 희에게 바쳤다. 희는 소왕에게 잘 말하여 맹상군은 풀려 날 수 있었다. 맹상군은 즉시 말을 달려 성명을 숨기고 한밤중에 함곡관(函谷關)[3]에 이르렀다.

관문(關門)의 규정은 새벽닭이 울어야 문을 열고 나그네를 통과시켜 주도록 되어 있었다. 맹상군은 진왕(秦王)이 자기를 놓아준 뒤 후회하여 추격하지 않을까 걱정이 되었다.

마침 식객 중에 닭 울음소리를 잘 내는 자가 있었는데, 그가 닭 울음소리를 내자 근방의 닭들이 일제히 홰를 치고 우는 것이었다. 관문이 열리고 드디어 인마(人馬)를 출발시켰다.[4] 관문을 나온 지 한 식경(食頃) 쯤 되어 과연 추격자가 이르렀으나 맹상군을 따를 수 없었다.

맹상군은 귀국한 뒤, 진나라에 원한을 갖고 한(韓)나라 · 위(魏)나라와 더불어 진나라를 쳐 함곡관으로 들어갔다. 진나라는 이를 당해낼 수 없어 성(城)을 떼어 주고 화친하였다. 맹상군이 제나라의 재상이 되었으나 어떤 사람이 왕에게 헐뜯어 다른 나라로 망명하였다.

전일에, 풍환(馮驩)이 맹상군이 빈객을 좋아한다는 소문을 듣고 와서 만나니 전사(傳舍)[5]에 묵게 하였다. 10일이 되자 칼을 두드리면서 노래를 불렀다.

---

3 동쪽에서 진나라로 들어가는 관문. 하남성(河南省) 영보현(靈宝縣) 남쪽에 있다.

4 원문의 발(發)은 출발, 전(傳)은 거마(車馬)와 인부(人夫).

長鋏歸來乎 食無魚 遷之幸舍 食有魚矣 又歌曰 長鋏歸來乎 出無輿 遷之代舍 出有輿矣 又歌曰 長鋏歸來乎 無以爲家 孟嘗君聞之不悅 時邑入不足以奉客 使人出錢於薛 貸者多不能與息 孟嘗君乃進驩請責之 驩往 不能與者 取其券燒之 孟嘗君怒 驩曰 令薛民親君 孟嘗君 竟爲薛公 終於薛

"장협(長鋏)[6]아 돌아가야겠다. 고기 반찬이 없구나."

<그래서> 그를 행사(幸舍)[7]로 옮겨 주니 고기 반찬이 있는데도 또,

"장협아 돌아가야겠다. 나다니려해도 탈 것이 없구나."[8]

라고 노래하는 것이었다. 그래서 대사(代舍)로 옮겨 주니, 나다닐 때는 탈 것이 있었다. 그런데도 또,

"장협아 돌아가자 가정을 꾸릴 수 없구나."

하는 것이었다. 이 말을 들은 맹상군은 불쾌했다.

이때 고을 수입으로는 식객을 접대하기에 부족하였으므로 사람을 시켜 돈을 내다 설(薛) 땅에다 돈놀이를 했는데, 빌려간 사람들이 이자를 내지 못하였다. 맹상군은 이에 풍환을 보내 독촉해 받아오게 하였다. 풍환은 가서 돈을 낼 수 없는 자들의 채권(債券)은 거두어 불태워 버렸다. 맹상군이 화를 내자 풍환은 이렇게 말했다.

"설 땅 사람들로 하여금 나으리를 친근히 여기도록 해서입니다."

맹상군은 마침내 설공(薛公)[9]이 되어 설 땅에서 일생을 다쳤다.

---

5 잠시 머물며 묵는 여관. 최하급 식객에 대한 대우.
6 장검의 이름.
7 행(幸)은 총행(寵幸), 즉 사랑한다는 뜻으로 특별 대우하는 식객이 묵는 곳.
8 신분이 높은 사람은 말이나 가마 혹은 수레를 탔다.
9 설공(薛公)은 설 땅에 봉해진 공자(公子)란 뜻으로 설 땅의 지배자.

14. 전단이 제(齊)나라를 회복하다—田單復齊

燕昭王 以齊嘗破燕之故 與諸侯合謀而攻齊 燕軍入臨淄 湣王走莒 楚將淖齒救齊 反殺湣王 而與燕共分齊之侵地 王孫賈 從湣王於莒 而失王處 其母曰 汝朝出而晚來 吾則倚門而望 汝暮出而不還 吾則倚閭而望 汝今事王 王走 汝不知處 汝尙何歸焉 賈乃攻淖齒殺之 求湣王子法章而立之 保莒以抗燕

연(燕)나라 소왕(昭王)이 제나라를 공격하자 제나라 민왕(湣王)이 거(莒)[1]로 달아났다. 초(楚)나라 장군 요치는 제나라를 구원하러 갔다가 도리어 민왕을 살해하고,[2] 연나라와 함께 침략한 제나라 지역을 나누어 가졌다. 왕손가는 거 땅까지 왕을 호종했다가 왕의 거처를 잃어버리고 귀가하니 그 어머니가 말했다.

"네가 아침에 나가 늦게 돌아오면, 나는 문간에 기대어 너를 기다리고, 네가 저녁에 나가서 돌아오지 않을 때는 나는 동구 밖에서 기다렸다. 너는 지금 임금님을 섬기다가 임금께서 달아나시어 너는 그 거처를 알지 못하는 데도 어찌 귀가했는냐?"

이 말을 들은 공손가는 이에 요치를 공격하여 죽이고 민왕의 아들 법장을 찾아 세우고는 거성을 지키며 연에 저항하였다.

이 당시 제나라의 성(城)으로 거와 즉묵(卽墨)만이 항복하지 않았는데 즉묵

1 지금의 산동성 거현(莒縣).

2 제나라를 구원하러 온 요치(淖齒)가 연나라 군사를 보니 도저히 승산이 없었다. 그리하여 연나라 악의(樂毅)와 협상하여 제나라 영토를 양측이 분할하기로 결정을 보았다. 그래서 계교를 써서 민왕을 죽였다.

時齊城惟莒卽墨不下 卽墨人推田單爲將軍 身操版鍤 與士卒分功 妻妾編於行伍 收城中得牛千餘 爲絳繒衣 畫五采龍文 束兵刃其角 灌脂束葦於尾 燒其端 鑿城數十穴 夜縱牛 壯士隨其後 牛尾熱 怒奔燕軍 所觸盡死傷 而城中鼓譟從之 聲震天地 燕軍敗走 七十餘城皆復爲齊 迎襄王於莒 封單爲安平君

單攻狄 三月不克 魯仲連曰 將軍在卽墨曰 無可往矣 宗廟亡矣

사람들은 전단을 장군으로 삼았다. 전단은 몸소 판자와 괭이를 가지고 사졸들과 노고를 같이하며,[3] 아내와 첩도 대오(隊伍 : 군대)에 편성했다.

그리고 성중을 수색하여 소 천여 마리를 구해가지고 붉은 베(布)로 옷을 만들어 입히고 그 옷에 오색 용무늬를 그렸다. 소뿔에는 칼을 붙들어 매고, 꼬리에는 기름을 부은 갈대 다발을 묶어놓았다. 성벽 여기저기에 수십 개의 구멍을 뚫고 밤이 오기를 기다렸다가 소꼬리에 매단 갈대에 불을 붙여 성벽 구멍으로 내몰고 장사(壯士)들이 그 뒤를 따랐다. 꼬리가 뜨거워진 소는 성이 나서 연나라 군중(軍中)으로 내달았고 소뿔에 받친 군사들은 모두 다 죽거나 상처를 입었다. 성중에서는 공격의 북을 울리고 군사들이 따르니 함성은 천지를 진동했다.

연나라 군사는 패하여 달아나고 70여 성은 모두 제나라로 회복되었다.

전단이 적인(狄人)을 공략하는데 석 달이 되도록 이기지 못하자 노중련(魯仲連)이 이렇게 말했다.

"장군이 즉묵에 있을 때는 '이젠 갈 곳도 없구나! 우리나라는 망했구나!' 하

3 장수가 직접 널빤지를 짊어지고, 괭이를 메고 나서서 성을 수리했다는 말.

將軍有死之心 士卒無生之氣 莫不揮泣奮臂欲戰 今將軍 東有夜邑之奉 西有淄上之娛 黃金橫帶 騁乎淄澠之間 有生之樂 無死之心 故不勝也 單明日 厲氣巡城 立於矢石之所 援枹鼓之 狄人乃下

여 장군에게는 결사(決死)의 각오가 있었고, 사졸들에게는 구차하게 살아남겠다는 생각이 없어, 모두다 눈물을 머금고 분격하여 싸우려 했습니다. 그런데 지금은 장군에게는 동쪽에 액읍(夜邑)[4]의 봉양(奉養)과 서쪽에 있는 치상(淄上)의 오락(娛樂)[5]이 있으며, 많은 재물을 소유하고[6] 치수(淄水)·민수(澠水) 사이에서 말달리는 즐거움이 있으니, 살아가는 낙만 있을 뿐 죽어야겠다는 생각은 없습니다. 그래서 이기지 못하는 것입니다."

이 말을 들은 전단은 이튿날 크게 분발해서 성을 순시한 뒤 군사들의 앞장을 서서[7] 공격의 북을 두드리니[8] 적인이 그제야 항복하였다.

4 전단의 봉지(封地). 산동성 액현(掖縣). 夜는 掖(액)으로 읽음.
5 치수에서 선유(仙遊)하며 노는 즐거움. 치수는 산동성에 있다.
6 원문의 황금으로 띠를 둘렀다는 말은 재산이 많다는 뜻.
7 옛날에는 화살과 돌이 주된 무기였다. 원문의 '화살과 돌이 떨어지는 곳(矢石之所)'이란 군진의 최선봉을 말한다.
8 옛날 전쟁터에서는 북을 울려 진격하고 징(金)을 쳐 후퇴하였다.

15. 부엌 아궁이가 개구리 운동장—趙襄子

趙簡子長子曰伯魯 幼曰無恤 書訓戒之辭於二簡 以授二子曰 謹識之 三年而問之 伯魯不能擧其辭 求其簡 已失之矣 無恤誦其辭甚習 求其簡 出諸懷中而奏之 於是立無恤爲後 簡子使尹鐸 爲晉陽 請曰 以爲繭絲乎 以爲保障乎 簡子曰 保障哉

조간자(趙簡子)[1]의 맏아들은 백로라 하고 작은 아들은 무휼이라 했다. 언젠가 간자는 두 개의 죽간(竹簡)에다 훈계하는 글을 써서 두 아들에게 주면서,

"잘 간직하여 내용을 잊지 않도록 하라."

했는데, 3년이 지나 물어보니, 백로는 그 훈계의 말을 기억하지 못했고 죽간을 찾으니 죽간도 잃어버리고 없었다. 그러나 아우 무휼은 아버지의 훈계를 환히 외고 있을 뿐만 아니라 죽간을 찾자, 그것을 품속에서 꺼내 바치는 것이었다. 그래서 아버지 간자는 무휼을 후계자로 삼았다.

간자가 윤탁(尹鐸)이라는 사람에게 진양(晉陽)을 다스리도록 하자[2] 윤탁은 진양 통치의 방법을 물었다.

"견사(繭絲)로 할까요, 아니면 보장(保障)으로 할까요?"[3]

"물론, 보장으로 할 것이오."

---

1 조(趙)는 진(晋)을 삼분한 나라의 하나. 간자(簡子)의 이름은 앙(鞅).

2 윤탁(尹鐸)은 조간자의 가신(家臣), 진양은 지금의 산서성(山西省) 태원현(太原縣).

3 견사(繭絲)는 고치실. 백성들로부터 세금을 거두어들일 때 고치로부터 실을 뽑듯이 철저하게 수탈하는 것. 보장(保障)은 울타리처럼 국방을 튼튼히 하는 것. 즉 세금을 많이 거두어 재정을 튼튼히 할 것이냐 아니면 백성을 잘 보살펴서 심복하게 함으로써 일단 국난에 처하여 목숨을 내걸고 나라를 지키는 보루가 되도록 할 것이냐는 것.

尹鐸損其戶數 簡子謂無恤曰 晉國有難 必以晉陽爲歸 簡子卒 無恤立 是爲襄子 知伯求地於韓魏 皆與 求於趙 不與 率韓魏之甲 以攻趙 襄子出走晉陽 三家圍而灌之 城不浸者三板 沈竈産鼃 民無叛意 襄子陰與韓魏約 共敗知伯 滅知氏 而分其地

간자의 이러한 대답을 들은 윤탁은 부임하여 호구(戶口) 수를 줄였다.[4] 간자가 무휼에게 이렇게 말했다.

"앞으로 진(晉)[5]에 국난(國難)이 있거든 반드시 진양으로 가거라."

간자가 죽고 무휼이 즉위하니 이가 양자(襄子)이다. 이때 지백(知伯)이 한(韓)나라와 위(魏)나라에 영토를 떼어 달라고 요구하자 그들은 모두 요구대로 주었다.

지백은 조나라에 대해서도 같은 요구를 했다. 양자가 거절하자 지백은 한나라·위나라의 군사를 거느리고 조나라를 공격해왔다. 양자가 진양으로 피하니 삼가(三家)[6]의 연합군은 진양을 포위하고 성안으로 물을 대었다. 마침내 진양성은 물바다로 변하여 성벽이 6척(尺)[7]만을 남겨 놓은 채 물에 잠겼고 부엌 아궁이에 물이 들어 개구리가 들끓어도 조양자를 배반하는 백성이 없었다.[8]

양자는 비밀리에 한나라 위나라와 약속하고 힘을 합해 지백을 패배시킨 뒤 지 씨를 멸하고 그 땅을 나누어 가졌다.

---

4 고대에는 장정을 기준하여 호구(戶口) 수에 따라 세금을 징수했다. 호구의 숫자를 줄임으로써 백성들의 조세 부담은 그만큼 경감되는 것이다.

5 조나라는 진(晉)나라로부터 나누어졌기 때문에 진(晉)이라 부른 것이다.

6 한(韓)·위(魏)와 지백(知伯).

7 당시 1판(板)이 2척(尺)이었으므로 3판은 6척이 된다.

8 윤탁이 진양을 다스릴 때 백성에게 은덕을 후하게 베풀었기 때문에 이러한 위기에 처해서도 반란을 일으킬 뜻이 전혀 없었다.

16. 대우해 주는 만큼 충성한다—豫讓報讐

襄子漆知伯之頭 以爲飮器 知伯之臣豫讓 欲爲之報仇 乃詐爲刑人 挾匕首 入襄子宮中 塗厠 襄子如厠心動 索之獲讓問曰 子不嘗事范中行氏乎 知伯滅之 子不爲報讐 反委質於知伯 知伯死 子獨何爲報讐之深也

양자(襄子)는 지백(知伯)의 해골에 옻칠을 하여 오줌통(飮器)[1]으로 만들었다. 지백의 신하 예양은 자기 주인의 원수를 갚으려고 형벌 받은 죄인(罪人)으로 위장을 하고[2] 비수(匕首)를 품고 양자의 궁중에 들어가 변소 청소 일을 하고 있었다.[3]

양자가 변소에 가는데 어쩐지 기분이 이상했다. 그래서 하인을 시켜 변소를 수색하게 했더니 예양이 잡혀왔다. 양자가 물었다.

"너는 전에 범(范) 씨와 중행(中行)[4] 씨를 섬기지 않았느냐? 지백이 그 범 씨와 중행 씨를 멸망시켰는데도 너는 그들의 원수를 갚으려 하지 않고 도리어 지백에 굴복하여 그의 부하가 되었다.[5] 그런데 지백이 죽자 너는 유독 그를 위해서 원수를 갚으려는 생각이 깊은 것은 무슨 까닭이냐?"

---

1 知伯의 知는 智로도 쓴다. '飮器'의 해석에는 두 가지 설이 있다. 즉 술 그릇이라는 설과 오줌통이라는 설이다. 여기서는 후자로 보았다.

2 고대에는 죄인의 신체 일부를 손상시켜 보통 사람과 구별하는 형벌이 많았다.

3 원문의 도(塗)는 청소, 혹은 수리(修理)의 뜻으로 해석했다.

4 춘추시대 진(晋)의 대부 사회(士會)가 범(范)을 식읍으로 받아 이것을 성으로 했다. 중행(中行)은 관명인데, 진의 순림보(荀林父)가 이 벼슬을 했으므로 그 자손들이 이것을 성으로 삼았다.

5 원문의 위질(委質)에 대한 해석도 임금에게 예물을 바쳐 신복(臣服)을 맹서한다는 뜻과, 질(質)을 신체(身体)로 보아 몸을 굽혀 공경히 받든다는 뜻이 있는데 대의(大意)는 비슷하다.

曰范中行氏 衆人遇我 我故衆人報之 知伯國士遇我 我故國士報之 襄子曰 知伯死無後 而此人欲爲報仇 眞義士也 舍之 謹避而已 讓又漆身爲癩 呑炭爲啞 行乞於市 其妻不識也 其友識之曰 以子之才 臣事趙孟 必得近幸 子乃爲所欲爲 顧不易邪 何乃自苦如此 讓曰 不可 旣委質爲臣 又求殺之

"범 씨와 중행 씨는 보통 사람으로 나를 대우했소. 그래서 나도 그들을 보통 사람으로서 보답한 것이오. 그런데 지백은 나를 국사(國士)로 대우해 주었소. 그래서 나는 국사로서 그에게 보답하려는 것이오."

이 말을 들은 양자는 놓아 주며 이렇게 말했다.

"지백이 죽고 후사가 없는데도 이 사람은 그를 위해 원수를 갚으려고 하니, 이 사람은 참으로 의사(義士)이다. 놓아주어라. 앞으로 내가 조심해서 그를 피하면 그만일 뿐이다."

예양은 몸에 옻칠을 하여 문둥병 환자인 것처럼 꾸미고, 숯불을 삼켜 목소리를 바꾼 뒤[6] 걸식을 하며 시장 바닥을 돌아다니자 자기 아내도 그를 알아보지 못하였다.

그의 친구가 그를 알아보고,

"자네와 같은 재주로 신하가 되어 조양자를 섬긴다면 반드시 마음에 들어 측근자가 될 것이네. 그런 뒤에 자네가 하고 싶은 일을 하는 것이 도리어 쉽지 않은가? 무엇 때문에 이렇게 자기 자신을 괴롭히고 있는가?"

라고 말하자, 예양은 이렇게 대답했다.

"그것은 안 될 말일세. 이미 그에게 굴하여 신하가 된 뒤에 다시 그를 죽인

---

6 여기서 아(啞)는 벙어리란 뜻이 아니고 숯불을 삼켜 쉰 목소리가 나게 하여 음성을 변조한 것.

是二心也 凡吾所爲者 極難耳 然所以爲此者 將以愧天下後世 爲人臣 懷二心者也 襄子出 讓伏橋下 襄子馬驚 索之得讓 遂殺之

다면 그것은 두 마음을 품는 것이야. 내가 하고 있는 일은 지극히 어려운 일이기는 하네. 그러나 이렇게 하는 까닭은 천하 후세에 남의 신하가 된 자로서 두 마음을 품는 불충(不忠)한 자들로 하여금 부끄러움을 느끼게 하려는 때문이네."

어느 날 양자가 외출을 했다. 예양은 다리 밑에 잠복하여 기다리고 있었다. 양자가 탄 말이 다리에 이르자 깜짝 놀라는 것이었다. 양자가 수색하게 했더니 예양이 잡혀왔다. 마침내 양자는 예양을 죽였다.

17. 말 잘하는 소진 · 장의—蘇秦張儀

秦人恐喝諸侯 求割地 有洛陽蘇秦 游說秦惠王 不用 乃往說燕文侯 與趙從親 燕資之以至趙 說肅侯曰 諸侯之卒 十倍於秦 幷力西向 秦必破矣 爲大王計 莫若六國從親以擯秦 肅侯乃資之 以約諸侯 蘇秦以鄙諺說諸侯曰

진(秦)나라는 제후(諸侯)를 협박하여 영토를 떼어 달라고 하였다. 이때 낙양(洛陽) 사람으로 소진(蘇秦)이란 이가 있었는데, 그는 먼저 진 혜왕(秦惠王)에게 가서 자기의 주장을 설득했지만 등용해 주지 않았다.

그래서 연(燕)나라로 가서 문후(文侯)를 설득하여 조(趙)나라와 합종(合從)[1]하기를 권했다. 연나라에서 그에게 여비를 주어 조나라에 이르러 조나라 숙후(肅侯)를 설득했다.

"여러 제후의 군대는 진나라 군대의 10배나 됩니다. 힘을 합해 서쪽으로 진나라를 공격한다면 반드시 깨트릴 수 있습니다. 대왕을 위한 계책으로는 지금 여섯 나라가 동맹을 맺어 진나라에 대항하는 것보다 더 나은 계책은 없습니다."

숙후도 이에 동의하고 자금을 주어 다른 제후를 설득해서 동맹을 맺게 하였다.

소진은 아주 비근한 말로 제후들을 설득했으니 이런 말이었다.

---

1 종(從)은 종(縱). 따라서 합종은 제후(諸侯)들이 남북으로 연합하여 서방의 진(秦)나라에 공동으로 대항하자는 정책. 합종책(合從策).

寧爲鷄口 無爲牛後 於是六國從合 蘇秦者 師鬼谷先生 初出遊困而歸 妻不下機 嫂不爲炊 至是爲從約長 幷相六國 行過洛陽車騎輜重 擬於王者 昆弟妻嫂 側目不敢視 俯伏侍取食 蘇秦笑曰 何前倨而後恭也 嫂曰 見季子位高金多也 秦喟然歎曰

"차라리 닭의 주둥이는 될지언정 소의 엉덩이는 되지 말라."[2]

이리하여 6국의 합종은 이루어졌다.

소진이란 사람은 귀곡 선생(鬼谷先生)의 문하에서 공부했다.[3] 일찍이 유세(遊說)하러 다니다가 뜻을 얻지 못하고 실의에 차서 초라하게 고향으로 돌아가자 그의 아내는 베틀에서 내려오지도 않고, 형수는 밥도 해주지 않았었다.

그러나 이때에 와서 합종의 우두머리가 되어 여섯 나라의 재상을 겸한 신분으로 행차가 낙양을 지나게 되었다. 거기(車騎)와 치중(輜重)[4]이 왕공(王公)에 비할 만큼 성대하니, 소진의 형제며 아내와 형수는 정면으로 그를 쳐다보지도 못하고, 부복(俯伏)하여 식사 시중을 들고 있었다. 이를 보고 소진은 웃으면서,

"전일에는 그렇게 거만했었는데 오늘은 어찌하여 이렇게 공손합니까?"

하자, 형수는,

"서방님(季子)[5]께서 고관이 되시고 부자가 되었기 때문이지요."

하였다. 이 말을 들은 소진은 이렇게 탄식했다.

---

2 닭의 주둥이는 비록 작으나 이것을 통해 식물(食物)을 먹으므로 고귀하고, 소의 궁둥이는 크기는 하나 배설(排泄)하는 곳이라 하천(下賤)하다. 이는 아무리 소국의 임금이라도 대국의 신하보다는 낫다는 비유.

3 사(師)는 스승으로 섬긴다는 동사. 귀곡(鬼谷)의 성은 왕(王), 이름은 후(詡), 그는 하남성(河南省) 등봉현(登封縣) 경내의 귀곡에 살았기 때문에 귀곡 선생이란 이름이 붙었다. 전국시대의 허다한 명사(名士)가 그 문하에서 배출되었다.

4 거기(車騎)는 거마(車馬), 치중(輜重)은 행장(行裝).

5 소진의 자(字). 소진은 아마 막내였던 모양이다.

此一人之身 富貴則親戚畏懼之 貧賤則輕易之 況衆人乎 使我有洛陽負郭田二頃 豈能佩 六國相印乎 於是 散千金 以賜宗族朋友 旣定從約歸趙 肅侯封爲武安君 其後 秦使犀首欺趙 欲敗從約 齊魏伐趙 蘇秦恐去趙 而從約解 魏人有張儀者與蘇秦同師 嘗遊楚 爲楚相所辱 妻慍有語 儀曰

"그때나 지금이나 다 같은 소진이다. 부귀하면 친척도 두려워 삼가고, 빈천하면 업신여기는데 하물며 다른 사람들이랴! 내가 낙양성 밖에 밭이라도 두어 경(頃) 있었더라면[6] 어찌 능히 6국 재상의 인(印)을 찰 수 있었겠느냐?"

그리고는 천금(千金)을 흩어 종족과 친구들에게 나누어 주었다.

소진이 합종의 맹약을 채결하고 조나라로 돌아오자 숙후는 그를 무안군(武安君)에 봉하였다.

그 후에 진나라는 서수(犀首)[7]로 하여금 조나라를 속여 합종의 맹약을 무너뜨리려고 했다. 제나라와 위나라가 조나라를 공격하자 소진은 두려워서 조나라를 떠나고 합종의 맹약은 깨어졌다.[8]

위(魏)나라 사람으로 장의(張儀)라는 자가 있었는데 소진(蘇秦)과 한 선생 밑에서 배웠다. 일찍이 초(楚)나라에서 노닐다가 초나라 재상에게 욕을 당하니[9] 그 아내가 성을 내며 불평을 하자 장의는 입을 벌리면서 이렇게 말하는 것이었다.

---

6 원문의 부곽(負郭)은 성밖의 근교(近郊), 경(頃)은 토지의 면적을 재는 단위, 1경은 1백 무(畝).

7 서수(犀首)는 관직 명. 당시 위나라 사람 공손연(公孫衍)이 진(秦)에서 이 관직에 있었다.

8 합종이 15년 만에 깨어지고 소진은 제(齊)나라에 객인(客人)으로 있던 중 제의 대부가 보낸 사람에 의해 자살(刺殺)되었다.(B.C. 317)

9 장의가 초나라 재상을 따라다닐 때 술을 먹다가 초나라 재상이 구슬을 잃어버리고는 장의를 의심하여 매질을 심히 하였다.

視吾舌 尙在否 蘇秦約從時 激儀使入秦 儀曰 蘇君之時 儀何敢言 蘇秦去趙而從解 儀專爲橫 連六國以事秦 秦惠王時 儀嘗以秦兵 伐魏 得一邑 復以與魏 而欺魏割地以謝秦 歸爲秦相 已而出爲魏相 實爲秦地 襄王時 復歸相秦 已而復出相魏以卒

"내 혓바닥이 아직 건재한가 보아주오."[10]

소진이 합종책(合從策)을 맺을 때 장의를 격분케 하여 진(秦)나라로 들어가게 했는데,[11] 장의는 이렇게 말했다.

"소군(蘇君)의 시대에 장의가 어찌 감히 말을 하겠는가."

소진이 조(趙)나라를 떠나고 합종책이 해체되자 장의는 오로지 연횡책(連橫策)[12]을 주장했으니, 6국이 연합하여 진(秦)나라를 섬긴다는 것이었다. 진나라 혜왕(惠王) 때 장의는 진나라 군대를 거느리고 위(魏)나라를 공격하여 한 고을을 얻었다가 다시 그것을 위나라에 주었다. 이는 위나라를 속여 땅을 떼어 진나라에 사례하고자 꾸민 것으로 <이 때문에> 진나라에 돌아가 제상이 되었다. 얼마 있다가 나와 위나라 재상이 되었는데, 실은 진나라를 위해 위나라를 도모하고자 함이었다. 양왕(襄王) 때에 진나라 재상에 복귀했다가 얼마 후 <진나라에서 불신하므로> 다시 위나라 재상이 되어 죽었다.

---

10 혀만 성하다면 앞으로 유세(遊說)할 수 있다는 뜻.

11 소진은 사람을 보내 장의를 부르고는 며칠 동안 강제로 억류하면서 만나주지 않다가 만나고 나서는 모욕을 주어 장의가 격노하여 진나라로 가게 하였다. 그러나 장의가 진나라로 들어갈 때에는 몰래 사람을 보내 노자를 주고서, 진나라가 조나라를 치면 합종책이 무산될까 염려하여 장의를 진나라에 들여보내 정권을 잡도록 하기 위해 그렇게 한 것임을 고백했다.

12 연횡(連橫)은 연형(連衡으로도 쓴다, 합종책이 종(從=縱)으로 연결하여 서쪽의 진(秦)나라에 대항하는 데 비하여 연횡은 종으로는 단절되고 횡으로 진나라와 연결한다는 말.

18. 완벽이란 말의 유래—完璧

(趙)惠文王 嘗得楚和氏璧 秦昭王請以十五城易之 欲不與畏秦强 欲與恐見欺 藺相如願奉璧往 城不入 則臣請完璧而歸 旣至 秦王無意償城 相如乃紿取璧 怒髮指冠 卻立柱下曰

조(趙)나라 혜문왕(惠文王)은 일찍이 초(楚)나라 화씨벽(和氏璧)[1]을 입수했다. 진(秦)나라 소왕(昭王)은 그 구슬을 15개의 성(城)과 바꾸자고 요청해왔다. 구슬을 주지 않으려니 진나라의 강성함에 겁이 나고, 주려고 하니 속임을 당할까 두려웠다.[2]

고민하고 있을 때, 인상여가 구슬을 가지고 진나라에 가겠다고 자원했다.

"성을 주지 않는다면 구슬을 온전히 가지고 돌아오겠습니다."[3]

인상여가 진나라에 이르니, 진왕(秦王)은 애당초 구슬 대신 성을 보상할 의사가 없었다. 인상여는 거짓 꾀를 써서 구슬을 찾아 가지자[4] 태도가 돌변하였다. 노기가 충천하여 머리털을 곤두세우고 뒷걸음질을 쳐 기둥 아래 버티고 서서 부르짖었다.

---

1 초(楚)나라에 변화(卞和)라는 사람이 있었는데 그는 한 덩어리의 옥석(玉石)을 얻었다. 이것을 여왕(厲王)에게 보였으나 돌덩이를 가지고 임금을 속인다고 왼쪽 발꿈치를 잘리는 형벌을 받았고, 무왕(武王) 때에도 같은 죄목으로 오른쪽 발꿈치마저 잘리게 되었다. 그 뒤 초나라 문왕(文王) 때에 와서야 이것이 가장 고귀한 옥석으로 인정을 받아 변화의 이름 자를 따서 화씨벽(和氏璧)이라 불리게 되었다. 이것이 조나라로 흘러들어가 국보가 되었다. 이 옥석으로 진시황은 천하를 통일한 뒤 옥새(玉璽)를 만들었고 이 옥새가 바로 전국새(傳國璽)이다.

2 구슬만 빼앗기고 성은 받지 못할까 걱정한 것이다.

3 완벽(完璧)이란 말이 여기서 유래하였다.

4 진왕이 구슬을 받아 보고 약속한 성(城)을 주지 않으려는 눈치를 보이자 인상여는 그 구슬에 티가 있다고 속여 자기가 그것을 확인하는 채하며 구슬을 되돌려 받았다.

臣頭與璧俱碎 遣從者懷璧間行先歸 身待命於秦 秦昭王賢而歸之 秦王約趙王會澠池 相如從 及飮酒 秦王請趙王鼓瑟 趙王鼓之 相如復請秦王 擊缶爲秦聲 秦王不肯 相如曰

"신의 머리와 이 구슬을 함께 부숴버리겠습니다."

인상여는 따라온 사람에게 구슬을 주어 사잇길로 해서 먼저 조나라로 돌려보내고, 자신은 진나라에 머물러 진왕의 명을 기다리고 있었다.[5] 진나라 소왕은 인상여가 훌륭하다고 하여 그를 돌려보내주었다.[6]

진나라 소왕은 조나라 혜문왕과 민지(澠地)에서 회견하게 되었다. 이때 인상여가 수행했다.[7] 잔치가 벌어져 진나라 소왕이 조나라 혜문왕에게 슬(瑟)을 한 번 타보라고 청했다.[8]

혜문왕은 슬을 탔다. 인상여는 다시 소왕에게 질장구를 쳐서 진나라의 가곡을 들려주기를 청했다.[9] 그러나 진왕은 거절했다. 그러자 인상여는 이렇게 소리를 질렀다.

---

5 구슬을 깨트려 버리겠다고 협박한 인상여는 일단 그것을 가지고 객사(客舍)로 돌아와 수행원에게 주어 귀국시키고는 자신은 진왕의 처분을 기다리고 있었다.

6 진왕은 인상여를 죽여도 구슬을 손에 넣을 수 없게 되자 까닭없이 조나라와 원수를 살 필요가 없어 그를 귀국시킨 것이다.

7 민지는 지금의 하남성 민지현(澠池縣). 당시 진(秦)·위(魏)·조(趙)·연(燕)의 연합군이 제나라를 공격하여 제왕(齊王)은 거(莒)로 달아났다. 이를 진·조 연합군이 공격하기로 되었는데 조는 제의 간청에 못이겨 군사를 돌리고 말았다. 진은 이것을 트집잡아 조를 공격하고, 조왕에게 민지에서 만날 것을 제의하였다. 조는 강한 진나라의 위세에 눌려 가지 않을 수는 없고, 가게 되면 진왕에게 포로될 위험이 있었다. 이 때문에 인상여가 수행하게 되었다.

8 슬은 현악기(絃樂器). 연회석에서 악기는 악공(樂工)이 타는 것이므로 임금에게 악기를 타도록 청하는 것은 군주에 대한 모욕이다.

9 질장구는 토기의 일종. 진나라는 서쪽 오랑캐의 나라였으므로 이것을 악기로 사용했다. 인상여는 진왕에게 오랑캐의 악기를 두드리며 오랑캐의 가곡을 부르도록 청함으로써 자기 나라 임금이 당한 수모를 갚으려 하였다.

五步之內 臣得以頸血濺大王 左右欲刃之 相如叱之 皆靡 秦王爲一擊缶 秦終不能有加於趙 趙亦盛爲之備 秦不敢動

"신과 대왕과는 다섯 걸음도 안 됩니다. 신의 피를 대왕에게 끼얹을 수도 있습니다."[10]

이것을 본 진왕의 측근이 인상여를 죽이려고 달려들었지만 인상여의 호통에 다들 머뭇거리며 물러났다.[11] 할 수 없이 진왕은 한번 질장구를 툭 쳤다.

이리하여 진나라는 끝내 조나라를 억압하지 못했다. 조나라 또한 진나라에 대비하여 방비를 충분히 했기 때문에 진나라는 감히 무력을 동원할 수 없었다.

---

10 조왕과 진왕의 가장 가까운 거리에 있는 사람이 인상여였다. 인상여는 자기의 청을 진왕이 거절할 경우 함께 죽겠다는 각오로 이렇게 말했다.

11 멀리 있던 진왕의 부하들이 인상여를 죽이려 하였으나 인상여는 가까이 올 경우 진왕이 먼저 해를 당할 것이라고 호통을 치자 그들은 달려들지를 못했다.

19. 두 마리 호랑이가 싸운다면 다함께 살지는 못하리라 —藺相如與廉頗

趙王歸 以相如爲上卿 位在廉頗右 頗曰 我爲趙將 有攻城野戰之功 相如素賤人 徒以口舌居我上 吾羞爲之下 我見相如必辱之 相如聞之 每朝常稱疾 不欲與爭列 出望見 輒引車避匿 其舍人 皆以爲恥 相如曰 夫以秦之威 相如廷叱之 辱其群臣 相如雖駑 獨畏廉將軍哉 顧念强秦不敢加於趙者 徒以吾兩人在也

조나라 혜문왕(惠文王)은 귀국하자 인상여(藺相如)를 상경(上卿)으로 삼으니 직위가 염파보다 높았다. 염파는 불평했다.

"나는 조나라 장수로 성을 공격하여 함락하고 야전(野戰)에서 전승을 거둔 공이 있었다. 그런데 상여는 본디 천한 신분에서 한갓 말 잘한다는 이유로 내 윗자리에 있으니, 내가 그의 아래에 있는 것은 치욕이다. 내가 상여를 만나게 되면 반드시 그를 욕보이리라."

인상여는 이 말을 듣고 조회 때마다 항상 병을 핑계하고 염파와 반열(班列)을 다투려 하지 않았다. 인상여는 문을 나섰다가도 저쪽에 인상여가 보이면 번번이 수레를 돌려 피했다. 그의 종자들이 모두들 이를 수치로 여기자 인상여는 이렇게 말했다.

"저 강포한 진나라의 위세 아래서도 나 상여는 그 왕정에서 그 임금을 꾸짖고 그 군신들을 욕보였다. 상여가 비록 노둔하다고 하더라도 홀로 염파 장군만을 두려워하겠느냐. 그러나 잘 생각해 보아라 강포한 진나라가 감히 조나라를 침략하지 못하는 것은 오직 우리 두 사람이 있기 때문이다. 그런데 지금

今兩虎共鬪 其勢不俱生 吾所以爲此者 先國家之急 而後私讐也 頗聞之 肉袒負荊 詣門謝罪 遂爲刎頸之交 惠文王子孝成王立 秦伐韓 韓上黨 降於趙 秦攻趙 廉頗軍長平 堅壁不出 秦人 行千金 爲反間曰 秦獨畏馬服君 趙奢之子括爲將耳

두 마리의 호랑이가 어울려 싸운다면 형세로 보아 다함께 살지는 못할 것이다. 내가 염파 장군을 피하는 까닭은 국가의 위급을 앞세우고 개인적인 원한은 뒤로 하기 때문이다."

이러한 말을 들은 염파는 웃통을 벗고 가시를 메고[1] 인상여에게 찾아가서 사죄했다. 이리하여 두 사람은 문경(刎頸)의 사귐[2]을 맺게 되었다.

혜문왕의 아들 효성왕(孝成王)이 서자 진나라가 한(韓)나라를 쳤는데 한나라 상당(上黨)이 조나라에 항복하자[3] 진이 조를 공격하였다. 염파는 장평(長平)[4]에 군대를 주둔시키고 성을 굳게 지키면서 나오지 않으니 진나라 사람이 천금(千金)을 뿌려 반간계(反間計)[5]를 썼다.

"진나라 군사는 오직 마복군(馬服君) 조사(趙奢)[6]의 아들 조괄(趙括)이 장수가 되는 것을 두려워할 뿐이다."

---

1 스스로 죄인임을 감수하는 행위. 즉 자기가 죄를 지었으니 이 가시나무로 때려 달라는 뜻.
2 문경(刎頸)은 목을 자름. 즉 설사 목이 달아날지라도 마음이 변하지 않는 친한 교제. 생사를 함께 하는 친한 사이.
3 상당은 산서성(山西省) 로주(潞州)에 있는 지명. 상당의 수령 풍정(馮亭)은 진(秦)나라가 날로 진격해 오니 어차피 한나라는 대응하지 못할 것이다. 진나라에 당하기보다는 원래 한 나라였던 조나라에 귀속되어 진에 대응하는 것만 못하겠다고 생각한 것이다.
4 장평은 택주(澤州)의 고평(高平) 동북쪽에 있던 성.
5 적을 이간시키는 계책.
6 조사가 조나라에 공이 있었으므로 마복군의 칭호를 받았다.

王使括代頗 相如曰 王以名使括 若膠柱鼓瑟耳 括徒能讀父書 不知合變也 王不聽 括少學兵法 以天下莫能當 與父奢言之 奢不能難 然不以爲然 括母問故 奢曰 兵死地也 而括易言之 趙若將括 必破趙軍 及括將行 其母上書言 括不可使 括至軍 果爲秦將白起所射殺 卒四十萬皆降 坑於長平

<그것을 그대로 믿고> 왕이 조괄로 염파를 대신하게 하니, 인상여가,

"임금께서 명망만을 가지고 조괄을 부리신다면 <그의 병법은> 마치 거문고의 기러기발을 아교로 붙여 놓고 거문고를 타는 것과 같습니다. 조괄은 한갓 그 아비의 책만 읽어 변화에 맞출 줄을 모릅니다."

했으나 왕이 듣지 않았다.

조괄은 어려서 병법을 배워 천하에 당할 자가 없었다. 그 아버지와 토론을 할 때 그 아버지도 어렵게 여겼지만 인정하지는 않았다.[7] 조괄의 어머니가 그 까닭을 물으니, 조사의 대답은 이러했다.

"전쟁은 죽는 곳이오. 그런데 괄은 그것을 쉽게 이야기하니, 조나라가 만약 괄을 장수로 삼는다면 반드시 조나라 군사를 파탄나게 할 것이오."

조괄이 떠나려 할 때, 그 어머니가 글을 올려 조괄을 <장수로> 삼을 수 없음을 말하였다. 조괄은 군진(軍陣)에 이르러 진나라 장수 백기(白起)에게 사살되고, 마침내 40만 대군이 모두 항복하니 장평(長平)에 파묻어 죽였다.

7 아버지 조사는 토론에서는 아들의 이론을 당할 수 없었지만 실전은 이론처럼 되는 것이 아니었기 때문에 인정할 수 없었던 것이다.

20. 모수가 자신을 추천하다—毛遂自薦

秦攻趙邯鄲 平原君求救於楚 擇門下文武備具者二十人 與之俱 得十九人 毛遂自薦 平原君曰 士處世 若錐處囊中 其末立見 今先生處門下三年 未有聞 遂曰 使遂得處囊中 乃脫穎而出 非特末見而已 平原君 乃以備數 十九人目笑之

진(秦)나라가 조(趙)나라 나라의 서울 한단(邯鄲)[1]을 공격하자 평원군(平原君)[2]이 초(楚)나라에 구원을 청하러 가게 되었다. 그는 식객 중 문무를 겸비한 자 20명을 가려 데리고 가기로 했는데 19인을 고르고 하나가 모자랐다. 이때 모수가 자기가 적임자라고 스스로 추천하고 나서자 평원군이 말했다.

"무릇 선비가 세상에서 인정을 받는 것은 마치 주머니 속에 송곳이 들어 있으면 즉시 그 끝이 보이는 것과 같소. 그런데 선생은 내 집에 3년이나 있었는데 나는 한번도 선생의 특이한 재능을 들은 일이 없소."

"이 모수를 주머니 속에 넣어주십시오. 그런다면 자루까지도 튀어나올 것인데 한갓 송곳 끝만 보일 뿐이겠습니까."

이렇게 모수가 큰 소리를 치자 평원군은 그를 넣어 20명의 수를 채웠다. 이것을 보고 먼저 선발된 19인은 눈짓으로 비웃었다.

---

1 지금의 하남성 한단현(邯鄲縣).

2 조나라 무령왕(武靈王)의 아들. 이름은 승(勝), 평원(平原)에 봉해져서 평원군이라 했다. 그는 현사(賢士)를 예우하여 집에는 식객이 몇 천 명이 있었다. 제(齊)의 맹상군(孟嘗君), 위(魏)의 신릉군(信陵君), 초(楚)의 춘신군(春申君)과 함께 전국시대 4공자(公子)로 불리었다.

至楚定從不決 毛遂按劍 歷階升曰 從之利害 兩言而決耳 今日出而言 日中不決 何也 楚王怒叱曰 胡不下 吾與而君言 汝何爲者 毛遂按劍而前曰 王所以叱遂 以楚國之衆也 今十步之內 不得恃楚國之衆也 王之命懸於遂手 以楚之强 天下莫能當 白起小豎子耳 一戰而擧鄢郢 再戰而燒夷陵 三戰而

평원군이 초나라에 도착하여 합종(合從)을 의논했으나 합의가 이루어지지 않았다. 이것을 본 모수는 칼자루를 어루만지며 계단을 올라가,

"합종의 이해는 단 두 마디 말[3]로 결단할 뿐입니다. 해뜰 무렵부터 논란을 시작하여 해가 중천에 떴는데도 결정이 나지 않는 것은 무슨 까닭입니까?."

하고 항의했다. 초나라 왕은 노해서,

"어찌하여 물러가지 않는고? 내가 너의 군(君 : 평원군)과 이야기를 하고 있는데, 너는 도대체 어떤 놈이냐?"

하며 호통을 쳤다. 모수는 면전에서 칼자루를 쥐고 말했다.

"대왕께서 이 모수에게 호통치는 까닭은 초나라 군사가 많다는 것을 믿기 때문입니다. 그러나 지금 10보 안에는 믿을 만한 초나라 군사는 없습니다. 대왕의 목숨은 이 모수의 손에 달려 있습니다. 초나라는 강성하기 때문에 천하에 대적할 자가 없습니다. 백기(白起)[4]는 어린 풋내기인데 한번 싸워서 언(鄢)과 영(郢)을 빼앗았고,[5] 두 번 싸워 이릉(二陵)을 불태웠으며,[6] 세 번 싸워 대왕의

---

3 이로움과 해로움.

4 진(秦)나라의 장수.

5 언(鄢)은 호북성(湖北省) 의성현(宜城縣), 영(郢)은 호북성 강릉현(江陵縣). 진 소왕(秦昭王)이 백기를 보내 이 두 성을 함락시켰다.

6 이릉(夷陵)은 호북성 의창현(宜昌縣)에 있던 초나라 선대왕의 묘지. 진 소공 29년에 침입하여 묘지에 불을 질렀다.

辱王之先人 此百世之怨 趙之所羞 合從爲楚 非爲趙也 王曰 唯唯 誠若先生之言 謹奉社稷以從 遂曰 取雞狗馬之血來 捧銅盤跪進曰 王當歃血以定從 次者吾君 次者遂 左手持盤 右手招十九人 歃血於堂下曰 公等碌碌 所謂因人成事者也

선군(先君)을 욕보였으니,[7] 이는 백대를 내려가도 풀리지 않을 원한이며 우리 조나라 사람까지도 수치로 여기는 것입니다. 합종의 계책은 초나라를 위한 것이지 조나라를 위한 것이 아닙니다."

그러자 초나라 왕은 말하기를,

"옳아, 옳은 말이야. 진실로 선생의 말과 같소. 삼가 사직(社稷)을 받들어 합종을 하겠소."[8]

했다. 수는,

"닭·개·말의 피를 가져오십시오."

하고, 청하여 피를 가져오자 모수는 피를 담은 구리 쟁반을 쳐들고 초왕 앞에 꿇어 앉아 아뢰었다.

"대왕께서 먼저 삽혈(歃血)[9]하여 합종의 맹약을 하십시오. 다음에는 우리 군(君)께서 하시고, 그 다음에 제가 하겠습니다."

모수는 왼손으로 동반(銅盤)을 들고 오른 손으로 19인을 불러 당(堂) 아래서 삽혈하게 하고, 꾸짖었다.

"그대들은 실로 보잘것없는 이들이오. 소위 다른 사람에게 의지하여 일을

7 백기가 이릉을 불태운 뒤 선왕의 능인 경릉(竟陵)에 이르자 초 양왕(楚襄王)은 진(陳)으로 도주하였다.

8 토지에 지내는 제사를 사(社), 곡식에 지내는 제사를 직(稷)이라 했는데 곧 국가를 상징한다. 이 말은 초나라의 전 국력을 기울여 조나라와 합종하겠다는 뜻.

9 피를 마심. 고대 맹약을 할 때는 짐승의 피를 입술에 묻혀 신의를 보였다.

平原君定從歸曰 毛先生一至楚 使趙重於九鼎大呂 以遂爲上客

성사시키는[10] 자들이란 그대들을 말함이오."

평원군은 합종을 성공시키고 귀국하여,

"모 선생이 한번 초나라에 이르자 천하에서 조나라를 구정대려(九鼎大呂)[11] 보다 더 무겁게 만들었다."

하고 모수를 상객(上客)[12]으로 삼았다.

---

10 남의 힘을 빌어 일을 성사시킴. '인인성사(因人成事)'란 말이 여기에서 유래했다.

11 구정(九鼎)은 우왕(禹王)이 9주를 상징하여 만든 아홉 개의 큰솥, 대려(大呂)는 주(周)나라 종묘(宗廟)에 있던 큰 종. 모두 천자의 무거운 권위를 상징하는 보기(寶器)이다.

12 최고의 대우를 받는 식객(食客).

21. 가난하고 천한 자가 교만하다—貧賤者驕人

魏之先 本與周同姓 文王子畢公高之後也 國絶 有苗裔曰畢萬 事晉邑于魏 數世有絳 絳後四世 有桓子者 與韓趙共滅知氏而分之 桓子之孫 曰文侯斯者 以周威烈王命爲侯 以卜子夏田子方爲師 過段干木之閭必式 四方賢士多歸之 文侯之子擊 遇子方于道 下車伏謁 子方不爲禮 擊怒曰 富貴者驕人乎 貧賤者驕人乎

위(魏)나라의 선대는 본디 주(周)나라와 같은 성씨로 문왕(文王)의 아들인 필공(畢公) 고(高)의 후예이다. 나라가 없어졌다가 후예에 필만이라는 이가 있어 진나라를 섬겨 위(魏) 땅에 터권을 잡았다. 여러 대를 거쳐 강(絳)이 있고, 강 이후 4대째가 환자(桓子)라는 사람인데 한(韓)・조(趙) 나라들과 함께 지씨(知氏)[1]를 멸하고 그 땅을 나누었다.

환자의 손자 문후(文侯) 사(斯)란 이가 주 위열왕(周威烈王)의 명으로 제후가 되어[2] 복자하(卜子夏)・전자방(田子方)을 스승으로 삼고, 단간목(段干木)의 마을을 지날 때는 반드시 식거(式車)[3]하니 사방의 어진 이들이 많이 귀의하였다.

문후의 아들 격(擊)이 길에서 전자방을 만나 수레에서 내려 허리를 굽혀 뵈었으나 자방이 답례를 하지 않았다. 격이 노해서 자방에게 물었다.

---

1 진(晋)나라의 6경 중 하나이던 지백(知伯)을 말한다.

2 위열왕 23년(B.C. 403) 진나라의 대부인 한・위・조를 제후로 인정한 것을 말한다.

3 단간목은 도를 지키면서 벼슬하지 않자 위나라 문후도 그를 손님의 예로 대접하여 그 집 앞을 지날 때는 존경하는 뜻의 예를 표시했다. 식(式)은 식(軾)으로도 쓰는데, 수레 앞쪽에 잡거나 의지할 수 있게 만든 가름대를 말하며, 식거는 수레에서 내리지는 않고 일어서서 이것을 잡고 경의를 표하는 의식이다.

子方曰 亦貧賤者驕人耳 富貴者 安敢驕人 國君驕人失其國 大夫驕人失其家 夫士貧賤者 言不用行不合 則納履而去耳 安往而不得貧賤哉 擊謝之 文侯謂李克曰 先生嘗教寡人 家貧思良妻 國亂思良相 今所相 非魏成則翟璜 二子何如 克曰 居視其所親 富視其所與 達視其所擧 窮視其所不爲 貧視其所不取 五者 足以定之矣 子夏田子方段干木 成所擧也 乃相成

"부귀한 자가 남에게 교만합니까? 가난하고 천한 자가 교만합니까?"

"역시 가난하고 천한 자가 남에게 교만합니다. 부귀한 자는 어떻게 교만합겠습니까! 국군(國君 : 제후국의 군주)이 남에게 교만하면 그 나라를 잃고, 대부가 교만하면 가문을 잃게 됩니다. 저 선비같이 가난하고 천한 자는 말이 씌어지지 않고, 행실이 합치되지 않으면 발걸음을 거두어 떠날 뿐입니다. 어디를 간들 가난하고 천한 것이야 얻지 못하겠습니까?"

그러자 격이 사과하였다. 문후가 이극(李克)에게 말하기를,

"선생께서 일찍이 과인에게 '집안이 가난하면 어진 아내를 생각하게 되고, 나라가 어지러우면 어진 재상을 생각하게 된다'라고 가르쳤습니다. 지금 재상이 될 사람은 위성(魏成)이 아니면 책황(翟璜)인데, 두 사람은 어떠합니까?"
하고 물으니, 이극이,

"평소 생활할 때는 그가 친근히 하는 사람을 보고, 부유할 때는 그가 베푸는 것을 보고, 출세했을 때는 그가 추천하는 사람을 보고, 곤궁할 때는 그가 어떤 일을 하지 않는가를 보고, 가난할 때는 그가 취하지 않는 것을 보아서 이 다섯 가지가 충족되는 사람으로 정할 것입니다."
라 하였다. 복자하 · 전자방 · 단간목은 위성이 추천한 사람들이다. 이에 위성을 재상으로 삼았다.

22. 장수가 병사의 종기를 빨아—吳起吮疽

有衛人吳起者 初仕魯 魯欲使起擊齊 而起娶齊女疑之 起殺妻以求將 大破齊師 或曰 起殘忍薄行人也 起恐得罪 亡歸魏 文侯以爲將 拔秦五城 起與士卒同衣食 卒有病疽 起吮之 卒母聞之哭曰 往年吳公吮其父 不旋踵死敵 今又吮其子 妾不知其死所矣

위(衛)나라에 오기(吳起)란 사람이 있었는데 처음 노(魯)나라에 벼슬하니 노나라에서는 오기를 시켜 제(齊)나라를 치려고 하였다. 그런데 오기의 아내가 제나라 사람이라 그를 의심하니 오기는 자기 아내를 죽이면서까지 장수 지위를 구하여 제나라 군사를 크게 깨트렸다. <그 때문에> 어떤 이가,

"오기는 잔인하고 무정한 사람이다."

하였다. 오기는 죄를 얻을까 두려워 위(魏)나라에 귀위(歸依)하니, 문후(文侯)가 장수로 삼아 진(秦)나라의 다섯 성을 빼앗았다. 오기는 사졸(士卒)들과 똑같이 생활하였는데[1] 병졸 중에 종기가 난 자가 있자 오기는 그 종기를 입으로 빨아 주었다.

병졸의 어머니는 소문을 듣고 통곡하면서 이렇게 말했다.

"과거에 오공(吳公)이 그 아버지의 <종기를> 빨아 후퇴할 줄 모르고 싸우다가 적에게 죽었는데,[2] 지금 또 그 자식을 빨았으니 나는 그가 어디에서 죽

---

1 같은 옷을 입고 같은 음식을 먹으며 같은 잠자리에서 잤다.

2 선종(旋踵)은 발길을 돌린다는 뜻으로 후퇴를 의미한다. 병졸은 자신을 사랑하는 장수를 위해 죽기살기로 싸운다는 뜻.

文侯卒子擊立 是爲武侯 武侯浮西河而下 中流顧謂吳起曰 美哉山河之固 魏國之寶也 起曰 在德不在險 昔三苗氏 左洞庭右彭蠡 禹滅之 桀之居 左河濟右泰華 伊闕在其南 羊腸在其北 湯放之 紂之國

을지 모르겠다.”

문후가 죽고 아들 격(擊)이 서니 이 이가 무후(武侯)이다. 무후가 서하(西河)[3]에서 배를 타고 내려가다가 중류에 이르러 오기를 돌아보고 말하기를,

“아름답도다. 산천의 험고(險固)함이여! 위나라의 보배로다.”

하니, 오기가,

“나라의 안위는 덕(德)에 있지 험고에 있지 않습니다. 옛날 삼묘(三苗)[4] 씨는 왼쪽에 동정호(洞庭湖)가 오른쪽에 팽려(彭蠡)가 있었지만[5] 우(禹)임금이 멸망시켰습니다. 걸(桀)[6]임금이 거하던 곳은 왼쪽에 하수(河水)와 제수(濟水)[7]가 있고 오른쪽에 태화산(泰華山)[8]이 있으며, 이궐(伊闕)[9]이 그 남쪽에 있고, 양장(羊腸)[10]이 그 북쪽에 있었으되 성탕(成湯)[11]이 추방했습니다. 상주(商紂)[12]의 나라는 왼

---

3 서하란 산서성(山西省) 서쪽 경계 부근을 흐르는 황하를 부르는 호칭이다.

4 고대 하남(河南) 형주(荊州)·양주(陽州) 지방 일대에 살던 종족.

5 동정호는 양자강 중류, 팽려는 그 아래 하류 가까이에 있는 두 개의 큰 호수. 팽려를 파양(鄱陽)이라고도 한다.

6 걸임금은 하(夏)나라 마지막 임금.

7 하수와 제수는 강 이름. 하수는 황하.

8 '泰'는 '太'로 쓴다 화주(華州) 정현(鄭縣)의 서쪽에 있는 산.

9 낙양(洛陽) 서남 60리에 있는 산.

10 곧 양장판(羊腸坂)을 말한다. 산서성 호관현(壺關縣) 동남쪽에 있다. 산 길이 양의 창자처럼 꼬불꼬불한 데서 붙여진 이름이다.

11 하(夏)나라를 멸망시키고 천하를 통일한 은(殷)나라 임금.

12 상주는 상(商) 즉 은(殷)나라 마지막 임금인 주왕(紂王) 하(夏)나라의 마지막 임금. 걸(桀)과 함께 중국의 대표적인 폭군으로 칭한다.

左孟門 右太行 恒山在其北 大河經其南 武王殺之 若不修德 舟中人皆敵國也 武侯曰善

쪽에 맹문(孟門)이 있고, 오른쪽에 태행산(太行山)이 있으며, 항산(恒山)이 그 북쪽에 있고, 큰 황하가 그 남쪽을 지나가지만 무왕(武王)이 죽였습니다. 만약 덕을 닦지 않는다면 이 배에 타고 있는 사람도 모두 적국과 같습니다."
하자, 무후가 '참으로 좋은 말'이라 하였다.

23. 신릉군(信陵君)이 누님의 나라를 구하다—信陵破秦

魏安釐王立 封公子無忌爲信陵君 無忌愛人下士 食客三千人 秦攻趙 魏王使晉鄙救之 秦昭王欲移兵 先擊救者 王恐止晉鄙兵壁于鄴 又使新垣衍說趙 共尊秦爲帝 魯仲連往見衍曰 彼秦者 棄禮義上首功之國也 卽肆然帝天下 則連有蹈東海而死耳

위(魏)나라 안리왕(安釐王)이 서서 공자(公子) 무기(無忌)[1]를 신릉군(信陵君)으로 봉하였다. 무기는 사람들을 사랑하고 선비들에게 자신을 낮추니 식객(食客)이 3천이나 되었다.

진(秦)나라가 조(趙)나라를 공격하자 위나라 임금이 진비(晉鄙)로 하여금 구원하게 하니 진나라 소왕(昭王)은 군사를 이동시켜 구원하는 자를 먼저 치려고 하였다. 위왕은 두려워서 중지하고 진비의 군사로 업(鄴)[2]에 진을 치게 하고, 또 신원연(新垣衍)으로 하여금 조나라를 설득하여 함께 진나라를 높여 황제로 삼으려 하였다. 노중련(魯仲連)[3]이 신원연을 찾아가 만나보고 말하기를,

"저 진(秦)이란 자는 예의를 버리고 수공(首功)[4]을 으뜸으로 숭상하는 나라입니다. 그러니 방자하게 천하에 황제 노릇을 한다면 이 노중련은 동해에 걸어 들어가 물에 빠져 죽을 뿐입니다."

하니, 신원연이 두 번 절하고서 이렇게 말했다.

---

1 무기는 안리왕의 이복 동생이다.

2 하동(河東)에 있는 지명.

3 제(齊)나라의 유세객(遊說客). 용기와 절개로 유명했다.

4 전쟁에서 참획한 머리 숫자를 가지고 공을 따지는 것.

衍再拜曰 先生天下士也 吾不敢復言帝秦矣 趙平原君夫人無忌姉也 趙急 使者冠盖相望 責救於無忌 無忌請於王 及使賓客 游說萬端 王不聽 客侯嬴教無忌 禱於王幸姬 竊得晉鄙兵符 且薦力士朱亥與俱 謂晉鄙合符 而疑則擊殺 而奪其軍 一如嬴言 得兵以進 大破秦兵 解邯鄲圍 而無忌不敢歸魏

"선생은 천하 제일의 선비이신데 나는 감히 다시는 진나라를 황제로 삼자는 말을 하지 않겠습니다."

조나라 평원군(平原君)[5]의 부인은 무기의 누님이었으므로 조나라는 위급하게 되자 높은 벼슬아치들이 잇따라 사자로 와서[6] 무기에게 구원을 청하였다. 무기는 직접 왕에게 청하기도 하고 빈객(賓客)으로 하여금 갖은 방법으로 설득하게 했으나 왕은 듣지 않았다.

빈객 중 후영(侯嬴)이란 사람이 <꾀를 내어> 무기에게 이렇게 가르쳐주었다.

"왕의 총애하는 여인에게 간청하여 진비의 병부(兵符)[7]를 훔쳐오도록 하십시오. 또 역사(力士) 주해(朱亥)를 추천하오니 <병부를 가지고> 함께 가서 진비에게 병부를 맞춰보도록 하여 의심을 하거든 쳐서 죽이고 그 군대를 빼앗도록 하십시오."

한결같이 후영의 말과 같이 해서 군사를 얻어 진격하여 진나라 군사를 대파하고 한단(邯鄲)[8]의 포위를 풀었다. 그러나 무기는 감히 위나라로 돌아갈 수

---

5 조나라의 공자(公子). 당시에 빈객을 좋아하던 명망 있는 공자들이 있었는데, 제(齊)의 맹상군(孟嘗君), 위의 신릉군, 초(楚)의 춘신군(春申君) 그리고 조의 평원군이 유명했다.

6 관개상망(冠蓋相望)은 높은 벼슬아치들의 행차가 서로 바라다 보일 정도로 빈번하다는 말. 관은 의관. 개는 수레의 덮개. 곧 고관의 행차.

7 병부(兵符)는 옥(玉)이나 나무 등의 조각에 전각(篆刻)을 하고 그것을 양분하여 한 쪽은 국군이 소지하고, 한쪽은 출정군의 장수가 가지고 있다가 일이 있을 때 맞추어 보고 진부(眞否)를 가리는 것.

秦伐魏 魏患之 使人請無忌 不肯歸 客毛公薛公見曰 魏急而公子不恤 一旦秦克大梁 夷先王宗廟 公子何面目立於天下乎 無忌趣駕還 諸侯聞無忌爲魏將 皆遣救 無忌率五國兵 敗秦兵於河外 追至函谷關而還

가 없었다.

진나라가 위나라를 치니, 위나라는 걱정이 되어 무기를 불렀으나 <무기는> 꺼리며 귀국하려 하지 않았다. 빈객인 모공(毛公)과 설공(薛公)[9]이 무기를 보고 말했다.

"위나라가 급하게 되었는데도 공자께서 구하지 않으시다가 하루아침에 진나라가 대량(大梁)[10]을 이겨 선왕(先王)의 종묘(宗廟)를 허물어 뜨린다면 공자께서는 무슨 면목으로 천하에 서시겠습니까?"

무기가 급히 수레를 몰아 돌아오니, 제후들은 무기가 위나라 장수가 되었다는 말을 듣고 모두들 군사를 보내 구원하였다. 무기는 다섯 나라의 군사들을 거느리고 진나라 군사를 황하 건너에서 패배시켜 함곡관(函谷關)까지 추격하고 돌아왔다.

---

8 전국시대 가장 번성했던 도시의 하나인 조나라의 서울.
9 모두 평원군의 빈객.
10 위나라의 서울인데, 여기서는 위나라를 말한다. 그래서 『맹자(孟子)』에 '맹자가 양 혜왕(梁惠王)을 만나보니 ……'라는 구절이 있다.

24. 천리마 뼈를 오백금에 사와—郭隗致士

燕姬姓 召公奭之所封也 三十餘世 至文公 嘗納蘇秦之說 約六國爲從 文公卒 易王噲立 十年 以國讓其相子之 南面行王事 而噲老不聽政 顧爲臣 國大亂 齊伐燕取之 醢子之而殺噲 燕人立太子平爲君 是爲昭王 弔死問生 卑辭厚幣 以招賢者 問郭隗曰 齊因孤之國亂 而襲破燕 孤極知燕小 不足以報

연(燕)나라의 성은 희(姬) 씨로 소공석(召公奭)의 봉지(封地)이다. 30여 대를 지나 문공(文公)에 이르러 소진(蘇秦)의 주장을 받아들여 6국과 합종(合從)의 동맹을 맺었다. 문공이 죽고 이왕(易王) 쾌(噲)가 섰는데, 10년 만에 이왕 쾌는 나라를 재상 자지(子之)에게 물려주어 남면(南面)하고서 왕의 업무를 맡아보게 하고, 자신은 늙었다 하여 정사를 보지 않으면서 도리어 신하가 되니, 연나라가 크게 혼란해졌다.

이 틈을 타 제(齊)나라는 연나라를 쳐서 그 도성을 함락하고 자지를 잡아 소금에 절이고 이왕 쾌를 죽였다.

연나라 사람들은 태자(太子) 평(平)을 임금으로 삼으니, 이가 바로 소왕(昭王)이다. 소왕은 전쟁에서 죽은 이를 조상(弔喪)하고, 산 사람을 위문하여 민심을 수습하는 한편, 겸허한 태도와 많은 예물로 어진 이를 초빙하고 또 곽외에게 묻기를,

"제나라는 우리나라가 어지러운 틈을 타서 습격하여 우리를 깨트렸소. 우리나라는 매우 작은 나라여서 원수를 갚을 수 없다는 사실은 나도 알고 있소.

誠得賢士與共國 以雪先王之恥 孤之願也 先生視可者 得身事之 隗曰 古之君 有以千金使涓人求千里馬者 買死馬骨五百金而返 君怒 涓人曰 死馬且買之 況生者乎 馬今至矣 不朞年 千里馬至者三 今王必欲致士 先從隗始 況賢於隗者 豈遠千里哉 於是 昭王爲隗 改築宮 師事之 於是 士爭趨燕

실로, 어진 사람을 얻어 국사를 함께 의논하여 선왕(先王)의 수치를 씻는 것이 나의 소원이오. 선생이 보기에 국사를 함께 의논할 만한 사람이 있으면 내가 그를 스승으로 섬기겠소."
하니, 곽외는 이렇게 말했다.

"옛날에 어떤 임금 중에 연인(涓人)[1]에게 천금(千金)을 주고서 천리마(千里馬)[2]를 구해 오도록 한 사람이 있었습니다. 그런데 그 연인은 죽은 말의 뼈를[3] 5백 금이나 주고 사가지고 돌아왔습니다. 이를 본 임금이 진노하자 연인은 '죽은 말도 그 많은 돈을 주고 샀다면 하물며 살아 있는 준마(駿馬)이겠습니까. 천리마가 당장 이를 것입니다' 했습니다. 과연 1년이 채 안 되어 천리마가 세 마리나 이르렀다고 합니다. 지금 주상께서 꼭 어진 사람을 구하시려거든 이 곽외를 먼저 쓰십시오. 그러면 저보다 어진 사람들이야 어찌 천리를 멀다 하겠습니까?"[4]

그래서 소왕은 곽외를 위하여 새로 집을 지어주고 스승으로 섬겼다. 이렇게 되자 천하의 선비들이 다투어 연나라로 몰려들었다.

---

1 임금의 좌우에서 청소를 관장하던 사람 또는 환관(宦官).
2 하루에 천리(千里)를 달린다는 준마.
3 죽은 천리마의 뼈를 말한다.
4 천리를 멀다 하지 않고 찾아온다는 말.

樂毅自魏往 以爲亞卿 任國政 已而 使毅伐齊 兵入臨淄 齊王出走 毅乘勝 六月之間 下齊七十餘城 惟莒卽墨不下

악의(樂毅)[5]는 위나라로부터 갔는데 그를 아경(亞卿)[6]으로 삼아 국정을 맡겼다.

얼마 있다가 악의를 시켜 제나라를 치게 하였는데, 군사들이 임치(臨淄)[7]에 진입하자 제나라 임금이 달아났다.[8] 악의는 승세를 타고 6개월 동안에 제나라의 70여 성(城)을 항복받고 오직 거(莒)와 즉묵(卽墨)만을 항복받지 못하였다.

---

5 성은 악(樂), 이름은 의(毅), 위(魏)나라 사람으로 전국시대에 가장 훌륭한 맹장의 한 사람이었다.

6 관직명 정경(正卿)의 다음. 당시 대국에는 3경, 소국에는 2경이 있었다.

7 임치(臨淄)는 제나라의 수도로 당시 가장 번성한 도시의 하나였다.

8 당시 제나라 임금은 민왕(湣王)으로 지금의 산동성(山東省) 거현(莒縣)에 있던 거성(莒城)으로 달아났다. 그러나 구원하러 왔던 초(楚)나라 장수에게 살해되고 그 아들 법장(法章)이 서니 이가 양왕(襄王)이다.

25. 가을바람 소슬한데 이수(易水)의 물이 차구나 — 荊軻入秦

昭王卒 惠王立 惠王爲太子 已不快於毅 田單乃縱反間曰 毅與新王有隙 不敢歸 以伐齊爲名 齊人惟恐他將來 卽墨殘矣 惠王果疑毅 乃使騎劫 代將而召毅 毅奔趙 田單遂得破燕而復齊城 惠王後 有武成王孝王 至王喜 喜太子丹 質於秦 秦王政不禮焉 怒而亡歸 怨秦欲報之 秦將軍樊於期

연(燕)나라 소왕(昭王)이 죽고, 혜왕이 섰다. 혜왕(惠王)은 태자 때부터 악의(樂毅)에 대해 불쾌한 감정을 갖고 있었다. 이에 전단(田單 : 제나라 장수)이 반간계(反間計)를 놓았다.

"악의는 새 임금과 틈이 있어 감히 귀국하지 않으려고 제나라를 친다는 구실로 머뭇거리고 있는 것이다. 그래서 제나라 사람들은 다른 장수가 와서 즉묵을 섬멸할까 두려워하고 있다."

혜왕은 과연 이 말을 듣고 악의를 의심하여 기겁(騎劫)으로 장수를 대신하게 하고 악의를 소환하였다. 그래서 악의가 신분의 위협을 느껴 조(趙)나라로 달아나자 전단은 이 기회를 타서 연나라를 깨트리고 제나라 성들을 회복하였다.

혜왕 다음에 무성왕(武成王)·효왕(孝王)이 뒤를 계승하고, 다시 왕 희(喜)에 이르렀다. 희의 태자 단(丹)이 진나라에 인질로 갔는데 진왕(秦王) 정(政)은 그를 예로 대우하지 않았다. 단은 노하여 도망해 돌아와서 진왕 정을 원망하며 복수를 하려고 벼르고 있었다. 마침 그 때 진나라의 장군 번어기(樊於期)[1]가 죄를

1 당시 진(秦)나라 승상 여불위(呂不韋)의 명으로 조(趙)나라를 치러 출정했다가 여불위의 자식

得罪亡之燕 丹受而舍之 丹聞衛人荊軻賢 卑辭厚禮請之 奉養無不至 欲遣軻 軻請得樊將軍首及燕督亢地圖以獻秦 丹不忍殺於期 軻自以意諷之曰 願得將軍之首 以獻秦王 必喜而見臣 臣左手把其袖 右 手揕其胸 則將軍之仇報 而燕之恥雪矣 於期慨然 遂自刎 丹奔往伏哭 乃以函盛其首

짓고 연나라로 망명해오자 단은 그를 받아들여 머물게 하였다.

단은 위(衛)나라 사람 형가(荊軻)[2]가 훌륭하다는 말을 듣고 겸손한 말씨와 많은 예물로 그를 초청하여 극진히 대접했다. 형가를 진나라에 보내려고 하니 형가는 번장군의 머리와 연나라 독항(督亢)의 지도를 가지고 가서 진왕에게 바치겠다고 청했다.[3]

그러나 단은 차마 번어기를 죽일 수가 없었다. 형가는 스스로 번어기를 찾아가 넌지시 그의 마음을 떠 보았다.

"장군의 머리를 얻어 진나라에 바친다면 진왕은 반드시 기뻐하여 나(臣)[4]를 만나줄 것이오. 그때 왼손으로는 그의 소매를 잡고 오른손으로 그 가슴을 찌른다면 장군의 원수도 갚고 연나라의 수치도 씻을 것입니다만……."

이 말을 들은 번어기는 감정이 격앙되어 스스로 목숨을 끊어 죽었다. 번어기의 죽음을 들은 단은 달려가 시체를 끌어안고 목을 놓아 통곡했다. 그리고 그의 머리를 상자에 담았다.

인 여정(呂政: 진시황)을 토벌한다는 기치를 내걸고 반란을 일으켰으나 패하고 연나라로 도망온 것이다.

2 전국시대 유명한 자객(刺客) 형경(荊卿) 또는 경경(慶卿)이라고도 한다.

3 진왕이 형가를 믿고 가까이 불러보게 하기 위해서는 그가 못 죽여 한하는 번어기의 머리와, 가장 탐을 내는 연나라의 평야 지대인 독항의 지도가 가장 좋은 미끼였다.

4 원문의 신하(臣)란 말은 신하가 임금에 대한 자칭(自稱)이나 고대에는 서로 이야기할 때 자칭 '臣'이란 말을 썼다.

又嘗求天下之利匕首 以藥焠之 以試人 血如縷立死 乃裝遣軻行至易水 歌曰 風蕭蕭兮 易水寒 壯士一去兮 不復還 于時 白虹貫日 燕人畏之 軻至咸陽 秦王政大喜見之 軻奉圖進 圖窮而匕首見 把王袖揕之 未及身 王驚起絶袖 軻逐之 王環柱走 秦法 群臣侍殿上者 不得操尺寸兵 左右以手搏之 且曰 王負劍

또 일찍이 구해 두었던, 세상에서 제일 날카로운 비수(匕首)에 독약을 발라서 사람에게 시험해 보았더니 피는 실오리만큼 흘렀는데도 그 사람은 즉석에서 죽었다. 이에 행장을 갖추어서 형가를 보냈다.

형가는 이수(易水)[5]에 이르러 노래를 불렀다.

"가을 바람은 소슬한데 이수 물은 차구나.
장사 한번 떠나가 다시 살아오지 아니하네."

이때 흰 무지개가 태양을 꿰뚫었는데 연나라 사람들이 두려워하였다.[6]

형가가 함양(咸陽)에 이르자 진왕 정은 크게 기뻐하여 그를 인견(引見)했다. 형가는 독항도를 받들고 나가 왕에게 바치는데 지도가 다 풀리자 그 속에서 비수가 나왔다.[7] 형가는 재빨리 비수를 집어들어 한손으로 왕의 소매를 붙잡고 찌르려 했으나 칼날이 몸에 닿기도 전에 왕이 소래를 찢고 달아났다. 형가가 쫓아가자 왕은 궁궐 기둥을 안고 요리조리 피해 다녔다.

진나라 국법에 신하가 전각(殿閣)에 오를 때는 몸에 조그만 병기도 지니지를 못하게 되어 있으므로 좌우 신하들은 손으로 형가를 쳤다. 그리고 진왕을 향해 '대왕께서는 부검(負劍)을 부검을……' 하고 소리쳤다.[8]

---

5 지금의 하남성 웅현(雄縣) 서북쪽에 있는 강.
6 흰 무지개가 해를 꿰뚫으면 불길하다는 설이 있었으므로 무슨 화가 닥칠까 두려워한 것이다.
7 지도의 두루마리 속에 비수를 감추어 가지고 갔다.

王遂拔劍 斷其左股 軻引匕首擿王 不中 遂體解以徇 秦王大怒 益發兵伐燕 喜斬丹以獻 後三年 秦兵虜喜 遂滅燕爲郡

그제야 진왕은 칼을 빼어 형가의 왼쪽 다리를 잘랐다.

형가는 왕을 향해 비수를 던졌으나 맞지 않았다. 결국 형가는 잡혀 죽고 그의 시체는 사지가 찢겨 조리돌렸다.

진왕(秦王)은 크게 노하여 더욱 군사를 내어 연나라를 치자 연은 단의 머리를 베어 <진나라에> 바쳤다. 그 후 3년 만에 진(秦)나라 군사는 연왕 희를 사로잡아 연나라를 멸망시키고 군(郡)으로 만들었다.

8 진왕은 너무 황급한 나머지 자기 등에 칼을 메고 있는 줄을 미처 깨닫지 못하므로 신하들이 깨우쳐 준 것이다.

26. 제가 만든 법에 제가 걸려—**商鞅變法**

衛公孫鞅入秦 因嬖人景監 以見孝公 說以帝道王道 三變爲覇道 而後及强國之術 公大悅 欲變法 恐天下議己 鞅曰 民不可與慮始 而可與樂成 卒定令 令民爲什伍 相收司連坐 不告姦者腰斬 告姦者 與斬敵同賞 匿姦者 與降敵同罰

위(衛)나라 사람 공손앙(公孫鞅)이 진(秦)나라에 들어가 효공(孝公)이 총애하는 신하인 경감(京監)을 통해 효공을 만날 수 있었다. 공손앙은 먼저 제왕(帝王)의 도,[1] 다음엔 왕도(王道),[2] 세 번째로 패도(覇道)[3]를 말하고, 마지막에 부국강병의 방법으로 설득했다.

공손앙의 설명을 들은 효공은 크게 기뻐하여 법속을 바꾸려고 했으나 세상 사람들이 자기를 비난할까봐 두려웠다. 그래서 공손앙이 말했다.

"무릇 백성을 다루는 데 있어서 일의 시초에 걱정할 필요는 없습니다. 다 된 후에 그것을 향수(享受)하면 됩니다."

드디어 효공은 법령을 제정했다. 그 법령은 이러하다.

"다섯 집 또는 열 집으로 한 반을 만들어 서로 감시하여 고발하게 하고,[4] 그 중에서 범죄자가 생기면 연좌죄(連坐罪)를 적용한다. 남의 나쁜 짓을 알면서 고발하지 않는 자는 허리를 베어 죽이고, 고발하는 자에게는 적을 벤 자와 동일한 상을 주며, 감춰 주는 자에게는 적에게 항복한 자와 동등한 벌을 준다.

---

1 요순(堯舜)의 치도(治道).
2 우왕(禹王)・탕왕(湯王)・문왕(文王)・무왕(武王) 같이 백성을 덕(德)으로 다스리는 정치.
3 제 환공(齊桓公), 진 문공(晋文公)과 같이 힘으로 다스리는 정치.
4 원문의 십(什)은 열, 오(伍)는 다섯, 수사(收司)는 잘못을 발견하여 관청에 보고하는 것.

有軍功者 各以率受爵 爲私鬪者 各以輕重被刑 大小戮力 本業耕織 致粟帛多者 復其身 事末利 及怠而貧者 擧以爲收孥 令旣具未布 立三丈之木於國都市南門 募民有能徙北門者 予十金 民怪之莫敢徙 復曰 能徙者予五十金 有一人徙之 輒與五十金 乃下令 太子犯法 鞅曰 法之不行 自上犯之 君嗣不可施刑

싸움에 공이 있는 자에게는 그 공에 따라 작(爵)[5]을 준다. 사사로 다투는 자는 각각 그 경중에 따라 형벌을 받는다. 빈부・귀천・남녀・노유를 불문하고 힘을 다해 농업과 길쌈을 본업(本業)으로 삼아야 하며, 많은 곡식을 관에 바친 자는 부역을 면제한다. 말리(末利)[6]를 일삼거나 게을러서 가난한 자는 전부 노비로 삼는다."

법령은 이미 제정되었지만 공포하기 전에 먼저 세 길(丈) 되는 나무를 도성의 남문에 세워 놓고 백성을 모아 이 나무를 북문까지 옮기는 자에게는 10금(金)[7]을 준다고 포고했다. 그러나 백성들은 이상하게 생각하고 이것을 운반하려는 자가 없었다. 다시 포고했다.

"이것을 옮기는 자에게는 50금(金)을 주겠다."

이번에는 어떤 사람이 그것을 북문에 옮겨 놓았다. 그러자 바로 50금을 주었다. 그리고 법령을 공포했다.

그런데 얼마 안 가서 태자가 법을 어기자 공손앙은,

"법령이 시행되지 않는 것은 신분이 높은 사람이 법령을 범하기 때문이다. 그러나 태자에게 형벌을 가할 수는 없다."

---

5 봉토(封土)를 말한다.

6 상업(商業). 옛날에는 상업은 비생산적이라 하여 말리(末利)라 하였다.

7 10금(金)은 황금 10량(兩).

刑其傅公子虔 黥其師公孫賈 秦人皆趨令 行之十年 道不拾遺 山無盜賊 家給人足 民勇於公戰 怯於私鬪 鄕邑大治 初言令不便者 來言令便 鞅曰 皆亂法之民也 盡遷之邊 民莫敢議 令民父子兄弟同室內息者爲禁 廢井田 開阡陌 更爲賦稅法 秦人富强 封鞅商於十五邑

하고, 태자의 부(傅)인 공자 건(虔)을 처벌하고, 그의 사(師) 공손가(公孫賈)에게 묵형(墨刑)을 가하자 진나라 사람들이 모두 법령을 따랐다.

이렇게 법령을 시행한 지 10년이 되자 길에 떨어진 물건도 줍는 이가 없었고, 산중에는 도둑이 없었으며, 집집마다 넉넉한 생활을 하게 되었다. 백성들은 나라를 위한 전쟁에는 용감했지만 사사로운 싸움에는 겁을 내어 시골이나 도시나 잘 다스려졌다.

처음에는 법령이 불편하다고 말하던 자들도 뒤에 와서는 새 법령이 편리하다고 말했다. 그러나 이들에 대해 공손앙은, 모두 법을 어지럽히는 백성들이라고 하며 다 변방으로 이주시켰다.

이렇게 되자 법령에 대해 이의를 제기하는 자들이 없었다.

다시 법령을 만들어 부자·형제가 한 집에 거주하는 것을 금하고,[8] 정전(井田)을 폐하고 천맥(阡陌)을 열었으며[9] 다시 새로운 부세법(賦稅法)을 마련하니 진나라가 부강해졌다. 공손앙은 그 공으로 상어(商於)[10]의 15읍을 하사받고 상

---

8 조세와 부역의 기준을 가호(家戶) 단위로 했으므로 분가하면 할수록 국가에는 더 많은 이익이 되었다.

9 정전은 주(周)나라의 토지 제도로서 10리 사방을 우물정(井)자 모양으로 9등분하여 중앙의 것을 공전(公田)으로 하여 주위의 여덟 집이 이 공전을 공동 경작하여 그 수확량을 국가에 바쳤다는 제도. 그러나 이 정전제의 실존 문제는 많은 비판을 받고 있다. 천맥법이란 동서로 난 길을 천(阡), 남북으로 난 길을 맥(陌)이라 하는데, 새로운 토지를 개간하여서 경작지를 넓힌 것이다.

號曰商君 孝公薨 惠文王立 公子虔之徒 告鞅欲反 鞅出亡 欲止客舍 舍人曰 商君之法 舍人無驗者坐之 鞅歎曰 爲法之弊一至此哉 去之魏 魏不受 內之秦 秦人車裂以徇 鞅用法酷 步過六尺者有罰 棄灰於道者被刑 嘗臨渭論囚 渭水盡赤

군(商君)이라 불리어지게 되었다.

효공이 죽고 혜문왕(惠文王)이 즉위하자 공자 건의 일파가 상앙이 반란을 일으키려 한다고 고발하였다. 상앙은 도망하여 객사(客舍)에 머물려고 하자 객사의 주인이,

"상군이 법에 따라, 증명서가 없는 사람을 재워주면 주인이 죄에 걸립니다." 하는 것이었다. 이 말을 들은 상앙은 이렇게 탄식했다.

"법령을 제정한 폐단이 여기에까지 이르렀구나!"

위나라로 갔으나 받아들이지 않고 도리어 붙잡아서 진나라로 보내자[11] 진나라는 상앙을 거열형(車裂刑)[12]에 처해서 그 시체를 조리돌렸다.

상앙은 법을 시행함에 너무나 가혹하여 보(步)[13]가 6척을 넘는 자에게도 벌이 있었고, 재를 길에 버리는 자도 벌을 받았으며, 일찍이 위수(渭水) 가에서 죄수를 판결하는데 처형당한 자의 피로 위수의 물이 모두 붉게 변했다.

---

10 지금의 하남성(河南省) 석천현(淅川縣) 서쪽이다. 상(商) 땅에 봉해진 앙(鞅)이란 뜻에서 '상앙'이라 한다.

11 원문의 내(內)는 '납'으로 읽고, '들이다(納)'의 뜻이다.

12 사지(四肢)를 말 네 마리에 매어 찢어 죽이는 형벌.

13 보(步)는 길이의 단위. 1보는 6척, 국가에서 정한 도(度)·량(量)·형(衡)의 기준을 조금만 어겨도 중형을 받았다.

3장 진(秦) · 한(漢)시대 (B.C.221 ~ A.D.220)

과감한 개혁정치로 대약진을 거듭한 진(秦)나라가 6국을 병합하여 중국을 통일한 것은 B.C. 221년이었다. 진왕(秦王) 정(政)은 천하 통일을 완성하자 자신이 중국 역사상 최초의 황제라는 뜻에서 시황제(始皇帝)라 칭하고 전국을 36군(郡)으로, 군 아래에는 현(縣)을 설치하였다. 그리고 군현에는 중앙정부에서 파견한 관리가 통치하는 제도로 지방 행정체계가 정비되니, 이것이 이른바 군현제도(郡縣制度)이다. 이 밖에 법률 · 문자 · 화폐 · 도량형도 통일하여 전 중국이 단일 제국 아래, 한 제도로 이른바 서동문(書同文 : 같은 글을 씀), 거동궤(車同軌 : 수레의 폭을 같이함)의 나라가 완성되어 중국에 명실상부한 최초의 중앙 집권체제가 성립한 것이다.

진시황의 여러 정책들은 급진적이었으며 강력했고, 이에 따른 반발도 컸으므로 탄압 또한 무자비했다. 특히 봉건적인 복고주의를 주장하는 유가(儒家)에 대한 압제는 냉혹했다. 그 대표적인 것이 분서갱유(焚書坑儒)로서 그 때문에 진시황은 중국 역사상 폭군의 대명사로 자리매김 되었다. 그러나 이러한 비난에도 불구하고, 중국의 입장에서 보면, 진시황은 엄격한 법률로 법치국가의 기반을 마련하고, 전국적인 행정조직을 능률적으로 조직함으로써 오늘날 중국이란 통일 국가의 기초를 닦은 공로는 인정해야 할 것이다.

강압적인 이러한 정책들은 진시황이 죽자마자 그 모순이 표출되기 시작했다. 유가(儒家) 지식층과 멸망당한 6국의 후예들로부터 강력한 반발을 사게 된데다 환관 조고(趙高)가 권력을 잡고 이세(二世) 황제를 조종하게 되자 진승(陳勝)과 오광(吳廣)의 봉기를 필두로 각지에서 반란이 일어났다. 그 중에서 주도권을 잡은 것은 농민 출신 유방(劉邦)과 초(楚)나라 귀족 출신 항우(項羽)의 세력이었다. 유방이 먼저 함양(咸陽)에 진입하여 진의 3세 황제 자영(子嬰)의 항복을 받으니 진은 천하를 통일한 지 3대 16년 만에 멸망하였다.(B.C. 206)

먼저 함양에 들어가 진을 멸망시켰으나 모든 면에서 열세였던 유방이, 장량(張良)의 지모와 한신(韓信)의 용병(用兵), 소하(蕭何)의 보급, 이른바 삼걸(三傑)의 공로에 힘입어, 충분치 못한 보급 때문에 허덕이던 항우군을 도처에서 격파하고 해하(垓下)의 마지막 결전에서 승리함으로써 중국은 한(漢)에 의해 통일되었다.(B.C. 202)

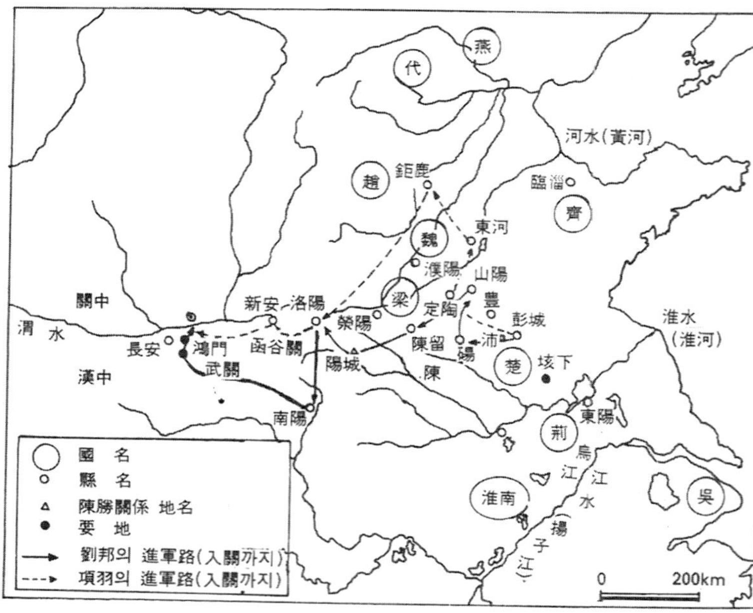

秦末楚漢 形勢圖

유방이 한나라를 건국한 뒤 가장 먼저 한 일은 진나라의 가혹했던 정책에서 고생하던 국민을 휴양시키는 일이었다. 그러나 광대한 국가를 통치하려면 진나라의 제도와 법률이 필수적임을 알았기 때문에 진의 법률제도는 그대로 준용(準用)하면서 운용의 묘를 살림으로써 민심도 얻고 국가 통치도 효율적으로 해 나갈 수 있었다. 초기의 지방 통치는 봉건제도와 군현제도를 절충한 군국제도(郡國制度)를 시행하다가 점차 중앙 집권적 통치체제로 전환시켜 갔다.

또 지배자의 논리로 유교주의(儒敎主義)가 유효함을 깨닫고 이를 채용함으로써 무제(武帝) 때에 와서 유교는 정치지도 이념으로 확고한 지위를 획득하게 되었다. 이제까지 다양했던 제자백가적 사상이 유교사상으로 통일되어 국가의 통치이념을 단일화한 것이다. 이러한 한나라와 유교주의의 결합은 이후 2천 년간에 걸친 중국 왕조의 성격을 결정짓게 되었다.

그러나 한나라도 건국한 지 200여 년이 되자 왕조적 말기 현상이 노정되어 쇠망의 길로 빠지게 되었다. 정치가 문란해진데다 어린 임금들이 즉위하여 외척들이 득세하게 되자 정권은 외척들의 수중에서 놀아나게 되었다. 그 대표적인 인물이 왕망(王莽)이었다. 왕망은 교묘한 술책으로 민심을 얻어 전한(前漢)의 마지막 황제인 유자(孺子) 영(嬰)으로부터 선양(禪讓)의 형식으로 왕위를 찬탈하니, 전한은 건국한 지 15대 210년 만에 망하고 왕망의 신(新)이 건국되었다.(A.D. 8)

교묘한 술책으로 황제 자리를 차지한 왕망(王莽)의 통치철학은 이른바 '이상 사회(理想社會)'였던 주대(周代)의 제도를 재현하는 것이었지만, 사회가 발전하면 제도도 바뀌어야 한다는 평범한 진리를 깨닫지 못한 망상이었다. 과감한 고대(古代)로의 회귀(回歸)는 혼란만 가중될 뿐이었다. 드디어 왕망의 개혁정치가 실패하고 각지에서 반란이 일어났는데, 그 중 전한 경제(景帝)의 후예인 유수(劉秀)가 장안(長安)을 점령하여 한나라 왕조를 다시 일으키니 이가 곧 후한(後漢) 광무제(光武帝)이다.(A.D. 25)

광무제는 전한의 유교주의 정책보다 더욱 철저하게 유교적 예교주의(禮敎主義) 정치 기반을 세워나갔다. 충(忠)과 효(孝)를 강조하여 이를 향촌(鄕村)에 보급시키며, 관리 임용의 기준도 충효를 덕목으로 하자 후한은 철저한 유교국가로 성장하였다.

한편, 후한시대는 외교적으로 전한시대에 개척·확보한 서역(西域)의 경영에 노력하여 성공한 시기이다. 전한 말기에 팽창하던 흉노는 남북으로 분열되어 있었는데, 이 틈을 타서 후한은 남흉노를 쳐서 항복받고 파밀고원 너머까지 진출하였다. 이는 북흉노를 견제하기 위해 취한 정책이었지만 자연히 당시 소아시아 지방까지 세력을 뻗친 로마 세력과도 접촉하게 되어 동서 교역로는 완전히 뚫리게 되었다. 이 서역 경영에서 큰 공을 세운 이는 반초(班超)였다.

후한은 3대 장제(章帝)까지만 해도 제법 평온하였으나 10세로 즉위한 화제(和帝) 때부터 계속 어린 황제가 즉위하여 황태후(皇太后)가 섭정하면 실권은 외척(外戚)에게 돌아가는 현상이 되풀이되었다. 또 성장한 황제가 외척 세력을 견제하려고 측근의 환관을 이용하게 되자 한갓 황제의 수족(手足)과 같은 심부름꾼에 불과한 환관이 하나의 세력으로 등장하였다. 외척은 황제가 바뀌면 사람이 바뀌지만 환관은 그들이 분열되지 않는 한 언제나 동일 세력이었다. 때문에 황제의 지위도 환관 세력과 결탁해야만 보장되는 '환관의 시대'가 된 것이다.

때문에 『후한서(後漢書)』의 저자인 범엽은 '전한은 외척으로 망했고, 후한은 환관에 의해 멸망했다'고 갈파하였다.

황제의 지위와 권력이 외척과 환관에 의해 농단되자 정치는 부패하고 나라는 어지러워졌다. 이때 환관의 세력을 꺾어 정치도의를 확립해야 한다고 주창한 한 부류가 있었느니 유학자와 태학생(太學生)들이었다.

광무제에 의해 채택된 유교적 예교주의 정책은 후대로 내려 오면서 고질화(固疾化)되었다. 관리의 승진은 그 능력보다는 덕행과 명절(名節)로 결정되었다. 그리하여 어떤 유학자들은 환관에 의해 독점되던 정치의 부조리를 정면으로 공격해서 태학생들로부터 대단한 인기를 얻기도 했다. 이에 대해 환관들은 유학자와 태학생이 당(黨)을 만들어 반정부적 항거를 한다고 탄압하니 이것이 이른바 '당고(黨錮)의 옥(獄)'(166)이다.

이렇게 중앙에서 정권 다툼이 벌어지는 사이, 지방에는 호족들에 의한 농민 수탈이 가속화되고 그 반발로 각처에서 민란이 빈발하였다. 그 대표적인 것이 황건적(黃巾賊)의 난(亂)이었는데, 이 도교(道敎)에 토대를 둔 종교적인 반란의 여파는 매우 컸다.

이때 새로운 외척으로 등장한 하진(何進)이 환관을 제거할 목적으로 변방의 무장 세력을 중앙으로 끌어들이자 대권은 군웅(群雄)의 수중으로 들어갔다. 그리하여 결국 후한은 이들 군웅 중의 하나였던 조조(曹操)의 아들 조비(曹丕)에 의해 멸망하였다.(220)

1. 형명학(刑名學)* 을 토대로 천하 통일—秦之統一

秦始皇帝 名政 始生于邯鄲 昭襄王時 孝文王柱爲太子 有庶子楚 爲質于趙 困不得志 陽翟大賈呂不韋 適趙見之曰 此奇貨可居 因以財結之 乃適秦 因太子妃華陽夫人姉 以說妃立楚爲適嗣 不韋因納邯鄲美姫 有娠而獻于楚 生政 實呂氏 孝文王立 參日而薨 楚立是爲莊襄王 四年薨 政生十三歲矣

진시황의 이름은 정(政), 한단(邯鄲)[1]에서 태어났다. 소양왕 때, 효문왕 주(柱)가 태자가 되었는데, 태자의 서자 초(楚)가 인질이 되어 조(趙)나라에 있었다. 뜻을 얻지 못하여 곤경에 처해 있을 때, 양책(陽翟)[2]의 거상(巨商) 여불위가 때마침 보고는 '이는 기이한 보배라 손에 넣어 둘 만하다' 하고 돈을 써서 관계를 맺었다.

그러고는 진(秦)나라에 가서 태자비 화양부인(華陽夫人)의 언니를 통해 태자비를 설득, 초를 후사(後嗣)로 삼게 했다.

여불위가 한단의 미희(美姫)를 얻어 임신시켜 초에게 바쳐 정을 낳았으니, 정은 사실 여(呂) 씨이다. 효문왕은 즉위한 지 3일 만에 죽고, 초가 즉위하니 이가 장양왕인데, 재위 4년에 죽자, 정은 열세 살이었다. 드디어 왕위에 오르

---

* 전국시대 법가(法家)의 한 갈래. 한(韓)나라 신불해(申不害)로부터 시작되었는데, 그 요점은 명(名 : 관리의 주장)과 실(實 : 관리의 실적 · 실제)을 엄격히 구분하고 공과를 엄격히 따져서 상벌에 엄정해야 한다는 것이다. 그의 주장은 한비(韓非)에 의해 집대성되고, 이사(李斯)에 의해 중형주의(重刑主義)로 분식(扮飾)되어 진나라에서 시행됨으로써 천하 통일에 이바지하였다.

1 한단은 조(趙)나라 서울.

2 한(韓)나라 서울. 하남성(河南省) 우현(禹縣).

遂立爲王 母爲太后 不韋在莊襄王時 已爲秦相國 至是封文信侯 太后復與不韋通 王旣長 不韋事覺自殺 太后廢處別宮 茅焦諫 母子乃復如初 秦宗室大臣議曰 諸侯人來仕者 皆爲其主游說耳 請一切逐之 於是大索逐客 客卿李斯上書曰 昔穆公取由余於戎 得百里奚於宛 迎蹇叔於宋

고, 어머니는 태후가 되었다.

여불위는 장양왕 재위 시 이미 진나라 제상이 되었는데, 이때에 와서 문신후에 봉해지고, 태후는 다시 여불위와 사통(私通)하였다. 왕이 장성하게 되자 여불위는 사실이 탄로나 자살하고, 태후는 별궁에 유폐되었다가 모초(茅焦)가 간하여 모자의 관계가 전처럼 회복되었다.

진(秦)나라의 왕족과 대신들이 회의를 열어 이렇게 의논했다.

"다른 제후국에서 들어와 벼슬하는 이들은 모두 자기들의 임금을 위해 유세(遊說)하고 있는 것이니 일체 쫓아내소서."

이리하여 대대적인 수색이 벌어져 객인(客人)들을 쫓아내기 시작했다. 객경(客卿)[3] 이사는 이에 반대하는 글을 올렸다.

"옛날 진 목공(秦穆公)께서는 서융(西戎)에서 유여(由余)[4]를 초취(招取)하셨으며, 완(宛)에서 백리해(百里奚)[5]를 얻으셨고, 송(宋)에서 건숙(蹇叔)[6]을 맞아오셨으

---

3 객경이란 다른 제후국 사람으로 진나라에서 벼슬하는 사람. 이사는 진시황(秦始皇) 때 승상(丞相)이 되어 군현제도(郡縣制度)를 제정하고, 소전(小篆)을 창안하여 문자를 통일하는 등 통일 진나라의 기초를 닦는 데 공을 세웠으나, 이세(二世) 때에 조고(趙高)의 모함을 받아 죽음을 당했다. 이것이 유명한 축객서(逐客書)이다.

4 본디 진(晋)나라 사람으로 서융(西戎)으로 도망했다가 진(秦)나라에 사신으로 왔는데 목공의 만류로 계속 진나라에 머물렀다.

5 우(虞)나라 사람으로 우나라가 망하자 여기저기 유망(流亡)하다가 초나라 사람에게 붙잡혔다. 진 목공은 그가 훌륭하다는 말을 듣고 값비싼 산양(羖) 가죽 다섯 장을 주고 속(贖)하여 데려

求丕豹公孫枝於晉 幷國二什 遂霸西戎 孝公用商鞅之法 諸侯親服 至今治强 惠王用張儀之計 散六國從 使之事秦 昭王得范雎强公室 此四君者 皆以客之功 客何負於秦哉 泰山不讓土壤故大 河海不擇細流故深 今乃棄黔首以資敵國 卻賓客以業諸侯

며, 진(晋)에서 비표(丕豹)와 공손지(公孫枝)[7]를 데려다가 쓰셨습니다. 그리하여 20여 국을 아울러 드디어 서융(西戎)의 패자가 되셨습니다.

또 효공(孝公)께서는 상앙(商鞅)의 법(法)[8]을 채용하시어 이로부터 제후는 진나라에 신복(臣服)하여 오늘에 와서는 나라는 잘 다스려지고 군사는 강성하게 되었습니다. 혜왕(惠王)께서는 장의(張儀)[9]의 계획을 받아들여 6국의 합종(合從)을 깨트리고 그들로 하여금 진나라를 섬기도록 했으며, 소왕(昭王)께서는 범수(范雎)를 얻어 공실(公室)을 강성하게 하였습니다. 이들 네 분 임금님들께서 성취한 업적들은 모두 객경들의 공로인데 객인들이 진나라에 무슨 잘못이 있습니까?

태산은 한 줌의 흙을 물리치지 않기 때문에 크고, 하수(河水)와 바다는 한 가닥 물도 가리지 않기 때문에 깊은 것입니다.[10] 지금 축객령(逐客令)은 검수(黔首)[11]를 버려 적국을 돕고, 빈객을 물리쳐서 제후를 이롭게 하는 것이니 이른

다 국정을 맡겼다. 백리해의 공으로 목공은 오패(五霸)의 하나가 되었다. 그래서 오고대부(五羖大夫)라고 부른다.

6 목공을 섬겨 대부(大夫)가 되었다.

7 비표(丕豹)는 그 아버지 비정(丕鄭)이 피살되자 진(秦)나라로 망명했고, 공손지의 자(字)는 자상(子桑)으로 맹명(孟明)이란 현인을 추천하여 진(秦)이 서융의 패자가 되게 했다.

8 제2장 26절 참조

9 위나라 사람. 연횡책(連橫策)을 주장했다.

10 태산은 산동성 연주(兗州)에 있는, 고래로 중국에서 신성시하던 큰 산이고, 하수는 황하.

所謂藉寇兵而齎盜糧者也 王乃聽李斯 復其官 除逐客令 斯楚人 嘗學於荀卿 秦卒用其謀 幷天下 有韓非者 善刑名 爲韓使秦 因上書 說秦滅韓 王悅之 斯疾而間之 遂下吏 斯遺之藥令自殺

바 적에게 병기를 빌려주고 도둑에게 양식을 보내 주는 격입니다."

진왕은 이사의 말을 듣고 그의 관직을 회복하고 축객령을 철회했다.

이사는 초나라 사람으로 일찍이 순경(荀卿)[12]에게 글을 배웠다. 진나라는 마침내 그의 계책을 써서 천하를 아울렀다.

한비(韓非)란 자가 있었는데, 형명학(刑名學)을 잘하였다. 한(韓)나라를 위해 진(秦)나라에 사신으로 갔다가 진왕에게 글을 올려 한나라를 멸하도록 유세하니 진왕이 기뻐하였다.[13] 이에 이사가 질투하여 이간질을 해서 드디어 잡혀 옥리(獄吏)에게 내리니 이사가 독약을 주어 자살하게 하였다.

---

11 백성을 말함. 고대 백성들이 검은 수건을 머리에 썼으므로 백성을 곧 검수(黔首)라 했다.

12 이름은 황(況). 성악설(性惡說)을 주장하여 성선설(性善說)을 주장한 맹자(孟子)와는 같은 유학파(儒學派)였지만 대립되는 입장이었다.

13 이 부분은 『사략(史略)』의 저자가 착각한 것이다. 한비는 형명학의 이론가로 많은 저술을 했다. 그리고 자기의 이론을 채택하여 한나라 정치를 개혁하고자 했으나 한왕은 거절했다. 이 책을 본 진왕(秦王)은 한비를 한번 만나고자 하면서 한을 급박하게 공격하니, 한나라에서는 한비를 사신으로 진에 보내 공격을 멈추게 하려 했다. 한비가 진에 오자 이사는 자기의 지위가 불안하여 죽인 것이다. 따라서 한비가 조국을 배반해 진왕에게 상서(上書)한 것은 아니다.

2. 진시황의 정치* — 始皇政治

秦王初幷天下 自以德兼三皇 功過五帝 更號曰皇帝 命爲制令爲詔 自稱曰朕 制曰 死而以行爲謚 則是子議父 臣議君也 甚無謂 自今以來 除謚法 朕爲始皇帝 後世以計數 二世三世至于萬世 傳之無窮 丞相王綰等言

진왕(秦王)[1]은 처음으로 천하를 아우르자 자기가 덕(德)은 삼황(三皇)[2]을 겸하고 공은 오제(五帝)[3]에 초월한다고 스스로 생각하였다. 왕호(王號)를 고쳐 황제(皇帝)라 하고, 명(命)은 제(制)로, 영(令)은 조(詔)로 고쳤으며, 스스로 자기를 이를 때는 짐(朕)[4]이라 하였다. 그는 이렇게 제(制)하였다.

"죽은 다음 그 행실을 보아 시호(謚號)를 지으니 자식이 아버지를 평(評)하고, 신하가 임금을 평하니 말이 안 된다. 지금부터는 시호 만드는 법을 없애고, 짐을 시황제로 하고 후대 자손들은 이세(二世)·삼세라 하여 천만세에 이르도록 무궁하게 전하도록 하라."

승상(丞相) 왕관(王綰) 등이 청하기를,

---

* 후세의 유학자들은 진시황을 폭군으로 단정해서 그 정책을 평가조차 하지 않을 뿐만 아니라 모든 악명(惡名)을 그에게 덮어씌웠다. 그러나 현 중국의 입장에서 보면, 분권적 고대 봉건국가를 통일하여 중앙 집권적 통일국가를 만든 점, 군현제 실시로 전국적인 행정조직을 능률적으로 조성한 일, 오늘날 중국 본토의 얼개를 획정한 일 등 중국이 서동문(書同文) 거동궤(車同軌)의 통일국가로 성립하게 된 점은 진시황이 중국에 끼친 공헌이라 할 수 있다.

1 진시황. 이름은 정(政). 왕위에 오른 지 26년(B.C. 221) 만에 6국을 병합하여 중국 최초의 통일제국을 이룩했다.

2 여러 설이 있으나 삼황은 복희(伏羲)·여와(女媧)·신농(神農).

3 오제는 황제(黃帝)·전욱(顓頊)·제곡(帝嚳)·제요(帝堯)·제순(帝舜).

4 옛날에는 귀천을 불문하고 자칭 '짐'이라 했는데 시황제 때에 와서 황제만의 자칭(自稱)으로 쓰게 했다.

燕齊荊地遠 不置王 無以鎭之 請立諸子 始皇下其議 廷尉李斯曰 周武王所封 子弟同姓甚衆 後屬疎遠 相攻擊如仇讎 今海內賴陛下神靈 一統皆爲郡縣 諸子功臣 以公賦稅賞賜之 甚足易制 天下無異意 則安寧之術也 置諸侯不便 始皇曰 天下初定 又復立國 是樹兵也 而求其寧息 豈不難哉 廷尉議是 分天下爲三十六郡 置守尉監

"연(燕)·제(齊)·형(荊) 등 지역은 멀리 떨어져 있어 왕(王)을 두지 않으면 진압할 수가 없을 것이니 청컨대 여러 아들들을 왕으로 세우소서."
하니, 진시황은 여러 신하들에게 내려 의논하게 하였다. 정위(廷尉) 이사(李斯)가 아뢰었다.

"옛날 주 무왕(周武王)이 봉한 자제와 동성들이 매우 많았는데, 후대의 자손들은 점점 촌수가 멀어져 나중에는 서로 공격하여 원수처럼 되었습니다. 지금 온 나라가 폐하(陛下)의 신령(神靈)에 힘입어 하나로 통일되어 모두 군현(郡縣)이 되었습니다. 여러 자제와 공신들에게는 국가에서 거두어들인 부세(賦稅)로 상을 주면 충분하고 제어하기도 쉽습니다. 천하에 이의(異意)가 없게 하는 것이 나라를 평온하게 하는 방책입니다. 제후를 두면 통치에 불편하게 됩니다."

진시황이 말했다.

"천하가 이제 막 평정되었는데, 또 다시 나라를 세움은 이는 바로 전쟁의 화근을 심는 것이다. 이렇게 하고서 나라의 안녕을 구하기는 어렵지 않겠는가 정위(廷尉)의 의논이 옳다."

이리하여 천하를 36군으로 나누고 수(守)·위(尉)·감(監)[5]들의 관원을 두었다.

5 수(守)는 군수(郡守)로 군의 장(長), 위(尉)는 승위(丞尉)로 군수를 보좌하는 직책, 감(監)은 어사(御史)로 감찰의 임무를 맡았다.

3. 책을 불태우고 선비를 생매장하다—焚書坑儒

秦始皇三十四年 丞相李斯上書曰 異時諸侯幷爭 厚招游學 今天下已定 法令出一 百姓當家 則力農工 士則學習法令 今諸生不師今而學古 以非當世 惑亂黔首 聞令下 則各以其學議之 入則心非 出則巷議 率群下以造謗 臣請史官 非秦記 皆燒之 非博士官所職 天下有藏詩書百家語者 皆詣守尉雜燒之

진시황 34년(B.C. 210) 승상 이사(李斯)가 글을 올렸다.

"과거에는 제후가 서로 다투어 각국을 주유(周遊)하는 학자들을 초빙하여 우대했습니다. 그런데 지금은 천하가 안정되었고, 법령은 한 군데서 나오니 백성들은 집에서 농공(農工)에만 힘쓰고, 선비는 법령만 익히면 됩니다.

오늘날의 선비들은 오늘을 배우려 하지는 않고 옛날의 도(道)만 배워 지금 정치를 그르게 여김으로써 백성들을 미혹케 하여 세상을 어지럽힙니다. 한번 영(令)이 내렸다는 말을 들으면 자기의 학문을 기준으로 이러쿵저러쿵 논란하고, 조정에 들어와서는 마음속으로 비난하고[1] 관직을 떠나면 거리에서 비판하며, 자기의 제자들을 이끌고 비방하는 분위기를 조성합니다. 신은 청하옵건대, 사관(史官)은 진나라 사기(史記)를 제외하고는 모두 불태워버리게 하고, 박사관(博士官)의 직무 때문에 보관한 것이 아닌, 천하에 소장된 『시경(詩經)』·『서경(書經)』, 그 밖의 제자백가(諸子百家)가 쓴 책들은 모두 군수나 위(尉)에게 제출

---

1 관직에 있는 학자들이 재직 중에는 정령에 대한 비평을 감히 입 밖에 내지 못하고 마음속으로 불평하고 있는 것.

有偶語詩書者棄市 以古非今者族 所不去者 醫藥卜筮種樹之書 若有欲學法令 以吏爲師 制曰可 三十五年 侯生盧生 相與譏議始皇 因亡去 始皇大怒日 盧生等 吾尊賜之甚厚 今乃誹謗我 諸生在咸陽者 吾使人廉問 或爲妖言 以亂黔首 於是使御史 悉按問 諸生傳相告引乃自 除 犯禁者四百六十餘人

하게 해서 모조리 불태워 버립니다. 그리고 『시경』이나 『서경』을 이야기하는 자가 있으면 기시(棄市)[2]하고 옛날 학문으로 오늘의 정치를 비방하는 자는 멸족(滅族)하소서.

다만 의약(醫藥)·복서(卜筮)·종수(種樹)에 관한 책은 없애지 말고 남겨 둡니다. 만약 법령을 배우려고 하는 자가 있으면 관리를 스승으로 삼아 가르치게 하소서."

시황제는 제(制)하기를 '가(可)하다' 하였다.

진시황 35년, 후생(侯生)과 노생(盧生)이 시황제를 비방하고 달아났다. 시황제는 크게 노하였다.

"노생 등은 내가 그놈들을 존대하여 갖가지 물건을 후하게 내렸는데 이제 나를 비방한단 말인가. 함양(咸陽)에 있는 제생들 중에 내가 사람을 시켜 염탐케 했더니 요언(妖言)을 지어내어 민심을 동요시키는 자들이 있었다."

그리하여 어사(御史)를 시켜 제생들을 모조리 조사하게 하였다. 제생들은 돌려가며 끌어대어 자기만 겨우 면하려 하였다.[3] 금법(禁法)을 금한 자 4백 60여 인을 함양에서 모두 다 구덩이에 묻어 죽였다. 이것을 보고 시황제의 장자 부

2 백성들에 공포감을 주기 위해 사형에 처한 시체를 거리에 내 놓는 것.

3 자기만이 죄를 면하려고, 갑(甲)은 을(乙)을 끌어대고, 을은 병(丙)을 끌어대는 등 차례로 한 사람씩 끌어대는 것.

皆坑之咸陽 長子扶蘇諫曰 諸生皆誦法孔子 今上皆重法繩之 臣恐天下不安 始皇怒 使扶蘇北監蒙恬軍於上郡

소(扶蘇)가 간하였다.

"제생들은 모두 공자의 서적 송독(誦讀)하는 것을 법으로 삼고 있습니다. 그런데 폐하께서는 중한 법으로 이들을 다스리시니 신은 이러다가 천하가 어지러워지지 않을까 두려워합니다."

이 말을 들은 진시황은 노하여 부소를 북방 상군(上郡)[4]에 귀양 보내 몽염(蒙恬)[5]의 군사를 감독하게 하였다.

4 지금의 섬서성(陝西省) 서북부와 유원성(綏遠省) 일부 지역.

5 진나라의 장수. 진시황 때 군사 30만을 거느리고 북쪽의 흉노(匈奴)를 구축(驅逐)한 뒤 황하(黃河) 이남의 각지를 수복하고 만리장성을 쌓았다. 진시황이 죽자 조고(趙高)가 진시황의 명이라 사칭하고 사형을 내리자 자살했다.

4. 진승이 군사를 일으키다* —陳勝起兵

三十七年 始皇出遊 丞相李斯 少子胡亥 宦者趙高從 始皇崩於沙丘平臺 秘不發喪 詐爲受詔 立胡亥 賜扶蘇死 載始皇轀輬車中 以一石鮑魚亂其臭 至咸陽始發喪 胡亥卽位 是爲二世皇帝 二世皇帝名 胡亥 元年 東行郡縣 謂趙高曰

진시황 37년 시황이 순유(巡遊)에 나서니 승상 이사(李斯), 작은 아들 호해(胡亥), 환관 조고(趙高)가 수행하였다. 시황이 사구(沙丘)의 평대(平臺)[1]에서 붕어(崩御)하자 천자의 상을 숨겨 발표하지 않고, 거짓으로 시황제의 조서가 내렸다고 하고서 호해를 세우고 부소(扶蘇)에게는 죽음을 내렸다.[2] 시황제를 실은 온량거(轀輬車)에는 포어(鮑魚) 한 섬을 실어 냄새를 숨겼다.[3] 함양에 이르러 상을 발표하고 호해가 즉위하니 이가 이세황제이다.

이세황제의 이름은 호해로 원년에 동쪽의 군현을 순행하다가 조고에게 이렇게 말했다.

"짐은 귀와 눈이 바라는 쾌락을 다하며, 마음이 내키는 대로 즐기면서 일생

* 진나라의 철권정치에 시달리던 백성들은 2세 때 문란해진 정치로 탄압이 느슨해지자 각처에서 반란이 일어났는데 진승이 그 효시이다.(B.C. 209) 진승은 '왕후(王侯)와 장상(將相)이 어찌 종자가 따로 있겠는가?'하고 일어났지만 성격이 괴팍하여 장수들이 따르지도 않고 경륜도 없었다. 1년 뒤 부하에게 살해되었다.

1 하북성(河北省)에 있는 별궁.

2 진시황은 임종 시에 조서를 내려 제위를 부소에게 전했으나 조고와 이사는 부소가 즉위하면 자기들의 권력을 잃을까 저어하여 조서를 위조한 것이다.

3 온량거는 냉난방이 된 침대 수레. 포어는 냄새가 지독한 절인 고기. 날씨가 더워 시체 썩는 냄새가 심하게 나자 냄새를 숨기기 위한 것이다.

吾欲悉耳目之所好 窮心志之所樂 以從吾年 高曰 陛下嚴法刻刑 盡除故臣 更置所親臣 則高枕肆志矣 二世然之 更爲法律 務益刻深 公子大臣 多僇死 陽城人陳勝 字涉 少與人傭耕 輟耕之隴上 悵然久之曰 苟富貴 無相忘 傭者笑曰 若爲傭耕 何富貴也 勝太息曰 嗟乎 燕雀安知鴻鵠之志哉

을 마치려 하오."

"폐하께서는 법률을 엄하게 하고 형벌을 무겁게 해서 옛 신하들을 모두 제거하고, 친근한 신하들을 새로 쓰십시오. 그러면 베개를 높이 베시고 무슨 일이든지 마음대로 하실 수 있습니다."

이세는 그 말을 옳게 여겨 다시 법률을 만들어 되도록 가혹하게 하니 많은 공자(公子)와 대신들이 죽임을 당했다.

양성(陽城)[4] 사람 진승은 자가 섭(涉)인데 젊어서 날품팔이 농사일을 하고 있었다. 하루는 하던 일을 걷어치우고 언덕 위에 올라가 실의에 찬 기색으로 오래도록 탄식하고 있다가,

"내가 만일 부귀하게 되더라도 너희들을 잊지 않겠다."

하는 것이었다. 같이 일하던 품팔이군들이 가소롭다는 듯이,

"날품팔이 하는 네가 어떻게 부귀하게 된단 말이냐?"

하자 진승은 크게 한숨을 쉬며 말했다.

"아! 조그만 제비나 참새 따위가 어찌 홍곡(鴻鵠)[5]의 뜻을 알겠는가?"

---

4 지금의 하남성 등봉현(登封縣) 동남쪽.

5 홍곡은 큰 새인 고니, 혹은 기러기와 고니를 뜻하는데 포부가 원대한 사람의 비유.

至是 與吳廣起兵于蘄 時發閭左戍漁陽 勝廣爲屯長 會大雨道不通 乃召徒屬曰 公等失期 法當斬 壯士不死則已 死則擧大名 王侯將相 寧有種乎 衆皆從之 乃詐稱公子扶蘇項燕 稱大楚 勝自立爲將軍 廣爲都尉

이때[6]에 이르러 진승은 오광(吳廣)[7]과 함께 기(蘄)[8]에서 군사를 일으켰다. 당시 여좌(閭左)의 군사들을 징발하여 어양(漁陽)을 지키게 되었는데, 진승과 오광은 이들의 둔장(屯長)이 되었다.[9] 마침 큰 비가 와서 길이 불통하자 그들은 부하들을 모아 놓고 말했다.

"여러 분들은 이미 어양에 도착할 기한이 지나 법에 따르면 참형(斬刑)을 면치 못하게 되었소. 장사(壯士)로서 죽지 않으려 하면 그만이거니와 이왕 목숨을 내놓은 마당에야 경천동지(驚天動地)할 이름을 드날려야 할 것 아니오. 왕후(王侯 : 왕과 제후)와 장상(將相 : 장수와 재상)이 어디 종자가 따로 있소?"

이 말에 군중은 모두 진승과 오광을 따랐다.[10]

그들은 각기 공자 부소(扶蘇)와 초장(楚將) 항연(項燕)[11]이라 사칭(詐稱)하고, 국호를 대초(大楚)라 하니, 진승은 스스로 장군이 되고 오광은 도위가 되었다.

---

6 진시황 말기.
7 자(字)는 숙(叔), 하양(夏陽) 사람.
8 지금의 호북성(湖北省) 기춘현(蘄春縣).
9 진나라 법에 부유한 집은 마을의 오른편에, 빈궁한 집을 마을의 왼편에 살게 하였는데 이것을 여우(閭右), 여좌(閭左)라 하였다. 이때 천하가 소란하여 각처에서 반란이 일어나자 백성들을 징발해다가 소란한 지역에 둔병(屯兵)했는데, 여우의 부유한 사람들은 이미 모두 징발해 갔으므로 여좌의 가난한 사람들에게까지 미쳐 진승과 오광도 징벌당한 것이다. 어양(漁陽)은 하북성(河北省) 계현(薊縣)·밀운현(密雲縣) 일대, 둔장(屯長)은 둔병의 우두머리.
10 이들의 군대는 처음 기병할 때 9백여 명의 소부대였다.
11 항연은 초(楚)나라의 명장으로 항우(項羽)의 조부. 본디 초나라 사람들의 존경과 신임을 받았었는데 진(秦)나라 장수 왕전(王翦)에게 포위되어 자살했다. 당시 그의 생사가 불분명하자 그 이름을 사칭한 것이다.

大梁張耳陳餘 詣軍門上謁 勝大喜 自立爲王 號張楚 諸郡縣苦秦法 爭殺長吏以應涉 謁者從東方來 以反者聞 二世怒 下之吏 後使者至 相問之 對曰 群盜鼠竊狗偸 不足憂也 上悅

대량(大梁)의 장이(張耳)와 진여(陳餘) 두 사람이 진승의 군문에 찾아와 뵙기를 청했다. 진승은 매우 기뻐하며 스스로 왕이 되어 국호를 장초(張楚)[12]라 하였다. 여러 군현들은 오랫동안 진나라의 악법에 고통을 받았으므로 다투어 지방 관장과 아전들을 죽이고 진승에게 향응(響應)해 왔다.

알자(謁者)[13]가 동쪽으로부터 와서 반란이 일어났다고 아뢰자 이세는 노하여 알자를 옥리에게 내렸다. 뒤에 이른 사자에게 물어보니,

"쥐나 개 같은 좀도둑입니다. 근심하실 것이 없습니다."

하자 상이 기뻐하였다.

12 장초란 초나라를 크게 발전시킨다는 뜻이다.

13 사방의 교통을 맡아보는 벼슬.

5. 홍문연의 칼춤—鴻門之會

項羽率諸侯兵 欲西入關 或說沛公守關門 羽至關閉 大怒攻破之 進至戲 期旦擊沛公 時 羽兵四十萬 號百萬在鴻門 沛公兵十萬 號二十萬在霸上 范增說羽曰 沛公居山東 貪財好色 今入關

항우(項羽)[1]가 제후의 군사를 거느리고 서쪽 함곡관(函谷關)[2]으로 들어가려고 하자 어떤 사람이 패공(沛公)[3]을 설득하여 관문을 지키라고 했다. 항우가 관문에 이르니 문이 굳게 닫혀 있었다. 항우는 크게 노해서 관문을 공격하여 깨트리고 진군하여 희(戲)[4] 땅까지 이르렀다. 이튿날 아침 패공을 칠 계획이었다.

이때 항우의 병력은 40만이었는데 백만이라 일컬으며 홍문(鴻門)[5]에 주둔했고, 패공의 군사는 10만이었는데 20만이라 일컬으며 패상(霸上)[6]에 있었다. 범증(范增)[7]이 항우를 설득했다.

"패공이 산동(山東)에 있을 때는 재물을 탐하고 여색을 좋아했는데, 이제 관

---

1 성은 항(項), 자는 우(羽), 이름은 적(籍), 초나라 하상(下相) 사람. 체구가 장대하고 힘이 장사였다. 진말(秦末) 진승(陳勝)·오광(吳廣)이 기병한 뒤 여러 호걸들이 병기(並起)했을 때 항우는 그의 숙부 항량(項梁)과 오중(吳中)에서 기병하여 항량이 죽자 그를 대신했다. 일찍이 패공(沛公) 유방(劉邦)의 군사를 아홉 차례나 격파하고 자립하여 서초(西楚)의 패왕(霸王)이 되었다. 그러나 유방과 천하를 다투다가 해하(垓下)의 싸움에서 참패한 뒤 자살했다.

2 중원(中原)에서 한중(漢中)으로 들어가는 관문.

3 한 고조(漢高祖) 유방. 그는 본디 패현(沛縣) 사람이었으므로 패공이란 호칭이 붙었다.

4 지금의 섬서성(陝西省) 임동현(臨潼縣) 동쪽.

5 임동현 동쪽에 있었다.

6 지금의 섬서성 장안현(長安縣) 동쪽.

7 소현(巢縣) 사람. 항우의 참모로 아보(亞父)라 높여 불렀다. 뒤에 항우가 자기의 계책을 써주지 않자 항우를 떠났는데, 등창이 나서 죽었다.

財物無所取 婦女無所幸 此其志不在小 吾令人望其氣 皆爲龍成五采 此天子氣也 急擊勿失 羽季父項伯 素善張良 夜馳至沛公軍告良 欲與俱去 良曰 臣從沛公 有急亡不義 入具告因要伯入見 沛公奉巵酒爲壽 約爲婚姻曰 吾入關 秋毫不敢有所近 籍吏民封府庫 而待將軍 所以守關者 備他盜也

중(關中)에 들어오고부터는 재물에 손을 대지도 않고 여색도 가까이 하지 않으니 이는 그의 뜻이 작은 데 있지 않다는 증거입니다. 내가 사람을 시켜 그의 운기(雲氣)를 바라보게 했더니 모두 용의 형상에 다섯 가지 빛깔을 내고 있다고 합니다. 이것은 천자가 될 기상이니 빨리 공격해서 기회를 놓치지 않도록 해야 합니다."

우의 숙부(叔父) 항백(項伯)[8]은 평소에 장량(張良)과 친했다. 그래서 밤중에 패공의 군문으로 달려가 사실을 고하고 함께 달아나자고 했다.

그러나 장량은,

"내가 패공을 따르다가 주인의 위급함을 보고 도망치는 것은 옳은 일이 아니오."

하고, 패공에게 들어가 갖추어 고하고는 인하여 항백에게 들어가 만나보자고 했다. 패공은 술잔을 받들어 항백의 장수(長壽)를 빌고 자녀의 결혼을 약속하고서 말했다.

"내가 관중에 들어와서 털끝만큼도 재물에 손을 대지 않았소. 관리나 백성의 숫자를 장부에 기록하고 창고를 봉인(封印)하여 항우 장군이 오기를 기다렸소. 함곡관을 수비하게 한 것은 다른 도둑을 방비하기 위한 것이었습니다. 원

8 항우의 계부(季父). 이름은 전(纏), 백(伯)은 자(字). 홍문연(鴻門宴)에서 유방을 보호한 공으로 한(漢)이 천하를 통일한 뒤 열후(列侯)에서 봉해지고 유(劉) 씨의 성을 하사 받았다.

願伯具言臣之不敢倍德 伯許諾曰 旦日不可不蚤來謝 伯去具以告羽 且曰 人有大功 擊之不義 不如因善遇之 羽許諾 沛公旦從百餘騎 見羽鴻門 謝曰 臣與將軍 戮力而攻秦 將軍戰河北 臣戰河南 不自意先入關破秦 得復見將軍於此 今者有小人之言 令將軍與臣有隙 羽曰 此沛公左司馬曹無傷之言 羽留沛公飮 范增數目羽

컨대 그대는 내가 항우 장군의 은덕을 감히 배반하지 않을 것[9]이란 점을 장군께 잘 말씀드려 주시오."

항백은 '그렇게 하리다' 하고 말하기를,

"내일 아침 일찍 친히 사과를 하러 오시면 좋을 것 같습니다."

하고, 돌아가 항우에게 사정을 자세히 이야기하고 나서 다시 말했다.

"그 사람은 큰 공이 있는 사람이다. 그를 치는 것은 도리가 아니니 잘 대우함이 좋을 것이다."

이튿날 패공은 1백여 기를 거느리고 홍문으로 가서 항우를 보고 사과했다.

"저는 장군과 힘을 합해 진나라를 쳐서 장군은 하북(河北)에서 싸우고 저는 하남에서 싸우다가 본의 아니게 먼저 관중에 들어와 진나라를 치고 다시 여기에서 장군을 뵙게 되었습니다. 지금 어떤 소인이 말을 퍼뜨려 장군과 저 사이에 틈을 내려는 것입니다."

항우는 말했다.

"이 말은 패공의 좌사마(左司馬) 조무상(曹無傷)의 말이오."

항우는 패공을 머물러 앉히고 함께 술을 마셨다. 범증(范增)은 항우에게 자

9 원문의 배(倍)는 배반(背反)의 뜻.

擧所佩玉玦者三 羽不應 增出使項莊入 前爲壽 請以劍舞 因擊沛公 項伯亦拔劍起舞 常以身翼蔽沛公 莊不得擊 張良出告樊噲以事急 噲擁盾直入 瞋目視羽 頭髮上指 目眦盡裂 羽曰 壯士 賜之卮酒 則與斗卮 賜之彘肩 則生彘肩 噲立飮 拔劍切肉啗之

주 눈짓(數目)[10]을 하며, 허리에 찬 옥결(玉玦)을 세 번이나 들어보였지만 항우는 응하지 않았다.[11]

그래서 범증은 자리에서 물러나와 항장(項莊)[12]에게 연회석에 나아가 패공에게 잔을 올려 축수하고 검무(劍舞)를 치겠다고 청하고는 검무를 치다가 패공을 쳐 죽이라고 하였다. 항장이 검무를 치기 시작하자 항백 또한 칼을 빼어 일어나 검무를 치는데, 항상 자기 몸으로 패공을 가리고 있었으므로 항장은 패공을 쳐 죽이지 못하였다.

이 광경을 지켜보던 장량이 달려 나가 번쾌에게 사태가 위급함을 알렸다.

번쾌는 방패를 끼고 곧바로 달려들어와 눈을 부릅뜨고 항우를 노려보는데, 머리털은 꼿꼿이 서고 눈초리는 찢어질 듯 치켜 올라갔다. 이를 본 항우가,

"장사로구나 술을 주어라."

하자, 시중드는 자가 한 말 들이 큰 잔에 술을 주었다. 항우가 돼지 뒷다리를 주라고 하자 날고기를 가져왔는데, 번쾌는 선자리에서 마셔버리고 칼을 들어 돼지고기를 썩썩 베어 먹었다.

---

10 '數目'의 '數'의 음은 '삭', 뜻은 자주(頻).

11 옥결은 몸에 차도록 만든 반원형의 옥(玉). 옥결을 들어 보이는 것은 항우에게 패공을 처치하라는 신호였다.

12 항우의 사촌 동생.

羽曰 能復飮乎 噲曰 臣死且不避 巵酒安足辭 沛公先破秦入咸陽 勞苦而功高如此 未有封爵之賞 而將軍聽細人之說 欲誅有功之人 此亡秦之續耳 切爲將軍不取也 羽曰坐 噲從良坐 須臾沛公起如厠 因招噲出 間行趨覇上 留良謝羽曰 沛公不勝桮勺 不能辭 使臣奉白璧一雙

항우가 물었다.

"술을 더 마시겠는가?"

"저는 죽음도 피하지 않는데 술쯤이야 어찌 사양하겠습니까? 지금 패공께서는 앞장서 진나라를 깨트리고 함양에 들어왔습니다. 갖은 고생을 다해서 이와 같이 높은 공을 세웠는데도 봉작(封爵)의 상은 없고 오히려 장군께서는 소인의 말을 듣고 공 있는 사람을 죽이려고까지 하시니 이것은 망한 진나라의 전철을 밟으려는 것입니다. 장군을 위해 간절히 바라옵건대 장군께서 취할 일이 아닙니다.[13]

항우가 '앉아라' 하자 번쾌는 장량을 따라 자리에 앉았다.

얼마 후에 패공이 일어나 변소에 가는[14] 기회를 타서 번쾌를 불러가지고 탈출하여 황급히 사잇길로 패상(霸上)으로 돌아갔다. 그리고 장량을 머물러 두고 항우에게 사과하게 하였다.

"패공은 술을 이상 더 드실 수 없을 정도로 취하셔서[15] 작별 인사도 못 드렸습니다. 그리하여 이 양(良)으로 하여금 재배(再拜)하고 백벽(白璧) 한 쌍을 장군 족하(足下)[16]께 바치고, 옥두(玉斗) 한 쌍[17]을 아보(亞父)[18]족하에게 올리라고

13 원문의 '不取'는 '不贊成'의 뜻.

14 '如厠'의 '如'는 가다(往). '厠'은 변소

15 원문 중 '不勝桮勺'의 '不勝'은 '이기지 못하다' '견디지 못하다', '桮'는 杯(술잔)와 같은 글자.

再拜獻將軍足下 玉斗一雙 再拜奉亞父足下 羽曰 沛公安在 良曰 聞將軍有意督過之 脫身獨去 已至軍矣 范增拔劍 撞玉斗而破之曰 唉 豎子不足與謀 奪將軍天下者 必沛公也 沛公至軍 立誅曹無傷

했습니다."

항우가 장량에게 물었다.

"패공은 어디에 있는가?"

"장군께서 기어코 패공의 잘못을 추궁하실 생각이신 것 같다는 말을 듣고 몸을 피해 혼자서 돌아가셨습니다. 이미 군문에 이르렀을 것입니다."

이 말을 들은 아보는 칼을 빼어 옥두를 쳐서 깨뜨리고는 분해했다.

"아, 이 더벅머리 아이[19]와는 큰 일을 도모할 수 없구나. 장군의 천하를 빼앗는 자는 반드시 패공일 것이다."

패공은 자기의 군문에 이르러 그 자리에서 조무상(曹無傷)을 죽였다.

---

16 상대의 존칭.

17 벽옥(璧玉)으로 만든 술잔.

18 범증(范增)의 존칭.

19 '아무것도 모르는 어린아이'라는 뜻. 일이 실패하자 분통이 터진 범증이 항우를 향해 부른 폄칭(貶稱).

6. 한신이 대장이 되다—韓信拜大將

初 淮陰人韓信 家貧釣城下 有漂母見信飢 飯信 信曰 吾必厚報母 母怒曰 大丈夫不能自食 吾哀王孫而進食 豈望報乎 淮陰屠中少年 有侮信者 因衆辱之曰 若雖長大好帶劒 中情怯耳 能死刺我 不能 出我胯下 信熟視之 俛出胯下蒲伏

전일, 회음(淮陰)[1] 사람 한신(韓信)은 집이 가난하여 성 아래 물에서 낚시질을 하고 있었다. 그때 어떤 빨래하던 노파가 한신이 주린 것을 보고 한신에게 밥을 주었다. 한신은 고마워서,

"내 뒷날 반드시 모친께 후한 보답을 하겠습니다."

하자, 그 노파는 노여워하며 말했다.

"대장부가 자기 먹을 것도 마련하지 못하는 주제에 무슨 말이요. 내가 왕손(王孫)[2]을 가엾게 여겨 밥을 주었을 뿐이요. 어찌 보답을 바라서 주었으리오."

한신이 회음의 백정들 부락에서 살고 있을 때였다. 그곳 젊은이로서 한신을 업신여기는 자가 있었다. 그는 제 무리가 많은 것을 믿고 한신을 모욕했다.

"너는 커다란 덩치에 잘난 체하고 칼을 차고 다니기를 좋아하지만 속마음은 겁쟁이다. 죽기가 두렵지 않거든 나를 찌르고, 그렇게 못하면 내 가랑이 밑으로 빠져 나가라."

한신은 한참 동안 그 소년을 바라보다가 엎드려 가랑이 밑으로 기어나갔

1 강소성(江蘇省) 회음현(淮陰縣).
2 젊은이에 대한 존칭.

一市人皆笑信怯 項梁渡淮信從之 又數以策干項羽不用 亡歸漢爲治粟都尉 數與蕭何語 何奇之 漢王至南鄭 將士皆謳歌思歸多道亡 信度何已數言王不用 卽亡去 何自追之 人曰丞相 何亡 王怒如失左右手 何來謁 王罵曰 若亡何也 曰追韓信

다.[3] 이 소문을 듣고 온 거리 사람들은 모두들 한신이 겁쟁이라고 비웃었다.

항량(項梁)이 회수(淮水)를 건널 때 한신이 종군했다. 또 여러 차례 계책을 세워 항우(項羽)가 채용하기를 기대했으나[4] 쓰여지지 않았다. 그리하여 그는 한(漢)나라로 귀순하여 치속도위(治粟都尉)[5]가 되었다.

그래서 그는 가끔 소하(蕭何)와 이야기할 기회가 있었고, 소하는 그가 보통 사람이 아니라는 것을 알았다. 한왕(漢王)의 군사가 남정(南鄭)[6]에 이르자 휘하 장병들은 고향으로 돌아가고픈 생각에 노래를 부르고 도중에 도망하는 자가 속출했다.

한신은 소하가 자기를 한왕에게 여러 번 추천했는데도 왕이 자기를 써 주지 않는다고 생각하여 달아나 버렸다. 소하는 몸소 한신을 쫓아갔다. 그것을 보고 사람들이,

"승상 소하가 도망하였다."

고 하자 왕은 크게 노했다. 마치 양쪽 팔을 잃은 듯이 낙담했다. 소하가 와서 뵙자 왕은 꾸짖었다.

"그대 마저 달아난단 말이오. 어쩐 일이오?"

"한신을 쫓아갔던 것입니다."

---

3 한신의 이러한 인내가 후일 큰 일을 성취하는 기틀이 되었다고 역사에서 높이 평가하고 있다.
4 원문의 '삭(數)'은 '자주', '干'은 '요구하다'의 뜻.
5 곡물, 즉 군량을 맡은 장교
6 지금의 섬서성(陝西省) 남정현(南鄭縣).

王曰 諸將亡以十數 公無所追 追信詐也 何曰 諸將易得耳 信國士無雙 王必欲長王漢中 無所事信 必欲爭天下 非信 無可與計事者 王曰 吾亦欲東耳 安能鬱鬱久居此乎 何曰 計必東能用信 信卽留 不然信終亡耳 王曰 吾爲公以爲將 何曰 不留也 王曰 以爲大將 何曰 幸甚 王素慢無禮 拜大將如呼小兒此信所以去

"도망간 장수들이 십수 명인데, 공은 한번도 쫓아가지 않다가 한신을 쫓아갔다니 거짓말이 아니오?"

"도망간 장수들이야 얼마든지 얻을 수 있지만, 한신은 유일한 인재입니다. 대왕께서 언제까지나 한중왕(漢中王)을 하시려면 한신 같은 사람은 쓸 필요가 없습니다. 그러나 반드시 천하를 다투려면 한신을 제외하고는 큰 일을 함께 도모할 사람이 없습니다."

"나 역시 동쪽으로 나가고 싶소.[7] 어찌 답답하게 이런 데서 오래도록 머물러 있겠소."

"계책이 기필코 동쪽에 있어 한신을 중용하기만 하면 한신은 즉시 머물 것이나 그렇지 않으면 그는 끝내 도망갈 것입니다."

"경의 낯을 보아 그를 장수로 삼겠소."

"머물지 않을 것입니다."

"대장으로 삼겠소."

"매우 좋습니다. 대왕께서는 무례하시어 대장 제수하기를 마치 어린아이 부르듯 하였습니다. 이것이 한신이 달아나는 이유가 될 것입니다."

---

7 동쪽의 중원(中原)을 차지하여 천자(天子)가 되겠다는 뜻.

乃設壇具禮 諸將皆喜 人人自以爲得大將 至拜 乃韓信也 一軍皆警 王遂用信計 部署諸將 留蕭何收巴蜀租 給軍糧食 信引兵從故道出 襲雍王章邯 邯敗走死 塞王司馬欣 翟王董翳皆降

이리하여 단(壇)을 쌓아 예를 갖추었다. 여러 장수들은 모두들 기뻐하며 각자 자기가 대장이 될 것이라 생각했다. 그런데 제수된 것을 보니 바로 한신이라 일군(一軍)[8]이 모두 놀랐다.

한왕은 드디어 한신의 계책을 써서 제장의 부서를 정하고, 소하를 관중(關中)에 남겨두어 파(巴)와 촉(蜀)의 공물을 받아 군량을 대게 했다. 한신은 군사를 이끌고 고도(故道)[9]로부터 나와 옹왕(雍王) 장함(章邯)을 습격해서 그를 죽이자 새왕(塞王) 사마흔(司馬欣), 책왕(翟王) 동예(董翳)는 모두 항복했다.[10]

8 전군(全軍).

9 지금의 섬서성 봉현(鳳縣).

10 장함 · 사마흔 · 동예 이들 세 사람은 진(秦)나라의 장수로 봉왕(封王)된 이들이다. 이른바 삼진(三秦).

7. 초패왕(楚霸王) 항우의 최후—垓下之戰

(漢)五年 王追羽至固陵 韓信彭越 期不至 張良勸王 以楚地梁地 許兩人 皆引兵來 黥布亦會 羽至垓下 兵少食盡 信等乘之 羽敗入壁 圍之數重 羽夜聞漢軍四面皆楚歌 大驚曰 漢皆已得楚乎 何楚人多也

한(漢)나라 5년(B.C. 202) 왕은 항우를 추격하여 고릉(固陵)[1]에 이르렀으나 한신(韓信)과 팽월(彭越)은 약속한 기일에 오지 않았다. 장량이 왕에게 초나라 땅과 양(梁)나라 땅을 두 사람에게 주도록 권하여 왕이 그 말을 따르자 군사를 이끌고 왔다. 경포(黥布)[2] 역시 모였다.

<한나라 군사에게 추격당한> 항우는 해하(垓下)[3]에 이르렀으나 군사는 적고 식량은 떨어졌다. 한신 등은 이 틈을 타서 맹렬히 공격하자 항우는 패하여 보루(保壘) 안으로 들어가고 한나라 군사는 여러 겹으로 에워쌌다. 그러던 중 항우는 밤중에 성의 사면을 포위한 한나라 군사들로부터 들려오는 초나라 노래 소리를 듣고 크게 놀랐다.

"한나라가 이미 초나라 땅을 모두 빼앗았단 말인가. 어찌하여 한군(漢軍) 중에 초나라 사람이 저렇게도 많단 말이냐?"[4]

---

1 지금의 하남성 회양현(淮陽縣).
2 원명은 영포(英布). 죄를 범하여 입묵(入墨)의 형벌을 받았기 때문에 경포(黥布)라 일컬었다. 구강왕(九江王)에 봉해졌다가 한나라에 귀순했다.
3 지금의 안휘성 영벽현(靈壁縣) 경내.
4 한신은 포위된 항우군의 사기를 떨어뜨리기 위해 한나라 군사들로 하여금 초나라 노래를 부르게 했다. 사면초가(四面楚歌).

起飮帳中 命虞美人起舞 悲歌慷慨 泣數行下 其歌曰 力拔山兮氣盖世 時不利兮騅不逝 騅不逝兮可奈何 虞兮虞兮奈若何 騅者 羽平日所乘駿馬也 左右皆泣 莫敢仰視 羽乃夜從八百餘騎 潰圍南出 渡淮迷失道 陷大澤中 漢追及之 至東城 乃有二十八騎 羽謂其騎曰 吾起兵八歲 七十餘戰 未嘗敗也 今卒困此 此天亡我

항우는 일어나 장막 안으로 들어가 술잔을 들었다. 그리고 우미인(虞美人)[5]에게 명하여 춤을 추게 했다. 항우가 부르는 슬픈 노래 소리는 울분에 차 있었고, 눈에서는 눈물이 줄줄 흘러내렸다. 그 노래는 이러하다.

"기운은 산은 둘러 빼고, 기개(氣槪)는 천하를 덮었네.
때가 이롭지 못함인가 오추마(烏騅馬)도 가지 않네.
오추마가 가지 않으니 내 어찌 할거나!
우(虞)야, 우야 너를 어찌할거나."

오추마란 항우가 평소에 타고 다니는 준마(駿馬)이다. 좌우의 신하가 모두 우느라 얼굴을 들고 항우를 쳐다볼 수 없었다. 항우는 어두운 밤을 타 8백여 기(騎)로 포위망을 뚫고 남쪽으로 달아나서 회수(淮水)를 건넜는데 길을 잃고 헤매다가 늪지대에 빠졌다. 이러는 사이 한나라 군사가 추격해 왔다. 항우가 동성(東城)[6]에 이르렀을 때는 단지 28기뿐이었다. 항우는 부하들에게 말했다.

"내가 군사를 일으킨 지 8년, 70여 전쟁을 치루는 동안 일찍이 패한 일이라곤 없었다. 그런데 지금 마침내 이러한 곤경에 처했으니 이는 하늘이 나를 망

5 성은 우(虞). 항우의 총희(寵姬).
6 안휘성. 정원(定遠).

非戰之罪 今日固決死 願爲諸君決戰 必潰圍斬將 令諸君知之 皆如其言 於是 欲東渡烏江 亭長艤船待 曰江東雖小 亦足以王 願急渡 羽曰 籍與江東子弟八千人 渡江而西 今無一人還 縱江東父兄 憐而王我 我何面目復見 獨不愧於心乎 乃刎而死 楚地悉定 獨魯不下 王欲屠之 至城下 猶聞絃誦之聲

하게 하려는 것이지 전쟁에 진 때문이 아니다. 내 오늘 죽음을 각오하고 그대들을 위해 결전하리라.[7] 내 반드시 포위를 뚫고 적장을 베어 제군들에게 보여주리라."

모두 그의 말과 같이 되었다.[8]

포위를 뚫고 나온 항우는 동쪽으로 가서 오강(烏江)을 건너려고 했다. 거기에서 배를 대어 놓고 기다리고 있던 정장(亭長)[9]이 말했다.

"강동(江東)이 비록 작다고 하나 또한 왕 노릇할 만은 합니다. 속히 강을 건너십시오."

"나 항적(項籍)이 강동의 자제 8천여 인과 강을 건너 서쪽으로 갔소. 그런데 지금 살아서 돌아온 사람이 한 사람도 없소. 비록 강동의 부형들이 불쌍히 여겨 나를 왕으로 삼는다 해도 내 무슨 면목으로 그들을 대한단 말이요? 내 어찌 심중에 부끄러움이 없겠소?"

이렇게 대답한 항우는 스스로 목베어 죽었다.(B.C. 202)

초나라가 완전히 평정된 뒤에도 노(魯)나라 만은 항복하지 않았다. 한왕이 도륙(屠戮)해 버리려고 성 아래에 이르니 그 판에도 음악 소리 시 읊는 소리가

---

7 부하 장졸들을 탈출시키기 위해 항우 자신이 앞장서서 포위망을 뚫겠다는 뜻.
8 항우는 그의 말대로 포위망을 뚫고 적장을 베었다.
9 역정(驛亭)의 장.

爲其 守禮義之國 爲主死節 持羽頭示之 乃降 王還 馳入齊王信壁 奪其軍 立信爲楚王 彭越爲梁王 漢王卽皇帝位

들렀다. 노나라는 예의의 나라였기에 군주인 항우를 위해 절개를 지켜 죽을 각오를 하고 있는 것이었다. 항우의 머리를 가져다 보이자 그제야 항복하였다.

한왕은 군사를 돌려 제왕(齊王) 한신의 성으로 들어가서 그 군사를 빼앗았다. 약속대로 한신을 초왕(楚王)으로 삼고 팽월을 양왕(梁王)으로 삼았다.

한왕(韓王)이 황제로 즉위했다.

8. 한나라 삼걸—漢三傑

置酒洛陽南宮 上曰 徹侯諸將皆言 吾所以得天下者何 項氏所以失天下者何 高起王陵對曰 陛下使人 攻城掠地 因而與之 與天下同其利 項羽不然 有功者害之 賢者疑之 戰勝而不予人功 得地而不與人利

고제(高帝)[1]가 낙양(洛陽)의 남궁(南宮)에서 잔치를 벌였다. 이때 고제가 여러 신하들에게 물었다.

"철후(徹侯)[2]와 제장(諸將)들은 모두들 말해 보오. 내가 천하를 얻은 까닭은 무엇이며, 항 씨(項氏)[3]가 천하를 잃은 까닭은 무엇이오?"

고기(高起)와 왕릉(王陵)이 대답했다.

"폐하께서는 부하를 시켜 성을 공격하거나 땅을 빼앗게 하시고서는 즉시 그것을 공 있는 사람에게 주시어 천하 사람들과 이익을 함께 하셨습니다. 그런데 항우는 그렇지 못하여 공이 있는 자를 해치고, 어진 사람은 의심하며 전쟁에 이겨도 공로를 상주지 않고, 땅을 빼앗아도 이익을 나누어 주려 하지 않았기 때문입니다."

---

1 한 고조(漢高祖) 유방(劉邦)을 가리킨다.

2 한나라 때의 봉작자(封爵者) 주대(周代)에는 공(公)·후(侯)·백(伯)·자(子)·남(男)의 5작이 있었는데 진대(秦代)에 와서 후작만을 남겨 두었다. 관철후(貫徹侯)·분철후(分徹侯)·성철후(聖徹侯) 등으로 불렀다. 여기서 '철(徹)'은 그 공로가 황제에게 통한다는 뜻이었다. 그러나 무제(武帝)의 이름이 철(徹)이었으므로 이를 피하여 뜻이 같은 통후(通侯) 혹은 열후(列侯)로 부르게 되어 뒤에 와서 '列侯'로 고착되었다.

3 항 씨는 항우(項羽)를 지칭함.

上曰 公知其一 未知其二 夫運籌帷幄之中 決勝千里之外 吾不如子房 鎭國家撫百姓 給餽餉不絶糧道 吾不如蕭何 連百萬之衆 戰必勝攻必取 吾不如韓信 此三人者 皆人傑也 吾能用之 此吾所以取天下 項羽有一范增而不能用 此其所以爲我禽也 群臣悅服

"공(公)들은 하나는 알고 둘은 모르는구려. 군영(軍營 : 帷幄) 안에서 계획을 세워 천리 밖의 전쟁에서 승리를 거두는 군략(軍略)에 있어서는 내가 자방(子房)[4]만 못하오. 국가를 안정시키고 백성을 사랑하며, 군량을 공급하여 양도(糧道)가 끊어지지 않게 하는 데는 내가 소하(蕭何)만 못하오. 백만의 대군을 이끌고 싸우면 반드시 이기고 공격하면 반드시 빼앗는 데는 나는 한신만 못하오. 이들 세 사람은 모두 인걸(人傑)인데 내가 이들을 등용하여 그들이 능력을 충분히 발휘하도록 했으니 이것이 내가 천하를 얻을 수 있었던 이유요.

반면에 항우는 범증(范增) 한 사람이 있었을 뿐인데 그 하나도 충분히 쓰지 못했소. 이것이 내가 그를 잡게 된 까닭이요."[5]

이 말을 들은 여러 신하들은 그 말이 옳다고 기꺼이 승복(勝服)하였다.

4 자방은 장량(張良)의 자.
5 본문의 禽은 擒(사로잡다)의 뜻이다.

9. 장량(張良)이 병을 핑계로 물러나* —張良謝病

留侯張良 謝病辟穀曰 家世相韓 韓滅爲韓報仇 今以三寸舌 爲帝者師 封萬戶侯 此布衣之極 願棄人間事 從赤松子遊耳 良少時 於下邳圯上 遇老人墮履圯下 謂良曰 孺子下取履 良欲毆之 憫其老 乃下取履 老人以足受之

유후(留侯) 장량은 병을 핑계하여 벼슬에서 물러나 벽곡(辟穀)[1] 하겠다고 하면서 말했다.

"우리 집안은 대대로 한(韓)나라의 재상을 지냈다. 한나라가 멸망되었으므로 나는 한나라를 위하여 원수를 갚았다.[2] 나는 지금 세 치 혀로써 황제의 군사(軍師)가 되었고 만호후(萬戶侯)에 봉해졌으니, 이는 포의(布衣)의 신분으로 최고의 지위에 오른 것이다. 원하는 것은 적송자(赤松子)[3]를 따라가 도를 닦는 일뿐이다."

장량은 어릴 때 하비(下邳)[4]의 흙다리 위에서 한 노인을 만났다. 그 노인은 흙다리 아래로 신을 떨어뜨리고는 장량에게,

"얘야, 저 다리 아래에 내려가서 신을 좀 주워 오너라."

하는 것이었다. 장량은 노인의 무례함에 두드려 주려다가 나이 많은 노인이라 불쌍히 여겨 내려가서 신을 주워왔다. 노인은 발을 내밀어 신기게 하고는,

---

* 공을 이룬 뒤 그 공을 끝까지 나누어 갖기는 어렵다는 교훈을 장량은 터득하고 실천한 인물이다.

1 음식을 먹지 않으며 신선의 도(道)를 닦는 것.

2 한(韓)나라가 진(秦)나라에게 멸망되었으므로 장량은 유방(劉邦)을 도와 진나라를 멸망시켰다.

3 신농씨(申農氏) 때의 신선(神仙).

4 지금의 강소성(江蘇省) 비현(邳縣).

曰孺子可教 後五日與我期於此 良如期往 老人已先在 怒曰與長者期 後何也 復約五日 及往 老人又先在 怒復約五日 良半夜往 老人至 乃喜 授以一編書曰 讀此可爲帝者師 異日見濟北穀城山下黃石 卽我也 旦視之 乃太公兵法 良異之 晝夜習讀 旣佐上定天下 封功臣

"아이가 가르칠 만하구나 닷새 후에 여기에서 내가 너를 기다리겠다." 하였다. 장량은 약속한 날 가 보았더니 노인은 먼저 와서 기다리고 있다가 노하여 꾸짖었다.

"어른과 약속을 하고서 어찌하여 이렇게 늦게 오느냐?"

다시 닷새 후로 약속을 하여 가 보니 노인이 또 먼저 와 있었다. 노여워하며 다시 닷새 뒤로 약속을 하는 것이었다.

장량은 이번에는 한밤중에 갔더니 뒤에 노인이 와서 기뻐하며 한 권의 책을 주었다.

"이 책을 읽으면 황제의 군사(軍師)가 될 수 있을 것이다. 훗날 제수 북쪽(濟北)의 곡성산(穀城山)[5] 아래에서 누런 돌을 만날 것이니 그것이 바로 나인 줄 알아라."[6]

날이 샌 뒤 살펴보니 바로 태공(太公)의 병법(兵法)[7]이었다. 장량은 이상하게 생각하고 밤낮 없이 그것을 익혔다.

장량이 고제(高帝)를 도와 천하를 평정한 뒤, 황제가 공신을 봉할 때 장량에

5 지금의 산동성 동아(東阿).
6 이리하여 훗날 이 책을 『황석공삼략소서(黃石公三略素書)』라고 한다.
7 주 무왕(周武王)을 도와 천하를 통일하게 한 강태공(姜太公)의 병법.

使良自擇齊三萬戶 良曰 臣始與陛下遇於留 此天以身授陛下封留足矣 後經穀城 果得黃石焉 奉祠之

게 제나라의 땅 3만 호를 마음대로 골라 가지라고 하였다. 그러나 장량은 사양하며,

"신이 유(留)에서 처음으로 폐하와 만났으니 이는 하늘이 신을 폐하에게 내려 준 것입니다. 유를 봉해 주시면 그것으로 충분합니다."[8]

하였다. 뒷날 곡성(穀城)을 지나다가 누런 돌(黃石)을 만났다. 장량은 그 돌에 제사를 지냈다.

---

8 유(留)는 진류현(陳留縣). 이리하여 유후(留侯)가 되었다.

10. 토끼를 잡은 뒤엔 사냥개는 삶긴다* — 兎死狗烹

(漢)六年 人有上書告 楚王韓信反 諸將曰 發兵阬孺子耳 上問陳平 平危之曰 古有巡狩會諸侯 陛下第出 僞遊雲夢 會諸侯於陳 因禽之 一力士之事耳 上從之 告諸侯會陳 吾將遊雲夢 至陳 信上謁 命武士 縛信載後車 信曰

한 고조(漢高祖) 6년(B.C. 201) 초왕(楚王) 한신이 모반한다고 글을 올린 자가 있었다. 여러 장수들은,

"군사를 동원하여 그 자를 잡아 생으로 구덩이에 묻어 죽여야 합니다."

하고, <대수롭지 않은 듯이 말했다.> 황제가 진평(陳平)과 의논하니 진평은 그렇게 하는 것은 위험하다고 하면서 말했다.

"고대부터 황제가 순수(巡狩)하여 제후를 모으는 법이니, 폐하께서는 단지 순수 나가시듯 운몽택(雲夢澤)[1]에 놀러 나가시어 진(陳) 땅에서 제후를 모으셨다가 그때 한신을 잡는다면 한 사람의 역사(力士)로도 될 것입니다."

고조는 이 의견을 좇아 제후들에게 '내가 운몽택에 놀러 가려고 하니 제후들은 진에 모이라'고 알렸다.

황제가 진에 이르자 한신도 와서 배알했다. 고조는 무사에게 명하여 한신을 결박지워 후거(後車)[2]에 싣고 돌아왔다. 이렇게 되자 한신이 말했다.

---

* 효용가치가 다하면 제거되기 쉽다는 '토사구팽(兎死狗烹)'이란 말은 한신이 반역죄로 몰려 유방에게 잡혀 왔을 때 탄식한 말이다.

1 당시 초나라에 있던 못.

2 사고에 대비하여 예비로 가지고 다니는 수레.

果若人言 狡兎死 走狗烹 飛鳥盡 良弓藏 敵國破 謀臣亡 今天下已定 臣固當烹 遂械繫以歸 赦爲淮陰侯 上嘗從容問信諸將能將兵多少 上曰 如我能將幾何 信曰 陛下不過將十萬 上曰 於君何如 信曰 臣多多益辦 上笑曰 多多益辦 何以爲我禽 曰 陛下不能將兵而善將將 此信所以爲陛下禽

"과연 사람들의 말이 맞구나 '재빠른 토끼가 잡혀 죽으면 사냥개가 삶김을 당하고, 하늘을 나는 새가 다 없어지면 좋은 활을 넣어 두고, 적국이 패하면 모신(謀臣)은 없어진다'고 했다. 천하가 이미 안정되었으니 내가 삶겨 죽는 것은 실로 당연하다."

고조는 한신을 결박 지운 채 데리고 왔다. 서울에 돌아오자 사면하여 회음후(淮陰侯)[3]로 삼았다. 고조가 언젠가 조용한 자리에서 여러 장수들이 장병을 얼마씩이나 거느릴 능력이 있는지에 대해 이야기했다. 그러다가 고조는 '자기는 어떨까'라고 물었다.

"나라면 얼마나 거느릴 수 있겠소?"

"폐하는 고작 10만 명쯤 거느릴 수 있겠지요."

"그러면 그대는 어느 정도요?"

"신은 많을수록 좋습니다."

그러자 고조는 웃으면서 말했다.

"많을수록 좋은 사람이 어떻게 해서 나에게 사로잡혔지?"

"폐하께서 군사를 거느리는 데는 능하지 못하나 장수의 장수 노릇은 잘 하실 수 있으십니다. 이것이 신이 폐하에게 잡힌 까닭입니다. 또 폐하는 하늘이

---

3 왕(王)에서 강등하여 후(侯)로 삼았는데, 한신의 고향이 회음(淮陰)이었기 때문이다.

且陛下所謂天授 非人力也 十年 代相國陳豨反 帝自將擊之 淮陰侯韓信舍人弟上變 告信陰與豨謀 呂后與蕭何謀 詐稱豨已敗死 紿信入賀 使武士縛信斬之 信曰 吾悔不用蒯徹之謀 乃爲兒女子所詐 遂夷信三族

내신 분이라 사람의 힘으로는 어찌할 수 없습니다."

고조 10년(B.C. 197) 대(代)의 상국(相國) 진희(陳豨)[4]가 모반했다. 고조는 몸소 군사를 거느리고 이를 토벌했다. 회음후 한신의 근시로 있는 자의 아우가 모반을 고했는데, 한신이 몰래 진희와 통하여 모반을 꾀한다는 것이었다.

여후(呂后)[5]는 소하와 의논하고 진희는 이미 패하여 죽었다고 거짓 소문을 퍼뜨린 다음 한신이 하례하러 들어오는 것을 기회로[6] 무사를 시켜 한신을 잡아 참하였다. 한신은 죽으면서 말했다.

"내가 괴철[7]의 계책을 채용하지 않았다가 아녀자[8]에게 속임을 당했구나."

그 후 한신의 삼족(三族)[9]을 멸하였다.

---

4 상국은 재상. 이때 진희가 대왕(代王) 항(恒)의 상국이었다.

5 고조의 황후(皇后). 고조가 죽은 뒤 15년 동안, 전권(專權)을 휘둘러 많은 사람을 죽이고 황제의 폐출을 마음대로 했다. 또한 많은 여 씨(呂氏)를 왕에 봉하고 그 딸들을 왕비로 삼아서 일문의 영달을 도모했다. 태후가 죽은 뒤 여씨가 반란을 일으키자 주발(周勃)이 이를 평정하고 여 씨는 남녀노유 없이 주멸(誅滅)되었다.

6 여후는 반적(反賊) 평정의 축하에 참석하라고 하면서 한신을 불러들였다.

7 한왕 3년(B.C. 204) 유방(劉邦)은 한신에게 제(齊)나라를 치라고 하고선 아직 한신이 제나라로 들어가기도 전에 역이기(酈食其)를 보내 제나라를 항복받았다. 한신이 무시당한 불쾌감에 젖어 있을 때 그의 부하였던 괴철이 한나라로부터 독립할 것을 권했으나 한신은 듣지 않았다.

8 여후(呂后)를 말한다.

9 부모(父母)・형제(兄弟)・처자(妻子)를 말함.

11. 가장 미운 사람을 상 주어야—漢高祖論賞

剖符封功臣 酇侯蕭何 食邑獨多 功臣皆曰 臣等被堅執銳 多者百餘戰 少者數十合 蕭何未嘗有汗馬之勞 徒持文墨議論 顧反居臣等上何也 上曰 諸君知獵乎 逐殺獸者狗也 發縱指示者人也 諸君徒能得走獸耳 功狗也 至如蕭何 功人也 群臣皆莫敢言 上已封大功臣 餘爭功不決

부신(符信)[1]을 열어 공신을 봉하는데 찬후(酇侯)[2] 소하(蕭何)의 식읍(食邑)[3]이 유독 많으니, 공신들이 모두들,

"신등은 갑옷을 입고 날카로운 무기를 들고서 많은 자는 1백여 번, 적은 자도 수십 회의 전투를 벌였습니다. <그런데> 소하는 말등에 땀 한번 흘린 수고도 없이, 한갓 서류만 가지고 의론(議論)만 했는데도 도리어 신등의 위에 있는 것은 무슨 까닭입니까?"

하고 불평을 하니, 상이 말하기를,

"제군들은 사냥하는 법을 알겠지? 짐승을 쫓아 죽이는 것은 개이고, <개를> 풀어 놓고 지휘하는 자는 사람이다. 제군들은 한갓 짐승을 쫓았을 뿐이니 개와 같고, 소하는 공이 사람과 같은 것이다."

하니, 여러 신하들이 모두들 감히 말을 못했다.

상은 공이 큰 신하들은 모두 봉했으나 나머지는 공을 다투느라 결말이 나

---

1 부절(符節) 곧 증명서. 여기서는 논공 행상 자료.

2 소하의 봉호. 찬(酇)은 남양(南陽)에 있는 고을.

3 식읍은 왕족이나 공신에게 조세를 받아 쓰도록 떼어 준 고을이나 일정 지역의 민호(民戶).

上從複道上望見 諸將往往 坐沙中相與語 上問張良 良曰 陛下以此屬取天下 今所封皆故人親愛 所誅皆平生仇怨 此屬畏不能盡封 又恐見疑平生過失及誅 故相聚謀反耳 上曰 奈何 良曰 陛下平生所憎 群臣所共知 誰最甚者 上曰 雍齒 良曰 急先封齒 於是 封齒爲什方侯 而急趣丞相御史 定功行封 群臣皆喜曰 雍齒且侯 吾屬無患矣

지 않았다. 상이 복도에서 바라보니 여러 장수들이 더러는 모래 위에 앉아서 서로들 수군거리는 것이 보였다. 장량에게 물으니, 장량이 말했다.

"폐하께서는 이들 무리로써 천하를 얻었습니다. 지금 <공신에 봉해진> 이들은 모두 친애하는 옛 사람들이고, 죽임을 당한 이들은 다 평소에 원수진 이들입니다. 이들 무리들은 다 봉해지지 못할까 두려워하고, 또 평소의 과실로 의심을 사서 죽임을 당하지 않을까 두려워하고 있습니다. 그런 까닭에 모여서 반역을 꾸미고 있는 것입니다."[4]

"그러면 어떻게 하지?"

"폐하께서 평소에 미워하는 자로 모든 신하들이 아는 자는 누구입니까?"

"옹치, 옹치(雍齒)[5]지."

"급히 먼저 옹치를 봉하십시오."

이에 옹치를 봉하여 시방후(什方侯)로 삼고, 승상(丞相)과 어사(御史)를 독촉하여 공을 논정해서[6] 봉작하게 하니, 모두들 기뻐하면서 이렇게 말했다.

"옹치도 후(侯)에 봉해졌으니 우리 무리들은 걱정할 것이 없다."

---

4 실제로 반역을 꾀한 것은 아니지만 가능성을 가지고 간함으로써 한 고조를 깨우친 것이다.
5 한고조가 일찍이 옹치에게 풍(豊) 땅을 지키라고 맡기고 갔는데, 이 성을 가지고 배반했다가 대세가 한 고조에게로 기울자 다시 귀순하였다.
6 '趣'은 여기서는 '촉'으로 읽고 '급(急)'과 같은 뜻.

12. 한(漢)나라의 융성* — 文景之治

帝益明習國家事 朝而問右丞相勃曰 天下一歲 決獄幾何 勃謝不知 又問一歲錢穀出入幾何 勃又謝不知 惶愧汗出沾背 上問左丞相平 平曰 有主者 卽問決獄責廷尉 問錢穀責治粟內史 上曰 君所主者何事

황제[1]가 더욱 국사를 밝게 익혀 조회 때에 우승상 주발(周勃)에게 묻기를,

"천하에 1년 동안 청결(聽決)하는 옥사(獄事)는 얼마나 되는가?"

하니, 주발이 사례(謝禮)하면서 모른다고 하자, 또 물었다.

"1년에 전곡(錢穀)[2]의 수입·지출은 얼마나 되오?"

주발은 또 모른다고 사례하는데, 황공하고 부끄러워 땀이 등을 적셨다. 상이 좌승상 진평(陳平)에게 물으니, 진평은 이렇게 대답했다.

"주관하는 자가 있습니다. 처결하는 옥사를 물으시려면 책임자는 정위(廷尉)이고, 전곡을 물으시려면 그 책임은 치속내사(治粟內史)[3]입니다."

"그대가 주관하는 것은 무슨 일이오?"

---

* 한나라는 고조가 죽은 뒤 여태후(呂太后)의 정치 간여로 한때 정치가 어지러워지기도 했으나 30~40년이 지난 문제(文帝)·경제(景帝) 때가 되면 외침도 없고 국내 정치는 안정되어 백성들은 태평을 구가하고 나라 재정은 튼튼해졌다. 경제의 뒤를 이는 무제(武帝)는 이러한 풍부한 국고를 바탕으로 북으로 흉노를 정벌하고, 동으로 위만조선(衛滿朝鮮)을 쳐서 한사군(漢四郡)을 설치하는 등 국력을 만방에 과시하게 된다.

1 전한 5대 황제 문제(文帝)를 말한다.

2 세금으로 거둬들이는 돈과 곡식.

3 치속내사는 세곡(稅穀)을 관장하는 한나라 때의 관직 '속(粟)'은 '조'라는 뜻이나 일반적으로 겉곡식을 통칭한다.

平謝曰 陛下使待罪宰相 宰相者 上佐天子 理陰陽 順四時 下遂萬物之宜 外鎭撫四夷 內親附百姓 使卿大夫 各得其職焉 帝稱善 勃大慚 謝病免 自漢興 掃除繁苛 與民休息 孝文加以恭儉 至帝遵業 五六十載之間 移風易俗 黎民醇厚 國家無事 人給家足 都鄙廩庾 皆滿 而府庫餘貲財 京師之錢累鉅萬

라고 다시 물으니, 진평이 사례하면서 말하기를,

"폐하께서 재상으로 대죄(待罪)[4]케 하셨는데, 재상이란 위로는 천자를 보좌하고, 음양(陰陽)을 다스리며, 사시(四時)를 순조롭게 하여 아래로 만물이 각각 제 처지에 맞게 하고, 밖으로 사이(四夷)[5]를 진무하며, 안으로 백성들이 신복(信服)하고, 경대부(卿大夫)가 각 그 직임을 맞게 하도록 하는 것입니다."

하니, 황제가 그 말이 훌륭하다고 칭찬했다. 주발은 매우 부끄러워 병을 핑계대고 사직하였다.

한나라가 일어난 이래 번거롭고 가혹한 법제를 없애 백성들을 휴식시켰는데, 문제(文帝)가 더욱 공손 검소하고, 황제에 이르러[6] 대업(大業)을 준행하니 50~60년 사이에 풍속이 바뀌고 백성들이 순후해졌다. 국가에 큰 일이 없으니 사람마다 넉넉하고 집집마다 풍족해져 도성이나 시골을 물론하고 곳간마다 가득 찼다.

국고도 재물이 남아돌아 경사(京師)[7]의 돈이 여러 거만(鉅萬)인데, 돈을 꿴 노

---

4 관직에 있는 자가 임금에게 자기 직책을 말할 때의 겸칭. 책임을 감내하지 못한 죄에 대해 처벌을 기다리고 있다는 뜻.

5 중국인들은 자신들은 중화(中華)이고, 사방의 이민족을 모두 오랑캐로 취급하여 사이(四夷)라 하였다. 곧 동이(東夷)·서융(西戎)·남만(南蠻)·북적(北狄)이다.

6 6대 경제(景帝)이다.

7 경사란 서울을 뜻하며, 당시 서울은 장안(長安)이나 여기서는 국고(國庫)를 말한다.

貫朽而不可校 太倉之粟 陳陳相因 充溢露積於外 紅腐不可勝食 爲吏者長子孫 居官者以爲姓號 故有倉氏庫氏 人人自愛 而重犯法 然罔疏民富 或至驕溢 兼并之徒 武斷鄕曲 宗室有土 公卿以下 奢侈無度 物盛而衰 固其變也

끈이 썩어 돈을 셀 수가 없었다. 나라 창고의 묵은 곡식이 쌓이고 넘쳐나 밖에다 쌓아 놓으니 붉게 썩을 정도로 이루 다 먹어낼 수가 없었다.

아전이 된 자도 자식을 잘 키우고[8] 관직에 있는 자는 <그 관직을> 성으로 삼으니 창 씨(倉氏), 고 씨(庫氏)가 생겨났다.

사람들마다 자중자애하며 범법을 중히 여겼지만 법망(法網)이 소루하고 백성들이 부유하게 되니 간혹 교만하게 되기도 했다. 겸병(兼并)하는 무리가 향곡(鄕曲)에 횡행하며[9] 종실(宗室)이면 토지를 소유하고[10] 공경(公卿) 이하는 사치함이 한이 없었다. 사물이 한번 성하면 한번 쇠퇴하는 것이니 실로 그 변천은 <피할 수 없는> 것이다.[11]

---

8 천하가 태평했기 때문에 관청의 아전들이 전출되는 일이 없이 한 자리에서 자손들이 장성할 때까지 근무했다는 말.

9 겸병은 한 데 합쳐서 가진다는 뜻으로 한 사람이 광대한 토지를 차지함을 말하며, 무단 향곡은 향곡에서 불법으로 토지를 빼앗는다는 말이다.

10 황제나 왕의 친족에게는 많은 토지를 지급하였다.

11 세상만사 모든 것은 변하기 마련이라는 뜻. 다음 무제(武帝)는 잦은 외정으로 국고가 탄갈되고, 그 후 한나라는 쇠퇴해졌다.

13. 법을 지키면 나라가 다스려진다—張釋之與周亞夫

文帝三年 以張釋之爲廷尉 上行中渭橋 有一人橋下走 乘輿馬驚 捕屬廷尉 釋之奏 犯蹕當罰金 上怒 釋之曰 法如是更重之 是法不信於民 廷尉天下之平也 一傾天下用法 皆爲之輕重 民安所措手足乎

문제(文帝)[1] 3년(B.C. 177) 장석지(張釋之)가 정위(廷尉)[2]가 되었다. 어느 날 문제가 행행(行幸)[3]하다가 중위교(中渭橋)[4]를 지나는데 다리 아래서 어떤 자가 갑자기 달려 나오는 바람에 승여(乘輿)를 끌던 말이 놀라 펄쩍 뛰었다. 당장에 그 자를 잡아 정위에게 넘겼다. 장석지는 아뢰었다.

"범필(犯蹕)[5]은 벌금형에 해당됩니다."

이 말을 들은 문제는 크게 노하였다. 그러자 장석지는 다시 아뢰었다.

"법은 이와 같은 것입니다. 법조문보다 더 중한 벌을 주게 되면 이러한 법은 백성들로부터 불신을 받게 됩니다. 정위의 직임은 천하에서 제일 공평해야 하는데, 한번 기울어져 공평을 잃으면 모든 사람들이 이를 본받아서 제 뜻대로 경중을 정하게 됩니다. 이렇게 된다면 백성들은 어찌 수족인들 제대로 놀

---

1 한(漢)나라 5대 임금. 이름은 항(恒), 고조의 셋째 아들로 어머니는 박(薄) 씨였다. 대왕(代王)에 봉해졌다가 대신의 추대로 즉위했다. 어진 이를 등용하고 인의(仁義)의 정치로 한왕조의 기틀을 확고히 했다. 재위는 23년.

2 법을 관장하는 관리.

3 임금이 궁성 밖을 나가는 것.

4 위수(渭水)에 있는 상(上)·중(中)·하(下) 다리 중의 가운데 다리.

5 필(蹕)을 범하다. 필은 임금이 출행(出行)할 때 길에 잡인을 금하는 것.

上良久曰 廷尉當是也 其後人有盜高廟玉環 得下廷尉治 釋之奏 當棄市 上大怒曰 人盜先帝器 吾欲致之族 而廷尉以法奏之 非吾所以共承宗廟意也 釋之曰 盜宗廟器而族之 假令愚民 取長陵一抔土 何以加其法乎 上許之 文帝後元六年 匈奴寇上郡雲中

릴 수 있겠습니까?"

황제는 한참 있다가 말했다.

"정위의 말이 옳다."

그 뒤에, 어떤 사람이 고황제묘(高皇帝廟)의 옥환(玉環)을 훔쳤다. 범인을 잡아 정위에게 내려 다스리게 하였다. 장석지가 아뢰기를,

"기시(棄市)[6] 죄에 해당합니다."

하니, 황제가 크게 노하여,

"선제(先帝)의 기물(器物)을 도둑질한 놈에게 나는 삼족(三族)을 멸하려 하는데 정위는 법조문만 내세운다. 이는 내가 정성을 다해 종묘를 받들어 모시는 뜻이 아니다."

하였다. 장석지는,

"종묘의 기물을 도둑질한 자에게 삼족을 멸한다면, 가령 어리석은 백성이 장릉(長陵)[7]의 한 줌 흙을 파 갔을 때는 어떠한 법을 적용하여야 합니까?"

하자, 문제도 장석지의 주장을 인정하였다.

한나라 문제(文帝) 후원(後元)[8] 6년(B.C. 158) 흉노(匈奴)가 상군(上郡)과 운중(雲

6 죄인을 베어 그 시체를 거리에 내놓아 여러 사람이 보게 하는 것.

7 고조(高祖)의 능.

8 문제는 즉위한 지 17년부터 다시 원년(元年)으로 하라는 조서를 내렸다. 그리하여 이후부터는 후원(後元) 몇 년, 하는 식으로 연호처럼 사용했다.

詔將軍周亞夫屯細柳 劉禮次霸上 徐厲次棘門 以備胡 上自勞軍 至霸上及棘門軍 直馳入 大將以下騎送迎 已而之細柳不得入 先驅曰 天子且至軍門 都尉曰 軍中聞將軍令 不聞天子詔 上乃遣使使持節

中)[9]에 침구하자, 황제는 장군들에게 조서를 내려 주아부는 세류(細柳)[10]에 주둔하고, 유례(劉禮)는 패상(灞上)[11]에, 서여(徐厲)는 극문(棘門)[12]에 머물러 각각 흉노에 대비하게 했다. 문제는 몸소 군사를 위문하러 패상에 도착하여 이어 극문까지 갔다. 황제가 곧바로 말을 달려 들어가면 대장군 이하가 모두 말을 타고서 맞아들이고 전송하곤 했다.[13]

<패상과 극문을 위문한 뒤> 세류에 도착하여 그대로 들어가려고 하자 문지기가 못 들어가게 하는 것이었다. 전도(前導)하던 군사들이,

"천자께서 군문에 이르셨다."

했으나 도위(都尉)는,

"군중에서는 장군의 명령만 따를 뿐 천자의 말씀이라도 따를 수 없습니다."

하는 것이었다. 할 수 없이 문제는 칙사(勅使)에게 지절(持節)[14]을 주어 장군 주

---

9 상군(上郡)은 지금의 섬서성(陝西省) 수덕현(綏德縣), 운중(雲中)은 산서성(山西省) 대동현(大同縣).

10 지금의 장안(長安)에 있던 군영(軍營).

11 지금의 장안성 동쪽 30리 지점.

12 지금의 장안 북쪽. 일설에는 위수(渭水) 북쪽 10리 지점이라고도 함.

13 패상과 극문의 군영에서는 황제의 행차라고 하여 아무런 검문도 없이 그대로 통과시킨 것을 말한다.

14 원문의 '使使之節'에서 앞의 '使'는 '파견하다'의 동사, 뒤의 '使'는 '명을 받는 사람' 즉 사자(使者)의 뜻. 지절은 임금의 명을 받고 나가는 사람에게 주는 증명서. 고대에 하나의 대나무 조각에 전서(篆書)나 꽃무늬를 그리고 그것을 두 쪽으로 쪼갠 후, 한 쪽은 장군이나 관리에 주어 보내고 한쪽은 임금이 가지고 있다가, 필요할 때 이것을 맞추어보아 증험하였다. 뒤에는 종이로 만들었다. 부절(符節)·부신(符信).

詔將軍亞夫 乃傳言開門 門士請車騎曰 將軍約 軍中不得驅馳 上乃按轡徐行至營 成禮而去 群臣皆驚 上曰 嗟乎 此眞將軍矣 向者覇上棘門軍 兒戱耳

아부에게 조서를 전하게 하니, 주아부는 그제야 수문장에 영을 내려 문을 열게 했다. 문을 지키는 군사가 어가를 호위하는 기사들에게 말했다.

"장군의 군영에서의 규약은 '영내에서는 수레나 말을 달려서는 안 된다'는 것입니다."

문제는 말의 고삐를 당겨 잡고 천천히 군영에 이르러 군사를 위로하는 의식을 끝내고 군영을 떠났다. 여러 신하들은 모두 놀랐다.[15] 그러나 문제는 이렇게 칭찬했다.

"아! 이야말로 진정한 장군이다. 지난번 패상과 극문의 군대는 아이들 장난과 같다."

---

15 황제의 위엄에도 동요하지 않고 군영 내의 규약을 철저히 지키고 있는 주아부의 군사 통솔 방법에 놀란 것이다. 주아부는 재상으로 있던 주발(周勃)의 아들로 뒤에 재상에 발탁되었다.

14. 한나라 무제—漢武帝

上雄材大略 承文景豊富之後 窮極武事 嘗謂高帝遺平城之憂 思如齊襄公 復九世之讎 數征匈奴 盡漢兵勢 匈奴遠遁 漠南無王庭 斥地立郡縣 置受降城 通西域 通西南夷 東擊朝鮮 南伐粤 軍旅歲起

무제는 걸출한 재능과 원대한 지략(智略)이 있었다. 문제(文帝)·경제(景帝)가 이룩한 경제적 부(富)[1]를 이어받아 군사적인 정벌을 자기 하고 싶은 대로 다하였다. 그는 일찍이 이렇게 말했다.

"고제(高帝)께서 평성(平城)의 회한(悔恨)을 남기신 것[2]에 대해 제(齊)나라 양공(襄公)이 9대조의 원수를 갚은 것[3]과 같이 하리라."

이리하여 자주 흉노(匈奴)를 정벌, 사막 이남에는 흉노의 왕정(王廷)이 없었다.[4] 또, 서역(西域)[5]과도 통하고 서남이(西南夷)[6]와 길을 열었으며, 동쪽으로 조선(朝鮮)을 치고,[7] 남쪽의 월(粤)[8]을 정벌하는 등 해마다 군사를 일으켰다. 안으

---

1 경제는 문제의 아들이며 무제의 아버지. 경제 때는 나라에 일이 없고 해마다 풍년이 들어 곡식은 몇 년씩 묵고 돈꿰미가 썩을 정도였다고 한다.

2 한 고조(漢高祖) 7년(B.C. 200) 친히 군사를 이끌고 흉노를 정벌하러 평성까지 갔다가 묵특선우(冒頓單于)에게 7일간 포위되었다가 많은 뇌물을 주고 가까스로 풀려났다.

3 춘추시대 제나라 양공(襄公)의 9대조 애공(哀公)이 기후(紀侯)의 참소로 주왕(周王)에게 피살되었었는데, 결국 양공이 기나라를 멸하여 원수를 갚았다.

4 고비 사막 이남에는 흉노가 그림자도 비치지 못했다는 말.

5 감숙성(甘肅城) 돈황(敦煌) 서쪽 지역.

6 중국 서남쪽의 천(川)·진(滇)·검(黔) 일대.

7 무제 원봉(元封) 3년(B.C. 108) 위만조선(衛滿朝鮮)을 치고 한사군(漢四郡)을 설치했다.

8 지금의 양광(兩廣)·민(閩)·절(浙) 지방.

內事土木 築上苑屬南山…… 數巡幸 崇祠祀 脩封禪 國用不給 賣武功爵級 造鹿皮幣 白金 桑弘羊孔僅之徒 作均輸平準法 興利以佐費 置鹽官 筭舟車 造緡錢 天下蕭然 末年盜起 國家多事 丞相連以誅死 公孫賀拜相 至涕泣不肯拜 亦卒以罪死…… 汲黯獨以嚴見憚 數切諫 不得留內 爲東海太守

로는 토목 공사를 일삼아 남산(南山)에 상림원(上林苑)[9]을 신축했다. (중략) 자주 순행하여 귀신에 대한 제사(祠祀)를 지내고, 천지에 대한 제사(封禪)[10]를 닦으니 국가 씀씀이가 부족하여 무공(武功)과 관작을 팔고, 사슴가죽과 백금(白金)으로 화폐를 만들었다.[11] 상홍양 · 공근의 무리는 균수평준법(均輸平準法)[12]으로 이익을 내어 국용을 보조하고, 염관(鹽官)[13]을 두고, 배와 수레의 숫자를 파악하여 세금을 매기며 민전(緡錢)[14]을 주조하니 천하가 시끄러워져 말년에는 도둑이 일어났다.

이렇게 국가에 일이 많아 승상(丞相)이 연달아 죄를 받아 죽으니, 공손하(公孫賀)는 재상에 제배되자 심지어 눈물을 흘리면서 사퇴를 청하기까지 하였다.[15] (중략) 급암(汲黯)은 홀로 엄정했으므로 무제도 어려워했다. 그러나 그도 자주 직간하다가 오래 내직에 머물러 있지 못하고 동해태수(東海太守)가 되었다.

---

9 왕실 전용 공원 '苑'은 궁중 정원이라는 뜻. 서울의 비원(秘苑)과 같은 곳.

10 봉은 하늘에 지내는 제사이고, 선은 토지신에 대한 제사이다.

11 흰 사슴가죽으로 만든 화폐로 사방 한 자에 40만금이었고, 백금은 은(銀)에 주석을 섞어 만든 돈이다.

12 각 지역에 균수관, 장안(長安)에 평준관을 두어 가격이 싼 지방의 물화를 비싼 지역으로 옮겨다 팔고, 값이 쌀 때 사두었다가 비쌀 때 팔아 물가를 조절하는 한편 이익을 취하던 제도

13 염관은 국가가 소금 매매를 전매(專賣)하기 위해 둔 관원.

14 민전은 꿰미에 꿴 돈. 즉 구멍 뚫린 돈 1천 전(錢)이 1민(緡)이다.

15 재상이 된 사람들이 모두 사소한 이유로 무제의 노여움을 사서 죽음을 당하자 공손하는 끝까지 사양하했지만 결국 재상이 되었다. 그도 나중에는 사형을 당했다.

好淸淨 臥閤內不出 而郡中大治 入爲九卿 上方招文學 嘗曰 吾欲云云 黯曰 陛下內多欲 而外施仁義 奈何欲效唐虞之治乎 上怒罷朝曰 甚矣黯之戇也 他日又曰 古有社稷臣 黯近之矣 黯甚爲上所重 大將軍衛靑雖貴 上或踞厠見之 如黯不冠不見也

급암은 청정(淸淨)함을 좋아하여 관아(官衙)에 들어앉아 관내를 순시하지도 않았지만 군내가 잘 다스려졌다. 그리하여 다시 내직으로 들어와 9경(卿)이 되었다.

당시 무제는 학자들을 초치하고 있었는데, 하루는 급암에게 이렇게 말했다.

"나는 이렇게 이렇게 하려고 하오."

"폐하께서는 속으로는 욕심이 많으시면서 겉으로는 인의(仁義)를 베푸는 체하시니 어떻게 당우(唐虞)[16]의 덕치를 본받겠습니까."

이 말을 들은 무제는 노하여 조회를 걷어치우고 말했다.

"심하구나. 급암의 고지식함이여!"

그러나 다른 날 또 말하기를,

"옛날의 사직의 신하(社稷臣)[17]란 이들도 급암에게 가까웠을 것이다."

할 정도록 급암은 무제의 존중을 받았다.

대장군 위청(衛靑)이 비록 신분은 고귀했지만[18] 무제는 침상에 걸터 앉아서 만나기도 했다. 그러나 급암에게만은 의관을 갖추지 않고는 만나보지 않았다.

---

16 당은 요(堯)임금, 우는 순(舜)임금.
17 국가의 운명을 짊어진 대들보와 같은 신하.
18 위청은 무제의 황후인 위씨(衛氏)의 동생.

上招選天下材智士 俊異者 寵用之 莊助朱買臣吾丘壽王司 馬相如東方朔枚皐終軍等 在左右 相如特以詞賦得幸 朔皐不根持論 好詼諧 上以俳優畜之 朔嘗語上前侏儒以爲上欲殺之 侏儒泣請命 上問朔 朔曰 侏儒飽欲死 臣朔飢欲死 伏日賜肉晏朔先斫肉持歸

무제는 천하의 지혜 있는 사람들을 선발하여, 영준(英俊)·이재(異才)를 총애하여 등용하였다. 장조(莊助)·주매신(朱買臣)·오구수왕(五丘壽王)·사마상여(司馬相如)·동방삭(東方朔)·매고(枚皐)·종군(終軍) 등이 좌우에서 보좌하였다.

사마상여는 특히 시문(詩文)에 능했으므로 총애를 받았고, 동방삭과 매고는 확고한 지론(持論)은 없었지만 해학(諧謔)을 잘 하여 무제는 그들을 배우로 여기고 가까이 두었다. 어느 날 동방삭은 무제를 모시는 주유(侏儒)[19]를 보고,

"황제께서 너희들을 죽이려 하신다."

하자 주유들은 무제 앞에 나아가 울면서 살려달라고 애걸하는 것이었다. 영문을 모른 황제는 동방삭에게 그 까닭을 묻자 동방삭은 말했다.

"주유는 포식(飽食)을 해서 죽으려 하고, 신은 굶어서 죽으려 합니다."[20]

복날(伏日)[21]에는 고기를 내리는 잔치가 있었다. 동방삭은 주기도 전에 고기를 잘라가지고 집으로 돌아갔다.

---

19 난장이. 반드시 난장이뿐만 아니라 광대놀음을 하는 자들을 그렇게 불렀다.

20 주유들에게는 가까이 두고서 음식을 풍부하게 내리는데, 자신은 급료도 주유들보다 적었다. 이와 같이 자기에 대한 무제의 대우가 소홀하므로 풍간(諷諫)한 것이다.

21 복날(伏日) 초복·중복·말복의 삼복이 있다. 이때는 일년 중 가장 더운 때로 항례(恒例)로 백관에게 고기가 하사되었다. 동방삭은 좀처럼 자기에게 차례가 오지 않으므로 자기가 직접 고기를 베어가지고 집으로 돌아가 버렸다. 동방삭이 자책(自責)한 내용은 모두 해학(諧謔)으로 가득 차 있다. 그래서 크게 노했던 무제도 노여움을 풀게 되었다. 복(伏)이란 이날은 금기(金氣)가 땅 밑에 엎드린다는 뜻에서 유래된 말이다.

上召問令自責 朔曰 受賜不待詔 何無禮也 拔劍斫肉 何壯也 斫之不多 何廉也 歸遺細君 又何仁也 然朔亦時直諫 有所補益

무제는 동방삭을 불러 스스로 잘못을 열거하게 했다. 그랬더니 동방삭은 이렇게 말했다.

"분부를 기다리지도 않고 받아 갔으니 얼마나 무례한 것입니까. 칼을 빼어 고기를 잘랐으니 얼마나 씩씩한 것입니까. 고기를 자르되 적게 베어 갔으니 얼마나 청렴한 것입니까. 집으로 가지고 가 세군(細君)[22]에게 주었으니 또한 얼마나 인자한 것입니까."

이러한 동방삭도 가끔 직간을 하여 무제에게 보익(補益)됨이 있었다.

22 제후(諸侯)의 부인을 소군(小君)이라 불렀는데, 자신은 제후도 못되었으므로 자기 아내를 세군(細君)이라 칭한 것이다. 여기에서도 동방삭의 익살이 엿보인다.

15. 숫양이 새끼를 낳으면 보내 주마—蘇武

漢武帝天漢元年 遣中郎將蘇武使匈奴 單于欲降之 使漢降人衛律誘以富貴 武不應 律曰 不聽吾言 後欲復見我 尙可得乎 武罵曰 汝爲人臣子 不顧恩義 爲降虜於蠻吏 何以汝爲見 律白單于 乃幽武 置大窖中 絶不飮食 武齧雪與旃毛 並咽之 數日不死 匈奴以爲神 徙武北海上無人處 使牧羝曰

한무제(漢武帝) 천한(天漢) 원년(B.C. 100) 중랑장(中郎將) 소무[1]를 흉노에 사신으로 보냈다. 선우(單于)[2]는 그를 항복받으려고 한나라 사람으로 흉노에게 항복한 위율(衛律)을 시켜 항복하면 부귀하게 살 것이라고 꾀도록 했다. 그러나 소무는 듣지 않았다. 위율이 말했다.

"내 말을 듣지 않으면 뒷날 나를 다시 만나려고 해도 만날 수 있을까?"

그러자 소무는 꾸짖으며 말했다.

"너는 남의 신하가 되어 은혜와 의리를 돌아보지도 않고 오랑캐에 항복하여 포로가 된 놈인데 무엇하러 너를 보겠느냐."

위율이 이 사실을 선우에게 고하자 선우는 소무를 구금하여 큰 움 속에 가두고 음식을 주지 않았다. 소무는 눈과 담뇨의 털을 씹어 삼킴으로써 며칠 동안을 죽지 않고 살 수 있었다. 흉노는 그를 신(神)이라고 생각하고 소무를 북해 근방 사람이 살지 않는 것으로 옮겨 숫양을 기르게 하고는 '숫양이 새끼를

---

1 자(字)는 자경(子卿), 한나라 두릉(杜陵) 사람. 이릉(李陵)과 같이 지은 오언시(五言詩)가 있다.
2 흉노의 군장(君長).

羝乳乃得歸 掘野鼠去草實而食之 臥起持漢節 節旄盡落 武素善李陵 及陵降匈奴 亦謂武曰 人生如朝露 何自苦如此 武曰 臣事君 猶子事父也 子爲父死 無所恨 不肯 陵喟然歎曰 嗟乎義士 至昭帝始元六年 漢使者 至匈奴

낳으면 돌려보내 주겠다' 하였다. 소무는 들쥐 굴을 파 들쥐를 잡아먹고 풀 열매를 따 먹었다. 누울 때나 일어날 때나 언제나 한 나라 부절(符節)을 지니고 있었으므로 부절의 털이 모두 떨어졌다.[3]

소무는 본디 이릉(李陵)[4]과 친했다. 이릉이 흉노에게 항복한 뒤 역시 소무에게 말했다.

"인생이란 아침 이슬과 같은 것, 어찌하여 자청해서 이러한 고생을 하는가?"

소무는 대답했다.

"신하가 임금을 섬기는 것은 자식이 아버지를 섬기는 것과 같네. 자식이 아버지를 위해 죽는다면 한스러울 것이 없네."

하면서 듣지 않았다. 이 말을 들은 이릉은,

"아! 의사(義士)로구나!"

하였다. 소제(昭帝) 시원(始元) 6년(B.C. 81), 한 나라 사신이 흉노 땅에 이르러 <소무 등을 찾자> 흉노는 거짓으로 소무가 이미 죽었다고 하였다. 한 나라

3 부절은 고대 사신(使臣)이 가지고 다니던 신표(信標). 나무로 만들었는데 길이는 8척(尺)이요 그 끝에 소꼬리 털을 세겹으로 달았다. 소무가 언제나 한나라 부절은 지니고 있는 것은 절대로 굴하지 않고 한나라만을 생각한다는 뜻을 보인 것이다.

4 자는 소경(少卿), 무제 때에 주기도위(做騎都尉)가 되어 5천여 군사를 거느리고 흉노와 싸우다가 세궁 역진하여 흉노에 항복, 선우의 딸을 아내로 맞아 그곳에서 살다가 죽었다. 『사기(史記)』의 저자인 사마천(司馬遷)이 이 이릉을 변호하다가 궁형(宮刑 : 거세형)을 당한 것이다.

匈奴詭言 武已死 漢使知之 言天子射上林中 得鴈足有帛書 云武在大澤中 匈奴不能隱 乃遣武還 武留匈奴十九年 始以强壯 出 及還須髮盡白 拜爲典屬國

사신은 그 말이 거짓임을 알고는 <둘러대어> 말했다.

"천자께서 상림원(上林苑)에서 기러기를 쏘아 잡으셨는데 비단에 쓴 글씨가 기러기 발에 매여 있었다. 소무가 큰 진펄 가운데 있다고 하였더라."

이렇게 되자 흉노는 더 이상 속일 수 없어 소무를 돌려보내 주었다.

소무가 흉노 땅에 머무른 지 19년, 조국을 떠날 때는 젊은 나이였는데, 돌아온 모습은 수염과 머리가 하얗게 센 노인이었다. 소무는 전속국(典屬國)[5]에 제수되었다.

---

5 속국(屬國)에 관한 일을 관장하는 관아(官衙).

16. 선제의 중흥* —宣帝中興

地節四年 霍氏謀反 伏誅夷其族 告者皆封列侯 初霍氏奢縱 茂陵徐福上疏言 宜以時抑制 無使至亡 書三上不聽 至是人爲徐生上書曰 客有過主人 見其竈直突 傍有積薪 謂主人更爲曲突 速徙其薪

선제 지절(地節) 4년(B.C. 66) 곽씨(霍氏)가 모반하다 복주(伏誅)되니[1] 그 일족을 멸하고 고변자는 모두 열후(列侯)에 봉하였다. 처음 곽씨들이 사치 방종할 때, 무릉(茂陵)의 서복(徐福)이 상소하여 이를 말했으니 마땅히 그때 억제하였더라면 멸망에 이르기까지는 되지 않았을 것인데, 글을 세 차례나 올렸으나 상이 듣지 않았다. 이때에 와서 어떤 사람이 서생(徐生)을 위해 글을 올렸다.

"손님이 지나다가 주인 집 부엌 아궁이가 굴뚝과 직선으로 연결되고[2] 굴뚝 곁에 땔나무가 있는 것을 보고 주인에게 굴뚝을 고쳐 굽게 연결하고 속히 땔

* 한나라는 문제(文帝)・경제(景帝)를 거쳐 무제(武帝) 때에 전성기를 누렸으나 무제는 도참설에 혹하고 외정(外征)을 번번히 하다보니 국고가 탕진되었다. 게다가 무제가 죽고 난 뒤 어리고 무능한 황제가 잇따라 서서 정치가 불안했다. 이러던 차 선제가 여염에서 일어나 선정을 베풀자 한때 중흥하게 되었다. 선제는 무제의 증손이요, 여태자(戾太子) 거(據)의 손자. 처음 이름은 병기(病己)인데, 뒤에 순(旬)으로 고쳤다. 거가 아버지(武帝)를 저주했다는 무고(巫蠱)의 옥(獄)에 걸려 부모가 모두 죽자 민간에서 자랐다. 무제의 뒤를 이은 소제(昭帝) 또한 아들이 없자, 창읍왕(昌邑王) 하(賀)를 세웠는데, 창읍왕이 무도하므로 곽광이 폐하고 병기를 세우니 이가 선제이다.

1 대장군(大將軍) 곽광(霍光)이 무제의 유촉(遺囑)을 받아 어린 소제를 보호하게 되었는데 소제의 후사가 없자 창읍왕을 제위에 앉혔다가, 그를 폐하고 선제를 맞았다. 모든 권력이 곽광에게 집중되자 그 일족들도 사치 방자함이 극도에 달했다. 선제 6년(B.C. 68) 곽광이 죽자 2년 뒤 반역죄로 멸족되었다.

2 굴뚝이 직선으로 되어 있으면 아궁이의 불길이 굴뚝까지 가게 되어 화재의 위험이 있게 된다.

主人不應 俄失火 鄉里共救之 幸而得息 殺牛置酒 謝其鄉人 人謂主人曰 鄉使聽客之言 不費牛酒 終無火患 今論功而賞 曲突徙薪 無恩澤 焦頭爛額 爲上客邪 上乃賜福帛 以爲郎 帝初立 謁高廟 霍光驂乘 上嚴憚之 若有芒刺在背 後張安世代 光驂乘 上從容肆體 甚安近焉 故俗傳 霍氏之禍 萌於驂乘

나무는 옮겨 놓으라고 했습니다. <그러나> 주인은 그 말을 듣지 않았습니다. 얼마 있다 불이 났는데, 마을에서 함께 와서 구조한 덕분에 불을 끄게 되자 소를 잡고 술을 준비하여 마을 사람들에게 고맙다고 사례를 하니 어떤 사람이 주인에게 말했습니다. '저번에 손님의 말대로 했더라면 소나 술을 허비하지 않아도 되었을 것이고, 끝내 화재 걱정은 없었을 것이다. 지금 공을 따져 상을 주면서 굴뚝을 굽게 고치고 땔나무를 옮기라고 한 사람에게는 은택(恩澤)이 없고 머리를 태우고 이마를 덴 사람만 상객(上客)[3]인가? 하였습니다."

상이 그제야 서복에게 비단을 하사하고 낭관(朗官)을 시켰다.

황제가 처음 즉위하여 고조(高祖)의 사당을 참배하러 갈 때 곽광(霍光)이 참승(驂乘)[4]을 했는데, 두렵고 꺼려서 마치 등에 가시가 돋는 것 같았다. 뒤에 장안세(張安世)[5]가 참승을 하니 상의 거동이 태연하고 몸이 편안했다. 그래서 세속에서 전하는 말로 '곽씨들의 화는 참승에서 싹텄다'[6]고들 했다.

---

3 불을 끄느라 머리를 거슬리고 이마에 화상을 입은 사람을 최고 대우한다는 말이다.

4 수레를 탈 때 높은 이는 왼쪽에, 마부는 가운데, 보좌하는 사람이 오른쪽에 타는데 이를 참승이라 한다.

5 자는 자유(子孺), 무제(武帝)에게 발탁되어 우장군(右將軍) 부평후(富平侯)에 봉해지고 선제 때 대사마(大司馬)에 제수되었다.

6 선제는 당시 킹 메이커(king maker)인 곽광을 두렵게 여겼을 것임은 당연하다. 비록 곽광은 충직한 인물이었지만 선제가 호감이나 애정을 갖지 못했기 때문에 반역한 곽씨들에 대해 일말의 동정도 없었다는 말이다.

帝興於閭閻 知民事之艱難 厲精爲治 樞機周密 品式備具 拜刺史守相 輒親見問 常曰 民所以安其田里 而無歎息愁恨之聲者 政平訟理也 與我共此者 其惟良二千石乎 以爲太守 吏民之本 數變易則民不安 故二千石有治理效 輒以璽書勉厲 增秩賜金 公卿缺 則選諸所表 以次用之 漢世良吏 於斯爲盛 信賞必罰 綜核名實

선제는 민간에서 몸을 일으켜 제위에 오른 사람이기 때문에 백성들의 어려움을 잘 알아 온 정성을 쏟아 정치를 하였다. 정부 기구가 주도면밀(周到綿密)하고 제도와 문물이 갖추어졌다.[7] 자사(刺使)·수(守)·상(相)[8]을 임명할 때마다 직접 만나고 언제나 이렇게 말했다.

"백성들이 그 마을에서 편안히 살고 한탄이나 근심·원망하는 소리가 없는 것은, 정사가 공평하고 소송이 지체없이 바르게 처리되고 있는 증거이다. 나와 함께 이러한 중책을 할 사람은 오직 현량한 2천석(二千石)[9]뿐이다."

태수는 이민(吏民)의 근본이니 자주 교대시키면 백성들이 불안해할 것이라고 생각하였다. 그리하여 태수가 정치에 공로가 있으면 그때마다 옥새(玉璽)를 찍은 문서를 내려 격려하고 녹봉을 늘리거나 상금을 내리거나 하였다. 공경(公卿)에 결원이 생기면 전에 표창한 사람 중에서 선발하여 차례에 따라 임용했다. 한나라 시대에 훌륭한 관리가 가장 많이 나온 것은 신상필벌(信賞必罰)을 엄격히 하고 사건의 진상을 철저히 따졌다.[10]

---

7 추기(樞機)는 중앙 정부의 조직, 품식(品式)은 제도와 법식 즉 문물제도

8 자사는 주군(州郡)을 시찰하는 관리, 수(守)는 군(郡)의 태수(太守)를, 상(相)은 제후왕의 제상, 곧 지방의 주요 관직을 말한다.

9 군태수(郡太守)의 녹(祿)이 1년에 2천 석이었기 때문에 곧 군태수를 말한다.

10 종핵(綜核)은 사건의 진상을 따짐. 명실(名實)은 명분과 실제 곧 사건의 진상.

政事文學法理之士 咸精其能 吏稱其職 民安其業 遭値匈奴衰亂 推亡固存 信威北夷 單于慕義 稽首稱藩 功光祖宗 業垂後裔 可謂中興 侔德高宗周宣矣

그래서 정치가 · 문학가 · 법률가 등 모두 타고 난 재능을 충분히 발휘하고, 서리는 능력에 따라 직책을 맞게 되었으며 백성은 편안히 생업에 힘썼다.

또 이 무렵 흉노의 세력이 쇠퇴해져서 무도한 나라는 쳐서 없애고 도가 있는 나라는 보호하자[11] 한나라의 위엄이 흉노에까지 뻗치고[12] 흉노는 선제의 은의(恩義)를 사모하여 머리를 조아리며 번신(藩臣)을 칭했다.

실로 선제의 공덕은 조종(祖宗)까지 빛내고 자손 대대로 전하여져 한나라의 중흥이라 할 만하니 그 덕은 은 고종(殷高宗)이나 주 선왕(周宣王)[13]에 짝할 만하다고 하겠다.

---

11 추(推)는 토벌, 망(亡)은 무도(無道), 고(固)는 보호, 존(存)은 유도(有道), 즉 흉노 중에서 무도한 자는 토벌하고, 도가 있는 자는 보호함.

12 신(信)은 신장(伸張) 곧 뻗치다.

13 모(侔)는 짝하다. 대등하다. 은 고종(殷高宗)이나 주 선왕(周宣王)은 모두 중흥의 군주들이다.

17. 지방을 잘 다스려야 나라가 태평하다 — 龔遂與黃霸

北海太守朱邑 以治行第一 入爲大司農 渤海太守龔遂 入爲水衡都尉 先是 渤海歲饑 盜起 選遂爲太守 召見問 何以治盜 遂對曰 海濱遐遠 不沾聖化 其民飢寒 而吏不恤 使陛下赤子 盜弄兵於潢池中耳 今欲使臣勝之邪 將安之也

북해(北海)[1] 태수 주읍(朱邑)의 치적이 제일이어서 들어와 대사농(大司農)[2]이 되고 발해[3] 태수 공수(龔遂)는 수형도위(水衡都尉)[4]가 되었다.

이 앞서 발해에 해마다 흉년이 들어 도둑이 일어나니 공수를 뽑아 태수를 삼고 <출발 전에> 불러서 어떻게 도둑들을 다스릴 것인가를 물으니 공수는 이렇게 말했다.

"바닷가 먼 지방이라 성상(聖上)의 교화를 누리지 못하고 백성들이 떨고 굶주리는데도 아전들이 진휼(賑恤)하지 않아 폐하의 적자(赤子)[5]로 하여금 반란을 일으키게 했을 뿐입니다.[6] 지금 신으로 하여 <이들을 토벌하여> 이기라는 것입니까? 아니면 그들을 안정시키라는 것입니까?"

---

1 지금 산동성에 속한 군.
2 대사농은 9경(卿)의 하나로 창고(곡물)를 담당했다.
3 지금의 산동성 부근.
4 황제의 어원(御苑)인 상원(上苑)을 관장하는 관직.
5 적자는 발가벗은 어린 아이, 곧 백성을 지칭함.
6 황지(潢池)는 작은 못물. 황지에서 병기(兵器)를 희롱한다 함은 아이들 장난같은 반란이라는 뜻이나 여기서 '반란을 일으킨다'는 의미로 발전하였다.

上曰 選用賢良 固欲安之 遂曰 治亂民如治亂繩 不可急也 願無拘臣以文法 得便宜從事 上許焉 乘傳至渤海界 郡發兵迎 遂皆遣還 移書罷捕 諸持田器者爲良民 持兵者乃爲盜 遂單車至府 盜聞卽時解散 民有持刀劒者 使賣劒買牛 賣刀買犢曰 何爲帶牛佩犢 勞來巡行 郡中皆有蓄積 獄訟止息

"어질고 훌륭한 사람을 선발해 등용한 것은 실로 그들을 안정시키라는 것이오."

"난민(亂民)을 다스리는 것은 헝클어진 실을 다루는 것과 같아 급박하게 해서는 안 됩니다. 바라옵건대 신을 문법(文法)[7]으로써 구속함이 없게 하시고 편의에 따라 일을 하게 해 주십시오."

하자, 상이 허락하였다. 역마(驛馬)를 갈아타고 발해군 경계에 이르니 군에서 군대를 동원하여 맞이하므로 공수는 모두 돌려보냈다. 그리고, 글을 띄워 <도둑> 체포령을 해제하고 모든 사람들에게 '농기구 가진 자는 양민일 터이니, 무기를 가진 자는 도둑으로 취급한다' 하고는 공수는 홀몸으로 군청(郡廳)에 이르렀다.

그 소문을 들은 도적들은 즉시 해산하였다. 도검(刀劒)[8]을 가지고 있던 양민들이 있으면 검(劒)을 팔아 큰 소를 사고 도(刀)를 팔아 송아지를 사게 하고는 이렇게 말했다.

"어찌해서 큰 소와 송아지를 차고서 수고롭게 다니는가?"

군내 모든 집들이 저축이 있으니 옥송(獄訟)[9]이 없어졌다.

---

7 문법이란 여기서는 법령과 제도. 틀에 박힌 규정을 의미함.
8 도는 각종 용도로 쓰이는 작은 칼, 검은 병기(兵器)나 지휘용의 큰 칼.
9 옥(獄)은 형사범, 송(訟)은 민사사건을 말한다.

至是召入 五鳳三年 丙吉薨 以黃霸爲丞相 霸嘗爲潁川太守 吏民稱神明 不可欺 力敎化後誅罰 長史許丞 老病聾 督郵白欲逐之 霸曰 許丞廉吏 雖老尙能拜起 重聽何傷 數易長史 送故迎新之費 及姦吏因緣 絶簿書盜財物 公私費耗甚多 所易新吏 又未必賢 或不如其故 徒相益爲亂

이때에 와서 <중앙으로> 불러들인 것이다.

<오봉(五鳳)> 3년(B.C. 55)에 병길(丙吉)[10]이 죽자 황패(黃霸)로 승상을 삼았다. 황패가 일찍이 영천(潁川)태수로 있었는데 아전과 백성들이 그를 신명(神明)[11]이라 일컬어 속일 수가 없었고 힘써 교화(敎化)한 뒤에 주벌(誅罰)을 가했다.[12] 장사(長史)[13] 허승(許丞)이 늙고 귀가 먹었기 때문에 독우(督郵)[14]가 내보내자고 아뢰니 황패는 이렇게 말했다.

"허승은 청렴한 아전이다. 비록 늙기는 했지만 오히려 절하고 일어설 수 있으니 귀가 먹었기로서니 해로울 것이 무엇인가. 장사를 자주[15] 바꾸면 옛사람을 보내고 새 사람을 맞이하는 비용이 들고, 간사한 아전이 이를 인연하여 장부를 없애고 재물을 도둑질하여 소모되는 공사(公私) 비용이 매우 많을 것이오. 교체되는 새 아전이 또한 반드시 어질고 유능할 것이라 기필할 수 없는데 혹

10 병길은 선제 때의 명 재상. 정승이 되었을 때 인명 살상 현장은 그냥 지나치더니 소가 헐떡거리는 것을 보고는 좇아가 소가 병이 들었느냐고 물었다. 사람들이 이를 기롱하자 '사람들이 싸워 죽은 문제는 경조윤(京兆尹 : 서울 시장)의 소관이지만, 아직 여름이 오지도 않았는데 소가 헐떡거릴 정도로 기후가 순조롭지 못한 것은 삼공(三公)인 자신의 책임'이라고 말하였다는 유명한 일화가 있다.

11 귀신처럼 밝게 안다는 뜻, 곧 귀신.

12 법을 알면서도 범법하는 자에게만 정도에 따라 죽이거나 해당 벌을 가했다.

13 장사는 태수를 보좌하는 아전의 우두머리.

14 군의 아전들을 규찰하는 관직.

15 '數'는 '삭'으로 읽는다.

凡治道去其太甚者耳 覇以外寛內明 得吏民心 治爲天下第一
四年 大司農耿壽昌白 令邊郡皆築倉 穀賤增價而糴以利農
穀貴減價而糶以利民 名曰常平倉 民便之

시 전 사람만 못하다면 한갓 혼란만 더할 뿐이오. 무릇 치도(治道)[16]는 아주 심한 것만 제거하는 것이오."

황패는 겉으로는 관대하나 내면으로는 명철(明哲)해서 아전과 백성들의 신임을 얻어 치적(治積)이 천하에서 제일이었다.

4년에 대사농 경수창(耿壽昌)이 아뢰어 변방 군에 모두 창고를 지어 곡가가 쌀 때 값을 더 주고 사들여 농민들에게 이익을 주고, 곡가가 비쌀 때 싼값으로 방출하여 백성을 이롭게 하니, 이름하여 상평창(常平倉)[17]으로 백성들이 편리하게 여겼다.

---

16 나라 다스리는 도리.
17 상평이란 물가를 고르게 한다는 뜻. 흔할 때에는 사들여 물가의 폭락을 방지하고, 귀할 때는 방출하여 공급을 늘림으로써 물가를 조절했다. 이것이 상평창의 시작이다.

18. 대궐 난간을 부러뜨린 간신(諫臣) — 朱雲直諫

安昌侯張禹 以帝師傅 每有大政 必與定議 時吏民多上書言 災異王氏專政所致 上至禹第 辟左右親以示禹 禹自見年老子孫弱 恐爲王氏所怨 謂上曰 春秋日食地震 或爲諸侯相殺 夷狄侵中國 災變之意 深遠難見 故聖人罕言命 不語怪神 性與天道 自子貢之屬

안창후(安昌侯) 장우(張禹)는 황제[1]의 사부(師傅)로서 대정(大政)[2]이 있을 때마다 반드시 참여하여 논의를 결정했다. 당시 아전과 백성들이 많이들 글을 올려 재이(災異)[3]가 일어나는 것은 왕 씨(王氏)가 정사를 오로지한 때문[4]이라고 말했다. 상이 장우의 집에 이르러 측근을 물리치고 <상서한 것들을> 직접 보여 주었다. 장우는 스스로 생각하기를, 자신이 나이가 많고 자손이 미약한데 왕씨들에게 원한을 살까 저어하여 상에게 이렇게 말했다.

"『춘추(春秋)』에 '일식(日食)이나 지진은 간혹 제후가 서로 죽이고 이적(夷狄)이 중국을 침노하는 것'이라고 했습니다만, 재변의 의미는 심원(深遠)하여 알기 어렵습니다. 그러므로 성인(聖人)도 천명(天命)을 잘 언급하지 않았고 괴력난신(怪力亂神)이나 성(性) · 천도(天道)에 대해서는 말하지 않아 자공(子貢) 같은 이들

---

1 전한 11대 성제(成帝)이다.
2 국가의 중요한 정무.
3 천재지변 등 순조롭지 못한 자연 변화.
4 전한 말기에 오면서 왕 씨가 외척(外戚)으로서 대대로 중복 혼인을 하여 어린 황제가 즉위하면 으레 국구(國舅)가 되어 국정을 전담하였다.

不得聞 何況淺見鄙儒之所言 新學小生 亂道誤人 宜無信用 上雅信愛禹 由是不疑王氏 故槐里令朱雲 上書求見 願賜尙方 斬馬劍 斷佞臣一人頭 以厲其餘 上問誰也 對曰 安昌侯張禹 上大怒曰 小臣居下 廷辱師傅 罪死不赦 御史將雲下 雲攀殿 檻檻折

도 듣지 못했는데[5] 하물며 얕은 식견의 비루한 선비들이 한 말이겠습니까? 새로 배운 하찮은 서생들이 도를 어지럽히고 사람들을 그르치니 마땅히 신용할 것이 없습니다."

하니, 상이 본디 장우를 사랑하여 믿기 때문에 이로부터 왕 씨들을 의심하지 않았다. 이렇게 되었으므로 괴리령(槐里令) 주운(朱雲)이 글을 올려 만나 뵙기를 청하고는,

"바라옵건대 상방(尙方)의 참마검(斬馬劍)[6]을 내려 주십시오. 아첨하는 신하 한 사람의 머리를 베어 나머지 사람들을 책려(策勵)하려고 합니다."

하였다. 상이 누구냐고 묻자 대답이,

"안창후 장우입니다."

하자 상이 크게 진노하였다.

"아래에 있는 낮은 신하가 조정에서 사부를 욕하니 죄가 죽어도 용서받지 못하리로다."

어사가 주운을 끌어내려 하자, 주운은 전함(殿檻)[7]을 더위잡으니 전함이 부

5 여기서 성인은 공자. 공자는 괴력난신에 대해서는 '공경은 하되 가까이하지 않는다(敬而遠之)'고 하여 언급을 회피했고, 공자의 제자 자공(子貢)이 "선생님의 문장에 대해서는 들은 바가 있지만 성(性)과 천도(天道)에 대해서 말씀하시는 것은 듣지 못했다"라고 하였다.

6 상방은 천자가 쓰는 기물(器物)을 만드는 곳. 참마검은 단칼에 말의 목을 칠 정도의 예리한 칼.

7 마루의 주위에 둘러 쳐 밖으로 떨어지지 않게 만든 난간.

雲呼曰 臣得下從龍逄比干 遊於地下足矣 未知聖朝何如耳 左將軍辛慶忌 叩頭流血爭之 上意乃解 及當治檻 上曰 勿易因而輯之 以旌直言

러졌다. <그러면서> 주운은 부르짖었다.

"신은 지하에서 용방(龍逄) · 비간(比干)[8]을 따라 놀게 되어 만족하겠습니다만 성조(聖朝)의 <장래가> 어떻게 될지 모를 뿐입니다."[9]

좌장군(左將軍) 신경기(辛慶忌)가 머리를 조아리느라 <머리가 깨져> 피를 흘리고 다투니 상의 노여움이 그제야 풀어졌다. <나중에> 난간을 고치려 하자 상이 이렇게 말했다.

"바꾸지 말고 그대로 수리하여 직언(直言)하는 신하를 드러내도록 하라."

---

8 용방은 관용방(關龍逄)으로 하(夏)나라 걸왕(桀王)의 신하, 비간(比干)은 은(殷)나라 주왕(紂王)의 신하로서 모두 폭정을 간하다가 죽임을 당했는데 하와 은도 곧이어 멸망했다.

9 성조(聖朝)는 한(漢)나라, 한도 은과 같이 언제 망할지 모르겠다는 말.

19. 작은 적에는 겁쟁이, 큰 적에는 용맹—昆陽之戰

劉秀徇昆陽定陵郾 皆下之 王莽遣王邑王尋 大發兵平山東 以長人巨無霸爲壘尉 驅虎豹犀象之屬 以助兵勢 號百餘萬 旌旗千里不絶 諸將見兵盛 皆走入昆陽 欲散去 秀至郾定陵 悉發諸營兵 自將步騎千餘爲前鋒 尋邑遣兵數千合戰 秀奔之 斬首數十級 諸將曰

유수(劉秀)[1]는 곤양(昆陽)·정릉(定陵)·언(郾)[2]을 돌아다니며 모두 항복받았다. 왕망(王莽)[3]은 왕읍(王邑)·왕심(王尋) 등 대장들에게 대병을 거느리고 산동(山東)을 평정하게 하였다. 거인 거무패(巨無霸)를 누위(壘尉)로 삼고[4], 호랑이·표범·물소·코끼리 등의 맹수를 몰아 군사의 기세를 돕게 하니, 그 병력은 백만이라 일컫고 군사의 깃발의 천리에 뻗쳤다.

여러 장수들은 왕망의 병세가 성함을 보고 모두 곤양성으로 달아나 들어가 흩어지려 하므로 유수가 언·정릉 땅에 이르러 여러 병영의 군사들을 모두 동원하고, 자신은 보병과 기병 천여 명을 거느리고 선봉(先鋒)이 되었다. 왕심과 왕읍이 병력 수천을 보내 접전하자 유수가 격퇴하여 몰아내고 수급(首級) 수십을 참수하니, 여러 장수들이 이렇게 말했다.

---

1 한(漢)나라 종실(宗室)로 장사정왕(長沙定王) 발(發)의 후손. 뒤의 광무제(光武帝).

2 모두 지금의 하남성(河南省) 지역.

3 전한 말의 외척. 왕권이 미약한 틈을 타서 정권을 잡고 권력을 휘두르다가 급기야는 왕위를 찬탈, 신(新)을 세웠으나 15년만에 멸망했다.

4 거무는 성이고, 패는 이름인데 '巨無'는 당시의 장사였다. '巨毋'로도 쓴다. 누위(壘尉)는 군직(軍職)이다.

劉將軍平生見小敵怯 今見大敵勇 甚可怪也 尋邑兵却 諸部共乘之 連勝遂前 無不一當百 秀與敢死者三千人 衝其中堅 尋邑陣亂 漢兵乘銳崩之 遂殺尋昆陽 城中守者 亦鼓譟出 中外合勢 呼聲動天地 莽兵大潰 走者相踐 伏屍百餘里 會大雷風 屋瓦皆飛 雨下如注 虎豹皆股戰 溺死滍川者萬數 關中聞之震恐 海內豪傑響應 皆殺莽牧守 自稱將軍 用漢年號 旬月遍天下

"유장군은 평소에 작은 적을 보면 겁을 냈는데, 지금은 큰 적을 보고도 용맹하니 매우 괴이하다."

왕심과 왕읍이 군사를 물리니 여러 부대가 함께 엄습하여 전진할 때마다 승리하여 일당백(一當百)이 아님이 없었다. 유수가 결사대 3천 인과 함께 그 중견(中堅)[5]을 치고 들어가자 왕심·왕읍의 군진은 혼란에 빠졌다. 한나라 군사들은 날랜 기세를 타고 이를 궤멸시켜 드디어 왕심을 곤양에서 죽였다.

성 안에서 지키던 자들도 북치고 고함지르며 나와 안과 밖이 합세하자 환호성이 천지를 진동했다. 왕망의 군사들은 크게 무너져 달아나는 자들이 서로 짓밟히고 엎드러진 시체가 백여 리에 걸쳤다. 때마침 우레가 치고 큰 바람이 일어 기왓장이 모두 날리며 비가 장대같이 쏟아지자 호랑이와 표범들이 모두 다리를 벌벌 떨었고, 치천(滍川)[6]에 빠져 죽은 자가 만으로 헤아렸다.

관중(關中)[7]에서 이 소문을 듣고 놀라고 두려워했다. 온 나라 호걸들이 소리의 울림처럼 일어나 왕망의 지방관을 모두 죽이고, 스스로 장군이라 하면서 한나라 연호 사용이 한 달도 안 되어[8] 천하에 널리 퍼졌다.

---

5 중견은 대장이 있는 부대의 중앙으로 가장 강성한 부대.
6 지금의 사하(沙河), 하남성(河南省) 여주(汝州)에 있다.
7 지금의 섬서성(陝西省). 당시 왕망이 있던 수도 장안(長安)이 여기에 있었다.
8 순월(旬月)은 열흘에서 한 달도 못 되는 기간.

20. 객성(客星)이 어좌(御座)를 범했습니다—光武治道

上曰 吾理天下 亦欲以柔道行之 上在兵間久厭武事 蜀平後 非警急未嘗言軍旅 北匈奴衰困 臧宮馬武 上書請攻滅之 鳴劒抵掌 馳志於伊吾之北矣 上報書 告以黃石公包桑記 曰 柔能勝剛 弱能勝强 '自是諸將莫敢言兵

상이 이렇게 말했다.

"나는 천하를 다스리는데 너그러운 법도를 시행하고자 한다."

상이 난리 통에 있으면 전쟁에 염증을 가진 지가 오래여서 촉(蜀)을 평정한 뒤에는 경계할 만한 위급한 변고가 아니면 일찍이 군사에 관한 이야기를 한 적이 없었다. 북흉노(北匈奴)가 쇠퇴하자 장궁(臧宮)과 마무(馬武)[1]가 글을 올려 공격하여 멸망시키자고 청하면서,

"칼 소리를 내고 손바닥으로 치면서[2] 이오[3]의 북쪽에서 달리고 싶습니다."

하니, 상이 회보하면서 황석공(黃石公)의 포상기(包桑記)[4]에 있는,

"부드러운 것이 굳센 것을 이기고, 약함이 강함을 이긴다."

는, 말로 답하자 이로부터 장수들이 감히 전쟁에 관한 말을 내지 못하였다.

상은 장오죄(贓汚罪)[5]에 대해서는 용서가 없었다. 대사도(大司徒) 구양흡(歐陽

---

1 모두 무장으로서 광무제를 도운 공으로 장궁은 낭릉후(郞陵侯), 마무는 양호후(揚虎侯)에 봉해졌다.

2 오른손에 칼을 휘두르며 왼손 손바닥으로 말궁둥이를 때려 달린다는 말. '抵'는 '친다'의 뜻.

3 이오(伊吾)는 과주(瓜州) 진창현(晋昌縣) 북쪽에 있는 흉노 접경 지역의 성.

4 황석공은 장량(張良)에게 병법을 전해 주었다는 은사(隱士). '包'는 '苞'로도 쓰는데 '包桑'은 뽕나무의 뿌리를 말하며, 뿌리가 튼튼해야 줄기가 건실하다는 뜻으로 편명(篇名)을 지었다.

上於贓罪無所貸 大司徒歐陽歙嘗犯贓 歙所授尚書弟子千餘人 守闕求哀 竟不免 死於獄 所用群臣 如宋弘等 皆重厚正直 上姊湖陽公主 嘗寡居 意在弘 弘入見 主坐屛後 上曰 諺言富易交 貴易妻 人情乎 弘曰 貧賤之交 不可忘 糟糠之妻 不下堂 上顧主曰 事不諧 主有蒼頭 殺人匿主家

歙)이 일찍이 장오죄를 범하였는데 구양흡은 『서경(書經)』 강의를 하여 제자가 천여 인이었다. 그들이 대궐 문을 지키면서 애걸했으나 끝내 용서받지 못하고 옥중에서 죽었다. <광무제>가 등용한 모든 신하들은 송홍(宋弘)[6] 등과 같이 중후(重厚)하고 정직했다.

상의 누님인 호양공주(湖陽公主)는 일찍 과부가 되어 혼자 살고 있었는데 마음을 송홍에게 두고 있어 송홍이 들어와 뵐 때 공주는 병풍 뒤에 있었다. 상이 물었다.

"속담에 '부귀해지면 친구를 바꾸고, 귀해지면 아내를 바꾼다.'는 말이 있는데, <그것이> 인정이 아니오?"

"빈천할 때의 친구는 잊을 수가 없고, 조강지처(糟糠之妻)는 내치지 않습니다."[7]

라고 송홍이 대답하자, 상이 공주 쪽을 돌아보고 속삭였다.

"일이 잘 안 되겠소."

공주가 데리고 있는 종이 살인을 하고 공주의 집에 숨으니 옥리(獄吏)가 잡

---

5 장오죄는 관리가 뇌물을 받거나 부정축재로 걸린 죄목.

6 자는 중자(仲子). 광무제가 즉위한 후 불려와 여러 벼슬을 거쳐 대사공(大司空)을 역임, 선평후(宣平侯)에 봉해지고 뒤에 시중(侍中)에까지 이르렀다.

7 조는 술지게미, 강은 쌀겨. 술지게미나 쌀겨를 먹으면서 고생하며 함께 산 아내는 나중에 부귀하게 되어도 버릴 수 없다는 말.

吏不能得 洛陽令董宣 候主出行 奴驂乘 叱下車 挌殺之 主入訴 上大怒 召宣欲捶殺之 宣曰 縱奴殺人 何以治天下 臣不須捶 請自殺 卽以頭叩楹 流血被面 上令小黃門持之 使叩頭謝主 宣兩手據地 終不肯 上勅 强項令出 賜錢三十萬 上尤重高節 徵處士周黨 至不屈 伏而不謁

을 수 없었다. 낙양령(洛陽令) 동선(董宣)이 공주가 출타하는 기회를 기다렸다가 그 종이 참승(驂乘)[8]한 것을 보고는 소리를 질러 수레에서 끌어내려 쳐서 죽였다. 공주가 들어와 호소하니 상이 크게 노하여 동선을 불러 매를 때려 죽이려고 하자 동선은 이렇게 말했다.

"종놈을 멋대로 놓아 살인을 하게 하고서 어떻게 천하를 다스릴 수 있겠습니까? 신은 매를 맞아 죽을 수는 없고 자살을 하고자 합니다."

그러고는 즉시 머리를 기둥에 찧어 흐르는 피에 얼굴이 범벅이 되었다. 상이 소황문(小黃門)[9]에게 붙잡게 하고는 공주에게 머리를 조아려 사과하게 하였다. <그러나> 동선은 두 손으로 땅을 짚고 앉아서 끝내 <머리를> 굽히려 하지 않으니 상이,

"강항령(强項令)[10]은 나가라."

하고는 30만 전(錢)을 하사하였다.

상은 높은 절조(節操)를 더욱 중하게 여겼다. 처사 주당(周黨)을 부르니 와서는 굴하지 않았다.[11] 엎드려 있기만 하고 이름을 아뢰고 배알하지도 않으므로

---

8 참승은 높은 이를 모시고 마부 오른쪽에 함께 타는 사람.

9 소황문은 하급 내시.

10 동선의 직함이 낙양령(洛陽令)이므로 낙양령의 령자를 붙여 '목이 뻣뻣한 령'이란 뜻에서 강항령이라 하였다.

11 처사는 벼슬하지 않은 사람. 주당은 태원인(太原人). 굴하지 않았다는 말은 신하로서의 예를

或奏詆之 上曰 自古明王聖主 必有不賓之士 賜帛罷之 處士嚴光 與上嘗同游學 物色得之齊國 披羊裘釣澤中 徵至 亦不屈 上與光同臥 以足加帝腹 明日太史奏 客星犯御座甚急 上曰 朕與故人嚴子陵共臥耳 拜諫議大夫 不肯受 去耕釣 隱富春山中終

혹자가 그가 방자하다고 아뢰니 상이 말했다.

"옛날부터 명왕 성주도 반드시 빈객으로 대하지 못하는 선비가 있었다."

비단을 주고 물리쳤다.

처사 엄광(嚴光)[12] 일찌이 상과 함께 공부하던 사이로 물색(物色)[13]하여 제(齊)나라에서 찾았는데, 양털 갓옷을 입고 못가에서 낚시질을 하고 있었다. 불러와 이르기는 했으나 역시 굽히지 않았다. 엄광이 상과 함께 누워 <잠을 자다가> 발을 황제의 배 위에 올려놓았는데, 이튿날 태사(太史)[14]가 상주하여,

"객성(客星)이 어좌(御座)를 침범함이 매우 위급했습니다."

하니, 상이 대답했다.

"짐(朕)이 옛 친구인 엄자릉과 함께 누워 있었을 뿐이다."

간의대부(諫議大夫)를 제수했으나 끝내 사양하고 돌아가 농사짓고 낚시질하며 부춘산(富春山)[15] 속에서 일생을 마쳤다.

취하지 않았다는 뜻.

12 본디 성은 장(莊)이었으나 뒤에 명제(明帝)의 이름과 같으므로 고쳐서 엄(嚴)으로 하였다. 자는 자릉(子陵).

13 소재를 알 수 없으므로 얼굴 모습을 유추(類推)하여 그림을 그려 사람을 찾음. 지금 '몽타주'를 그려 사람을 찾는 것과 같음.

14 태사는 사관(史官)을 말하는데, 옛날에는 사관이 천시(天時)와 성력(星曆)도 관장했다.

15 절강성(浙江省) 동려현(桐廬縣)에 있다.

漢世多淸節士自此始 方天下未平 上已有志文治 首起太學 稽式古典 修明禮樂 晩歲起明堂靈臺辟雍 粲然文物可述 每旦視朝 日昃乃罷 數引公卿郎將 講論經理 夜分乃寐 皇太子乘間諫曰 陛下有禹湯之明 而失黃老養性之道 上曰 我自樂此 不爲疲也 在位三十三年 身致太平

후한 때에 깨끗하고 절조 있는 선비들이 많은 것은 이로부터 비롯되었다.

천하가 아직 평정되기도 전에 상은 문치(文治)에 뜻을 두어, 먼저 태학(太學)을 일으키고, 옛 전례(典禮)를 법받으며 예악(禮樂)을 밝게 닦았다. 만년에는 명당(明堂)[16] · 영대(靈臺)[17] · 벽옹(辟雍)[18]을 세우니 찬연하게 문물이 볼만하였다.

매일 아침 조회를 보고[19] 해가 기울어서 파했다. 자주 삼공 · 육경 · 낭관 · 장수들을 거느리고 치도(治道)를 강론하다가 밤이 깊어서야 잠자리에 들었다. 황태자가 한가한 때를 틈타 간하기를,

"폐하께서는 우왕(禹王)과 탕왕(湯王) 같은 밝음을 가지셨으나 황로(黃老)의 양성(養性)하는 도[20]는 잊어버리셨습니다."

하니, 상은 이렇게 말했다.

"나는 이렇게 <부지런히 정사하는 것을> 스스로 즐기니 결코 피로하지 않다."

재위 33년에 몸소 <천하의> 태평을 이루었다.

---

16 천자가 정사를 보고 상제(上帝)께 제사지내는 곳.
17 천문(天文)을 보아 재앙과 상서(祥瑞)를 살피며, 때로 연회도 하는 곳.
18 활쏘기와 예절을 닦는 곳. 뒤에는 학교의 의미로 발전했다.
19 조회만이 아니라 정무(政務)도 살핀다는 뜻.
20 정신과 몸을 수양하는 방편. 황은 황제(黃帝), 로는 노자(老子).

21. 호랑이를 그리다가 잘못 되면 개같이 된다—馬援訓姪

馬援嘗曰 大丈夫當以馬革裹屍 安能死兒女手 交趾反 援以伏波將軍 討平之 武陵蠻反 援又請行 上愍其老 援被甲上馬 據鞍顧眄 以示可用 上笑曰 矍鑠哉是翁 乃遣之 援在交趾 嘗遺書戒其兄子曰

마원(馬援)이 언젠가 이렇게 말했다.

"대장부란 마땅히 말가죽으로 시체를 싸야지 어찌 아녀자의 손에서 죽을 것인가?"[1]

교지(交趾)[2]가 반란을 일으키자 마원은 복파장군(伏波將軍)으로서 이들을 토평(討平)했고, 무릉(武陵)[3]의 토착민이 반란을 일으키자 마원이 또 가겠다고 나섰다. 광무(光武) 황제는 그가 늙었음을 민망히 여기니, 마원은 갑옷을 입고 말 잔등에 올라 안장에 기대어 돌아보면서 쓸 만하다는 것을 과시했다. 이에 황제는 웃으면서,

"이 노인은 늙었어도 기운이 좋구나."

하고, 보냈다.

마원이 교지에 있으면서 언젠가 형의 아들에게 경계하는 편지를 보냈다.

---

1 마원은 무릉(茂陵) 사람으로 왕망(王莽) 말기 나라가 혼란하고 군웅(群雄)이 할거할 때 광무제가 덕이 많은 것을 보고 귀의하여 후한을 건국하는 데 많은 무공을 세웠다. 말가죽으로 시체를 싼다는 말은 전쟁터에서 죽는다는 말. 장수가 전사하면 급한 김에 말가죽으로 시체를 싸가지고 온 데서 나온 말이다.

2 지금 베트남의 북부 지역.

3 지금의 호남성(湖南省) 원릉현(沅陵縣).

吾欲汝曹聞人過 如聞父母名 耳可聞 口不可言 好議論人長短 妄是非政法 不願子孫有此行也 龍伯高敦厚周愼 謙約節儉 吾愛之重之 願汝曹效之 杜季良豪俠好義 憂人之憂 樂人之樂 濁無所失 父喪致客 數郡畢至 吾愛之重之 不願汝曹效之也 效伯高不得 猶爲謹勅之士 所謂刻鵠不成 尙類鶩也 效季良不得 陷爲天下輕薄子 所謂畫虎不成 反類狗也

"나는 너희들이 남의 잘못을 들었을 때는 마치 부모님의 이름자를 들은 듯이 귀로 듣기는 하나 입으로 말할 수 없는 듯이 하기를 바란다. 다른 사람의 장점과 단점, 망녕되이 정치와 법률의 시비를 비평하기 좋아하는, 자손들이 이같이 행동하는 것을 원하지 않는다. 용백고(龍伯高)[4]가 독실하고 주밀(周密)하며 겸손하고 절검(節儉)하기 때문에 나는 사랑하고 중히 여기노니 너희들이 본받기를 바란다.

두계량(杜季良)은 호걸로서 의(義)를 좋아하여 다른 사람의 근심을 걱정하고, 다른 사람의 즐거움을 기뻐하여 아버지의 상사에 두어 고을 사람들이 다 이르렀으니 내가 사랑하고 중히 여지기만 너희들이 본받기를 바라지 않는다. 백고를 본받다가 되지 않더라도 오히려 얌전한 선비는 될 것이니, 이른바 '기러기를 새기다가 잘못되더라도 오리와 유사하게 된다'는 격이다. 그러나 두계량을 본받다가 잘못되면, 천하의 경박자로 빠져 버리는 것이니, 이른바 호랑이를 그리다가 잘못되면 도리어 개와 같이 된다는 것이다.[5]

---

4 백고는 당시 인물인 용술(龍述)의 자.

5 계량은 자(字)로 이름이 두보(杜保)인데, 이 편지가 빌미가 되어 반대파의 모함을 받아 관직에서 쫓겨났고, 이에 유감을 품은 두보의 친구인 양송(梁松)이 뒤에 보이듯이 마원을 모함했던 것이다.

季良者杜保也 保仇人上書告保 以援書爲證 保坐免官 松坐與保游 幾得罪 愈恨援 至是 援軍至壺頭不利 卒軍中 松構陷之 追收新息侯印綬 援前在交趾 嘗餌薏苡 以輕身勝瘴氣 軍還 載之一車 後有追譖之者 以爲明珠文犀 上益怒 得朱勃上書訟其冤 乃稍解

두계량이란 자는 두브(杜保)이다. 두보와 원수진 사람이 글을 올려 두보를 고발하면서, 마원의 편지를 끌어대어 증거로 삼았으므로 이 때문에 두보는 관직에서 파면당했다. 양송(梁松)도 두보와 교유가 있었으므로 하마터면 죄를 얻어 연루될 뻔 했다. 이 때문에 양송은 마원에 대해 더욱 원한을 품었다. 마원의 군사가 호두산(壺頭山)에서 패하고 마원이 진중에서 죽자 양송이 없는 사실을 얽어 모함하여 전에 마원에게 준 신식후(新息侯)의 인수(印綬)를 추탈(追奪)하게 했다.

마원이 전일 교지에 있을 때 율무(薏苡)를 복용해보니 몸이 가벼워지고 장기(瘴氣)[6]에 좋으므로 회군할 때 한 수레 싣고 왔다. 뒷날 참소하는 자가 '명주(明珠 : 진주)와 무늬 있는 물소 뿔'이라고 하여 임금이 매우 노했었는데 주발(朱勃)[7]이 글을 올려 그 억울함을 호소하자 그제야 조금 의심이 풀렸다.

---

6 더운 습지에서 생기는 병

7 마원의 어릴적 친구. 마원의 억울함을 풀어준 공으로 그 아들이 포상(褒賞)을 받기까지 했다.

22. 호랑이 굴에 들어가야 호랑이 새끼를 잡는다—班超驍勇

東漢明帝永平十七年 復置西域都護戊己校尉 初耿秉請伐匈奴 謂宜如武帝 通西域 斷匈奴右臂 上從之 以秉與竇固爲都尉 屯涼州 固使假司馬班超使西域 超至鄯善 其王禮之甚備 及匈奴使來 頓踈懈 超會吏士三十六人曰 不入虎穴 不得虎子

동한(東漢)[1] 명제(明帝) 영평(永平) 17년(74)에 다시 서역도호(西域都護)와 무교위(戊校尉)·기교위(己校尉)를 설치했다. 처음에 경병(耿秉)이 흉노 정벌을 청하면서 '마땅히 무제(武帝)가 서역(西域)과 통하여 흉노의 오른 팔을 자른 듯이 해야 한다'[2]고 하자 상이 이를 따르고 경병과 두고(竇固)를 도위(都尉)로 삼아 양주(涼州)[3]에 주둔시켰는데 두고는 가사마(假司馬) 반초(班超)[4]를 사신으로 서역에 보냈다. 반초가 선선(鄯善)[5]에 도착하니 그 나라 왕이 성대한 예로 접대하였는데, 흉노의 사신이 오자 갑자기 대접이 소홀해졌다.

반초가 아전과 무사 등 수행원 36인을 모아놓고 말하기를,

"호랑이 굴에 들어가지 않고서는 호랑이 새끼를 얻을 수가 없다."

---

1 후한(後漢)의 별칭. 전한의 수도 장안(長安)에 비해 후한의 수도는 그 동쪽에 있는 낙양(洛陽)이었기 때문에 붙여진 명칭이다.

2 무제 때 장건(張騫)을 서역에 파견하여 서역 각국이 흉노와 단교(斷交)하고 한나라와 통하게 하였다. 이는 북쪽에 있는 흉노를 보아서는 오른 팔을 잘린 것이나 같다는 뜻이다.

3 지금 감숙성(甘肅省)의 양주.

4 가사마는 부사마(副司馬). 반(班) 씨는 안릉(安陵) 출신의 명가(名家)로 『전한서(前漢書)』가 반초의 아버지 반표(班彪)에 의해 시작되어 형인 반고(班固), 누이 반소(班昭)에 의해 마무리되었다.

5 지금의 신강성(新疆省) 지역에 있던 나라.

奔虜營 斬其使及從士三十餘級 鄯善一國震怖 超告以威德 使勿復與虜通 超復使于窴 其王亦斬虜使以降 於是諸國 皆遣子入侍 西域復通 至是 竇固等 擊車師而還 以陳睦爲都護 及以耿恭爲戊校尉 關寵爲己校尉 分屯西域 章帝卽位 西域攻沒都護 北匈奴圍己校尉 又圍耿恭 詔遣兵罷都護及戊己校尉官 惟班超上疏請兵 欲遂平西域 上知功可成從之 北匈奴五十八部來降 時北匈奴衰耗 黨衆離畔

하고는 흉노의 장막에 돌진해 들어가 그 사신과 종자 30여 인의 수급을 베니 온 선선이 벌벌 떨었다. 반초가 위엄과 은덕으로 깨우쳐주고 다시는 흉노와 통하지 못하게 하였다. 반초가 다시 우치(于窴)[6]에 사신 가니 그 나라 왕 역시 흉노의 사신을 참하고 항복하였다. 이에 여러 나라가 모두 자제를 보내 입시(入侍)케 하니 서역과 다시 통하게 되었다.

이때에 이르러 두고 등이 거사(車師)[7]를 치고 귀환하자 진목(陳睦)을 도호로 삼고, 경공(耿恭)을 무교위(戊校尉)로, 관감(關寵)을 기교위(己校尉)로 삼아 서역에 나누어 주둔시켰다.

장제(章帝)가 즉위한 뒤, 서역이 도호를 공격하여 함락시키고, 북흉노는 기교위를 포위하고 또 경공까지 에워싸니, 조서를 내려 군사를 파견하고 도호 및 무·기교위 등의 관원을 혁파했다. 그러나 오직 반초만은 소를 올려 군대를 청하여 흉노를 평정하고자 하므로 상은 공을 세울 줄 알고 그 말에 따랐는데, 북흉노 58부(部)가 항복해 왔다. 당시 북흉노가 쇠퇴하여 무리들이 이반하

6 신강성 지역에 있던 나라.
7 바이칼호 서남쪽에 있던 나라.

南部攻其前 丁零寇其後 鮮卑擊其左 西域攻其右 不復自立 乃遠引而去 鮮卑擊斬北單于 故部衆有來降者 超起自書生投筆 有封侯萬里外之志 有相者謂曰 生燕頷虎頭 飛而食肉 萬里侯相也 自假司馬入西域 章帝時 爲西域將兵長史 至上以超 爲西域都護騎都尉 平定諸國 在西域三十年 以功封定遠侯 至是 以年老乞歸 願生入玉門關 上許之

게 되니 남흉노는 그 전부(前部)를 공격하고, 정령(丁零)[8]은 그 뒷면을 침구하고, 선비(鮮卑)[9]는 그 동쪽을 치고, 서역은 그 오른쪽을 공격하니 더 이상 자립할 수 가 없어 이에 멀리 가버렸다. 선비가 북선우(北單于)를 공격하여 참하였으므로 부족 중에는 와서 항복하는 자들도 있었다.

반초는 서생(書生)에서 일어나 붓을 던지고 만 리 밖에서 후(侯)로 봉해지겠다는 뜻을 가졌더니, 어떤 관상쟁이가 이렇게 말했다.

"그대는 제비 턱에 호랑이의 머리처럼 생겼으니, 제비처럼 날아다니면서 호랑이가 고기를 먹듯이 만리 밖에서 후(侯)에 봉해질 상(相)이다."

가사마로 서역에 들어가서 장제(章帝) 때에는 서역장병장사(西域將兵長史)가 되고, 화제(和帝) 때에 이르러 반초는 서역도호기도위(西域都護騎都尉)로서 여러 나라를 평정하고 서역에 있은 지 30년에 공로로 정원후(定遠侯)에 봉해졌다. 이 때에 이르러 늙었음을 이유로 돌아와 옥문관(玉門關)[10] 내에 들어와 살기를 원하므로 상이 허락하였다.

---

8 지금 요녕성(遼寧省) 일대에 있던 종족.
9 선비는 만주에 있던 종족.
10 옥문관은 지금의 감숙성에 있으므로 옥문관 내는 곧 중국 내지.

任尙代爲都護 請敎 超曰 君性嚴急 水淸無大魚 宜蕩佚簡易 尙私謂人曰 我以班君 當有奇策 今所言平平耳 尙後果失邊和 如超言

임상(任尙)이 대신 도호가 되어 한 수 가르쳐 주기를 청하니 반초는,

"그대는 성격이 엄격하고 급한데, 물이 너무 맑으면 큰 고기가 살 수 없느니. 관대(寬大)하고 편안하게 할 것이며 간단 편이하게 해서 너무 가혹하게 하지 말게."

라고 당부했는데, 임상은 다른 사람에게 사사로이 말하기를,

"나는 반초에게는 기이한 책략이 있으리라 생각했더니 지금 하는 말은 평범한 말일 뿐이다."

했는데, 임상이 과연 변방과의 화의(和議)에 실패했으니, 반초의 말과 같이 되었다.

23. 역(逆)으로 이용한 손자병법(孫子兵法)—虞詡破羌

孝安皇帝 名祜 淸河王慶之子 章帝孫也 未冠迎卽位 鄧后仍臨朝 鄧騭爲大將軍 時 邊郡多事 騭欲棄涼州 幷力北邊 郎中虞詡以爲不可曰 關西出將 關東出相 烈士武夫 多出涼州 衆皆從詡議 騭惡詡欲陷之 會朝歌賊攻殺長吏 州郡不能禁

동한(東漢) 안제(安帝)의 이름은 호(祜), 청하왕(淸河王) 경(慶)의 아들로 장제(章帝)의 손자이다. 아직 관례(冠禮)도 하기 전에 영입(迎入)되어 즉위하니,[1] 등태후(鄧太后)[2]가 그대로 조정에 나와 정사(政事)를 대리하고 등즐이 대장군이 되었다.

이때 변방 고을에 사건이 많았는데, 등즐은 양주(涼州)를 포기하고 북쪽 변경에 힘을 집중시키려 하자 낭중 우허가 그 불가함을 주장하여,

"고래로 관서(關西)는 장수를, 관동은 재상을 많이 배출하여 열사와 무장들로 양주 출신이 많습니다.[3]

하니, 많은 사람들이 모두 우허의 이견을 따랐다. 등즐은 이를 원한으로 삼아 우허를 미워하였다.

마침 조가(朝歌)[4]의 도적이 관장과 아전들을 죽였다는데, 주군이 금하지를 못

---

1 후한의 4대 임금 화제(和帝)가 죽고 생후 백여 일 밖에 안 된 황태자가 섰으나 8개월 만에 죽으니 이가 상제(殤帝)이다. 이렇게 되자 화제의 이복(異腹) 동생이 아직 관례(冠禮)도 하기 전에 서니 이가 안제이다. 관례란 남자가 20세가 되어 치르는 성인(成人) 의식. 즉 20세가 못 되었음을 말한다. 당시 안제는 13세였다.

2 등태후는 장제(章帝)의 황후. 장제가 죽고 어린 화제가 즉위하자 섭정했다. 화제가 죽은 후에도 계속 태후로서 섭정을 했으므로 이후 외척 등 씨의 위세가 대단했다.

3 여기서 관은 함곡관(函谷關)을 말하는데, 양주(涼州)는 감숙성(甘肅省)에 있으므로 관서이다.

4 조가는 하남성(河南省)에 있는 고을 이름.

以詡爲朝歌長 故舊皆弔之 詡曰 不遇盤根錯節 無以別利器 及到官募壯士 攻劫者爲上 傷人偸盜者次之 收得百餘人 使入賊中 誘令刼掠 伏兵殺數百人 又潛遣貧人能縫者 傭作賊衣 以綵線縫其裾 有出市里者 輒禽之 賊駭散 縣境皆平 太后知詡有將帥之略 以爲武都太守 叛羌數千遮詡 詡停不進 宣言請兵須到乃發

하여 우허를 조가의 관장으로 삼자, 친구들이 모두 와서 위문을 하니, 우허는,

"반근착절을 만나지 않으면 도구의 예리함을 분별하지 못하는 법이오."[5]

하고는, 고을에 도착하여 장사(壯士)들을 모집하는데, 무기를 가지고 약탈한 자를 제일로 치고, 남을 다치게 했거나 절도를 한 자들을 그 다음으로 대우하여 백여 인을 얻었다. <그리고는> 그들을 도적들 속에 들여보네 도적들을 꾀어 마구 약탈을 하게 하고는 군사를 매복시켰다가 수백 인을 죽였다. 또 몰래 바느질 잘 하는 가난한 사람들을 들여보내 도적들의 옷을 짓는 삯바느질을 하게 하되 채색 실로 그들의 옷을 꿰매게 하고는 시장이나 민가에 나오는 족족 잡으니 도적들은 놀라 흩어지고 고을 경내가 모두 평안해졌다.

태후는 우허가 장수의 지략(智略)이 있음을 알고 무도태수(武都太守)[6]로 삼았다. 반란을 일으킨 강족(羌族) 수천 명이 우허의 부임 길을 차단하자 우허는 정지하고 가지 않으면서 이렇게 선언하였다.

"군사를 청하여 군사가 도착하기를 기다렸다가 출발한다."

---

5 반근착절은 뿌리가 깊고 넓게 뻗치고 마디가 뒤엉킨 큰 나무를 뜻하는데, 이러한 큰 나무를 다루어보지 않으면, 연장의 좋고 나쁨을 알 수 없다. 즉 위기에서 큰 능력이 발휘된다는 뜻으로 자신이 그러한 기회를 잡았다는 말.

6 무도는 지금의 감숙성(甘肅省) 성현(成縣). 태수는 수령(守令).

羌聞之 分鈔傍縣 詡因其散 日夜進道 令軍士 各作兩竈 日增倍之 或曰 孫臏減竈 而君增之 兵法 日行不過三十里 而今日且二百里何也 詡曰 虜衆多 吾兵少 徐行易爲所及 速進則彼不測 虜見吾竈日增 謂郡兵來迎 衆多行速 必憚追我 孫臏見弱 吾今示强 勢不同也 旣到 郡兵三千 而羌萬餘 攻圍赤亭數十日 詡命强弩勿發

강족들이 그 소문을 듣고 나뉘어져 이웃 고을들을 노략질하였다. 우허는 강족들이 분산되자 밤낮없이 앞으로 나가면서 군사들에게 명령하기를, 각각 부뚜막을 두 개씩 만들되 날마다 그 숫자를 배로 증가시키라고 하니, 어떤 이가 물었다.

"손빈(孫臏)[7]은 부뚜막 숫자를 줄였는데 장군께서는 숫자를 늘리며, 병법(兵法)에는 '하루에 30리 이상 행군하지 않는다'고 했는데, 오늘 또 2백리를 갔습니다. 무슨 까닭입니까?"

"오랑캐의 숫자는 많고 우리 군사는 적으니 천천히 가다가는 적들의 습격을 받기 쉬울 것이고, 속히 전진한다면 저들이 예측하지 못할 것이다. 오랑캐들이 우리의 부뚜막이 날마다 증가하는 것을 보면, 군(郡)의 군사들이 와서 맞이한다고 생각할 것이고, 많은 무리가 신속히 행군하게 되면 필시 추격하기를 꺼릴 것이다. 손빈은 약함을 보인 것이고, 나는 지금 강함을 보이는 것이니 형세가 같지 않다."

도착해 보니, 군의 군사는 3천인데 강족의 1만여 군사가 적정(赤亭)[8]을 포위하고 공격한 지 수십 일이었다. 우허는 명을 내려 강력한 쇠뇌는 발사하지 못

7 손빈은 전국시대의 병가(兵家). 손자(孫子).
8 지금의 감숙성 성현 서남쪽 지역.

潛發小弩 羌謂力弱不能至 幷兵急攻 於是 使二十强弩 共射一人 發無不中 羌大驚 詡因出城奮擊 明日悉陳其兵 令從東郭門出 北郭門入 貿易衣服 回轉數周 羌不知其數 相恐動 詡潛於淺水設伏 候其走路 羌果大奔 因掩擊大破之 賊由是敗散

하게 하고 숨어서 작은 쇠뇌만 발사하니, 강족들은 힘이 약하여 화살이 표적에 미치지 못하는 줄 알고 힘을 다해 급격히 공격하였다.

이때에 20개의 강한 쇠뇌로 함께 한 사람의 목표물을 향해 쏘게 하니 명중하지 않는 것이 없게 되었다. 강족은 크게 놀라고 우허는 이를 틈타 성을 나가 맹렬히 공격을 가했다. 이튿날에는 병력을 모두 벌여 세우고는 동쪽 외성의 문에서 나와 북쪽 외성 문으로 들어가게 하는데, 옷을 바꿔 입혀 가면서 몇 차례를 돌리니, 강족들은 그 수가 얼마인지를 알지 못하여 두려워 동요하였다.

우후는 몰래 얕은 물에다 매복을 설치하고 그들이 달아나는 길목을 지키고 있자니 강족이 과연 크게 무너져 달아났다. 이 틈을 타서 습격하여 크게 깨트렸다. 도적들이 이로 말미암아 패하여 흩어지게 되었다.

24. 당고의 화* — 黨錮之禍

孝靈皇帝名宏 章帝玄孫也 年十二卽位 竇太后臨朝 竇武爲大將軍 陳蕃爲太傅 徵天下名賢 李膺杜密等 皆列于朝 天下想望太平 蕃武共議 以宦官操弄國柄 濁亂海內 奏誅曹節王甫等 謀泄 宦者夜召所親 歃血共盟 請帝御前殿 作詔板 拜王甫黃門令 使其黨持節收武等 誣以大逆 先執陳蕃殺之

영제(靈帝)의 이름은 굉, 장제의 현손이다. 나이 열두 살에 즉위하니, 두태후(竇太后)[1]가 조정에 나와 정사를 보았다. 두무(竇武)가 대장군이 되고 진번(陳蕃)이 태부(太傅)가 되어 천하의 명현(明賢)을 부르자 이응(李膺)·두밀(竇密) 등이 모두 조정 반열에 서게 되어, 천하가 태평을 기대하게 되었다.

진번·두무가 함께 의논하기를, 환관이 나라의 권세를 마음대로 농단하여 온 나라를 어지럽히니 상주하여 조절(曹節)·왕보(王甫)[2] 등을 주벌(誅罰)하기로 하였는데 계획이 누설되었다. 친밀한 환자들끼리 밤에 모여 피를 마시며 맹약하고는 황제를 전전(前殿)[3]에 임어하도록 청하여 조서(詔書)를 만들었다. 그리고 그들 무리로 하여금 부절(符節)을 가지고 가서 두무 등을 잡아오게 하였다. 대역을 했다고 거짓으로 꾸며 진번은 먼저 잡아와 죽이고, 두무는 자살한 것

* 후한 환제(桓帝)·영제(靈帝) 때 환관들이 발호하자 진번(陳蕃)·이응(李膺) 등 명절(名節)을 좋아하는 학자들이 환관을 비판하였다. 이에 환관들이 이들을 당인(黨人)으로 몰아 죽이고 관직에 나오지 못하도록 금고(禁錮)시킨 사건이다.

1 후한의 11대 황제인 환제(桓帝)의 황후 두씨(竇氏). 황후의 아버지 두무(竇武)이다.
2 모두 환관들의 우두머리이다.
3 정전(正殿)의 앞에 있는 전각.

武自殺 梟首都亭 遷太后於南宮 李膺等初雖廢錮 士大夫皆高其道 而汚穢朝廷 更相標榜爲稱號 以竇武陳蕃劉淑爲三君 言一世之所宗也 李膺荀昱杜密王暢劉祐魏朗趙典朱寓爲八俊 言人英也 郭泰范滂尹勳巴肅宗慈夏馥蔡衍羊陟爲八顧 言能以德行引人也 及陳竇用事 復擧拔膺等 陳竇死 膺等復廢錮 曹節諷有司 奏諸鉤黨 膺詣詔獄考死 滂就捕 母與訣曰 汝今得與李杜齊名 死亦何憾

을 도성 내의 정자에 효수(梟首)하고, 태후는 남궁(南宮)으로 옮겼다.

이응은 처음에 비록 폐고(廢固)되었으나[4] 사대부들이 모두들 그 도를 높여 <소인들이> 조정을 더럽혔다고 비난하고 서로 어진이들의 호칭을 만들어 찬양했다. 두무 · 진번 · 유숙(劉淑)은 삼군(三君)이라 했는데, 군(君)이란 한 시대의 종주(宗主)라는 뜻이다. 이응 · 순욱(荀昱) · 두밀(杜密) · 왕창(王暢) · 유우(劉祐) · 위랑(魏朗) · 조전(趙典) · 주우(朱寓)는 팔준(八俊)이라고 했는데 영걸(英傑)한 인물들이란 말이다. 그리고 곽태(郭泰) · 범방(范滂) · 윤훈(尹勳) · 파숙(巴肅) · 종자(宗慈) · 하복(夏馥) · 채연(蔡衍) · 양척(羊陟)은 팔고(八顧)인데 덕행으로 사람들을 인도한다는 말이다. 진번과 두무가 권세를 잡았을 때, 이응 등을 다시 등용했는데 진번과 두무가 죽자 이응 등이 다시 폐고되었다. 조절이 은밀히 담당 관리를 사주(使嗾)하여 여러 당인들을 끌어내어 상주하게 하였으므로 이응은 조옥(詔獄)에 나가 고문을 받다 죽었다.

범방은 잡혀 올 적에 어머니에게 이별을 고하니 어머니가,

"네가 지금 이응이나 두무와 나란한 명성을 얻었으니 죽더라도 무슨 유감

4 환제 때 태학생(太學生)들의 지지를 받은 이응 등이 환관들의 세력을 누르려 하다가 도리어 2백여 명이 금고되었다가 진번 등의 노력으로 구제되었다.

滂跪受教 再拜而辭 顧其子曰 使汝爲惡 惡不可爲 使汝爲善 我不爲惡 聞者莫不爲之流涕 黨人死者百餘人 其死徙廢錮者 又六七百人 郭泰私慟曰 詩云 人之云亡 邦國殄瘁 漢室滅矣 但未知瞻烏爰止 于誰之屋耳 泰雖好臧否 而不爲危言覈論 故 處濁世 而禍不及焉

이 있겠느냐?"

라고 말하자, 범방은 꿇어앉아서 가르침을 받고 두 번 절하여 이별을 고하고는 자기 아들을 돌아보며 이렇게 말했다.

"너에게 악을 행하라고 했더라도 악을 행해서는 안 되는데, 너에게 선행을 하도록 가르쳤으니 내가 악행을 저지른 것은 아니다."[5]

이 말을 들은 사람들은 눈물을 흘렸다.

당인(黨人)으로서 죽음을 당한 자가 1백여 인이고, 그 외 죽은 자, 유배된 자, 폐고된 자가 6~7백 인이었다. 곽태는 몰래 홀로 슬퍼하면서 이렇게 말했다.

"시에 '어진 사람 없으니, 온 나라가 고난에 허덕이네(人之云亡 邦國殄瘁)'라 하였는데 한나라 왕실이 멸망하게 되었도다. 다만 모르겠구나. '저 까마귀 앉으려면 누구의 집에 앉아야 하나?(瞻烏爰止 誰之屋耳)'라고[6] 하였다."

곽태는 비록 인물의 장단을 비평하기 좋아했으나 위험한 말로 날카롭게 따지지 않았기 때문에 혼탁한 세상에 살면서도 화가 미치지 않았다.

---

5 "내가 악행을 저지른 것은 아니다."고 한 말은 어린 아들에게 자기가 잡혀가는 것은 나쁜 짓을 해서 죄를 얻은 것이 아니라는 뜻으로 설명한 말이다. 이 구절에 대해서는 "나는 너를 위해 악한 짓을 해서 한 때의 이익을 얻을까도 생각했지만, 악한 짓을 할 수 없었다. 너에게 선한 일을 하게 하려고 나는 악한 짓을 하지 않은 것이다"라는 해석도 있다.

6 모두 『시경』에 나오는 구절이다. 앞의 구절은 대아(大雅) 첨앙(瞻仰) 편에 나오고, 뒤의 구절은 소아(小雅) 정월(正月) 편에 나오는데, 중국에서는 까마귀는 부잣집에 앉는다는 속설이 있으니, 한나라가 망하면 또 어느 집에서 명군이 나올까 하는 기대에서 시를 인용한 것이다.

25. 황건적의 난—黃巾賊

黃巾賊張角等起 角鉅鹿人 以妖術教授 號太平道 符水療病 遣弟子遊四方 轉相誑誘 十餘年間 徒衆四十萬 置三十六方 大方萬餘 小方六七千 各立渠帥 一時俱起 皆着黃巾 所在燔刦 旬月之間 天下嚮應 遣皇甫嵩等討之 嵩與沛國曹操 合軍破賊 操父嵩 爲宦者曹騰養子 或曰 夏侯氏子也 操少機警 有權數

황건적 장각(張角) 등이 일어났다. 장각은 거록 출신인데, 요망한 술책을 가르치면서 이를 태평도(太平道)[1]라 이름 하였다. 부적(符籍)을 태운 물로 병을 치료하며 제자들을 사방에 보내 서로 속여 꾀어들이니 십여 년간에 무리가 수십 만이나 되었다. 이들을 36방(方)으로 나누었는데, 큰 방은 만여 명 작은 방도 6~7천 명으로 각기 우두머리를 세우고는 한꺼번에 다 일어났다. 모두 황건을 착용하고 가는 곳마다 불지르고 겁탈하니 한 달도 못되어 천하가 메아리치듯 따랐다.

황보숭(皇甫嵩)[2] 등을 보내 황건적을 토벌하게 하니 황보숭이 패국(沛國)의 조조(曹操)와 연합하여 적을 격파했다.

조조의 아버지 조숭(曹嵩)은 환관 조등(曹騰)의 양자로 혹자는 하후씨(夏侯氏)의 아들이라고 한다. 조조는 어릴 때 기민하고 영리하여 권모술수가 있고 멋

---

1 그 시원은 촉(蜀)의 장릉(張陵)이 학명산(鶴鳴山)에서 도량(道場)을 열고 따르는 자들에게 쌀 닷 말을 내게 했으므로 일명 오두미도(五斗米道)라고도 한다. 3대를 거쳐 장각이 이를 계승하여 부적과 주술로 병을 고친다고 하면서 사람들을 꾀었다.

2 황보숭은 북지군(北地郡) 태수(太守)로 있었다.

任俠放蕩 不治行業 汝南許劭 與從兄靖有高名 共覈論鄕黨人物 每月輒更其題品 故汝南俗有月旦評 操往問劭曰 我何如人 劭不答 刦之 乃曰 子治世之能臣 亂世之姦雄 操喜而去 至是以討賊起 皇甫嵩破角 角死 嵩與其弟戰 破斬之

대로 의협심을 부리면서 행실과 학업을 닦는 데는 힘쓰지 않았다. 여남(汝南)의 허소(許劭)는 사촌형인 정(靖)과 함께 높은 명망이 있어 함께 고향의 인물들을 논평했다. 매달마다 글귀를 달리하여 품평을 했으므로 여남 풍속에 월단평(月旦評)[3]이라는 것이 생기게 되었다. 조조가 허소에게 가서 자기는 어떤 인물이냐고 물으니, 허소는 대답이 없었다. 윽박지르자 그제야 말했다.

"그대는 치세(治世)의 유능한 신하이나 난세의 간웅(奸雄)일세."

<그 말을 들은> 조조는 기뻐하면서 갔다. 이때에 이르러 도적을 토벌하기 위해 일어났다.

황보숭이 장각을 토벌하여 장각이 죽고, 이어 장각의 동생과 싸워 깨트리고 그를 목베었다.

3 월단평은 매월 초하룻날 하는 평이란 뜻이다.

26. 조조가 권력을 잡고 후한이 망하다—後漢亡

靈帝崩 子辯立 何太后臨朝 后兄大將軍何進 錄尙書事 袁紹勸進 誅宦官 太后未肯 紹等畫策 召四方猛將 引兵向京 以脅太后 遂召將軍董卓之兵 卓未至 進爲宦官所殺 紹勒兵捕諸宦官 無少長皆斬之 凡二千餘人 有無鬚而誤死者 卓至 問亂由 辯年十四 語不可了 陳留王答無遺 卓欲廢立 紹不可 卓怒 紹出奔

영제(靈帝)가 죽고 아들 변(辯)이 즉위하니 하태후(河太后)가 조정에 나와 정사를 보았다.[1] 태후의 오라버니인 대장군 하진(何進)이 상서성(尙書省)의 일을 총괄하니, 원소(袁紹)가 하진에게 권유하여 환관을 주멸하도록 했다. 태후가 허락하지 않자, 원소 등은 꾀를 내어 사방의 맹장들을 불러 군사를 이끌고 서울로 향하게 하고, 태후를 협박하여 드디어 장군 동탁(董卓)을 불러들였다. 그런데 동탁의 군대가 이르기 전에 하진은 환관들에게 피살되고, 원소는 군사를 거느리고 모든 환관들을 잡아 어른이건 어린애건 다 죽이니 모두 2천여 인으로 수염이 없어 잘못 죽은 자들도 있었다.

동탁이 이르러 난리의 연유를 물으니, <황제인> 변은 나이가 열네 살인데도 분명하게 말을 못하고, 진류왕(陳留王)의 대답은 하나도 빠트리는 것이 없으니, 동탁은 폐립(廢立)하려 하고 원소는 불가하다 하였다. 동탁이 노하자 원

1 영제(靈帝)의 아들 변은 즉위했으나 동탁(董卓)에게 폐위되어 묘호(廟號)가 없다. 태후는 영제의 황후 하태후(何太后)를 말한다.

卓遂廢辯 陳留王立 是爲孝獻皇帝 獻帝名協 九歲爲董卓所立 關東州郡 起兵討卓 推袁紹爲盟主 卓燒洛陽宮廟 遷都長安 長沙太守富春孫堅 起兵討卓 至南陽 衆數萬 與袁術合兵 術與紹同祖 皆故太尉袁安之玄孫也 袁氏四世五公 富貴異於他族 紹壯健有威容愛士 士輻湊 術亦俠氣 至是皆起

소는 <지방으로> 달아나고 동탁이 드디어 변을 폐하고 진류왕을 즉위시키니 이가 효헌황제(孝獻皇帝)이다.

헌제의 이름은 협(協), 아홉 살로 동탁에 의해 세워졌다. 관동(關東)의 주군(州郡)들이 동탁을 토벌하러 군사를 일으켜 원소를 맹주로 삼으니, 동탁은 낙양의 궁궐과 종묘(宗廟)를 불태우고 도읍을 장안(長安)으로 옮겼다.

장사태수(長沙太守)로 있던 부춘(富春)의 손견(孫堅)[2]이 동탁 토벌의 군사를 일으켜 남양(南陽)에 이르니 무리가 수만으로 늘어났는데, 원술(袁術)과 군사를 합쳤다.

원술은 원소와 한 할아버지 자손으로, 모두 옛날의 태위(太尉) 원안(袁安)의 현손(玄孫)이다. 원씨는 4대에 다섯 명의 공(公)을 배출하여[3] 부귀하기가 다른 공족(公族)과는 비교가 되지 않았다. 원소는 장건하고 외모가 위엄이 있었으며, 선비를 사랑하니 선비들이 너도나도 몰려들었다. 원술 역시 협기(俠氣)가 있어 이때에 이르러 모두 기병(起兵)하였다.

---

2 손견의 장자는 손책(孫策), 차자가 손권(孫權)으로 손권이 오(吳)를 세웠다.

3 공(公)은 천자를 보좌하는 삼공(三公)의 지위를 말한다. 삼공은 일반적으로 태사(太師)·태부(太傅)·태보(太保)를 말하나 후한의 삼공은 태위(太尉)·사도(司徒)·사공(司空)이었다. 본문에 '다섯 명'의 공을 배출했다고 한 것은 착오이다. 원안과 그 손자 탕(湯), 증손인 봉(逢)은 삼공의 지위에 올랐으나 원술과 원소는 삼공이 되지 못했다.

堅擊敗卓兵 術遣堅圖荊州 爲劉表將黃祖步兵所射死 司徒王允等 密謀誅卓 中郎將呂布 膂力過人 卓信愛之 嘗小失卓意 卓手戟擲布 布避得免 允結布爲內應 卓入朝 伏勇士於北掖門刺之 卓墮車大呼呂布 布曰 有詔討賊臣 應聲持矛刺卓 趣斬之 先是 卓築塢于郿 積穀爲三十年 儲金銀錦綺奇玩 積如丘山 自云 事成據天下 不成守此以老 至是 暴屍於市 卓素肥

손견이 동탁의 군사를 쳐서 패배시키자, 원술이 형주(荊州)를 도모하려 손견을 보냈는데, 손견은 유표의 장수인 황조의 보병이 쏜 화살에 맞아 죽었다.

사도(司徒) 왕윤(王允) 등이 은밀히 동탁을 죽일 계책을 짰다. 중랑장(中郎將) 여포(呂布)는 힘이 절륜(絶倫)해서 동탁이 믿고 사랑했는데, 일찍이 사소한 일로 동탁의 뜻을 어겨 동탁이 창을 여포에게 던졌으나 여포가 피하였으므로 죽음을 면했다. 왕윤이 여포와 내응할 것을 결탁하고 동탁이 입조할 때에 용사(勇士)를 매복했다가 북쪽 액문(掖門)[4]에서 찌르니 동탁이 수레에서 굴러 떨어지면서 큰 소리로 여포를 불렀다. 그러나 여포는,

"적신을 토벌하라는 조서가 계시었소"

라는 대답소리와 함께 창으로 동탁을 찌르고 급히 목을 베었다.

이 앞서 동탁은 미오성(郿塢城)[5]을 쌓아, 30년 동안 먹을 곡식을 비축하고, 금은과 비단 기이한 보물들을 산같이 쌓아놓고는 스스로 말하기를 '일이 성사되면 천하를 호령할 것이오, 성사하지 못하면 이 성에서 노후(老後)를 보내겠다'고 했는데, 이때에 이르러 갑자기 시가(市街)에서 죽었다. 동탁은 본디 몸이

4 액문은 대궐 정문 좌우에 있는 작은 문.

5 지금의 섬서성(陝西省) 미현(郿縣)에 있던 성. 오(塢)는 토성을 의미하여 본디는 미 땅에 쌓은 토성이란 뜻.

吏爲大炷 置臍中然之 光達曙者數日 卓黨擧兵犯闕 殺王允 呂布走 初 曹操自討卓時 戰于滎陽 還屯河內 尋領東郡太守 治東武陽 已而入兗州據之 自領刺史 遣使上書 以爲兗州牧 上還洛陽 操入朝 遷上於許 初曹操自兗州牧 入爲丞相 領冀州牧 封魏公 作銅雀臺於鄴 已而進爵爲王 用天子車服 出入警蹕 以子丕爲王太子

비대하여 관리[6]가 큰 심지를 배꼽 속에 넣고 불을 붙이니 빛을 내며 며칠을 탔다. 동탁의 무리가 군사를 일으켜 궁궐을 침범, 왕윤을 죽이니 여포는 달아났다.[7]

처음 조조가 동탁을 칠 때부터 형양에서 싸웠다. 하내군(河內郡)에 돌아와 주둔하고 있다가 동군태수(東郡太守)의 직임을 맡아 동무양(東武陽)을 다스렸다. 얼마 있다가 연주(兗州)에 들어가 웅거하면서 스스로 자사가 된 뒤 조조는 사람을 보내 황제에게 글을 올려 정식으로 연주자사가 되었다. 상이 낙양으로 돌아오자 조조가 입조하여 황제를 허(許)로 옮겼다.

앞서 조조(曹操)가 연주(兗州)에서 <조정에> 들어와 승상이 되어 기주(冀州)를 다스리면서 위국공(魏國公)에 봉해지고 업(鄴)에 동작대(銅雀臺)를 지었다.[8] 얼마 후 작위가 더해져 왕호를 받고, 천자의 예복과 수레를 사용했으며, 출입할 때는 경필(警蹕)[9]하고, 아들 조비(曹丕)를 왕태자로 삼았다.[10](217)

---

6 관리란 시체를 지키는 자를 말한다.

7 여포는 그 뒤 이곳저곳을 전전하다가 하비(下邳)에서 조조에게 잡혀 죽었다.

8 동작대는 누대 이름. '銅雀'은 '銅爵'으로도 쓴다. 업은 하남성(河南省) 임장현(臨漳縣) 서남쪽에 있다.

9 임금이 거둥할 때 신변 안전을 위해 일반의 통행을 금지시키는 일.

10 그 3년 뒤(220) 조조가 죽자 아들 조비가 헌제(獻帝)를 폐하고 위(魏)를 세웠다.

4장 삼국 · 위진(魏晉) · 남북조시대 (220~589)

후한(後漢) 말 군웅들의 각축 결과, 중국은 조조(曹操)의 아들인 조비(曹丕)의 위(魏), 유비(劉備)의 촉한(蜀漢), 손권(孫權)의 오(吳)로 정립(鼎立)하니 이것이 삼국이다. 그 후 촉한은 위에 통합되고(263) 뒤이어 위의 실권자

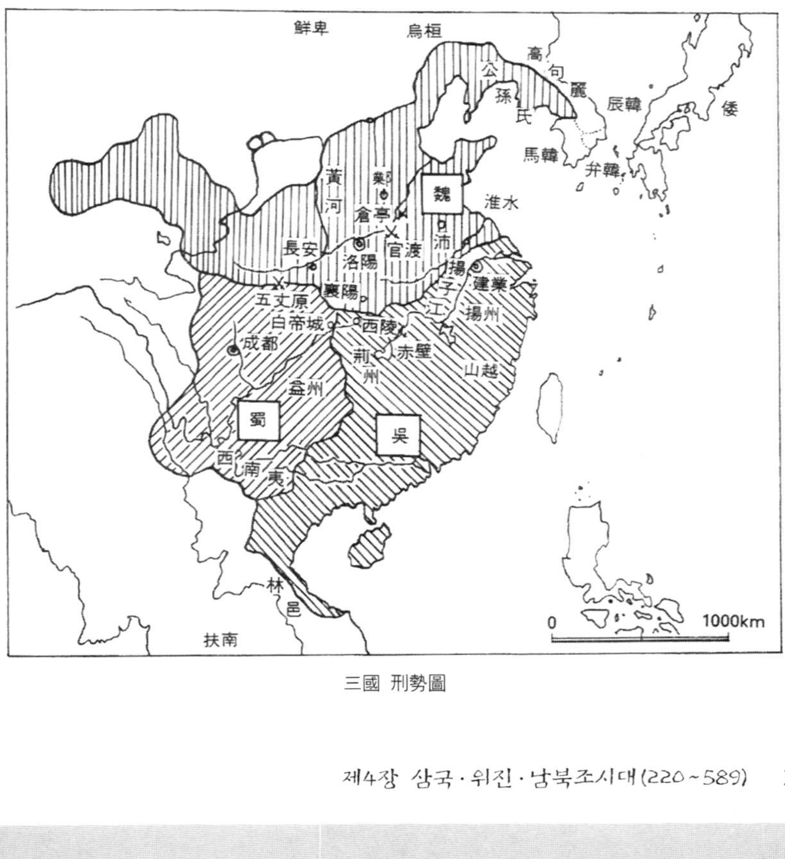

三國 刑勢圖

사마(司馬) 씨가 위를 멸하고 진(晉)을 세워(265) 북중국을 통일하였다. 곧 이어 강남의 오나라 또한 진에 통합됨으로써(280) 중국은 다시 통일되는데 이것이 서진이다.

후한 말기의 사회 혼란을 계기로 중원(中原)에 침입하기 시작한 오호(五胡) — 흉노(匈奴) · 선비(鮮卑) · 저(氐) · 갈(羯) · 강(羌) — 는 진(晉)이 중국을 통일한 이후에도 여전히 대거 이주해 오고 있었다. 이리하여 오호의 형세는 중국 북변과 서북방에 점차 형성되어 갔다.

이들의 세력은 팔왕(八王)의 난(亂)을 계기로 더욱 확대되었다. 팔왕의 난이란 서진이 통일을 이룩한 후 황족들에게 형식적으로 봉왕(封王)하여 황실의 번병(藩屛)으로 삼고자 했던 것인데 이들이 반란을 일으킨 것이다. 이 과정에서 오호의 세력을 끌어들이기까지 하자 오호 중에는 이를 기회로 자립하여 중원(中原)에 나라를 세우는 자도 있었다.

오호 중 가장 먼저 황제를 칭한 것은 흉노족 출신의 유연(劉淵)이 세운 한(漢)이었다. 이 한의 유총(劉聰)이 311년 낙양(洛陽)을 점령함으로써 서진은 멸망하였다. 이로써 양자강 북쪽의 중국은 오호의 각축장이 되어 16국이 명멸(明滅)하였다. 이를 북조(北朝)라 한다.

서진이 멸망하자 그 일족인 사마예(司馬睿)가 강남 호족들의 추대를 받아 건업(建業 : 南京)에 도읍하니 이것이 동진(東晋)이다. 이 동진을 계승한 왕조를 남조라 하고, 이 시기를 남북조시대라 일컫는다.

이제까지 중국 문화의 중심은 황하(黃河) 중류의 중원이었다. 그러나 서진이 망하고 북중국의 관료와 그 자녀들의 8~9할이 강남으로 이주했다. 이런 지배계층의 남천으로 자연히 문화도 이식되었다. 이제 중국의 변두리에 불과하던 강남이 중국 문화의 중심으로 자리잡게 된 것이다. 천혜의 자연환경을 바탕으로 자연주의 문화를 꽃피우니 이것이 이른바 남조문화이다. 중국의 대표적 자연시인 도잠(陶潛)이나 서성(書聖)으로 일컫는 왕휘지(王徽之)도 이때의 인물이다.

북조는 전진(前秦)의 부견(苻堅)에 의해 통일이 거의 이루어지는 듯하더니, 동진 정벌에 나섰다가 '비수(淝水)의 대전(大戰)'에서 어이없게 참패함으로써 나라마저 와해된다. 혼란기를 거쳐 북제(北齊)·북주(北周)로 이어지다가 북주의 외척 양견(楊堅)이 세운 수(隋)에 의해 통일되었다.

한편, 양자강 이남의 강남(江南)에는 3국시대 오(吳)나라의 관직에 있었던 토착 호족이 번영하면서 일정한 세력을 확보하고 있었는데, 사마예(司馬睿)가 동진을 건국한 것도 이들의 협조에 의해서였다. 이 당시 승상 왕도(王導)는 중추적인 인물이었다. 왕도는 강남의 토착 호족들이 관직에 나올 수 있도록 주선하는 한편, 이들과 화북으로부터 이주해온 중원의 귀족 사이를 원만하게 조정함으로써 동진 정권의 안정을 이룩했다. 이 과정에서 세력을 형성한 유력 씨족들을 호족이라고 한다.

동진을 포함한 남조의 정권들은 이들 호족들에 의해 지탱되는 왕조였기 때문에 왕권은 그다지 강하지 못하였고, 사회적·정치적 주도권은 호족들의 수중에 있었다. 따라서 왕조의 교체는 빈번하여 동진이 망한(420) 후 불과 1백 60여 년 사이에 송(宋)·제(齊)·양(梁)·진(陳)의 네 왕조가 교체되었다. 결국 북중국을 통일한 수(隋)가 진(陳)을 멸망시킴으로써 남북조시대는 끝나고 통일 수 제국이 성립되었다.(589)

1. 고기가 물을 만나다—劉備與諸葛亮

涿郡劉備字玄德 其先出於景帝子中山靖王勝之後也 有大志 少言語 喜怒不形於色 河東關羽 涿郡張飛 與備相善 備起二人從之 車騎將軍董承 稱受密詔 與劉備誅曹操 操一日從容謂備曰 今天下英雄 唯使君與操耳 備方食 失匕筯 值雷震

탁군(涿郡) 출신 유비의 자는 현덕(玄德)인데, 그 선대(先代)는 경제(景帝)[1]의 아들인 중산정왕(中山靖王) 승(勝)의 후예이다. 큰 뜻을 품고 말이 적었으며 기쁨과 즐거움을 얼굴에 나타내지 않았다. 하동(河東)의 관우(關羽), 탁군의 장비(張飛)와 친하게 지냈는데 유비가 일어나자 두 사람이 따랐다.

거기장군(車騎將軍) 동승(董承)[2]이 황제의 비밀 조서를 받았다고 칭하고 유비와 함께 조조(曹操) 죽일 모의를 하였다. 하루는 조조가 유비에게 조용히 말하기를,

"지금 천하의 영웅으로는 사군(使君)[3]과 이 조조가 있을 뿐입니다."

하니, 유비는 그때 식사를 하고 있다가 수저를 떨어뜨렸다.[4] 마침 우레가 치자 속여 이렇게 말했다.

---

1 경제는 전한의 제6대 황제.

2 후한(後漢) 헌제(獻帝)의 장인으로 헌제의 비밀 조서를 받고 조조를 제거하기 위해 유비와 협의했으나 비밀이 탄로나 조조에게 죽임을 당했다.

3 사군은 사명(使命)을 받든 관원이라는 말로 주군(州郡)의 장관이나 사신을 대하여 높여 부를 때 쓰인다.

4 유비는 조조가 자기의 계획을 알아채고, 자기를 시험하는 것이 아닌가 하여 놀라고 겁이나 수저를 떨어뜨린 것인데, 마침 우레 덕택에 본색을 감출 수 있었다.

詭曰 聖人云 迅雷風烈必變 良有以也 曹操遣備邀袁術 備因之徐州 起兵討操 操擊之 備先奔冀州 領兵至汝南 自汝南奔荊州 歸劉表 嘗於表坐 起至厠 還慨然流涕 表怪問之 備曰常時身不離鞍 髀肉皆消 今不復騎 髀裏肉生 日月如流 老將至矣 功業不建 是以悲耳 瑯琊諸葛亮 寓居襄陽隆中

"성인(聖人)의 말씀에 '천둥과 바람이 매우 세찰 때에는 반드시 자세를 바로 했다'[5]고 하더니 정말 그렇습니다."

조조가 유비를 보내 원술(袁術)[6]을 막으라 했는데, 이를 인연하여 유비는 서주(徐州)로 가서 조조를 토벌하는 군사를 일으켰다. 이에 조조가 유비를 치자 유비는 먼저 기주(冀州)로 달아났다가 군사를 거느리고 여남(汝南)에 이르렀고, 여남에서 형주(荊州)로 달아나 유표(劉表)[7]에게 의탁했다. 한번은 유표와 같이 앉았다가 변소에 다녀와서 눈물을 흘리며 탄식하는 것이었다. 유표가 괴이하게 여겨 묻자 유비는 이렇게 대답했다.

"항상 몸이 말안장을 떠나지 않아 엉덩이 살이 빠졌었는데, 지금 다시는 말을 타지 않으니 엉덩이에 살만 쪘습니다. 세월은 물처럼 흘러 늙어가는데 공을 세우지 못하니 이 때문에 슬퍼서입니다."

낭야(瑯琊)[8]의 제갈량(諸葛亮)은 양양(襄陽)의 융중(隆中)에 살고 있었는데, 항

---

5 『논어(論語)』 향당(鄕黨)에 나오는 말로 공자(孔子)는 심하게 비 오고 바람 불며 우레가 치면 하늘의 경계(警戒)라 생각하고 한밤중에도 일어나 정좌(正坐)했다고 하였다.

6 원술은 후한 말의 명족으로 나라가 혼란해진 틈을 타서 수춘(壽春)을 점거하여 황제를 참칭(僭稱)했으나 형세가 기울어 청주(靑州)로 달아났다가 유비의 공격을 받아 패배한 뒤 수춘으로 되돌아 와 죽었다.

7 한나라 종실(宗室)로 이때 형주자사(荊州刺史)로 있었다.

8 낭야(狼釾)로도 쓰는데 지금의 산동성(山東省)에 있다.

每自比管仲樂毅 備訪士於司馬徽 徽曰 識時務在俊傑 此間自有伏龍鳳雛諸葛孔明龐士元也 徐庶亦謂備曰 諸葛孔明臥龍也 備三往 乃得見亮 問策 亮曰 曹操擁百萬之衆 挾天子令諸侯 此誠不可與爭鋒 孫權據有江東 國險而民附 可與爲援而不可圖 荊州用武之國 益州險塞 沃野千里 天府之土

상 자신을 관중(管仲)이나 악의(樂毅)[9]에 비견했다. 유비가 사마휘(司馬徽)를 방문하여 훌륭한 선비가 누구냐고 물으니, 사마휘의 대답은,

"시무(時務)를 아는 걸출한 이들로는 와룡(臥龍)과 봉추(鳳雛)가 있는데 와룡은 제갈공명(諸葛孔明)이고 봉추는 방사원(龐士元)입니다."

하고, 서서(徐庶)[10] 역시 유비에게 말하는 것이었다.

"제갈공명은 숨어 있는 용입니다."

유비는 세 번이나 찾아가서야 제갈량을 만나보고, 방책(方策)을 물으니 제갈량은,

"조조가 백만의 무리를 거느리고 천자를 끼고서 제후들을 호령하니, 실로 이와 맞싸워 승부를 결할 수는 없습니다. 손권(孫權)이 강동(江東)에 웅거하고 있는데, 국토가 험준하고 백성들이 붙좇으니 후원이 되게 할 수는 있지만 도모할 수는 없습니다.

형주는 무력을 쓰기에 좋은 나라이고 익주(益州)는 험준한 요새로서 기름진 들판이 천여 리에 펼쳐 있어 천하의 창고와 같은 곳입니다. 만약 형주와 익주

---

9 관중은 제 환공(齊桓公)을 도와 춘추 오패(春秋五覇)의 하나가 되게 했고, 악의는 전국시대 연(燕)나라 명장.

10 서서는 처음 유비를 섬겼었는데, 뒷날 어머니 봉양을 위해 집으로 돌아갔다가 나중에는 조조에게 귀순했다.

若跨有荊益 保其巖阻 天下有變 荊州之軍向宛洛 益州之衆出秦川 孰不簞食壺漿 以迎將軍乎 備曰善 與亮情好日密 曰孤之有孔明 猶魚之有水也

에 걸터앉아 험준한 지역을 확보하고서 천하에 변동이 있을 때, 형주의 군사는 완성(宛城)과 낙양(洛陽)으로 향하고, 익주의 군사는 진천(秦川)으로 나가게 한다면 누군들 음식을 싸 들고 와서 장군을 맞이하지 않겠습니까?"
하니, 유비는 '좋다'고 하였다. 제갈량과의 정이 날로 친밀해지자 유비는 이렇게 말했다.

"나에게 공명이 있는 것은 고기가 물을 만난 것과 같다."

2. 팔십만 대군이 패몰하다 — 赤壁大戰

曹操擊劉表 表卒 子琮擧荊州降操 劉備奔江陵 操追之 備走夏口 操進軍江陵 遂東下 諸葛亮謂備曰 請求救於孫將軍 亮見權說之 權大悅 操遺權書曰 今治水軍八十萬衆 與將軍會獵於吳 權以示群下 莫不失色 張昭請迎之 魯肅以爲不可 勸權召周瑜 瑜至曰

조조가 유표를 치자 유표는 졸(卒)하고, 그 아들 유종(劉琮)이 형주(荊州)를 들어 조조에게 항복했다. 유비는 강릉(江陵)으로 달아났으나 조조가 추격해오자 하구(夏口)로 달아났다. 조조는 강릉에 진군하여 드디어 동쪽으로 내려갔다. 제갈량이 유비에게, 말했다.

"손(孫) 장군에게 구원을 청하십시오."

제갈량이 손권을 설득하니 손권이 매우 기뻐했다.

조조는 손권에게 글을 보내,

"지금 수군 80만을 거느리고 장군과 오(吳)에서 사냥을 하고자 하오."[1]

하였는데, 손권이 이를 여러 부하들에게 보여주자 모두들 얼굴색이 변하고 장소(張昭)는 조조를 청하여 맞아들이자고[2] 하였으며, 노숙(魯肅)[3]은 불가하다고 하면서 손권에게 주유(周瑜)를 불러 그의 의견을 들어보도록 권했다. 주유가 이르러 하는 말이,

---

1 전쟁을 할 것이니 항복하든지 응전하든지 택일하라는 의미이다.

2 항복을 의미한다.

3 성품이 방정하고 문무를 겸했으며, 부유한 재산을 사람들에게 흩어 주어 인심을 얻었다.

請得數萬精兵 進往夏口 保爲將軍破之 權拔刀斫前奏案曰 諸將吏 敢言迎操者 與此案同 遂以瑜督三萬人 與備幷力逆操 進遇於赤壁 瑜部將黃蓋曰 操軍方連船艦 首尾相接 可燒而走也 乃取蒙衝鬪艦十艘 載燥荻枯柴 灌油其中 裹帷幔 上建旌旗 豫備走舸繫於其尾 先以書遺操 詐爲欲降 時東南風急

"정병(精兵) 수만 명만 주십시오. 하구(夏口)로 진주(進駐)하여 장군을 위해 맹세코 적을 깨트리겠습니다."

하니, 손권은 칼을 빼어 앞에 놓인 상주문(上奏文)을 올려 놓은 책상을 쳐 두 동강을 내면서,

"여러 장수와 관리들 중에 감히 조조를 맞아들이자는 자가 있다면 이 책상과 같이 될 것이다."

라 말하고, 드디어 주유에게 3만 명을 거느리고 유비와 힘을 합쳐 적벽(赤壁)에서 조조를 맞아 싸우도록 하였다.

주유의 부장 황개(黃蓋)는 이렇게 건의했다.

"조조 군은 배들이 잇닿아서 머리와 꼬리가 붙었을 것이니 불로 태워 패주시킬 수 있을 것입니다."

이에 몽충 전투함(蒙衝戰鬪艦)[4] 10척을 가져다 마른 땔감을 싣고 그 속에 기름을 부은 뒤 이를 장막으로 싸고 위에는 깃발을 세우고 미리 준비한 쾌속선을 그 꼬리에 매달았다. 이미 조조에게 글을 보내 거짓으로 항복하겠다는 뜻을 선통(先通)하였다. 이때 마침 동남풍이 세차게 불고 있었다.

---

4 전함(戰艦)의 일종으로 돌격선.

蓋以十艘最著前 中江擧帆 餘船以次倶進 操軍皆指言蓋降 去二里餘 同時發火 火烈風猛 船往如箭 燒盡北船 煙焰漲天 人馬溺燒 死者甚衆 瑜等率輕銳 雷鼓大進 北軍大壞 操走還 後屢加兵於權 不得志 歎息曰 生子當如孫仲謀 向者劉景升兒子豚犬耳

황개가 10척의 배로 앞장서 강 가운데 이르러 돛을 올리자 다른 배들도 차례로 나아가니 조조의 근사들은 모두들 황개가 항복하러 온다고 손가락질 하면서 떠들어대었다. 2리쯤의 거리에 이르러 동시에 불을 지르니 맹렬한 불꽃이 강풍을 만나 배는 화살 같이 빠른 속도로 달려가 북쪽의 배들을 불태웠다. 연기는 하늘에 가득하고 불에 타고 물에 빠져 죽은 인마가 무수히 많았다. 주유 등이 경무장한 날랜 군사를 거느리고 북을 울리며 크게 진격하니 북군은 대패하고 조조는 도망해 돌아갔다.

뒤에도 여러 번 손권을 공격했으나 뜻대로 되지 않자 조조가 탄식하며 말했다.

"아들을 낳으려거든 손중모(孫仲謀) 같은 자를 낳아야 한다. 전일 유경승(劉景昇) 아이 같은 것은 개돼지 새끼일 뿐이다.[5]

5 중모는 손권의 자(字)이고, 유경승은 형주자사였던 유표(劉表)의 아들이다.

3. 주유의 식견—周瑜鑑識

劉表古吏士多歸劉備 備以地少不足容衆 乃自詣孫權 求都督荊州 周瑜上疏於權曰 備有梟雄之姿 而有關羽張飛熊虎之將 聚此三人在疆場 恐蛟龍得雲雨 終非池中物也 宜徙備置吳 權不從 備還 聞之 歎曰 天下智謀之士 所見略同 前孔明諫孤莫行 其意亦慮此也 瑜方議圖北方 會病與權牋曰

유표(劉表)의 옛 관리들이 유비에게 많이들 귀부(歸附)하니, 유비는 지역이 좁아 많은 사람을 용납할 수가 없었다. 이에 자신이 직접 손권에게 나가 형주(荊州)를 맡아 관리해 보겠다고 하였다. 이에 주유가 손권에게 상소하기를,

"유비는 뛰어난 자질을 가진 영웅이고, 관우(關羽)와 장비(張飛)는 범 같은 장수입니다. 이들 세 사람이 국경에 있으면 마치 교룡(蛟龍)이 구름과 비를 얻어 끝내 못 속의 물건이 될 수 없는 것과 같을 우려가 있으니, 유비를 오(吳) 지역[1]에 옮겨 둠이 마땅합니다."

하였으므로 손권이 유비의 요구를 들어 주지 않았다. 유비는 돌아 와 그 내막을 듣고는 이렇게 탄식했다.

"천하에 지모(智謀) 있는 인사들의 소견은 대략 같구나. 전일 공명 역시 나에게 가지 말라고 말렸었는데 그 본의는 역시 이를 염려해서였다."

주유가 바야흐로 북방을 도모하고자[2] 논의할 때 마침 병이 들자 손권에게 편지를 보내,

---

1 춘추전국시대 오(吳)나라 땅으로 오의 내륙이다.

2 북쪽에 있는 위(魏)나라를 정벌할 계획.

方今曹操在北 疆場未靜 劉備寄寓 似養虎 天下之事 尙未知始終 魯肅忠烈 臨事不拘 可以代瑜 權慟曰 公瑾有王佐之資 今忽短命 孤何賴哉 瑜卒 魯肅代領其兵 肅勸權 以荊州借劉備 權從之 權將呂蒙 初不學 權勸蒙讀書 魯肅後與蒙議論 大驚曰 卿非復吳下阿蒙 蒙曰 士別三日 卽當刮目相待

"바야흐로 지금 조조가 북쪽에 있어 국경이 조용하지 않는데, 유비가 의탁하고 있으니 마치 호랑이를 기르는 격이라 천하의 일은 아직 결말을 알 수 없습니다. 노숙(魯肅)은 강직하고 충성스러우며 일을 할 때는 성실하니 이 주유를 대신할 만합니다."

하자 손권이 통곡하면서 이렇게 말했다.

"공근(公瑾 : 주유의 자)은 임금을 도울 재목인데 지금 갑자기 단명으로 가니 나는 누구를 의뢰할 것인가."

주유가 졸하고 노숙으로 대신 군사를 거느리게 했는데, 노숙이 손권에게 '형주를 유비에게 빌려 주고 함께 조조를 막자'고 권하니 손권이 이를 따랐다.

손권의 장수 여몽(呂蒙)[3]은 처음 글을 배우지 못했는데 손권이 여몽에게 독서를 권하였다. 노숙이 후일, 여몽과 논의를 해 보고 크게 놀라 말하기를,

"그대는 더 이상 오(吳) 지방의 그 여몽(阿蒙)[4]이 아니구려!"

하니, 여몽이 이렇게 말했다.

"선비란 이별한 지 3일이면 눈을 닦고 다시 보아야(刮目相對) 마땅하오."

---

3 오(吳)나라의 편장이었는데, 후일 형주를 평정하고 관우를 잡아 죽인 것은 오로지 그의 공이었다.

4 원문의 아(阿)는 남을 친근하게 부를 때 이름·성씨 앞에 붙이는 접두어.

4. 제갈량의 출사표* —出師表

漢丞相亮 率諸軍伐魏 臨發上疏曰 今天下三分 益州疲弊 此危急存亡之秋也 宜開張聖聽 不宜塞忠諫之路 宮中府中 俱爲一體 陟罰臧否 不宜異同 若有作奸犯科 及爲忠善者 宜付有司

한(漢)나라 승상 제갈량은 모든 군사를 거느리고 위(魏)나라를 치기 위해 출발하면서 이렇게 상소(上疏)했다.

"이제 천하가 셋으로 갈리었는데 익주(益州)[1]가 피폐해졌으니 이는 실로 살아남느냐 멸망하느냐 하는 위급한 때로서 마땅히 언로(言路)를 활짝 열어 놓으셔야지 충성스런 간언(諫言)의 길을 막아서는 안 됩니다. 궁중(宮中)과 부중(府中)[2]은 다같이 일체(一體)이오니, 착한 것은 올려 주고 악한 것은 벌을 주셔야지 차별이 있어서는 안 될 것입니다. 만약 간악한 일을 저지르거나 법을 위반한 자 및 충성스럽고 선행을 한 자가 있다면, 마땅히 유사(有司)[3]에게 넘겨 상

---

* 이 글은 제갈량이 출정(出征)하면서 유비(劉備)의 아들인 후주(後主) 유선(劉禪)에게 올린 표문(表文)으로 충분애국(忠奮愛國)의 감정이 넘쳐흐르는 명문(名文)이다. 제갈량은 이렇게 비장한 각오로 출정했으나 부장(部將) 마속(馬謖)이 절제(節制)를 어기는 바람에 대패하고, 제갈량도 곧이어 병사, 촉한은 위에 병합되었다. 표문이란 황제에게 올리는 일종의 건의문을 말한다. 여기에서는 원문의 내용을 약간 축약(縮約)하였다.

1 익주는 지금 사천성(四川省)에 있는 촉한(蜀漢)의 영토. 위(魏)와 접경하고 있는 촉한의 요충(要衝)이다.

2 궁중은 환관과 궁녀들이 있는 왕궁. 부중은 대신과 재상들이 정사를 보는 조정. 즉 지금의 청와대는 궁중이고 총리 이하 각료는 부중이라 할 수 있다.

3 담당 직무를 맡은 관리.

論其刑賞 以昭平明之治 親賢臣遠小人 此先漢所以興隆也 親小人遠賢臣 此後漢所以傾頹也 臣本布衣 躬耕南陽 苟全性命於亂世 不求聞達於諸侯 先帝不以臣卑鄙 猥自枉屈 三顧臣於草廬之中 諮臣以當世之事 由是感激 許先帝以驅馳 先帝知臣謹愼 臨崩 寄以大事 受命以來 夙夜憂懼

훈(賞勳)이나 형벌이냐를 따짐으로써 폐하의 공평하고 청명한 정치를 밝히실 것입니다.

어진 신하를 가까이하고 소인을 멀리한 것, 이것이 선대의 한나라가 흥륭한 까닭이며, 소인을 가까이하고 어진 신하를 멀리한 것, 이것은 후대의 한나라가 기울어진 이유입니다.

신은 본래 포의(布衣)[4]로서 남양(南陽) 땅에서 몸소 농사를 지으면서 난세에 간신히 생명을 보전하며 제후(諸侯)에게 이름이 알려지기를 구하지 않았습니다. 그런데 선제(先帝)께서는 신을 비루하게 여기지 않으시고 외람하게도 스스로 굽히시어 초려(草廬) 중에 있는 신을 세 번이나 찾아보시고[5] 신에게 당세의 일을 자문하셨습니다. 이로 말미암아 감격하여 선제께 구치(驅馳)[6]를 허락하였습니다.

선제께서는 신이 근신(謹愼)하다는 것을 아시고 붕어(崩御)하실 때에 임하여 대사(大事)[7]를 맡기셨습니다. 명을 받은 이래 이른 아침부터 저녁 늦게까지 근

---

4 포의는 베옷으로 지위도 관직도 없는 서민의 의복. 즉 서민을 말한다.

5 삼고초려(三顧草廬)란 성어(成語)가 여기서 나왔다.

6 구치는 말을 몰듯 급하게 내달림을 뜻하여 분주(奔走)의 뜻과 같다. 즉 국가의 일에 바쁘게 복무함을 말한다.

7 국사(國事), 즉 한조(漢朝)를 부흥하는 일.

恐付託不效 以傷先帝之明 故五月渡瀘 深入不毛 今南方已定 兵甲已足 當獎率三軍 北定中原 興復漢室 還于舊都 此臣所以報先帝 而忠陛下之職分也

심하고 두려워하면서 부탁하신 공효(功效)가 나지 않아 선제의 밝음을 훼손하지 않을까 두려워했습니다.

그러므로 5월에는 노(瀘)[8]를 건너 불모지(不毛地)로 깊이 들어갔습니다. 지금은 이미 남방이 평정되어 군사와 무기가 넉넉하오니, 삼군(三軍)을 장솔(獎率)하고[9] 북쪽의 중원(中原)을 정벌하여 한실(漢室)을 부흥시키고 구도(舊都)로 환도하는 것이 신이 선제의 은혜에 보답하고 폐하께 충성하는 직분입니다."

---

8 촉한의 남쪽 운남성(雲南省)에 있는 노강(瀘江).
9 삼군은 전군 · 후군 · 중군 즉 전군(全軍)을 말하고, 장솔은 독려하여 거느린다는 뜻.

5. 진(晉)나라가 천하를 통일하다—西晉伐吳

西晉世祖武皇帝 姓司馬 名炎 河內人 昭之子 懿之孫也 昭爲晉王 議立世子 議者以炎髮立委地 手垂過膝 非人臣之相 遂立 已而嗣爲王 卽帝位 追尊懿爲宣皇帝 師爲景皇帝 昭爲文皇帝 大封宗室 晉有滅吳之志 以羊祜都督荊州事 吳以陸抗都督諸軍

서진 세조 무황제(世祖武皇帝)의 성은 사마(司馬), 이름은 염(炎)으로 하내(河內) 출신 소(昭)의 아들이고, 의(懿)[1]의 손자이다. 사마소가 진왕(晋王)에 봉해지자 세자(世子)를 세우자는 논의가 있었는데,[2] 의논하는 자들이 사마염은 서 있으면 머리털이 땅에 닿고, <팔이 길어> 손이 무릎을 지나니 남의 신하될 사람의 상이 아니라고 하여 드디어 세자로 세웠다. 얼마 후 왕위를 물려받아 황제 위에 오르자 사마의를 선황제(宣皇帝), 사마사를 경황제(景皇帝), 사마소를 문황제(文皇帝)로 추존하고, 종실을 크게 봉작(封爵)하였다.[3]

진(晋)나라가 오(吳)를 멸할 생각을 가지고 양호(羊祜)로 형주(荊州)를 도독(都督)하게 하니,[4] 오나라는 육항(陸抗)으로 모든 군사를 도독하게 하였다. 양호와

---

1 사마의는 위(魏)의 무장으로 촉한(蜀漢)의 제갈량과 겨루다가 제갈량이 죽은 뒤 촉한을 병합하는 등 무공을 세워 위나라의 실권을 잡았다.

2 왕후(王侯)의 후계자가 세자이다. 사마소가 왕으로 봉해졌기 때문에 왕의 작위를 계승할 세자를 세워야 하는데 진왕에게는 염(炎)과 유(攸)의 두 아들이 있었고 진왕은 유를 세우고자 하였다.

3 위(魏)의 마지막 황제인 민제(愍帝)를 압박하여 선위(禪位)의 형식으로 제위를 물려받아 진(晋)을 세웠다. 추존 황제 중 경황제 사마사는 사마의의 장자(長子)이다.

4 형주는 양자강 중류 동정호(洞庭湖) 북쪽 요충지에 있는 고을이므로 강남 정벌의 전초 기지

祜與抗對境 使命常通 抗遺祜酒 祜飲之不疑 抗疾祜與之成藥 抗卽服之曰 豈有酖人羊叔子哉 祜務修德政 以懷吳人 每交兵 刻日方戰 不掩襲 抗亦告其邊戍 各保分界而已 毋求細利 時吳主皓 不修德政 而欲兼幷 使術士筮取天下 對曰 庚子歲 青蓋入洛陽 盖謂銜璧之事 而皓不悟

육항은 국경을 마주 보고 있으면서도 사신이 항상 통하여, 육항이 양호에게 술을 보내면 양호가 의심 없이 받아 마셨고, 육항이 병이 나서 양호가 약을 지어 보내니 육항이 즉시 복용하면서 이렇게 말했다.

"어찌 양숙자(羊叔子)가 사람을 독살하겠는가?"[5]

양호는 덕정(德政) 닦기를 힘써서 오나라 사람들을 회유하려 하여 교전 때마다 날짜를 정하여 그날이 되어야 전쟁을 하지 갑자기 습격하지 않았다. 육항 역시 변방을 지키는 부대를 알려 주어 각각 경계를 나누어 지킬 뿐 자잘한 이익을 구하지 않았다.

이때 오주(吳主)는 덕정은 닦지 않고 <북쪽의 진나라를> 아우르고 싶은 마음만 굴뚝같아, 점장이를 시켜 천하 <대세를> 점치게 했더니 그 점괘의 대답이 이러했다.

"경자년(庚子年)에 바야흐로 청색 일산(日傘)을 받고 낙양(洛陽)에 들어갈 것입니다."

이는 대개 함벽(銜璧)의 일[6]을 말한 것인데도 손호(孫皓)는 깨닫지 못하고 여러 장수들의 꾀를 써서 자주 진나라의 변경을 침략하여 도둑질을 하니, 육항

로 삼은 것이다. 도독은 관내의 군사를 총괄하는 직임.

5 숙자는 양호의 자이고, 짐(酖)은 짐새(鴆)의 독으로 만든 술로 독약이다.

6 함벽은 항복의 뜻이다. 항복하는 자는 구슬을 예물로 바치기 때문이다.

用諸將謀 數侵盜晉邊 抗諫不聽 抗卒 祜請伐吳 議者多不同 祜歎曰 天下不如意事 十常七八 惟杜預張華贊其計 祜病 求入朝面陳 晉帝欲使祜臥護諸將 祜曰 取吳不必臣行 但平吳之後 當勞聖慮耳 祜卒 以杜預爲鎭南大將軍 督荊州軍事 吳主皓淫虐日甚 預表請速征之 表至 張華適與帝棊 卽推枰斂手贊其決 帝許之

이 간했으나 듣지 않았다 육항이 죽자 양호가 오나라를 칠 것을 청했는데, 의견을 달리하는 자들이 많으니 양호가 이렇게 탄식했다.

"천하에 뜻대로 되지 않는 것이 항상 십 중에서 칠팔은 되는구나."

오직 두예(杜預)와 장화(張華)만은 그 계획에 찬동하였다.[7] 양호가 병이 들어 입조(入朝)해서 면대하여 진달하려고 하자, 진나라 황제는 양호가 병석에 누워서라도 여러 장수들을 지휘하도록 하고자 하였다. 양호는,

"오나라를 취하는데 반드시 신이 가야 할 필요는 없습니다. 다만 오를 평정한 뒤에는 당연히 성상(聖上)께서 심려(心慮)가 많으실 것입니다."

양호가 죽자, 두예로 진남대장군(鎭南大將軍)을 삼아 형주의 군사 일을 도독하게 하였다.

오주 손호의 음학(淫虐)이 날로 심해지니 두예가 표를 올려 속히 정벌할 것을 청하였다. 표문이 이르렀을 때, 장화가 마침 황제와 바둑을 두고 있다가 즉시 바둑판을 밀치고는 공손히 두 손을 마주 잡고 그 결정에 찬동하자 황제도 허락하였다.

---

7 두예는 진나라 두릉(杜陵) 사람으로 자(字)가 원개(元凱), 탁지상서(度支尙書)를 거쳐 양호의 뒤를 이어 진남대장군이 되었다. 장화는 방성(方城) 사람으로 자가 무선(武先), 오를 칠 때 탁지상서가 되어 수송과 보급을 담당했다.

晉大擧伐吳 杜預出江陵 王濬下巴蜀 吳人於江磧要害處 並以鐵鎖橫江截之 又作鐵錐 長丈餘 暗置江中 逆拒舟艦 濬作大筏 令善水者以筏先行 遇錐輒著筏而去 又作大炬 灌以麻油 遇鎖燒之 須臾融液斷絶 於是船無所礙 遂先克上流諸郡 預遣人 率奇兵夜渡 吳將懼曰 北來諸軍 乃飛渡江也 預分兵與濬合 攻武昌降之 預謂兵威已振 譬如破竹 數節之後

크게 오나라 정벌 군사를 일으키니, 두예는 강릉(江陵)[8]에서 나오고, 왕준(王濬)은 파촉(巴蜀)으로부터 내려왔다. 오나라 사람들은 강가의 요해처에는 모두 쇠사슬로 강을 가로질러 막고, 또 한 길 남짓한 쇠꼬챙이를 만들어 강물 속에 보이지 않게 설치하여 배가 들어오지 못하도록 막아놓았다.

왕준은 큰 뗏목을 만들어 물에 익숙한 자들로 하여금 뗏목을 앞세우고 가게 하니 쇠꼬챙이는 만나는 쪽쪽 뗏목에 박히면서 앞으로 나갔다. 또 큰 횃불에다 마유(麻油)를 부어 쇠줄을 만나면 태우니 잠깐 사이에 녹아내려 끊어졌다. 이에 배가 막히는 것이 없어 드디어 상류의 여러 고을부터 먼저 이기고, 두예가 기병(奇兵)[9]을 거느리고 밤을 타서 도강하니, 오나라 장수들은 두려워하면서 말했다.

"북쪽에서 온 모든 군사들은 날아서 강을 건넜다."

두예가 군사를 나누어 왕준과 연합하여 무창(武昌)을 공격해 항복 받고는 이렇게 말했다.

"병세(兵勢)가 이미 떨쳐 비유컨대 대를 쪼개는 것 같구나. 두어 마디 쪼개

8 동정호(洞庭湖) 부근 양자강 북쪽에 있는 호북성(湖北省) 강릉현.
9 기병은 불의에 습격하는 군대.

迎刃而解 無復著手處也 遂指授羣帥方略 徑造建業 濬戎卒八萬 方舟百里 擧帆直指建業 鼓譟入石頭城 吳主皓面縛輿櫬降 封歸命侯 遂符庚子靑蓋入洛之讖 吳自大帝 至是四世稱帝者凡五十二年而亡 遡孫策定江東以來 通八十餘年

진 뒤에는 칼날을 받자마자 와해되니(破竹之勢) 더 이상 손댈 곳이 없구나."

드디어 여러 장수들에게 계획을 지시하여 지름길로 건업(建業)[10]으로 나아갔다. 왕준의 8만 군사의 배는 백리에 뻗쳐 꼬리를 물고서 돛을 달고 곧바로 건업을 향해 북을 울리고 함성을 지르며 석두성(石頭城)[11]에 들어갔다. 오주는 손을 뒤로 묶고 널을 수레에 싣고 항복하여[12] 귀명후(歸命侯)에 봉해졌으니, 드디어 '경자년(280)에 낙양(洛陽)에 들어간다'고 한 참설(讖說)이 맞은 것이다.

오나라는 대제(大帝 : 손책)로부터 4세(世)에 이르렀고, 황제를 칭한 지 52년만에 망했는데, 손책(孫策)이 강동(江東)에 도읍한 이래로 소급하면 통합 80여 년이다.

---

10 건업은 오나라 수도로 뒤에는 건강(建康)으로 불리었다. 지금의 남경(南京).

11 건업 서쪽에 있는 산성. 진나라 군사를 피해 오주가 이 산성에 옮겨 있었다. 석수성(石首城)이라고도 한다.

12 면박은 두 손을 뒤로 묶고 얼굴은 앞으로 한 항복자의 자세이며, 여츤은 죽을 죄를 지었다는 뜻으로 널을 싣고 따라 감. 곧 항복한 자의 모습.

6. 서진이 멸망하다* — 西晉亡

劉淵興于左國城 淵故南匈奴之後 匈奴由漢魏以來臣中國 其先世自以漢甥 冒漢姓 父豹爲左部帥 生淵 幼而雋異 博習經史 嘗曰 吾恥隨陸無武 遇高帝而不能建封侯之業 絳灌無文 遇文帝而不能興庠序之敎 豈不惜哉

유연이 좌국성(左國城)에서 일어났다. 유연은 옛날 남흉노(南匈奴)의 후예인데, 흉노가 한(漢)・위(魏) 이래로 중국에 신복(臣服)하고, 그 선대가 스스로 한나라의 외손이라고 여겨[1] 한(漢)나라 국성(國姓)을 멋대로 칭한 것이다. 아버지 유표(劉豹)가 좌부(左部)의 장수로 있었는데 유연을 낳았다. 유연은 어려서부터 재능이 남달리 뛰어나 경사(經史)를 널리 익혔고, 일찍이 말하기를,

"수하(隨何)와 육가(陸賈)는 무예(武藝)가 없어서 고제(高帝) 때를 만났으나 공신으로 봉해지는 공업(功業)을 세우지 못했고,[2] 강후(絳侯) 주발(周勃)과 관영(灌嬰)은 학문이 없어 문제(文帝)의 시대를 만났으나 학교를 일으키는 교화를 펴지 못하였으니[3] 어찌 애석하지 않은가?"

---

* 서진이 멸망함으로써 중원(中原)은 오호(五胡) 십륙국의 혼란기로 빠져들어 북주(北周)를 거쳐 수(隋)가 중국을 통일할 때까지 250여 년 동안 북방 민족의 차지가 되어 중국문화의 남천(南遷)이 본격화된다.

1 한 고조(漢高祖) 때 흉노를 회유할 목적으로 종실(宗室)의 딸을 공주라고 속여 흉노의 선우(單于)에게 시집보냈다. 그 때문에 스스로 중국의 외손이라고 한 것이다.

2 수하와 육가는 모두 말을 잘 해 수하는 초(楚)나라 장수 경포(鯨布)를 설득, 한(漢)에 귀순케 했으며, 육가는 남월(南粵)을 귀순케 했다. 그러나 무공이 없어 천하가 평정된 후 한 고조가 공신을 봉할 때 끼이지 못했다.

3 강후는 문제 때 정승을 지낸 주발(周勃)의 봉호. 영음후(潁陰侯) 관영과 함께 모두 한나라 초

於是 兼學武事 姿貌魁偉 初爲侍子在洛 豹死 武帝以淵代爲五部帥 旣而爲北部都尉 五部豪傑多歸之 及帝世 以爲五部大都督 成都王穎 表爲左賢王 嘗使將兵在鄴 淵子聰亦驍勇絶人 博涉經史 善屬文 彎弓三百斤 淵從祖宣曰 漢亡以來 我單于徒有虛號 無復尺土 自餘王侯 降同編戶

하고는 이에 겸하여 무예도 닦았다. 체구가 크고 헌칠하였는데 처음 시자(侍子)[4]가 되어 낙양(洛陽)에 있다가 유표가 죽자 무제(武帝)[5]가 유연을 대신 오부의 장수로 삼았다. 얼마 후 북부도위(北部都尉)가 되니 오부의 호걸들이 많이들 귀의하였다. 지금 황제(惠帝) 때에 오부대도독으로 삼으니 성도왕(成都王) 영(穎)[6]이 표문을 올려 좌현왕(左賢王)으로 삼았다. 일찍이 <혜제는 유연으로 하여금> 군사를 거느리고 업(鄴)에 주둔하도록 한 일도 있었다.

유연의 아들 유총(劉聰) 역시 날래고 용맹하여 상대가 될 사람이 없었고, 경사(經史)를 널리 섭렵하여 글도 잘 지었으며, <기운이 절륜하여> 3백 근 중량의 활시위를 당길 정도였다. 유연의 종조(從祖) 선(宣)이 말하기를,

"한(漢)이 망한 이래 우리 선우는 한갓 헛된 이름만 있을 뿐 다시는 한 자의 영토도 없다. 여타의 왕후(王侯)들에 이르러서는 강등되어 민호[7]로 편입되었다.

기 여(呂) 씨의 발호를 제거, 문제를 세워 한 왕실을 안정시키고 잇따라 재상을 역임한 명신이다. 그리고 관영은 주발의 뒤를 이어 재상이 되었다. 그러나 이들은 학문을 몰라 문제와 같은 현군의 시대를 만났지만 학교를 세우자는 건의를 하지 않아 학교는 무제(武帝) 때 동중서(董仲舒)의 건의로 비로소 세워진다. 상서(庠序)는 고대의 학교

4 속국의 왕자나 제후의 아들로 조정에 보내져 천자를 모시던 일종의 인질(人質).

5 서진(西晉)의 무제(265~289)이다.

6 진 무제의 아들로 자는 장도(章度)이다. 성도왕에 봉해져서 업(鄴) 지역을 진무(鎭撫)했다.

7 중국은 주변 이민족들을 정착시켜 자기들의 민호로 편입하여 그 호전성(好戰性)을 순화(馴化), 중국 민족으로 만드는 것이 그들의 전통적인 방식이었다.

今吾衆雖衰 猶二萬 奈何斂手受役 奄過百年 司馬氏骨肉相殘 四海鼎沸 左賢王英武超世 復呼韓邪之業 此其時也 乃相與推之 淵說穎 請歸帥五部來助 旣至左國城 宣等推爲大單于 二旬間 衆五萬 都離石 胡晉歸之者愈衆 乃建國號曰漢 稱漢王 淵有族子曜 生而眉白 目有赤光 幼聰慧有膽量 亦好讀書屬文 射能洞鐵七寸 至是爲淵將

지금 우리 무리가 비록 쇠하기는 했으나 그래도 2만 명은 된다. 어찌 손을 공손히 모으고 부림만을 받겠는가? 지난 백 년 동안 사마 씨의 골육상잔으로[8] 천하가 솥에 물이 끓듯 한다. 좌현왕은 세상에 다시없는 영무(英武)한 자질이니 지금이 호한야 선우(呼韓邪 單于)[9]의 공업(功業)을 회복할 시기이다."

하고, 이에 서로 추대할 모의를 하였다. 유연이 영(穎)을 설득하여 '돌아가 오부를 거느리고 와서 돕겠다' 하고는 좌국성에 이르니, 선 등이 대선우(大單于)에 추대하자 20일 사이에 5만이 모였다. 이석(離石)[10]에 도읍하니 진에 있던 오랑캐로서 귀의하는 자들이 더욱 많았다. 이에 나라를 건국하고 국호를 한(漢)이라 하고 한왕(漢王)이라 칭하였다.

유연의 족자(族子)로서 요(曜)라는 자가 있었는데, 태어나면서부터 눈썹이 희고 눈에서는 붉은 광채가 났으며, 어려서부터 총명하고 담략이 있었다. 또 독서를 좋아하여 글을 지을 줄 알았으며, 활 솜씨는 7촌(寸)이나 되는 철판을 뚫을 정도였는데 이때에 와서 유연의 장수가 되었다.

---

8 서진은 건국 직후부터 8왕(王)의 난을 비롯한 권력 다툼이 일어나 형제끼리 서로 죽여 무제의 아들이 15명이었으나 3대 회제(懷帝)가 즉위할 때에는 3명만이 남아 있었다.

9 호한야는 강성하여 한 선제(漢宣帝)의 예우를 받았고, 원제(元帝) 때는 그 환심을 사기 위해 왕소군(王昭君)을 시집보내야 할 정도였다. 선우(單于)는 흉노의 군장(君長).

10 이석은 지금의 산서성(山西省) 이석현(離石縣).

漢主劉淵稱帝 徙都平陽 漢主聰遣呼延晏 將兵寇洛陽 劉曜王彌石勒皆會 遂陷洛陽 執帝送平陽 尋被弑 洛陽旣陷 秦王立於長安 是爲孝愍皇帝 漢屢寇長安 麴允索綝屢敗之 未幾漢兵連陷諸郡 逼長安 先陷外城 允綝退守小城 內外斷絶 城中饑甚 帝出降 漢將劉曜送平陽 聰享羣臣 命帝著靑衣 行酒洗爵 又使執盖 後遇害

한왕 유연이 황제를 칭하고, 도읍을 평양(平陽)으로 옮겼다.

한주(漢主) 유총(劉聰)[11]이 호연안(呼延晏)을 보내 군사를 거느리고 가서 낙양을 공격하니, 유요·왕미(王彌)·석륵(石勒)[12]이 모두 모였다. 드디어 낙양을 함락시키고 황제[13]를 잡아 평양으로 보냈다가 얼마 후 시해하였다. 낙양이 함락되고 나서 진왕(秦王)이 장안(長安)에서 즉위하니, 이가 효민황제이다.[14]

한이 자주 장안을 침공했으나 국윤(麴允)과 색림(索綝)이 여러 번 패배시켰다. 얼마 안 있어 한병이 잇따라 여러 군을 함락시키고 장안을 압박하고자 먼저 여러 외성을 함락시켰다. 국윤과 색림은 물러나 작은 성을 지키고 있었으나 안팎으로 단절되니 성안이 식량이 떨어져 황제(愍帝)가 성을 나와 항복하자(316) 한의 장수 유요가 평양으로 호송했다. 유총은 군신들의 <하례를> 받고 황제에게 청색 옷을 입히고 잔을 씻어가며 술잔을 돌리게 하고, 또 수레의 덮개를 잡게 하였다.[15] 얼마 후 시해당했다.

---

11 유연(劉淵)이 죽고 큰 아들 화(和)가 섰는데 동생 유총이 형을 죽이고 왕위를 빼앗았다.

12 석륵은 유목 민족 계통의 갈족(羯族) 출신이다.

13 이 당시의 서진 황제는 회제(懷帝)이다.

14 회제가 죽었다는 소식을 듣고 색림 등이 무제의 손자요, 오왕(吳王) 안(晏)의 아들인 업(業)을 장안에서 옹립하니 곧 민제(愍帝)로 서진의 마지막 황제이다.

15 청색 옷은 천인의 복색인데 이를 입혀 술잔을 돌리게 하고, 또 수레의 덮개를 잡도록 한 것은 서진 황제를 죄인으로 취급하여 구신과 유민들의 기를 꺾으려는 의도였다.

7. 자나깨나 고향을 못 잊어* —東晋宿願

中宗元皇帝名睿 瑯琊王伷之孫也 宣帝懿生伷 伷生覲 或曰 睿母實與(瑯琊)小吏牛金通而生睿 嗣覲爲王 於惠懷爲再從兄弟 懷帝時 睿爲安東將軍 都督揚州諸軍事 鎭建業 睿以王導爲謀主 每事咨焉 睿名論素輕 吳人初不附 導勸用諸名勝 撫綏新舊 江東歸心焉 桓彝避亂過江 見睿微弱憂之

원제(元帝)의 이름은 예(睿), 낭야왕(瑯琊王) 주(伷)의 손자이다. 선제 의(懿)가 주(伷)를 낳고 주가 근(覲)을 낳았다. 혹설로는 '예의 어머니가 낭야의 소리(小吏)인 우금(牛金)과 사통(私通)하여 예를 낳았다'고도 한다. 근의 후사가 되어 왕이 되었는데, 혜제(惠帝)·회제(懷帝)와는 재종(再從) 형제간이다. 회제 때에 안동장군(安東將軍)이 되어 양주(揚州)의 모든 군사들을 통솔하면서 건업(建業)에 진치고 있을 때에 왕도(王導)[1]를 참모로 삼아 모든 일을 자문하였다. 예는 평소에 명망이 적어 오(吳) 지방 사람들이 붙좇지 않았었는데, 왕도가 권유하여 여러 명망 있는 사람들을 등용하고 구귀족과 새로 남하한 인사들을 어루만지게 하자 강동(江東)의 민심이 따르게 되었다.

환이(桓彝)가 난을 피해 양자강을 건너가 예를 보고서 미약하다고 걱정을 했

---

* 여기에 실린 왕도와 조적, 그리고 다음의 도간(陶侃)은 오호(五胡)에 밀려 강남으로 옮겨간 한족들이 얼마나 고토 회복을 위해 노심초사했는지를 알 수 있는 기록들이다.

1 왕도(267~330)는 원제가 동진을 세우는 데 크게 기여했을 뿐만 아니라 다음 명제(明帝)·성제(成帝) 삼대에 걸쳐 전쟁터에 나가서는 장수가 되고 들어와서는 재상이 되어 진(晋)나라 중흥에 큰 공을 세웠다.

既而見導 退謂周顗曰 江左有管夷吾 吾無憂矣 諸名士遊宴新亭 顗中坐而歎曰 風景不殊 擧目有江河之異 因相視流涕 導曰 當勠力王室 共復神州 何至作楚囚對泣邪 洛陽祖逖少有大志 嘗與劉琨同寢 中夜聞鷄聲 蹴琨起曰 此非惡聲也 因起舞

었는데, 왕도를 보고는 물러나와 주의(周顗)에게 말했다.

"강좌(江左)에 관이오(管夷吾)가 있으니[2] 나는 걱정이 없다."

여러 명사들이 새로 지은 정자(新亭)에서 연회를 하며 노는데 좌중에 앉았던 주의가 탄식하면서,

"풍경은 다르지 않으나 눈에 들어오는 것은 하수(河水)와 장강(長江)의 차이로구나"[3]

하고, 서로 보며 눈물을 흘리자 왕도가 이렇게 말했다.

"왕실을 위해 힘껏 함께 신주(神州)[4]를 회복할 것이거늘 어찌 초수(楚囚)[5]가 되어 마주 보며 울기까지 할 것인가?"

낙양(洛陽) 사람 조적(祖逖)[6]은 어릴 때부터 큰 뜻이 있었다. 일찍이 유곤(劉琨)과 같이 자다가 밤중에 닭울음소리가 들리자 유곤을 발로 차서 깨우고 '이것은 나쁜 소리가 아니다' 하고 일어나 춤을 추었다.[7] 장강(長江)을 건너 남쪽

---

2 강좌는 강동(江東)을 말하고, 관이오는 춘추시대 제(齊)나라 명상 관중(管仲)이다. 이오는 관중의 자이다.

3 황하 유역인 낙양(洛陽)에 살다가 난을 피해 강남으로 내려와 양자강 가에서 황하의 풍경을 그리워함이다.

4 이제까지 중국의 중심지였던 중원(中原) 지방을 가리킨 말이다.

5 초수란 춘추시대 진(晋)나라에 포로 되어 온 초(楚)나라 죄수로부터 유래한 말이나 일반적으로 곤궁한 처지에 당한 사람을 의미한다. 강남, 즉 옛날의 초 지역으로 쫓겨 온 자신들을 초수에 비긴 것이다.

6 본문에 조적이 낙양(洛陽) 출신으로 되었으나 조적은 범양(范陽) 사람으로 강북에서 석륵(石勒)의 대군을 격파했기 때문에 강남을 보존할 수 있었다. 형 납(納)도 명사였다.

及是南渡 請兵於睿 睿素無北伐之志 以逖爲豫州刺史 與卒千人 不給鎧仗 逖渡江 中流擊楫而誓曰 祖逖不能淸中原 而復濟者 有如此江 愍帝又以睿爲丞相 都督中外諸軍事 長安陷 睿出師露次 移檄北征 實不行 群臣勸卽晉王位 明年 卽皇帝位

으로 내려오게 되어 예에게 군사를 청했는데 예는 본디 북벌(北伐)할 생각이 없어 조적을 예주자사(豫州刺史)로 삼고 군사 1천 명은 주었지만 갑옷과 무기는 주지 않았다. 조적은 강을 건너다 강 가운데 이르러 노를 두드리면서 이렇게 선언했다.

"이 조적이 중원을 숙청(肅淸)하지 못하고서 다시 강을 건너는 것은 저 물과 같을 것이다."[8]

<전일에 서진의> 민제(愍帝)가 예를 승상으로 삼아 중앙과 지방의 군사를 통솔하게 하였다. 장안(長安)이 함락되자 예가 군사를 출동시켜 야영(野營)을 하면서 북정(北征)의 격서(檄書)를 띄우려다 실행하지 못하니 여러 신하들이 권하여 진왕(晋王)의 지위에 오르고, 이듬해에는 드디어 황제로 즉위한 것이다.

---

7 닭이 한밤중에 울면 난리가 일어날 징조라고 하였다. 그러므로 밤중에 닭이 울면 모두가 싫어하겠지만 난리에 공을 세울 기회를 엿보고 있는 사람에게는 더없이 기쁜 소리라는 것이다.

8 흐르는 물은 다시 돌아 올 수 없듯이, 자신이 중원을 수복하지 않고는 절대로 돌아오지 않겠다는 강력한 의지의 표현이다.

8. 벽돌을 나르며 힘을 길러—陶侃恭勤

陶侃少孤貧 孝廉范逵過之 侃母湛氏 截髮賣爲酒食 逵薦侃 遂知名 初爲荊州都督劉弘所用 討破諸叛賊 自江夏太守爲荊州刺史 王敦疾之 左遷廣州刺史 侃在州 朝運百甓於齋外 暮運於齋內 人問其故 答曰 吾方致力中原 故習勞耳

도간(陶侃)[1]은 어려서 아버지를 여의고 가난하게 살았다. 효렴(孝廉)[2] 범규(范逵)가 지나다가 그를 방문하니 도간의 모친 담 씨(湛氏)는 머리털을 잘라 팔아 주식(酒食)을 대접하였는데, 범규가 도간을 천거하여 드디어 이름이 알려지게 되었다. 처음 형주도독(荊州都督) 유홍(劉弘)에게 등용되었다가 여러 반적(叛賊)들을 토벌하는 데 공을 세워, 강하태수(江夏太守)를 거쳐 형주자사(荊州刺史)가 되었으나 왕돈(王敦)[3]에게 미움을 받아 광주자사(廣州刺史)로 좌천되었다. 도간은 광주에 있을 때 아침에 백 개의 벽돌을 집 밖으로 옮겨 놓았다가 저물녘에는 집 안으로 운반하는 것이었다. 사람들이 이상해서 그 까닭을 물으니 그는 이렇게 대답했다.

"나는 지금 중원(中原)의 수복을 위해 힘을 기르느라고 노동을 연습하는 중

---

1 도간(257~332)은 어려서 아버지를 여의고 편모 슬하에서 곤궁하게 자랐으나 진(晋)나라 명제(明帝) 때 정서대장군(征西大將軍)이 되어 소준(蘇峻)의 난을 평정하였다. 그는 인품이 충순(忠順)하고 공근(恭勤)해서 당시에 제갈량에 비견되기도 했다. 그 증손이 유명한 도연명(陶淵明)이다.

2 효렴으로 천거된 사람. 한(漢)나라 무제(武帝) 때, 각 군(郡)에서 효성 있고 청렴한 사람 1인씩을 추천하게 한 것이 후대까지 계승되어 인재 등용의 한 방편으로 삼았다.

3 왕돈(266~324)은 진(晋)나라 명제 때 재상이었으나 뒤에 반란을 일으켰다가 병사했다.

至是 復鎭荊州 士女相慶 侃性聰敏恭勤 嘗曰 大禹聖人 乃惜寸陰 衆人當惜分陰 取諸參佐酒器蒱博具 悉投於江曰 樗蒱者 牧猪奴戲耳 嘗造船 籍竹頭木屑而掌之 後正會雪霽地濕 以木屑布地 及後有征蜀之師 得侃竹頭 作釘裝船 其綜理微密類此

이다."

이때에 와서 다시 형주에 주둔하게 되니 남녀들이 서로들 경하(慶賀)하였다. 도간은 성품이 총민(聰敏)하고 공근(恭勤)하였는데 일찍이,

"대우(大禹) 같은 성인(聖人)도 촌음을 아껴 썼으니 뭇 사람들은 분음(分陰)이라도 아껴야 한다."

라고 말하고서, 막료(幕僚)들의 주기(酒器)와 오락 기구들을 모두 다 강물에 던져버리고는 이렇게 말했다.

"저포(樗蒱)란 것은 돼지나 기르는 놈들의 놀이일 뿐이다."[4]

언젠가 배를 만들 때에, 대나무 머리 잘라낸 것이나 목재 부스러기까지 장부에 올려 관리했다. 뒷날 정월 초하루 조회 때 눈이 온 뒤 날이 개어 바닥이 질척거리자 나무 부스러기를 땅에다 깔았다. 후에 촉(蜀) 지방을 정벌하던 군사들은 도간의 대나무 머리 자른 것을 가져다 배 만드는 못으로 사용하였다. 그가 사무를 관리함에는 이와 같이 용의주도(用意周到)하고 세밀했다.

---

4 저포는 옛날의 놀이기구로 노름을 의미하고, '돼지 기르는 놈들의 놀이(牧猪奴戲)'도 노름이란 뜻이다.

9. 비수의 싸움* — 淝水大戰

秦遣兵分道寇晉 陷諸郡 執襄陽刺史朱序以歸 已而議大擧 或謂晉有長江之險 堅曰 以吾之衆 投鞭於江 可斷其流 時中外皆諫 惟慕容垂姚萇 欲乘其釁 勸之南伐 堅遂發長安戎卒六十餘萬 騎二十七萬

진(秦)나라[1]가 여러 길로 군사를 나누어 보내 동진(東晋)을 침략하여 여러 군을 함락시키고 양양자사(襄陽刺史) 주서(朱序)를 잡아가지고 돌아갔다. 얼마 후 크게 군사를 일으켜 동진을 칠 논의를 하는데, 혹자가 동진에는 장강(長江)의 천험(天險)이 있어 어렵다고 말하자 부견(苻堅)은 이렇게 말했다.

"우리의 대중(大衆)이 말채찍만 장강에 던진대도 그 흐름을 막을 수 있을 것이다."[2]

당시 조정 내외가 모두 거병하지 말 것을 간했는데, 오직 모용수(慕容垂)와 요장(姚萇)만은 그 기회를 틈타려고[3] 남쪽 정벌을 권유하니, 부견이 드디어 장안(長安)의 군사 60여 만과 기병(騎兵) 27만을 출동시켰다.

---

* 비수는 안휘성(安徽省) 합비현(合淝縣) 자봉산(紫篷山)에서 발원하여 북류하다가 둘로 갈라져 하나는 소호(巢湖)로 흘러들고, 한 줄기는 곧장 북류하여 회수에 합류한다. 이곳에서 전진의 90만 대군이 어이없이 무너져 전진은 이 때문에 와해되고 수에 통일될 때까지 오호 제국(諸國)이 감히 강남을 넘보지 못하였다.

1 전진(前秦)을 말한다. 저족(氐族)의 부건(苻健)이 관중(關中)에 세운 오호 십육국(五胡十六國)의 하나. 아들 부견(苻堅) 때는 장강(長江) 이북의 대부분을 차지하여 세력을 떨쳤으나, 이 비수의 싸움에 패한 뒤 곧 멸망했다.

2 자신의 군사가 많음을 과시한 것이다.

3 모용수는 당시 오호(五胡)의 하나인 전연(前燕) 모용황(慕容皝)의 아들인데 진(秦)나라로 도망와 부견에게 중용되었으나 뒤에 진을 배반하고 후연(後燕)을 세웠다. 요장은 강족(羌族)으로 역시 부견에게 신임을 받았다가 뒤에 부견을 죽이고 자립하여 후진(後秦)을 세웠다.

晉以謝石爲征討大都督 謝玄爲前鋒都督 督衆八萬拒之 玄遣劉牢之帥精兵五千趨洛澗 直渡水 擊秦前鋒梁成斬之 石等水陸繼進 堅登壽陽城 望見晉兵部陣嚴整 又望見八公山草木皆以爲晉兵 憮然有懼色 秦兵逼淝水而陣 玄使人謂曰 移陣小却 使我兵得渡 以決勝負可乎

동진에서는 사석(謝石)을 정토대도독(征討大都督), 사현(謝玄)을 전봉도독(前鋒都督)으로 삼아 8만의 군사를 거느리고 막게 하였다. 사현은 유뇌지(劉牢之)를 보내 날랜 군사 5천 명을 거느리고 낙간(洛澗)[4]으로 추격하게 하고, 자신은 곧장 강물을 건너 전진의 선봉(先鋒) 양성(梁成)을 격파하여 그를 목 베고 사석 등은 수륙으로 잇따라 진격하였다.

부견은 수양성(壽陽城)[5]에 올라 동진의 군진(軍陣)을 바라보니 군세(軍勢)가 엄정하고, 또 팔공산(八公山)[6]을 바라보니 풀과 나무가 모두 동진의 군사로 보이는지라 망연자실(茫然自失)하여 두려워하는 기색이 있었다.

전진의 군사가 비수(淝水) 가까이 바짝 다가서 진을 치자 사현이 사람을 시켜 이렇게 말했다.

"<이대로 강을 끼고 대치하고 있으면 승부가 날 수 없다. 그러니> 군사를 조금 물려서 우리 군사들이 물을 건너도록 해야 승부를 결할 수 있을 것이 아닌가?"

---

4 낙간은 하남부(河南府) 신안현(新安縣) 백석산(白石山)에서 나와 동남쪽으로 흘러 낙수(洛水)를 들어가는 강.

5 지금의 안휘성(安徽省) 수양현(壽陽縣)에 있었다.

6 안휘성 비수(淝水)의 북쪽, 회수(淮水)의 남쪽에 있는데 북산(北山)이라고도 한다.

堅欲聽晉兵 半渡蹙之 麾兵使却 秦兵退 不可復止 朱序在陣後呼曰 秦兵敗矣 遂潰 玄等乘勝追擊 秦兵大敗 走者聞風聲鶴唳 皆以爲晉兵至 堅狼狽還長安

부견은 동진 군사가 물을 반쯤 건널 때 공격하려고 깃발을 휘둘러 군사를 후퇴시켰는데, 전진 군사들은 후퇴하느라 다시는 정지할 줄을 몰랐다.

이때 주서(朱序)가 전진 군사의 배후에 있다가 '진병(秦兵)이 패하였다'고 함성을 지르자 드디어 통솔이 무너졌다. 사현이 승기를 타서 추격하니 전진 군사들은 대패하고, 달아나는 자들은 바람 소리 새 우는 소리만 들려도 모두가 동진 군사가 이르렀다고 생각했다. 부견은 낭패하여 장안으로 돌아왔다.

10. 죽림칠현 — 竹林七賢

山濤昔在魏晉之間 與嵇康阮籍籍兄子咸向秀王戎劉伶相友 號竹林七賢 皆崇尙老莊虛無之學 輕蔑禮法 縱酒昏酣 遺落世事 士大夫皆慕效之 謂之放達 惟濤仍留意世事 至是典選 甄拔人物 各爲題目而奏之 時人稱之爲山公啓事 王戎與時浮沈 無所匡救 性復貪吝

산도(山濤)는 옛날 위(魏)나라 때부터 진(晉)나라 초기에 걸쳐, 혜강(嵇康)·완적(阮籍), 완적의 형의 아들인 완함(阮咸)과 상수(向秀)·왕융(王戎)·유령(劉伶)과 벗하며 죽림칠현이라 하였다. 모두 노자(老子)와 장자(莊子)가 주장한 허무의 학을 숭상하여 예법(禮法)을 경멸하고, 멋대로 술에 취해 세상 일에 관심이 없으니 사대부들이 모두 이를 본받고 방달(放達)[1]이라 이름하였다. 오직 산도만은 세상 일에 관심을 두었다. 사람을 선발하는 책임을 맡아 인물을 선발할 때[2] 각기 품평을 하여 아뢰었으므로 당시 사람들이 이를 칭찬하여 '산도공의 계사(啓事)'라 하였다.[3]

왕융은 시세에 따라 부침하여 <고위직에 있었지만> 세상을 바로잡아 구제한 공이 하나도 없었다. 천성 또한 욕심이 많고 인색하여 전장(田莊)이 전국에

1 방달이란 성품이 활달하여 예속(禮俗)에 구애받지 않는다는 뜻.

2 산도가 이때 관리의 인사를 담당하는 이부상서(吏部尙書)로 있었다.

3 결원이 생기면 몇 사람을 골라 재능·특기 등을 기록하여 우선 황제의 의향을 알아본 뒤에 공식적으로 추천하였기 때문에 그가 올리는 사람이면 틀림없이 제수되었다. 그래서 붙여진 이름이다.

田園遍天下 執牙籌晝夜會計 家有好李 恐人得其種 常鑽其核 凡所賞拔 專事虛名 阮咸之子瞻見戎 戎問曰 聖人貴名教 老莊明自然 其旨異同 瞻曰 將無同 戎嗟歎良久 遂辟之 時號三語掾 是時 王衍爲尙書 樂廣爲河南尹 皆善淸談 衍神情明秀 少時山濤見之曰 何物老嫗 生此寧馨兒 然誤天下蒼生者

널려 있어 상아 주판을 가지고 밤낮없이 회계에 몰두했다. 집에 좋은 자두가 있었는데, 다른 사람이 그 종자를 얻을까 두려워 항상 자두의 눈을 <송곳으로> 뚫었다. 무릇 상주고 발탁하는 데는 오로지 헛 이름만 중히 여겼다. 완함의 아들 첨(瞻)이 왕융을 찾아보니, 왕융이 물었다.

"성인(聖人)은 명교(名敎)를 귀하게 여기고[4] 노장(老莊)은 자연의 <대도(大道)를> 밝히는 것인데 그 취지가 같은가 다른가?"

"장무동(將無同)입니다."

왕융이 한참 동안 칭찬하다가 드디어 그를 천거했다. 세상에서들 '세 마디의 관리'[5]라고 일컬었다.

이때 왕연(王衍)은 상서(尙書)가 되고 악광(樂廣)은 하남윤(河南尹)이 되었는데 모두 청담(淸談)[6]을 좋아하였다. 왕연은 성격이 청순(淸純)하고 빼어나서 어릴 때 산도가 보고는 이렇게 말했다.

"어떤 노파가 이같은 아이를[7] 낳았는가. 그러나 천하의 백성들을 그르칠 자는 반드시 이 아이일 것이다."

---

4 여기서 성인이란 공자를 말하며, 명교란 유교에서 주창하는 명분(名分)을 중시하는 예교(禮敎).

5 '장무동'은 '앞으로 같아질 리가 없다'는 뜻. 단지 이 세 글자로 인물을 평가하여 관리에 임명하였기 때문에 그 경박함을 나무란 것이다.

6 예속(禮俗)을 싫어하고 청정무위(淸淨無爲)만을 운위(云謂)함.

7 영형(寧馨)은 '이와 같다'는 뜻.

未必非此人也 衍弟澄及阮咸 咸從子脩 胡毋輔之 謝鯤 畢卓等 皆以任放爲達 醉裸不以爲非 比舍郎釀熟 卓夜至甕間盜飮 爲守者所縛 旦視之畢吏部也 樂廣聞而笑之曰 名敎中 自有樂地 何必乃爾 初魏時 何晏等立論 以天地萬物 皆以無爲本 衍等愛重之 裵頠著崇有論 不能救

왕연의 동생인 징(澄) 및 완함, 완함의 조카인 수(脩), 호무보지(胡毋輔之)[8]·사곤(謝鯤)·필탁(畢卓) 등이 모두 자유방임의 생활에 달관(達觀)했다고 하면서 술에 취해 벌거벗고 있는 것을 아무렇지 않게 여겼다. 필탁은 이웃집 창고에 술이 익은 것을 알고는 밤중에 술동이 사이에 들어가 훔쳐 마시고는 <취하여 자다가> 지키는 자에게 잡혀 결박을 당했다. 이튿날 아침에 보니 필이부(畢吏部)였다.[9] 악광이 이 소식을 듣고 웃으면서 말했다.

"<성인(聖人)의> 명교(名敎) 중에 저절로 낙토(樂土)가 있는데 하필이면 <이웃집 술까지 훔쳐 먹는가>?"

처음 위(魏)나라 때 하안(何晏) 등이 입론(立論)하여[10] 천지만물을 모두 무(無)로써 근본을 삼는다고 주장하니, 왕연 등이 이를 애지중지(愛之重之)하였다. 배외(裵頠)가 『숭유론(崇有論)』을 지어 <그 타락상을> 구제하려 했으나 어쩔 수 없었다.

---

8 호무(胡毋)는 복성(複姓)이고 이름이 보지이다.
9 필탁이 당시 이부의 낭관(郎官)으로 있었기 때문에 '필이부'라고 한 것이다.
10 하안은 위나라 때 외모가 잘 생겨 관작이 시중상서(侍中尙書)로 열후(列侯)에 봉해졌다. 동시대 사람 왕필(王弼)과 함께 도가(道家)의 허무론을 주장하고 청담(淸談)을 숭상하니 사대부들이 크게 본받아 이 풍조가 남조에서 크게 유행하게 되었다.

11. 귀거래사를 지은 도연명 — 陶潛明節

陶潛字淵明 潯陽人 侃之曾孫也 少有高趣 博學不群 以親老家貧 爲州祭酒 少日自解歸 召主簿不就 躬耕自資 後爲彭澤令 不以家自隨 送一僕給其子 報書曰 此亦人子也 可善遇之 在官八十日 郡督郵至 吏曰 應束帶見之 潛歎曰 我豈能爲五斗米 折腰向鄉里小兒耶

도잠(陶潛)은 자를 연명(淵明)이라 하는데 심양(潯陽) 사람으로 도간(陶侃)의 증손이다. 어려서부터 뜻이 고상(高尙)하고 박학하여 보통 사람들과 달랐다. 어버이는 늙고 집안은 가난하여 주(州)의 좨주(祭酒)가 되었다가 얼마 안 되어 스스로 사직하고 고향으로 돌아왔다. 주부(主簿) 벼슬로 불렀으나 나가지 않고 몸소 농사 지어 생계를 꾸려갔다.

뒤에 팽택현령(彭澤縣令)이 되었는데 집에서 부리던 종을 데리고 가지 않고 종 하나를 아들에게 주면서 편지에 이렇게 썼다.

"이 아이도 역시 사람의 자식이니 잘 대우해야 한다."

관직에 있은 지 80일에 군(郡)의 독우(督郵)가 오니, 아전이 하는 말이,

"마땅히 의관을 정제하고 만나보아야 합니다."

하였다. 도잠이 탄식하면서,

"내가 어찌 다섯 말의 쌀 때문에 향리(鄉里)의 어린아이(小兒)[1]에게 허리를 굽힐까보냐!"

---

1 어린아이(小兒)는 독우를 경시하여 한 말.

卽日解印綬去 賦歸去來辭 著五柳先生傳 徵著作郎 不就 妻翟氏亦與同志 能安勤苦 夫耕於前 妻鋤於後 自以先世爲晉輔 恥復屈後代 自宋高祖王業漸隆 不復肯仕 至是終 世號靖節先生

하고는 그날로 인수(印綬)를 끌러 놓고 돌아가 <귀거래사(歸去來辭)>를 노래하고 <오류선생전(五柳先生傳)>을 지었다.[2] 조정에서 저작랑(著作郎)으로 불렀으나 취임하지 않았다.[3]

아내 책씨(翟氏) 또한 뜻을 같이해서 고단하게 농사지으며 사는 생활을 편히 여겨 남편이 앞에서 밭 갈면 아내는 뒤에서 호미질 하였다. 선대에는 동진을 보좌했으므로 다시 후대에 몸을 굽혀 벼슬하는 것을 부끄럽게 여겼다.[4] 송나라 고종(高宗) 때는 왕업이 점차 융성해졌는데도 더 이상 즐겨 벼슬하지 않고 이때에 이르러 일생을 마쳤다. 세상에서 정절 선생(靖節先生)이라 일컫는다.

---

2 <귀거래사>는 도연명이 팽택현령을 사직하고 집으로 돌아올 때의 결의를 읊은 것이고, <오류선생전>은 자신의 전(傳)이다. 도연명은 집 근방에 다섯 그루의 버드나무가 심어져 있는 것을 연유하여 자신의 호를 오류선생이라 한 것이다.

3 당시 조정은 진(晉)을 멸망시킨 유송(劉宋)이다.

4 동진에서 재상을 지낸 도간(陶侃)이 증조부이므로 그 왕조를 멸망시킨 유송(劉宋)에게 벼슬할 수 없었다는 말.

5장 수(隋)·당(唐)·오대(五代) (589~960)

오랜 혼란 끝에 통일을 이룬 수(隋)의 급선무는 분열되었던 중국을 단일 통치체제로 개편하는 일이었고, 이를 위해서는 강력한 중앙집권화 정책을 실시하여 호족들의 발호를 억제하는 것이었다. 남북조시대 이래 성장한 호족세력은 실질적으로 지방을 장악하고 있었고, 남조의 왕조들은 호족에 기생(寄生)하는 형세였던 것이다.

우선 호족세력의 온상이었던 군(郡)을 폐지하여 주(州)−현(縣)의 지방체제로 개편하였다. 지방 호족들의 사병(私兵) 보유를 금지하고 지방관의 군사권도 회수하였다. 인물 추천권이 호족들에게 독점되었던 구품중정제(九品中正制) 대신 과거(科擧)로 관료를 뽑았다.

한편, 물자 수송과 지방 통제의 강화를 위해 대운하를 파고, 변방 종족들을 제압할 목적으로 자주 군사도 일으켰다. 양제(煬帝)의 대운하는 이후 중국 통치의 대동맥이 되었지만, 거대한 토목공사는 국민들의 원성을 사서 수나라를 멸망케 하는 한 요인도 되었다.

잦은 외정(外征)과 토목공사, 양제의 지나친 사치는 국민들의 반감을 사게 되고 호족들의 반발 또한 적지 않았다. 여기에 결정적인 타격을 준 것은 거국적인 힘을 동원한 세 차례 고구려 원정의 참패였다. 이리하여 수 양제 후반부터 각지에서 반란이 일어나, 서기 618년 수나라는 건국한 지 3대 38년 만에 망하고 당에게 자리를 물려주었다.

당의 2대 황제 태종(太宗)은 훌륭한 인재들을 등용하여 중국 역대 왕조에서 모범으로 삼을 정도로 치적을 펼친 현군(賢君)이다. 즉, 율령제(律令制)를 실시하여 법치국가의 기틀을 확립하고, 이때 만들어진 삼성(三省)과 육부(六部)의 중앙 정부 조직은 이후 중국 통치체제의 모델이 되었으며, 균전제(均田制)와 부병제(府兵制)를 연결시켜 병농일치(兵農一致)제를 구축함으로써 민생과 국방문제를 동시에 해결하였다.

그 결과 당조(唐朝) 3백년 번영의 기초가 다져지고 이 국력을 바탕으로 빈번한 외정에도 성공함으로써 부강을 내외에 과시하게 되었다. 당나라의 도성인 장안(長安)은 백화가 난만(爛漫)한 봄과 같이 번영했다. 당 전성시의 장안은 당시 세계 최대의 도시였다. 각국의 종족들이 모여들어 마치 인종 전시장과도 같았고, 만국박람회와도 같이 동서의 물화가 없는 것이 없었다고 한다.

그러나 칙천무후(則天武后)와 양귀비(楊貴妃)의 등장은 국정 문란의 원인을 제공하여 이 틈을 타고 발생한 안록산(安祿山)·사사명(史思明)의 난은 당나라를 군벌국가로 몰고 갔다. 난리 평정 과정에서 성장한 군진(軍鎭) 세력들은 각 지방에 할거하면서 군사권과 행정권을 세습적으로 독점하여 반독립적 체제를 유지하자 중앙의 통제력이 미칠 수가 없었다. 다만, 절도사들 간의 세력 균형으로 당 황실이 근근이 유지되는 형편이었다.

그 후 당은 수차에 걸쳐 국정쇄신을 시도했지만 안에서는 환관들이 권력을 잡고 조정관리들은 당파싸움에 여념이 없었으며, 밖은 군벌(軍閥)인 절도사들의 세상이니, 아무런 성과를 볼 수가 없었다. 그러다 결국, 9세기 후반에 일어난 황소(黃巢)의 난과 절도사들의 병란(兵亂)으로 당은 망하게 되고,(907) 오대십국(五代十國)이라는 분열기로 들어서게 되었다.

오대란 중원(中原)을 중심으로, 불과 53년 동안에 절도사 출신의 무장들에 의해, 후량(後梁)·후당(後唐)·후진(後晋)·후한(後漢)·후주(後周)의 다섯 무단정권(武斷政權)이 명멸(明滅)한 것을 말하고, 십국이란 이 시기 주변에 있던 10개 왕조를 말한다.

1. 수나라의 천하 통일—隋統一

隋高祖文皇帝 姓楊氏 名堅 弘農人也 相傳爲東漢太尉震之後 父忠仕魏及周 以功封隋公 堅襲爵 女爲周宣帝后 周靜帝立 堅以太后父秉政 遂移周祚 卽位九年 平陳天下爲一 隋以晉王廣爲元帥 帥師伐陳 楊素韓擒虎賀若弼 分道而出 陳主聞有隋兵 謂近臣曰 王氣在此 彼何爲者

수(隋)나라 고조 문황제(高祖文皇帝)의 성은 양(楊) 씨, 이름은 견(堅) 홍농(弘農)[1] 사람이다. 세상에서 전하기는 동한(東漢)의 태위(太尉) 양진(楊震)의 후손이라고 한다. 아버지인 양충(楊忠)은 위(魏)와 주(周)[2]에 벼슬하여 그 공으로 수공(隋公)에 봉해졌는데, 양견이 작위를 세습했다.

<양견의> 딸이 북주 선제(北周宣帝)의 황후가 되고 정제(靜帝)가 서자, 양견은 태후의 아버지로서 정권을 잡았다. 드디어는 황제 자리를 차지하고 즉위한 지 9년에 남조의 진(陳)나라를 평정하여 천하를 통일하였다.

수나라가 진왕(晋王) 광(廣)[3]을 원수로 삼아 군사를 거느리고 진나라를 치게 했는데, 양소(楊素)·한금호(韓擒虎)·하약필(賀若弼)이 길을 나누어 출정하였다.

진주(陳主)[4]는 수나라가 군사를 일으켰다는 말을 듣고 근신에게 말하기를,

"왕기(王氣)가 이곳에 있는데 저들이 어떻게 할 것인가?"

---

1 지금의 하남성((河南省)과 섬서성(陝西省) 경계 가까이에 있다.

2 위는 북위(北魏), 주는 북주(北周)를 말한다.

3 후일의 수 양제(隋煬帝)이다.

4 '주(主)'는 임금이나 황제가 묘호가 없거나 낮추어 부를 때의 투식.

孔範曰 長江天塹 豈能飛渡 臣每患官卑 虜若渡江 定作太尉公矣 陳主以爲然 奏伎縱酒 賦詩不輟 賀若弼自廣陵濟江 韓擒虎自橫江 宵濟采石 守者皆醉 擒虎遂自新林進 直入朱雀門 陳主自投景陽井中 軍人窺井 將下石乃叫 以繩引之 與張麗華孔貴嬪 同束而上 俘以歸 開皇二十年 廢太子勇爲庶人

하니, 공범(孔範)이 대답했다.

"장강은 천혜의 참호인데 어찌 날아서 건너겠습니까. 신은 관작이 낮은 것이 불만인데 오랑캐가 강을 건너온다면 바로 태위공이 될 것입니다."[5]

진주는 이 말을 옳게 여겨 <방비는 게을리 한 채> 밤낮없이 여악(女樂)을 즐기며 뒤집어쓰도록 술 마시고 시 짓기에만 정신이 팔렸다. 하약필은 광한(廣漢)에서 강을 건너고, 한금호는 밤중에 횡강(橫江)에서 채석강(采石江)으로 도강하니[6] 지키는 자들은 모두 술에 취해 있었다. 한금호가 드디어 신림(新林)[7]에서 진격하여 곧바로 주작문(朱雀門) 들어가니 진주는 제 발로 경양전(景陽殿)의 마른 우물로 뛰어들었다. 군사들이 우물을 들여다보고 돌멩이를 던지려 하자 <살려 달라고> 부르짖었다. 줄을 내려 끌어 올리니 장여화(張麗華)와 공귀빈(孔貴嬪)[8]이 함께 묶여 올라왔는데 모두 사로잡아 돌아왔다.

개황(開皇) 20년(600)에 태자 용(勇)을 폐하여 서인(庶人)으로 삼았다.

---

5 수나라 군대가 절대로 강을 건널 수가 없는데, 만약 건너오게 된다면 자신이 공을 세워 삼공의 하나인 태위란 최고 직에 오르겠다는 말. 오랑캐는 오호(五胡)가 할거하던 지역인 북조(北朝)에서 일어난 수나라 군사를 얕잡아 부르는 호칭.

6 광한이나 횡강 모두 안휘성(安徽省) 화현(和縣) 동남쪽에 있는 양자강 북안의 나루터. 횡강은 횡강포(橫江浦)라고도 하는데, 그 남쪽 대안이 채석강이다.

7 신림은 건강(建康 : 남경)에 있는 포구.

8 모두 진주(陳主)의 총희(寵姬).

初 帝使勇參決政事 時有損益 勇惟寬厚 率意無矯飾 帝性節儉 勇服用侈 恩寵始衰 勇多內寵 妃無寵死 而多庶子 獨孤皇后深惡之 晉王廣彌自矯飾 爲奪嫡計 后贊帝廢勇 而立廣爲太子 帝性嚴重 勤於政事 令行禁止 雖嗇於財 賞功不吝 愛養百姓 勸課農桑 輕徭薄稅 自奉儉薄 天下化之 受禪之初 民戶不滿四百萬 末年踰八百萬 然自以詐力得天下 猜忌苛察 信受讒言 功臣故舊 無終始保全者

처음에 황제가 용을 정사에 참여시켜 결재하게 했는데, 때로 <정령(政令) 중에서> 줄일 것은 줄이고 보탤 것은 보완했다. 용은 성질이 관후하고 솔직하여 겉으로 꾸미는 일이 없었다. 황제는 성품이 검소한 데 비해 용은 의복이나 기구를 모두 사치하게 하였으므로 황제의 은총이 식어갔다. 게다가 용은 총희(寵姬)가 많아 태자비는 사랑을 받지 못하다 죽고 서자만 많으니 독고황후(獨孤皇后)가 매우 미워하였다. <이런 분위기를 틈타> 진왕 광은 더욱 본색을 감추고 번지레하게 행동을 꾸며 적통(嫡統)을 빼앗을 계책을 꾸몄다. 태후가 황제를 도와 용을 폐하고 광을 태자로 세웠다.

황제의 성품은 엄격하고 신중했으며 정치에 부지런했으므로 명령이 내리면 그대로 시행되고 금지하면 어기는 자가 없었다. 재물에는 인색했으나 공에 대해 상을 주는 데는 인색하지 않았다. 백성을 사랑으로 길러 농사와 양잠(養蠶)을 권장하고 요역(徭役)과 세금을 가볍게 하며 자신의 씀씀이를 검소하게 하니, 천하 사람들이 이를 본받았다. 그리하여 선위(禪位)를 받았을 당초에 4백만에 차지 않던 민호(民戶)가 말년에는 8백만을 넘었다. 그러나 계략으로써 천하를 얻었기 때문에 시기와 의심으로 가혹하게 들추어내고 참소하는 말을 쉽게 믿었다. 그래서 옛 친구들로서 생명을 끝까지 온전하게 보전한 사람이 없었다.

2. 수양제가 고구려를 침략했다 패망하다—隋煬帝

煬皇帝 名廣 開皇末 立爲太子 仁壽四年 帝不豫 召太子入居殿中 太子豫擬帝不諱後事 爲書問僕射楊素 得報 宮人誤送帝所 帝覽之大恚 帝所寵陳夫人出更衣 爲太子所逼 拒之得免 帝怪其神色有異問故 夫人泫然曰 太子無禮 帝恚抵床曰 畜生何足付大事 獨孤誤我 將召故太子勇 廣聞之 令右庶子張衡入侍疾 因弑帝

수양제의 이름은 광(廣), 개황(開皇) 말년(600)에 태자로 세워졌다.

인수(仁壽) 4년(604) 황제가 병이 나니 태자를 불러 궁중에 거처하게 했는데, 태자는 황제의 죽음을 예상하고 죽은 뒤의 조치에 대해 글을 보내 복야(僕射) 양소(楊素)에게 물었다. 양소는 답장을 보냈는데 대궐 안 사람이 잘못하여 황제에게 전해지자 황제가 그것을 보고는 매우 노여워했다. 그리고 황제가 총애하는 진(陳)부인이 <황제의 앞에서> 물러가 옷을 갈아입다가 태자에게 겁탈을 당할 뻔했으나 진부인이 항거하여 면할 수 있었는데, 황제는 그의 얼굴빛이 심상치 않음을 보고 그 까닭을 물었다. 진부인은 울면서,

"태자께서 무례했습니다."

하니, 황제는 노하여 탁자를 치면서 소리쳤다.

"짐승 같은 놈에게 어찌 큰일을 맡긴단 말이냐? 독고 황후(獨孤皇后)는 <저런 놈을 천거해서> 나를 그르쳤구나."

그리고 전 태자 용을 부르려고 했다. 광은 이 소식을 듣고, 우서자(右庶子)[1] 장형(張衡)을 시켜 들어가 병간호를 하다가 황제를 시해(弑害)하게 하고, 사람을

遣人縊殺勇 至是卽位 首營洛陽顯仁宮 發江嶺奇材異石 又求海內嘉木異草珍禽奇獸 以實苑囿 又開通濟渠 自長安西苑引穀洛水 達于河 引河入汴 引汴入泗 以達于淮 又發民 開邗溝入江 旁築御道 樹以柳 自長安至江都 置離宮四十餘所 遣人往江南 造龍舟及雜船數萬艘 以備遊幸之用 西苑周二百里其內爲海 周十餘里

보내 용을 목 졸라 죽였다.

<양제는> 이때에 이르러 즉위하고, 먼저 낙양(洛陽)의 현인궁(顯仁宮)을 조영(造營)했는데, 강과 산의 특별한 재목과 기묘한 돌들을 징발해 오고, 또 천하의 좋은 나무 이상한 풀, 진귀한 새와 기이한 짐승들로 원유(苑囿)[2]를 채웠다.

또, 통제거(通濟渠)[3]를 파고 장안의 서원(西苑)에서부터 곡수(穀水)와 낙수(洛水)의 물을 끌어다가 황하로 들여보내고, 하수를 끌어다 변수(汴水)로 들여보내며, 변수를 끌어다 사수(泗水)에 들여보내 회수에까지 이르게 하였다.

또 인력을 징발하여 한거(邗渠)[4]를 파서 양자강에 들어가도록 하고 그 운하 언덕에는 황제가 거둥하는 길을 만들고 수양버들을 심었다. 장안에서 강도(江都)[5]에 이르기까지 별궁(別宮) 40여 개소를 짓고, 사람을 강남(江南)에 보내 용선(龍船)[6]과 잡선(雜船) 수만 척을 만들어 놀러 다닐 때의 쓰임에 대비케 하였다.

서원(西苑)은 둘레가 2백여 리나 되었는데 그 안에 둘레 10여 리의 호수를

---

1 우서자는 동궁(東宮)의 관직 명.
2 국왕이나 황제 한 사람을 위한 전용 동산. 나라 동산.
3 황하와 회수(淮水)를 연결하는 운하. 회수는 황하와 양자강 사이에 있다.
4 한거는 회수와 양자강을 연결하는 운하로 통제거에 연결되도록 되었다.
5 양자강 하류 강소성(江蘇省) 양주(揚州)에 속했다.
6 용선은 용이 새겨진 황제가 타는 배.

爲蓬萊方丈瀛洲諸山 高百餘尺 臺觀宮殿 羅絡山上 海北有渠 縈紆注海 緣渠作十六院 門皆臨渠 窮極華麗 宮樹凋落 剪綵爲花葉綴之 沼內亦剪綵爲荷芰菱芡 色渝則易新者 好以月夜從宮女數千 騎遊西苑 作淸夜遊曲 馬上奏之 後又開永濟渠 引沁水 南達于河 北通涿郡 又營汾陽宮 又穿江南河 自京口至餘杭八百里

파고 봉래(蓬萊)·방장(方丈)·영주(瀛洲)의 여러 산[7]을 만들었다. 산의 높이가 백여 척이나 되었는데 그 위에는 누대(樓臺)와 궁궐이 즐비했다. 호수의 북쪽에 물길을 내어 물이 이리저리 꾸불꾸불 호수로 들어오게 했다. 물길을 따라 열여섯 개의 전각을 세웠는데, 문은 모두 물길을 바라보게 해서 화려하기가 이루 말할 수 없었다. 궁궐의 나무가 낙엽이 지면 각색 비단을 잘라 꽃과 잎을 만들어 다는데, 호수 안에도 채색 비단을 잘라 연꽃과 마름과 가시연을 만들어 띄우고 색이 바래면 새것으로 바꾸게 하였다.

양제는 달밤에 궁녀 수천 명을 말에 태우고 서원에 놀러 나가서 청야유곡(淸夜遊曲)[8]을 마상에서 부르게 하면서 즐겼다.

뒤에 또 영제거(永濟渠)를 파서 심수(沁水)의 물을 끌어대 남쪽으로 황하에 도달하게 함으로써 북쪽의 탁군(涿郡)[9]까지 통하게 했다. 또 분양궁(汾陽宮)을 짓고 강남하(江南河)를 팠는데, 이것은 경구(京口)로부터 여항(餘杭)[10]에 이르기까지 8백 리였다.

---

7 모두 신선이 산다는 가상적인 산.

8 청야유곡은 위(魏)나라 조식(曹植)이 지은 '청야유'란 시에 곡을 붙인 것. 청야유란 달밝은 밤 놀이란 뜻.

9 탁군은 현재의 북경(北京). 영제거의 개착은 오늘의 북경이 있게 만들었다.

10 경구는 강소성 진강(鎭江), 여항은 지금의 항주(杭州).

徵高麗王入朝 不至 大業七年 帝自將擊之 徵天下兵皆集涿郡 一百一十三萬 餽運者倍之 首尾亘千餘里 帝至遼東 攻城不克 諸軍大敗而還

고구려(高句麗) 왕에게 입조하라고 했는데도 오지 않자 대업 7년(611)에 황제가 스스로 장수가 되어 고구려를 공격했다. 양제가 징발한 사방의 군대가 탁군에 모이니, 그 수가 1백 13만 명이었고, 군량을 운반하는 자가 이보다 배나 되어 전진(前陣)에서 후미(後尾)까지는 천여 리에 뻗쳤다. 황제가 요동(遼東)에 이르러 성을 공격했으나 이기지 못하여 모든 군사들이 대패하고 돌아왔다.[11]

11 양제가 1백 13만 8천의 병력을 이끌고 고려를 침공한 것은 612년이었다. 수군은 평양으로 들어왔다 참패하고, 우중문(于仲文)이 거느린 별동대가 압록강을 건너 평양을 향해 진격하다가 을지문덕(乙支文德)의 전술에 말려 청천강에서 참패하니 이것이 이른바 살수대첩(薩水大捷)이다. 이 여세를 몰아 고구려군은 퇴각하는 수군을 추격, 수군을 물리쳤다. 양제는 613년과 614년에 두 차례나 침입했으나 번번이 패함으로써 멸망의 원인이 되었다.

3. 당나라의 건국—唐建國

唐高祖神堯皇帝 姓李氏 名淵 隴西成紀人也 父昞於周世封唐公 淵襲爵 隋煬帝 以淵爲弘化留守 御衆寬簡 人多附之 煬帝以淵相表奇異 名應圖讖忌之 淵懼 縱酒納賂以自晦 天下盜起 以淵爲山西河東撫慰大使 承制黜陟 討捕羣盜多捷 突厥寇邊 詔淵擊之 淵次子世民 聰明勇決 識量過人

당나라 고조(高祖)의 성은 이(李) 씨, 이름은 연(淵)으로 농서(隴西)[1] 성기(成紀) 사람이다. 아버지의 이름은 병(昞)으로 북주(北周) 치하에서 당공(唐公)에 봉해졌는데 이연이 작위를 세습하였다. 수(隋)나라 양제(煬帝)가 이연을 홍화유수(弘化留守)로 삼으니 매우 너그럽고 간략하게 대중을 통솔하였으므로 많은 사람들이 붙좇았다.

양제는 이연의 얼굴 모습이 기이하고 성명이 도참설(圖讖說)과 부합하므로 그를 꺼리니, 이연이 두려워하여 술에 빠져 살며 뇌물질을 행하여 스스로 우둔한 척하였다. 천하에 도적이 일어나자 이연을 산서하동 무위대사(山西河東撫慰大使)로 삼았는데, 황제의 명령을 받들어 부하 관원에 대한 출척(黜陟)을 시행했고, 뭇 도적들을 토벌하여 여러 번 승리를 거두었다. 돌궐(突厥)이 변경을 침범하자 이연에게 조서를 내려 이를 물리치게 하였다.

이연의 둘째 아들 세민(世民)은 총명하고 과단성이 있었으며 식견과 도량이 보통 사람을 능가했다.

---

1 농서는 지금의 감숙성(甘肅省).

見隋室方亂 陰有安天下之志 與晉陽宮監裵寂 晉陽令劉文靜相結 文靜謂世民曰 今主上南巡 羣盜萬數 當此之時 有眞主驅駕而用之 取天下如反掌耳 太原百姓 收拾可得十萬人 尊公所將兵復數萬 以此乘虛入關 號令天下 不過半年 帝業成矣 世民笑曰 君言正合 我意 乃陰部署 而淵不知也 會淵兵拒突厥不利 恐獲罪 世民乘間說淵 順民心興義兵 轉禍爲福 淵大驚曰 汝安得爲此言 吾今執汝告縣官

수나라가 어지러워지려는 것을 보고 몰래 천하를 평정할 뜻을 품고는 진양궁감 배적·진양령 유문정과 친교를 맺었다. 유문정이 세민에게 말하기를,

"지금 주상이 남쪽 지방을 순수(巡狩) 중인 때에 뭇 도적이 수만이나 되니, 이러한 때를 당하여 참된 군주(君主)가 나와 이들 군도를 이용한다면 천하를 얻는 일은 손바닥 뒤집기보다 쉬운 일일 것이오. 태원(太原)의 백성들을 수습하면 10만 명은 얻을 것이고, 존공(尊公 : 이연을 지칭)의 군사가 또 수만 명이니, 이것으로 허를 틈타 관중(關中)으로 들어가 천하를 호령한다면 반년도 되지 않아 제업(帝業)을 이룰 것입니다."

하니, 세민이 웃으면서 말했다.

"그대의 말이 내 생각과 딱 들어맞소."

이에 은밀히 부서(部署)를 짰으나 이연은 알지 못했다.

이때 마침 이연이 돌궐을 막다가 형세가 불리하여 죄를 얻을까 두려워하고 있었다. 세민이 그 틈을 타서 민심이 순응하니 의병을 일으킨다면 전화위복(轉禍爲福)이 될 것이라고 설득하였다. 이연이 깜짝 놀라,

"네가 어떻게 이런 말을 하는가! 나는 지금 당장 너를 잡아 현관(縣官)에게 고발하겠다."

世民徐曰 世民覩天時人事如此 故敢發言 必欲執告 不敢辭死 淵曰 吾豈忍告汝 愼勿出口 明日復說曰 人皆傳 李氏當應圖讖 故李金才無故族滅 大人能盡賊 則功高不賞 身益危矣 惟昨日之言 可以救禍 此萬全策 願勿疑 淵歎曰 吾一夕思汝言 亦大有理 今日破家亡身亦由汝 化家爲國亦由汝矣

하니, 세민이 천천히 아뢰었다.

"세민이 시운과 인심을 보니 이러하므로 감히 말씀을 드렸던 것입니다. 반드시 저를 잡아다 관가에 고한다고 하시더라도 죽음을 사양하지 않겠습니다."

"내가 어찌 차마 너를 고발하겠느냐. 삼가 절대로 입밖에 내지 마라."

이튿날 다시 설득하기를,

"사람들이 모두들 '이 씨가 <천하의 주인이 된다는> 도참설이 맞는다고 전했기 때문에 이금재(李金才)는 멸족을 당했고,[2] 아버님(大人)께서는 적을 다 섬멸하셨으니 공이 높으신데도 몸만 더욱 위태하게 되셨습니다. 오직 어제 말씀드린 대로 해야 화를 구할 수 있습니다. 이것이 만전의 계책이오니 바라옵건대 의심하지 마소서."

하니, 이연이 탄식하면서 말했다.

"내가 너의 말을 하룻밤 동안 생각해 봤더니 역시 크게 일리가 있더라. 지금 집안과 몸을 파멸시킨다면 그것도 너 때문이고, 가정을 변화시켜 나라를 세운다면 그것도 너로 인함일 것이다."

이때, 양제는 이연이 적을 막지 못했다고 해서 사자를 보내 강도(江都)[3]로

2 수 양제 때 '양 씨(楊氏)는 멸망하고 이 씨(李氏)가 홍할 것이다'라는 도참설이 있었기 때문에, 양제는 이금재를 의심하여 그 종족 32인과 함께 죽였다. 이름은 혼(渾), 금재는 자이다.

3 강도는 지금의 강소성(江蘇省) 양주(揚州)인데 양제가 이때 그곳에 있었다.

會煬帝 以淵不能禦寇 遣使者執詣江都 世民與寂等 復說曰 事已迫矣 宜早定計 且晉陽士馬精强 宮監蓄積巨萬 代王幼沖 關中豪傑並起 公若鼓行而西 撫而有之 如探囊中物耳 淵乃召募起兵 遠近赴集 仍遣使借兵於突厥 世民引兵拔西河 斬郡丞高德儒 數之曰 汝指野鳥爲鸞 以欺人主 吾興義兵 正爲誅佞人耳 進兵取霍邑 克臨汾絳郡

잡아오게 하였다. 세민과 배적 등이 다시 설득하였다.

"일이 이미 절박하게 되었으니 속히 계책을 정해야 합니다. 또 진양(晋陽)의 병마는 날래고 강성하며 궁감(宮監)은 거만(巨萬)의 재물을 축적해 놓았고, 대왕(代王)[4]은 어린데 관중의 호걸들이 일제히 일어났으니 공께서 만약 북을 울리며 서쪽으로 향하면서 위무한다면 마치 주머니 속의 물건과 같을 것입니다."

이에 이연이 군사를 모집하여 기병(起兵)하자 원근의 사람들이 다 모여들었다. 이어 사신을 보내어 돌궐에 군대를 빌렸다.

세민은 군사를 거느리고 서하(西河)를 공격하여 이를 빼앗고 군승(郡丞) 고덕유(高德儒)를 목 베면서 그 죄를 따졌다.

"너는 들새(野鳥)를 가지고 난새(鸞)[5]라 하여 임금을 속였다. 내가 의로운 군사를 일으킨 것은 바로 아첨하는 자를 죽이기 위해서이다."

그리고 진군하여 곽읍(霍邑)을 빼앗고, 임분과 강군을 이기고, 한성과 풍익

---

4 양재의 장손(長孫). 이름은 유(侑). 당시 양제가 남순하는 동안 양제를 대신해서 도성을 지키고 있었다. 장안(長安)을 점령한 이연에 의해 황제가 되었으나, 1년 뒤 이연에게 선위하였다. 묘호가 공제(恭帝).

5 난새는 봉황의 일종으로 성군(聖君)이 다스리는 태평성대에 나온다는 것이다. 수나라 대업(大業) 12년, 두 마리의 공작이 서원(西苑)에서 날아와 정전(正殿) 앞에 앉았다. 고덕유 등은 이것을 난새라 속이고, 백관들이 하례하게 했다. 그래서 고덕유가 조산대부(朝散大夫)에 올랐다.

下韓城降馮翊 淵留兵圍河東 自引兵西 遣世子建成 守潼關 世民徇渭北 關中羣盜 悉降於淵 合諸軍圍長安克之 立恭帝 淵自爲大丞相 封唐王 加九錫 尋受禪 立建成爲太子 世民爲秦王 元吉爲齊王 武德九年 六月 太白經天 見秦分 建成元吉欲殺世民 秦府僚屬 勸王行周公之事 力請乃決

을 항복받았다.

이연은 하동(河東)을 포위한 군사는 그대로 머물려 두고, 자신은 군사를 이끌고 서쪽으로 향했다. 세자 건성을 보내 동관(潼關)[6]을 지키게 하고 세민은 위수(渭水) 북쪽을 순행하니, 관중의 여러 도적들은 모두 이연에게 항복하였다. 모든 군사들을 모아 장안을 포위하여 이긴 뒤 공제(恭帝)를 세우고 이연은 대승상(大丞相) 당왕(唐王)에 구석(九錫)[7]을 더했다가 얼마 후 선양(禪讓)을 받았다. 장자 건성을 황태자로 삼고, 세민을 진왕(秦王), 셋째 아들 원길(元吉)을 제왕(齊王)으로 삼았다.

무덕(武德) 9년(626) 6월, 태백성이 해를 가로지르고 진(秦) 분야에 나타났다.[8] 건성과 원길이 세민을 죽이려 하자 진왕부(秦王府)의 요속들은 진왕에게 권유, 주공 단(周公旦)의 일[9]을 행하도록 적극 주장하여 그렇게 하기로 결정하였다.

---

6 섬서성(陝西省)에 있는 관문(關門)이다.

7 천자가 특별한 공훈이 있는 대신에게 내리는 아홉 가지 물품. 즉 거마 · 의복 · 악칙(樂則) · 주호(朱戶) · 납폐(納陛) · 호분(虎賁) · 궁시(弓矢) · 부월(斧鉞) · 거창(秬鬯)이다.

8 하늘을 9등분하여 주(周) · 진(秦) · 제(齊) · 로(魯) 등 춘추전국시대의 국명을 붙였었는데, 태백성이 진의 분야에 나타나자 진왕(秦王)인 세민에게 화가 미칠 것이라느니, 진왕이 황제가 될 것이라느니 하는 여러 뜬소문이 돌았다는 것이다.

9 주공 단이 형인 관숙(管叔)과 동생 채숙(蔡叔)을 제거하여 주나라 왕실을 안정시키고, 자신의 몸을 보전한 일.

於是密奏 兄弟專欲殺臣 似爲世充建德報讎 明日帥兵伏玄武門 建成元吉入 覺有變欲還 世民追射建成殺之 尉遲敬德射殺元吉 遂立世民爲太子 軍國事悉委太子處決 然後奏聞 初東宮官屬魏徵 屢勸建成除世民 及是世民召徵 責以離間兄弟 徵擧止自若 對不屈 世民禮之 王珪亦嘗爲建成謀 皆以爲諫議大夫 帝自稱太上皇 詔傳位於太子 是爲太宗文武皇帝

이에 비밀히 상주하여,

"형과 아우가 신을 죽이려고 하는데, 아마도 왕세충(王世充)과 두건덕(竇建德)[10]을 위해 원수를 갚으려는 것 같습니다."

하고는 이튿날 군사를 거느리고 현무문(玄武門 : 북문)에 잠복하고 있는데, 건성과 원길이 들어왔다가 변이 있음을 깨닫고 되돌아가려고 했다. 세민이 쫓아가서 건성을 쏘아죽이고, 울지경덕(尉遲敬德)은 원길을 쏘아죽였다. 드디어 세민을 세워 태자로 삼아 군국대사(軍國大事)를 태자에게 맡겨 처결하게 하고 사후에 아뢰게 하였다. 전에 동궁의 관속으로 있던 위징(魏徵)이 여러 번 건성에게 세민을 제거하도록 권했었는데, 이때에 와서 세민은 위징을 불러 형제간을 이간시켰다고 나무랐다. 그러나 거동이 태연자약하고 대답이 꿀리지 않으니 세민이 예로 대우하였다. 왕규(王珪) 또한 전에 건성을 위해 <세민의 제거를> 꾀했었으나 모두 간의대부(諫議大夫)로 삼았다.

황제가 스스로 태상황(太上皇)이라 일컫고 조서를 내려 태자에게 전위하니, 이가 태종문무황제이다.(627)

---

10 왕세충과 두건덕은 모두 수 양제(隋煬帝)의 신하로 수 말의 혼란기를 틈타 자립했다가 당의 건국 과정에서 세민에게 패해 죽은 이들이다.

4. 당태종(唐太宗)의 정치 — 貞觀之治

太宗文武皇帝 名世民 幼日有書生見之曰 龍鳳之姿 天日之表 其年幾冠 必能濟世安民 書生去 高祖使人追之 不見 乃採其語爲名 至是卽位 首放宮女三千餘人 有上書請去佞臣者曰願陽怒以試之 執理不屈者直臣也 畏威順旨者佞臣也 上曰吾自爲詐 何以責臣下之直乎 朕方以至誠治天下

태종문무황제의 이름은 세민이다. 어릴 때, 하루는 어떤 서생(書生)이 그를 보고 이렇게 말했다.

"용과 봉 같은 뛰어난 모습, 태양과 같은 거룩한 상을 하고 있으니, 그가 관례(冠禮)할 나이가 되면 세상을 구제하고 백성을 편안히 할 것이다."

서생이 가버리고 난 뒤 고조(高祖 : 이연)가 이 말을 듣고 사람을 보내 <그 서생을> 찾게 했으나 찾지 못하였다. 그래서 이름을 제세안민(濟世安民)에서 취하여 세민이라 한 것이다. 이때에 와서 즉위하자 가장 먼저 궁녀 3천 명을 내보냈다.

태종이 즉위하자 어떤 사람이 글을 올려 아첨하는 자 버리기를 청하면서,

"짐짓 노한 체하고서 시험해도 군이 도리를 고집하면서 굴복하지 않는 자는 곧은 신하이며, 위엄이 두려워 성지(聖旨)에 순응하는 자는 아첨하는 신하입니다."

하니, 황제가,

"내 자신을 속이고서 어떻게 신하의 곧음을 따질 수 있겠는가? 짐은 이제 정성을 다해 천하를 다스리려 한다."

或請重法禁盜 上曰 當去奢省費 輕徭薄賦 選用廉吏 使民衣食有餘 自不爲盜 安用重法邪 自是 數年之後 路不拾遺 商旅野宿焉 上嘗曰 君依於國 國依於民 刻民以奉君 猶剖肉以充腹 腹飽而身斃 君富而國亡矣 又嘗謂侍臣曰 聞西域賈胡 得美珠 訓身而藏之 有諸 曰有之 上曰 吏受賕抵法 與帝王徇奢欲而亡國者 何以異此胡之可笑邪 魏徵曰

하였고, 어떤 자가 법을 엄중히 하여 도둑 금하기를 청하자 황제는,

"마땅히 사치를 없애 비용을 줄이고, 부역을 가벼이 하고, 세금을 적게 거두며, 청렴한 관리를 뽑아 써서 백성들로 하여금 넉넉하게 한다면 자연 도둑질을 하지 않을 것인데 어찌 무거운 법을 쓸 것인가?"

하였다. 황제가 언젠가 이런 말을 했다.

"임금은 국가에 의지하고 국가는 백성에 의지하는데, 백성을 마구 착취해서 임금을 봉양한다면, 마치 살을 베어 배를 채우면 배는 부르나 몸은 죽는 것과 같아서 임금은 부유해지나 나라는 망할 것이다."

언젠가 측근 신하들에게 말했다.

"들으니 서역의 호인(胡人) 장사꾼들은 좋은 옥(玉)을 얻으면 몸을 가르고 감춘다고 한다는데 그런 일이 있는가?"

"있습니다."

"관리가 뇌물을 받다가 사형을 당하거나 제왕(帝王)이 사치스런 욕망을 추구하다가 나라를 망치는 자가 어떻게 이 호인을 흉볼 수 있겠는가?"

위징(魏徵)[1]이 아뢰었다.

---

1 당 태종 때의 대표적인 간신(諫臣). 처음에는 황태자 건성(建成)을 섬겼으나 건성이 패한 뒤

昔魯哀公謂孔子曰 人有好忘者 徙宅而忘其妻 孔子曰 又有甚者 桀紂乃忘其身 亦猶是也 上雖以武功 定禍亂 終以文德綏海內 常自以驕侈爲懼 嘗曰 人主惟一心 攻之者衆 或以勇力 或以辯口 或以諂諛 或以姦詐 或以嗜欲 輻輳各求自售 人主少懈而受其一 則危亡隨之 此其所以難也 嘗問侍臣 創業守成孰難

"옛날 노(魯)나라 애공(哀公)이 공자에게 '잊어버리기 좋아하는 자는 이사하면서 자기 아내를 잊어버렸다고 하던데?' 하자, 공자는 '또 더 심한 자가 있습니다. 걸(桀)과 주(紂)는 자기 자신을 잊어버렸습니다.'고 했으니. 역시 이와 같은 것입니다."

황제는 비록 무공으로 화란을 평정했으나 끝내는 문덕(文德)으로 국내를 안정시키고, 항상 스스로 교만과 사치를 두려워하였다. 일찍이 이렇게 말했다.

"임금은 오직 한 가지 마음[2]을 가지려 해도 침노하는 것이 많다. 어떤 자는 용력(勇力)으로, 어떤 자는 말재주로, 어떤 자는 아첨으로, 혹은 간사(奸詐)로, 혹은 좋아하는 것 등을 가지고 자신을 인정받으려 몰려들기 때문에 임금이 조금이라도 해이해져 그 하나라도 받아들이게 되면 위험과 멸망이 뒤따르게 될 것이니 이것이 어려운 것이다."

황제가 언젠가 측근 신하들에게 나라를 건국하는 것(創業)과 그것을 지키는

태종을 지성으로 보좌했다. 태종이 고구려를 침략하려 하자 위징은 수(隋)나라의 전철을 밟아서는 안 된다고 극간(極諫)하여 위징 생존시에는 고구려 침략을 실행할 수 없었다. 645년 태종은 고구려 정벌을 떠나면서 생전에 그렇게 반대했던 위징의 비석을 쓰러뜨렸었는데, 안시성(安市城)에서 패하고 돌아가서는 비석을 다시 세우고, 임종시에 유언으로 고구려는 절대로 정벌하지 말라고 했다는 이야기는 유명하다.

2 나라를 잘 다스리고 백성을 사랑하는 마음.

房玄齡曰 草昧之初 群雄幷起 角力而後臣之 創業難矣 魏徵曰 自古帝王 莫不得之於艱難 失之於安逸 守成難矣 上曰 玄齡與吾共取天下 出百死得一生 故知創業之難 徵與吾共安天下 常恐驕奢生於富貴 禍亂生於所忽 故知守成之難 然創業之難往矣 守成之難 方與諸公愼之 嘗與羣臣 語及敎化曰 大亂之後 其難治乎

것(守成) 중 어느 것이 더 어려우냐고 물으니, 방현령(房玄齡)[3]은,

"혼란스러운 초창기에 여러 영웅들이 각축(角逐)하고 나서 상대를 신하로 삼는 것이니 창업이 어렵습니다."

하고, 위징은,

"예로부터 제왕들은 어려움 속에서 나라를 얻지 않은 이가 없었지만, 안일(安逸) 속에서 나라를 잃는 것이니 그것을 지키기가 더 어렵습니다."

하니, 황제는 이렇게 말했다.

"방현령은 나와 함께 천하를 얻느라 수백 번의 죽을 고비 가운데서 살아났으므로 창업의 어려움을 안다. 징은 나와 함께 천하를 안정시키기 위해 노력하고 있는데, 사치와 교만은 부귀에서 생기고 화란은 방심에서 일어난다는 것을 항상 두려워하기 때문에 나라를 지키기 어려움을 안다. 그러나 창업의 어려움은 지나간 일이니, 수성의 어려움을 제공들과 함께 신중히 해야겠다."

또, 여러 신하들과 함께 이야기하다가 말이 백성을 교화(敎化)에 미쳐,

"큰 난리를 겪은 뒤에는 다스리기 어려운 것인가?"

---

3 방현령(578~648)은 박학하고 재주가 많아 태종이 진왕으로 있을 때부터 큰 공을 세웠고, 즉위해서는 두여회(杜如晦)와 함께 태종을 보좌하여 세인들이 '방두(房杜)' 혹은, '방현령의 지모(智謀)와 두여회의 결단'이라 일컬었다. 시호는 문소(文昭)이다.

魏徵對曰 饑者易爲食 渴者易爲飮 封德彝曰 三代以還 人漸澆詭 故秦任法律 漢雜覇道 蓋欲化而不能 豈能之而不欲耶 徵曰 五帝三王 不易民而化 湯武皆乘大亂之後 身致太平 行帝道而帝 行王道而王 顧所行何如耳 上卒從徵言 元年 關中饑 斗米直絹一匹

하니, 위징이 대답하기를,

"굶주린 자는 먹기 쉽고, 목마른 자는 마시기 쉽습니다."[4]

하고, 봉덕이(封德彝)는 아뢰기를,

"삼대(三代)[5] 이후로는 사람들이 점점 각박해졌습니다. 그래서 진(秦)나라는 법률에 의존했고, 한(漢)나라는 패도(覇道)를 함께 썼는데, 대개 교화란 하려고 해도 불가능한 것입니다. 어찌하여 가능한 것을 하려하지 않으십니까?"

하자, 위징이 아뢰기를,

"오제(五帝)와 삼왕(三王)[6]은 백성을 바꾸지 않았는데도 교화가 되었으며, 탕왕(湯王)과 무왕(武王)은 모두 큰 난리를 겪은 후에 몸소 태평을 이루었습니다. 황제의 도를 행하면 황제가 되고, 왕도(王道)를 행하면 왕이 되는 것이니 무엇을 행하느냐에 달려 있습니다."

하였는데, 황제는 결국 위징의 말을 따랐다.

정관(貞觀) 원년(627)에 관중(關中)에 기근이 들어 쌀 한 말 값이 비단 한 필

---

4 굶주린 자에게는 아무 음식을 주어도 잘 먹고, 목마른 자에게는 물이 우선인 것처럼 가장 절실한 것을 해결해 주면 다스리기 쉽다는 뜻.

5 정치의 이상 세계라고 생각하는 중국 고대 하(夏)・은(殷)・주(周) 세 왕조.

6 오제는 여러 설이 있으나 일반적으로 황제(皇帝)・전욱(顓頊)・제곡(帝嚳)・요(堯)・순(舜)을 말하고, 삼왕은 하(夏)의 우왕(禹王), 은(殷)의 탕왕(湯王)에 주(周)의 문왕(文王)과 무왕(武王)을 합쳐서 말한다.

二年 天下蝗 三年大水 上勤而撫之 未嘗嗟怨 至是天下大稔 斗米三四錢 終歲 斷死刑 纔十九人 東至于海 南及五嶺 皆外戶不閉 行旅不齎糧 取給於道路焉 上曰 魏徵勸我行仁義 今旣效矣 惜不令封德彝見之 盖德彝於元年六月死矣 十九年 帝發洛陽至定州 進諸軍 帝渡遼水 拔遼東城 降白巖城 進攻安市城 大破其救兵於城下 安市城險兵精 堅守不下

값에 해당했다. 2년에는 천하에 황충(蝗蟲)이 창궐했고, 3년에는 큰물이 나니 황제가 부지런히 위무했지만 원성(怨聲)이 없을 수 없었다.

4년이 되어 천하에 대풍이 드니 쌀 한 말 값이 3~4전(錢)이요 연말에 사형죄로 처단된 자가 겨우 19인이었다. 동쪽으로 바닷가, 남으로 오령(五嶺)[7]에 이르기까지 모두 바깥문을 닫지 않고, 여행자는 식량을 싸가지고 다니지 않으며 도로에 떨어진 물건도 주워가지 않았다. 황제가 말하기를,

"위징이 나에게 인의(仁義)를 행하도록 권유하더니 지금 이미 효험을 본다. 봉덕이에게 이것을 보일 수 없는 것이 애석하구나."

했는데, 대개 봉덕이는 이미 정관 1년 6월에 죽고 없었던 것이다.

정관(貞觀) 19년(645)에 황제가 낙양(洛陽)을 출발, 정주(定州)[8]에 이르러 모든 군사들을 진군시켰다. 황제가 요하(遼河)를 건너 요동성을 빼앗고, 백암성(白巖城)을 항복 받은 후 안시성(安市城)을 공략하여 그 구원병을 성 아래서 크게 깨트렸다. 그러나 안시성은 험준한데다 군사들 또한 날래어 굳게 지키면서 항복하지 않았다.

---

7 안사고(顔師古)는 오령(五嶺)을 대경(大慶)·시안(始安)·임하(臨賀)·계양(桂陽)·게양(揭陽)이라 하였다.

8 정주는 하북성(河北省)의 중산부(中山府).

議者欲 拔烏骨城 渡鴨綠水 直取平壤 覆其本根 則餘可不 戰而降 或又謂 親征異於諸將 不可乘危 上以遼左早寒 草枯水凍 士馬難久留 且糧將盡 敕班師 然戰士死者 幾三千人 戰馬死者什七八 不能成功 深悔之 歎曰 魏徵若在 不使我有此行也 命馳驛 祠徵以少牢 復立所製碑

의논하는 자들은 오골성(烏骨城)을 빼앗고 압록수를 건너가 곧장 평양을 취하여 그 본거지를 뒤엎는다면 나머지는 싸우지 않아도 항복받을 수 있다 하고, 혹자는 또 친정(親征)은 다른 장수들의 싸움과는 다르니 모험을 해서는 안 된다고도 하였다.

상은 요동 지방은 일찍 추위가 찾아오므로 풀이 마르고 물이 얼면 군사와 말이 오래 머무를 수 없을 것이라고 생각했다. 그리고 군량도 다 되어 가려 하였으므로 회군하라는 명령을 내렸다.

그러나 <이번 전쟁에서> 전사자가 거의 3천 명이나 되고, 죽은 전마(戰馬)도 10에 7~8이나 되니 성공이라고 할 수 없었다. 상은 깊이 후회하여 이렇게 탄식했다.

"위징이 살아 있었다면 나로 하여금 이번 행동을 하지 못하게 말렸을 것이다."

그리고, 급히 사람을 보내 소뢰(小牢)로 위징을 제사지내게 하고, 친히 만들어 세웠던 비를 다시 세우게 하였다.[9]

---

9 소뢰는 양과 돼지로 지내는 제사. 태종은 위징의 충간(忠諫)을 높이 사서, 그가 죽기 전에 공주를 데리고 직접 문병하고 위징의 아들을 부마(駙馬)로 삼겠다는 약속하고, 죽은 뒤 비석을 세워 주기까지 했다. 그러나 위징이 죽은 뒤 그의 충성을 의심하여 혼사도 파혼하고 비석도 쓰러뜨렸던 것을 이번에 다시 세운 것이다.

5. 칙천무후—則天武后

則天武氏 太原人 年十四 太宗聞其美 召入後宮 以貞觀十一年 爲才人 太宗崩 才人年二十四矣爲尼 高宗幸寺 見之而泣 時王皇后與蕭淑妃爭寵 密令長髮 勸高宗納之 旣入而后與淑妃 皆失寵 武氏年三十二 遂自昭儀爲后 武后王蕭所殺 贈父士䕶周國公

칙천(則天) 무 씨(武氏)는 태원(太原) 출신이다. 14세 때에 태종이 그가 아름답다는 소문을 듣고 불러들여 후궁을 삼았다가 정관(貞觀) 11년(637)에 재인(才人)이 되었다. 태종이 죽었을 때 재인 무 씨는 24세로 여승이 되었는데,[1] 고종(高宗)이 그 절에 갔다가 보고서 눈물을 흘렸다.[2]

이때 황후 왕(王) 씨는 숙비(淑妃)인 소(蕭) 씨와 황제의 총애를 다투고 있었으므로, 몰래 <무 씨의> 머리를 기르게 해서 고종에게 권유하여 궁중에 들어오게 했다. 그러나 들어오게 되자 왕후와 숙비는 모두 총애를 잃었다. 무 씨는 32세에 드디어 소의(昭儀)에서 황후가 되고, 왕 씨와 소 씨는 모두 죽음을 당했다.[3]

아버지 무사확(武士䕶)을 주국공(周國公)으로 추증(追贈)했다가 얼마 후 태원

---

1 재인은 한 무제(漢武帝) 때부터 설치한 궁중 여관(女官)의 하나. 궁녀는 모시던 임금이 죽으면 중이 되는 관례에 따라 무 씨도 태종이 죽자 감업사(感業寺)에 들어가 여승이 되었다.

2 고종은 아버지 태종이 살아 있을 때, 무 씨의 미모를 보고 마음이 끌렸었는데, 이제 중이 된 모양을 보니 가엾은 생각이 들어 운 것이다.

3 칙천은 자기가 낳은 딸을 자신이 목졸라 죽이고는 황후 왕(王) 씨의 짓이라고 덮어씌워 황후를 죽게 만들었다.

尋加贈太原王　高宗苦風眩　不能視百官奏事　或使武后決之　后性明敏　涉獵文史　處事皆稱旨　由是委以政事　權與人主侔　人謂之二聖　在高宗之世　后自殺子弘　廢子賢　高宗旣崩　子哲卽位　廢爲廬陵王　而立子旦　后臨朝稱制　太后遂大殺唐宗室　自名曌　稱皇帝　改國號曰周　以旦爲皇嗣　改姓武氏　時年曌六十七矣　初寵僧懷義　後寵張易之張昌宗兄弟　居中用事

왕(太原王)을 더 증직했다. 고종이 간질병으로 고생하고 있었기 때문에 여러 관아에서 상주하는 일을 다 살필 수 없어 황후로 하여금 결재하게 했다. 무후는 성격이 영민(英敏)하고 문학과 역사를 두루 섭렵하여 일처리가 모두 황제의 뜻에 맞았다. 이 때문에 정사를 맡기니 권세가 임금과 대등하여 사람들이 이를 이성(二聖)[4]이라 불렀다.

고종의 재위 시에 무후는 자기 손으로 아들 홍(弘)을 죽이고 태자 현(賢)을 폐위하였다. 고종이 죽고 나자 아들 철(哲)을 즉위시켰다가 폐하여 여릉왕(廬陵王)으로 삼고, 아들 단(旦)을 세운 뒤[5] 무후가 조정에 나와 천자의 권한을 대행하였다.

<반발 세력을 토벌한 뒤> 태후는 드디어 당의 종실(宗室)들을 크게 살육하고 스스로 이름을 조(曌)라 하고 황제를 칭하며 국호를 주(周)라 하였다. <그리고 아들> 단을 황태자로 삼아 성을 고쳐 무(武) 씨로 하였다. 이때 무후의 나이가 67세였다. 전에는 승려 회의(懷義)를 총애하다가 뒤에 와서는 장역지(張易之)·장창종(張昌宗) 형제가 궁중에서 모든 일을 마음대로 했다.

---

4 여기서의 성(聖)은 '성인(聖人)'의 성이 아니고, 임금을 지칭할 때의 칭호인 '성상(聖上)'의 성(聖)으로 두 임금이란 의미이다.

5 철(哲)은 뒤의 중종(中宗)이고 단(旦)은 예종(睿宗)이다.

武后知人心不服 且內行不正 畏人議己 盛開告密之門 鍛鍊羅織 率以反逆誣人 誅殺不可勝紀 用此拑制天下 然有權數善用人 賢才亦樂爲之用 徐有功仁恕執法 后每屈意從之 將相多得人 魏元忠婁師德狄仁傑姚元之 皆名相 宋璟亦顯於朝 武承嗣三思 營求爲太子 仁傑從容言於武后曰 太宗櫛風沐雨親冒鋒鏑 以定天下 傳之子孫 太帝以二子 託陛下 今乃欲移之他族 無乃非天意乎

무후는 인심이 복종하지 않고 또 자신의 부정(不貞)한 행실을 세상에서 비난할까 두려워하여 밀고하는 길을 활짝 열어놓았다. 무후는 이러한 방법으로 천하 사람들을 꼼짝 못하게 하였다.

그러나 권모술수가 있어 사람을 잘 썼기 때문에 현명하고 재주 있는 사람들도 그를 위해 일하기를 좋아했다. 서유공(徐有功) 같은 이는 어질고 남의 사정을 잘 헤아리면서 법을 집행했으므로 무후는 매번 자신의 뜻을 굽히면서 따랐다. 장수와 재상들도 적격자가 많았는데, 위원충(魏元忠) · 누사덕(婁師德) · 적인걸(狄仁傑) · 요원숭(姚元崇)은 모두 명재상들이며, 송경(宋璟) 역시 조정에서 드러난 사람이었다.

<무후의 친정 조카> 무승사(武承嗣) · 무삼사(武三思)가 갖은 방법으로 태자가 되려고 획책하므로 적인걸이 조용히 무후에게 말했다.

"태종께서 비바람을 맞으시며 시석을 무릅쓰시고서 천하를 평정하여 이것을 자손에게 전하시었고, 태제(太帝)[6]께서는 두 아들을 폐하께 부탁하시었습니다. 그런데 지금 와서 타성에게 옮기려고 한다면 하늘의 뜻이 아닌 줄 압니다.

6 태후(太后)가 전임 황제의 황후이듯 태제(太帝)는 전임 황제. 곧 고종(高宗)을 말한다.

且姑姪與母子孰親 陛下立子 則千秋萬歲後 配食太廟 立姪則未聞姪爲天子而祔姑於廟者也 后意稍悟 已而又力勸之 遂自房州召廬陵王還都 立爲皇太子 以子旦爲相王 仁傑最見信重 好面折廷爭 后常屈從 稱爲國老而不名 及卒 后泣歎 元行冲 博學多通 仁傑重之 行冲多規諫曰 明公之門 珍味多矣 行冲請備藥物之末

우선 고모와 친정 조카 사이와 어머니와 자식 사이 중 어느 것이 더 가깝습니까? 폐하께서 아드님을 태자로 세우신다면 돌아가신 후 천추만세까지 태묘(太廟)에서 제향(祭享)을 받으실 것입니다. 그러나 조카를 세우실 경우, 조카가 천자가 되어 태묘에 고모를 모시고 제사지낸 자가 있다는 말은 들어보지 못했습니다."

무후가 조금 뉘우치게 되었는데, 얼마 있다가 또 힘껏 권하니, 드디어 방주(房州)로부터 여릉왕을 서울로 소환하여 태자로 삼고, 아들 단은 상왕(相王)으로 삼았다.

적인걸이 가장 신임을 받아 존중되었다. 면전에서 임금의 잘못을 간하여 꺾기를 잘해도 무후는 항상 자신의 주장을 굽히며 국로(國老)라 부르고 이름을 부르지 않았다. 인걸이 죽자 무후는 눈물을 흘리면서 슬퍼했다. 원행충(元行冲)은 학식이 많고 다방면에 통달했으므로 인걸이 그를 중하게 여겼는데, 행충은 인걸에게 늘 바른 간언(諫言)을 했다.

"명공(明公)의 문하에는 맛좋은 음식이 많이 있으니 소생은 쓴 약 구실이나 했으면 합니다."[7]

---

7 명공은 지위와 명예가 높은 사람에 대한 높여 부르는 호칭. 맛있는 음식이란 훌륭한 인재를 이르는 말. 여기에는 훌륭한 사람이 한 곳에 몰려 있는 데 대한 풍간의 의미도 있다.

仁傑笑曰 吾藥籠中物 何可一日無也 姚元崇等數十人 皆仁傑所薦 或曰 天下桃李 悉在公門矣 仁傑曰 薦賢爲國 非爲私也 后嘗問仁傑 欲得一佳士用之 仁傑曰 有張柬之者 雖老 宰相才也 後竟用柬之爲相 武后疾甚 柬之與崔玄暐 敬暉 桓彦範 袁恕己 率羽林將軍李多祚等 擧兵討內亂 迎帝於東宮

"<아니야, 자네는> 내 약상자 속의 상비약이야. 하루도 없어서는 안 되네."
하고, 인걸은 웃으면서 대답했다. 요원숭 등 수십 인이 모두 인걸이 추천한 인물들이다. 혹자가 말하기를,

"천하의 도리(桃李)[8]는 공의 문하에 다 있습니다."
하니, 인걸은 이렇게 대답했다.

"훌륭한 사람을 천거한 것은 나라를 위함이지 내 개인을 위함이 아니오."

무후가 일찍이 훌륭한 인물을 하나 얻어 등용하고 싶다고 인걸에게 물으니 인걸은,

"장간지(張柬之)란 이가 있는데 늙기는 했으나 재상감입니다."
라고 대답했는데, 마침내 뒤에 간지를 등용하여 재상을 삼았다.

무후가 병이 들어 위독하게 되었다. 장간지는 최현위(崔玄暐)·경휘(敬暉)·환언범(桓彦範)·원서기(袁恕己) 등과 함께 우림장군(羽林將軍)[9] 이다조(李多祚) 등을 거느리고 군사를 일으켜 내란을 토벌하고 황제를 동궁으로부터 맞이하

---

8 도리는 훌륭한 인재를 말한다. 복숭아나 자두나무는 여름철에는 그늘을 드리워주고 열매를 맺어 인간에게 유익하지만, 가시나무는 그늘도 열매도 없어 이용가치가 없다는 데서 유래하였다.

9 궁성을 호위하는 금군의 대장. 우림(羽林)은 날개를 단 것처럼 신속하고 수풀처럼 많다는 데서 유래했다.

斬關而入 斬易之昌宗於廡下 遷后於上陽宮 上尊號曰則天大聖皇帝 是冬殂 年八十二 易唐爲周者 十有六年

였다.[10] 문을 부수고 들어가 장역지와 장창종을 처마 아래에서 베고는 무후를 상양궁(上陽宮)으로 옮기고 존호(尊號)를 칙천대성황제(則天大聖皇帝)라 하였다.

<무후가> 이해 겨울 죽으니 향년이 82세였다. 당(唐)을 바꾸어 국호를 주(周)로 한 지가 16년이었다.

---

10 당 왕조를 복위하려고 미리 황태자에게 고하여 승낙을 얻은 다음, 군사 5백 명을 이끌고 내란을 진정시킨다는 핑계로 궁중으로 진입했다.

6. 예종과 현종* —睿宗與玄宗

睿宗皇帝 名旦 初高宗崩 中宗廢 武后立旦 爲帝者七年矣 而廢爲周皇嗣者九年 改封相王者十年 至是復爲帝 立隆基爲太子 宋璟姚元之爲政 二人協心革弊政 進忠良退不肖 賞罰盡公 請託不行 紀綱修擧 當時翕然 帝妹太平公主

예종황제의 이름은 단(旦), 처음 고종(高宗)이 돌아가고 중종(中宗)이 폐위된 뒤 무후가 단을 세워 황제로 삼은 것이 7년이었다.[1] 그러나 폐위되어 주(周)의 황태자로 있기 9년, 다시 상왕(相王)으로 개봉(改封)된 지 10년이었다. 이때에 와서 다시 황제로 복위하였다. 융기(隆基)를 세워 태자로 삼고, 송경(宋璟)·요원지[2]에게 정사를 보게 하니, 두 사람이 마음을 합해 폐정을 개혁하였다. 충성스럽고 어진 사람을 진출시키고 못난 자들을 물리쳤으며, 상벌이 공정하게 되니 청탁이 행해지지 않고 기강이 바로잡혀 시대가 화합하게 되었다.

황제의 누이동생인 태평공주(太平公主)는 두 장 씨를 주멸할 때나, 위(韋) 씨

* 무후가 죽고 중종이 복위하니 이제는 황후 위(韋) 씨 또한 딸인 안락공주(安樂公主)와 함께 정치에 관여하였다. 황후는 행실이 난잡할 뿐만 아니라 정권을 공주에게로 옮기려고까지 하여 중종을 독살하고 중종의 넷째 아들인 중무(重茂)를 제위에 오르게 하고 자신은 섭정이 되었다. 이렇게 되자 고종(高宗)의 여덟째 아들인 상왕(相王)의 아들 융기(隆基)가 군사를 일으켜 위황후와 안락공주를 죽이고, 중무를 폐하고 자기 아버지를 받들어 천자로 삼으니 이가 예종(睿宗)이다. 예종이 3년 만에 제위를 융기에게 물려주니 이가 현종(玄宗)이다. 현종은 처음에는 사치를 금하는 등 정치를 잘하여 '개원(開元)의 치(治)'라는 칭송을 듣기도 했으나 후반에는 양귀비에게 빠져 정치가 어지러워졌다. 급기야 '안사(安史)의 난'을 당하여 제위를 숙종(肅宗)에게 물려주고 상황이 되었다.

1 고종이 죽은 뒤 태자인 중종이 섰으나 2개월 만에 폐위되고 단이 황제가 되었으나 허수아비일 뿐이었다.

2 모두 무후 시대부터의 명신이다. 원지는 요숭(姚崇)의 자.

於誅二張誅韋氏皆有力 旣屢立大功勢尊重 上嘗與議政 權傾人主 其門如市 憚太子英武 欲易之 賴韋安石宋璟張說姚元之等 感悟上意 政事 皆取太子處分 至是三年 自稱太上皇傳位於太子 是爲玄宗明皇帝 玄宗 名隆基 初爲臨淄王 韋氏之亂 陰聚才勇之士 密謀匡復 太宗初選驍勇爲百騎 武后增爲千騎 隷左右羽林 中宗謂之萬騎 置使領之 隆基皆厚結其豪傑

를 주멸할 때[3] 모두 큰 힘이 되었다. 이미 큰 공을 세워 형세가 존귀하게 되자 상이 함께 정사를 의논하기에까지 이르렀다. <이렇게 되자> 권세가 임금을 능가할 정도이고 그 문전은 시장처럼 번다하였으며 태자가 영무(英武)한 것을 꺼려 바꾸려고까지 하였는데, 위안석(韋安石)·송경·장열(張說)·요원지 등이 상의 마음을 움직여 깨닫게 함으로써 모든 정사를 태자에게 아뢰어 결재를 받게 되었다. 3년(712)에 스스로 태상황(太上皇)이라 칭하고 태자에게 전위하니 이가 현종명황제(玄宗明皇帝)이다.

현종의 이름은 융기, 처음 임치왕(臨淄王)이 되었다가 위 씨의 난정(亂政) 때에 비밀리에 재주 있고 용감한 사람들을 모아 정치를 바로잡아 당나라 황실을 회복시킬 계책을 은밀히 꾸몄다.

태종 초에 날래고 용감한 기병(騎兵) 1백 명을 뽑아 두었었는데, 무후가 1천 기(騎)로 증원하여 좌·우 우림(左右羽林)으로 나누었고, 중종 때는 이를 만 기(騎)라 하고, 사(使)를 두어 거느리게 했다. 융기는 그 호걸들과 두텁게 결탁하

---

3 두 장 씨는 무후 말년에 제거된 장역지(張易之)·장창종(張昌宗)을 말한다. 위 씨는 중종의 황후로 딸 안락공주(安樂公主)와 함께 공모하여 중종을 독살하고 과거 무후의 행태를 본받으려 하다가 융기(隆基)에게 제거된 것을 말한다.

卒誅韋氏奉睿宗 封爲平王 睿宗將建儲嫡 長子成器 以平王有功力讓之 遂爲太子 尋受禪 四年 姚崇罷 以宋璟爲黃門監 璟爲相 務擇人 百官各得其職 好犯顔正諫 上甚敬憚之 璟與崇相繼爲政 崇善應變 璟善守文 志操不同 然協心輔佐 使賦役寬平 刑罰淸省 百姓富庶 唐世賢相 前稱房杜 後稱姚宋 他相莫得比 二人每進見 上輒爲之起 去則臨軒送之

여 끝내 위 씨를 주멸하고 예종을 받드니 <융기는> 평왕(平王)에 봉해졌다. 예종이 태자를 세우려 할 때, 장자 성기(成器)는 평왕이 공이 많다고 양보함으로써 드디어 태자가 되었다가 얼마 후 선위(禪位)를 받았다.

개원(開元) 4년(716), 요숭(姚崇)이 파직되고 송경이 황문감(黃門監)이 되었다.

송경이 재상이 되어 사람을 가려쓰기에 힘쓰자 모든 관직에 적임자를 얻었는데, <송경은> 황제의 기분은 살피지 않고 바른 말로 간하니 상이 매우 공경하면서도 꺼렸다.

송경과 요숭은 서로 이어 정사를 맡았는데, 요숭은 임기응변으로 일을 잘 처리했고, 송경은 법을 잘 지키면서 일을 처리했으므로 지조(志操)는 서로 같지 않았으나 마음을 합해 황제를 보좌하였다. 세금과 부역을 너그럽고 공평하게 하고, 형벌은 공정하고 적게 해서 백성들은 부유해지고 인구는 늘었다.

당나라 때의 어진 재상으로 앞에서는 방현령(房玄齡)과 두여회(杜如晦) 두 사람을 일컫고, 뒤에는 요숭과 송경을 칭하여 다른 이들은 비교가 되지 않는다. 두 사람이 나아가 뵈면 상은 그때마다 일어나고, 나갈 때면 마루까지 나와서 전송했다.

7. 양귀비와 안록산—貴妃與祿山

開元二十四年 幽州節度使張守珪 執敗軍將安祿山送京師 張九齡批曰 守珪軍令若行 祿山不宜免死 上惜其才勇赦之 九齡力爭曰 祿山有反相 不誅必爲後患 二十九年 以安祿山爲營州都督 祿山傾巧善事人 上左右至平盧 皆厚賄 歸譽之 上益以爲賢 天寶元年 以安祿山爲平盧節度使 三年春正月 改年曰載 以安祿山兼范陽節度使

개원(開元) 24년(736) 유주절도사(幽州節度使) 장수규(張守珪)가 패장(敗將) 안록산(安祿山)을 잡아 보내니,[1] 장구령(張九齡)이 비평하기를,

"수규의 군령이 <제대로> 시행되었더라면 녹산은 마땅히 죽음을 면하지 못했으리라."

했으나 상은 그 재주와 요맹을 아껴 용서해 주니, 장구령은 다투어 간했다.

"녹산은 반역할 상이오니 죽이지 않으면 반드시 후환이 있을 것입니다."

개원 29년(741) 안록산을 영주도독(營州都督)으로 삼으니, 늑산은 갖은 방법을 다해 사람들의 환심을 샀다. 상의 측근 신하가 평로(平盧 : 營州)에 오면 뇌물을 두둑이 주어 돌아가 칭찬하게 하니, 상이 더욱 훌륭하다고 생각했다. 천보(天寶) 원년에 안록산을 평로절도사를 삼고, 3년(744) 춘정월(春正月)에 년(年)을 재(載)로 바꾸고, 안록산으로 범양절도사(范陽節度使)를 겸하게 했다.

1 안록산은 호족(胡族) 출신으로 만주・몽고 지역의 반적을 토벌하다 패했는데, 대장인 장수규는 패전의 책임을 물어 즉석에서 처결해야 했음에도 불구하고, 중앙으로 압송하여 조정의 처결을 기다린 것이다.

四載 以楊太眞爲貴妃 故蜀州司戶玄琰女也 爲上子壽王妃十年矣 上見其美 令自以其意乞爲女官 且爲壽王別娶 而後納之 遂專寵六載 以安祿山 兼御史大夫 祿山請爲貴妃兒 九載賜祿山爵東平郡王 兼河北道採訪處置使 祿山入朝 楊釗兄弟姉妹 皆往戲水迎之 釗貴妃之從祖兄也 先是 判度支 屢奏帑藏充牣 上率群臣觀之 由是 視金帛如糞土 賞賜無限

천보 4재(載)[2]에 양태진(楊太眞)을 귀비로 삼았다. <태진은> 옛 촉주(蜀州)의 사호(司戶) 현염(玄琰)의 딸이다. 상의 아들인 수왕(壽王)의 비(妃)가 된 지 10년이었는데, 상이 그 미색을 보고는 양태진 자신의 의사인 것처럼 하여 여관(女官)[3]을 만들었다. 그리고 수왕은 다른 여자에게 장가들게 한 뒤에 후궁(後宮)으로 맞아 들여 드디어 총애를 독점하게 되었다.

천보 6년(747)에 녹산으로 어사대부(御史大夫)를 겸하게 하고, 녹산이 청하여 양귀비의 아들이 되었다. 천보 9년에 녹산에게 동평군왕(東平郡王)의 작위를 내리고, 하북도(河北道)의 채방처치사(採訪處置使)[4]를 겸하게 하였다. 녹산이 입조(入朝)하자 양쇠(楊釗)의 형제자매가 모두 희수(戲水)에까지 가서 맞이하였으니, 양쇠는 귀비의 6촌으로 궁중에 출입하게 된 사람이다. 이 앞서 <양쇠는> 판탁지(判度支)[5]로 있으면서 창고에 재물이 가득 찼다고 여러 번 아뢰었으므로 상이 여러 신하들을 거느리고 창고를 둘러보았다. 이로부터 금백(金帛 : 재물)을 분토(糞土)처럼 천하게 여기고 상으로 내리는 물품은 한정이 없었다.

---

2 요순시대의 예에 따라 천보 3년부터 연(年)을 재(載)로 고쳤다.

3 여관(女官)은 '女冠'으로도 쓰는데, 여자 도사(道士) 즉 도교(道敎)의 여승을 말한다.

4 하북도는 당의 지방 행정 구역인 10도의 하나. 채방처치사는 개원 연간에 제도안찰사(諸道按察使)를 개칭한 것으로 도내 관원의 성적을 고과(考課)함.

5 국가의 회계 책임자. 판은 '책임자'의 뜻이고, 탁지는 재정 지출을 의미함.

賜釗名國忠 十載爲祿山起第 窮極華麗 上日遣諸楊與之遊 祿山體肥大上嘗指其腹曰 此胡腹中何所有 對曰 有赤心耳 祿山入禁中 先拜貴妃 上問其故 曰胡人先母而後父 祿山生日 賜予甚厚 後三日召入宮 貴妃以錦繡爲大襁褓 使宮人以綵輿舁之 上聞歡笑 問故 左右以貴妃洗祿兒對 上賜妃浴兒金銀錢

양쇠에게 국충(國忠)이란 이름을 하사하였다.

천보 10년에 안록산을 위하여 집을 지었는데 화려하기가 이를 데 없었다. <안록산이 서울에 머물 때면> 상은 날마다 양귀비 일족을 보내어 놀게 하였다. 녹산은 몸이 비대하였는데, 상이 언젠가 그 배를 가리키면서,

"이 호인(胡人)의 뱃속에는 무엇이 들었는고?"

하니, <녹산이> 대답했다.

"충성심뿐입니다."[6]

녹산은 대궐에 들어오면 먼저 귀비에게 절을 하는 것이었다. 상이 그 까닭을 물으니,

"호인은 어머니에게 먼저 절한 후에 아버지에게 하는 것입니다."

라고 대답했다. 녹산의 생일에는 황제의 하사품이 매우 많았다. 3일 후 궁중으로 불러들여서는 귀비가 수놓은 비단으로 커다란 포대기를 만들어 <녹산을 싸고는> 화려한 가마에 태워 궁인들로 하여금 메고 다니게 하였다. 이 광경을 보고 모두들 깔깔거리며 웃자 그 소리를 듣고 상이 까닭을 물으니 모시고 있던 신하가 <지금> 귀비께서 녹산 아기를 목욕시키는 중이라고 대답했다. 이에 상이 귀비에게 욕아금은전(浴兒金銀錢)[7]을 하사하고 마음껏 즐기다가 파

---

6 적심은 단심(丹心)과 같은 뜻으로 절대로 변하지 않는 충성심을 말한다.
7 아이를 목욕시키는 수고에 대해 내리는 돈. 귀비가 녹산을 양아들로 삼았기 때문이다.

盡歡而罷 自是出入宮掖 通宵不出 頗有醜聲聞于外 上亦不疑 又以祿山兼河東節度使 李林甫與祿山語 每揣知其情先言之 祿山驚服 每見盛冬必汗 謂林甫爲十郎 旣歸范陽 其下自長安歸 必問十郎何言 得美言則喜 或但云語 安大夫須好點檢 卽曰 噫嘻我死矣 十四載 祿山請以蕃將代漢將 上猶不疑 表請獻馬三千匹 每匹二人執鞚 二十二將部送河南

하였다.

이 뒤부터 녹산이 궁중엘 출입하는데 밤에도 물러가지 않는 때가 있어 자못 추한 소문이 밖에까지 퍼졌다. 그러나 역시 상은 조금도 의심하지 않고, 또 안록산에게 하동절도사(河東節度使)를 겸하게 했다.

이임보(李林甫)는 녹산과 말할 때 항상 그의 속마음을 꿰뚫어 보고 그가 말하고자 하는 것을 먼저 말했으므로 녹산은 놀라고 감복하여 만날 때는 항상 한겨울에도 진땀을 흘렸다. 그래서 임보를 십랑(十郎)이라 불렀고, 범양에 돌아가서도 장안으로부터 사람이 오면 반드시 십랑이 무슨 말을 하더냐고 물었다. 칭찬했다는 말을 들으면 좋아했지만, 혹시

"안 대부는 조심하는 것이 좋을 것이다."

라고 했다고 말하면, 곧 이렇게 말했다.

"아, 큰일 났다. 나는 이제 죽는가 보다."

당(唐)나라 현종(玄宗) 천보(天寶) 14년, 평로절도사(平盧節度使) 안록산이 외번(外蕃)의 장수로 한족(漢族) 장수를 대체할 것을 청했는데 임금은 아직도 의심하지 않았다.

표문(表文)을 올려 말 3천 필을 바치겠다고 하고서 말 한 필마다 견마(牽馬)를 두 사람씩으로 하고, 22명의 부장(部將)을 황하 이남으로 보내오자 임금이

上始疑之 遣使止其獻 祿山踞床不拜曰 馬不獻亦可 十月當詣京師 使還亦無表 是冬祿山遂反 發所部兵 及奚契丹 凡十五萬 發范陽引而南 步騎精銳 煙塵千里 時承平久 百姓不識兵革 州縣皆望風瓦解 進陷東京 十五載 安祿山僭號 稱大燕皇帝 平原太守顔眞卿 起兵討賊 上始聞 河北皆從賊 歎曰 二十四郡 曾無一人義士邪 及其眞卿奏至 大喜曰

비로소 의심하였다. 이에 사신을 보내 말 바치는 일을 중지하게 하니, 녹산은 평상에 걸터앉아 사신에게 예(禮)도 행하지 않고서 하는 말이,

"말은 바치지 않겠지만 10월에 꼭 경사(京師 : 장안)에 올라가겠다."

하고, 사신이 돌아오는데 표문도 없었다.

이해 겨울 안록산이 드디어 반란을 일으켜 소속 군사 및 해족(奚族) · 거란족(契丹) 군사로 거사하니 모두 15만이었다. 범양을 출발하여 남으로 내려오는데 보병과 기병은 모두 정예로운 군사들이요 연기와 흙먼지는 천여 리에 뻗쳤다. 때는 평화가 오래 지속되어 백성들은 전쟁을 모르니 주현(州縣)은 모두 소문만 듣고도 와해되어 적은 동경(東京 : 洛陽)을 함락하였다.

15년에 안록산이 황제를 참칭하여 대연황제라 하였다.

"평원태수(平原太守) 안진경(顔眞卿)[8]이 군사를 일으켜 적을 토벌하였다. 황제가 처음에 하북의 여러 지방이 줄줄이 항복했다는 말을 듣고는,

"24군(郡) 중에서 한 사람의 의사(義士)도 없단 말이냐?"

하고 탄식하였는데, 안진경의 상주(上奏)가 이르자 크게 기뻐하면서 이렇게 말했다.

---

8 안진경(709~784)은 '안진경체'를 창안한 서예가로도 유명하다.

朕不識眞卿何狀 乃能如此 朔方節度使郭子儀 河北節度使李光弼 與賊將史思明戰 大破之 首復河北十餘郡 副元帥哥舒翰 與賊戰大敗 麾下執翰降賊 賊遂入關 上出奔 次于馬嵬 將士飢疲 皆憤怒 殺國忠等 及逼上縊殺貴妃 然後發 父老遮道請留 上命太子慰撫之 父老擁太子馬 不復得行 使皇孫俶白上 上曰 天也 使諭太子曰

"짐은 안진경이 어떤 사람지 얼굴도 잘 모르겠는데 이러한 일을 했구나."

삭방절도사(朔方節度使) 곽자의(郭子儀)·하북절도사 이광필(李光弼)이 적장(賊將) 사사명과 싸워 크게 깨트리고 먼저 하북 지방 수개 군을 수복하였다. 부원수 가서한(哥舒翰)이 적과 싸우다 대패하자 부하가 가서한을 잡아 적에게 항복하였다. 이리하여 적은 드디어 동관(潼關)으로 들어왔다.

상이 드디어 장안에서 달아나 마외역(馬嵬驛)에서 묵는데 장수와 사병들이 굶주리고 피로해지자 격노해서 양국충 등을 죽였다. 다시 상을 협박하여 귀비를 목메어 죽이고 나서 <어가가> 출발하려 하니 그곳 늙은이(父老)들이 길을 막고 머물기를 청했다.

상이 태자에게 명해 그들을 위로하여 달래도록 했는데,[9] 늙은이들이 태자의 말을 에워 싸 앞으로 나갈 수가 없었다. <태자는> 황손(皇孫) 숙(俶)을 상에게 보내어 <이러한 사실을> 알리자, 상은,

"모든 것이 천운이다."

하고는 태자에게 이렇게 전하게 했다.

9 이때 부로들은 '태자만이라도 이곳에 머물게 해 주십시오. 그러면 우리가 모시고 적을 무찌르겠습니다'라고 청했기 때문이다.

汝勉之西北諸胡 吾撫之素厚 汝必得其力 且宣旨欲傳位 太子至平凉 朔方留後杜鴻漸 迎入靈武 請遵馬嵬之命 牋五上 乃許 尊上爲上皇天帝 太子立 是爲肅宗皇帝

"너는 힘쓸지어다. 서북 지방의 여러 호인들은 내가 평소에 후하게 위무(慰撫)해 왔으니 그들의 도움을 받을 수 있을 것이다."

그리고 조서를 내려 제위를 전해 주려고 했다. 태자가 평량(平涼)에 이르자 삭방유수(朔方留守) 두홍점(杜鴻漸)이 영무(靈武 : 靈州)에서 맞아들이고, 마외역에서의 명을 따르기를 청하였다. <태자는 군이 사양하다가> 다섯 번이나 청하는 글을 받고 마지못해 허락하였다. 상에게 상황천제(上皇天帝)의 존호를 올리고 태자가 즉위하니 이가 숙종황제(肅宗皇帝)이다.

8. 안·사 난의 충절—安史忠節

天寶十四載 常山太守顏杲卿 起兵討賊 河北諸郡 皆應之 十五載 賊將史思明 陷常山 賊執杲卿送洛陽 祿山數其反己 杲卿罵曰 我爲國討賊 恨不斬汝 何謂反也 臊羯狗 何不速殺我 祿山大怒 縛而咼之 比死罵不絶口 祿山入河內 眞源令張巡 帥吏民起兵雍丘 屢破賊 旣而入睢陽 與太守許遠共守

천보 14년, 상산태수(常山太守) 안고경(顔杲卿)[1]이 군사를 일으켜 적을 토벌하자 하북의 여러 군들도 모두 이에 호응하였다. 15년에 적의 장수 사사명(史思明)[2]이 상산을 함락하여 안고경을 사로잡아 낙양(洛陽)으로 보내니, 안록산이 자기를 배반했다고 따지자 안고경은 이렇게 대답했다.

"나는 나라를 위해서 역적을 토벌할 뿐이니 너의 목을 베지 못하는 것이 한인데 어찌 배반이라고 하는가? 이 노린내 나는 갈족(羯族)의 개같은 놈[3]아, 어찌 속히 나를 죽이지 않느냐!"

안록산이 더욱 노하여 묶어 놓고 살가죽을 벗겼으나 죽을 때까지 안록산을 꾸짖는 말이 입에서 그치지 않았다.

안록산이 하내(河內)[4]에 들어오자 진원령(眞源令) 장순(張巡)이 관리와 백성들을 거느리고 옹구(雍丘)에서 군사를 일으켜 여러 차례 적을 격파하고는 수양(睢

---

1 안고경(692~756)은 위주(魏州)의 녹사참군으로 있다 안록산의 추천으로 상산태수가 되었다.
2 사사명은 안록산의 동향인이며 부하. 안록산의 아들 안경서(安慶緖)가 아비를 죽이고 권력을 장악했는데, 사사명이 경서를 죽였고, 또 사명은 그 아들 사조의(史朝義)에게 시해되었다.
3 안록산이 유목민족으로 흉노의 일족인 갈(羯) 출신이다.
4 일반적으로 황하 이북을 하북 혹은 하내, 이남을 하남 혹은 하외(河外)라 부른다.

賊將尹子奇攻之 巡屢却之 城中食盡 或欲棄城 巡遠謀曰 睢陽江淮之保障 若棄之 賊必長驅 是無江淮也 不如堅守以待救 食茶紙盡 遂食馬 馬盡 羅雀掘鼠 雀鼠又盡 巡殺愛妾以食士 四萬人僅餘四百 終無叛者 賊登城 將士困病不能戰 巡西向再拜曰 臣力竭矣 生旣無以報陛下 死當爲厲鬼以殺賊 城遂陷 巡遠被執 南霽雲雷萬春等三十六人 皆被殺

陽)으로 들어가 태수 허원(許遠)과 함께 지켰다. 적장 윤자기(尹子奇)가 이들을 공격하여 장순이 여러 번 격퇴했으나 성중에 식량이 동이 나자 어떤 이는 성을 버리자고까지 하였다. 장순과 허원은 의논하였다.

"수양은 장강(長江)과 회수(淮水) 지역을 지탱하는데 만약 이를 버린다면 적들은 반드시 거침없이 내달아 강·회 지역이 없어질 것이니, 굳게 지키면서 구원병이 오기를 기다리는 것이 상책이다."

찻잎과 종이까지 다 먹자 드디어 말을 잡아먹었고, 말이 없어지자 그물을 놓거나 땅을 파서 새와 쥐를 잡아먹었다. 새와 쥐가 없어지자 장순은 사랑하는 첩을 잡아 병사들에게 먹였다. 4만 인이 겨우 4백여 인으로 줄어들었지만 끝내 반하는 자가 없었다. 적이 성에 올라왔으나 장수와 병사들은 피곤과 질병으로 싸울 수가 없게 되니, 장순은 서쪽으로 향하여[5] 두 번 절하고 말했다.

"신은 힘이 다하여 살아서는 폐하의 은혜에 보답하지 못하오나 죽어서 마땅히 여귀(厲鬼)라도 되어 적을 죽이겠습니다."

성이 함락되고 장순과 허원은 붙잡히어 남제운(南霽雲)·뇌만춘(雷萬春) 등 36인과 함께 모두 피살되었다.

---

5 당시 현종이 서쪽으로 몽진(蒙塵)하여 촉(蜀)에 있기 때문이었다.

9. 곽분양 팔자* —郭子儀福祿

廣德元年 吐蕃入寇 上出奔陝州 吐蕃入長安 關內副元帥 郭子儀擊之 吐蕃遁去 叛將僕固懷恩 誘回紇吐蕃雜虜入寇 召郭子儀屯涇陽 懷恩道死 二虜爭長不睦 子儀遣人 說回紇 欲共擊吐蕃 先是懷恩欺回紇 謂子儀已死

광덕(廣德) 원년(763) 토번(吐蕃)[1]이 쳐들어 와서 상이 섬주(陝州)로 피란했다. 토번이 장안(長安)에 침입했는데 관내 부원수(關內副元帥) 곽자의(郭子儀)가 이를 격파하자[2] 토번이 달아났다.

반역한 장수 복고회은(僕固懷恩)[3]이 회흘(回紇)[4]과 토번을 꾀어 쳐들어오자 곽자의를 불러 경양(涇陽)에 진을 치고 방어하게 했다. 그런데 회은이 중도에서 병으로 죽자 토번과 회흘 두 종족이 서로 주도권을 장악하려고 불화하여 다투었다. 이에 자의는 회흘을 설득하여 함께 토번을 공격하고자 하였다.

이 앞서 회은은 회흘을 속여 자의가 이미 죽었다고 <거짓말을 했기 때문에

---

* 사람이 추구하는 것은 수(壽)·부(富)·귀(貴)와 자손이 많음인데, 역사적으로 이를 다 갖춘 사람은 많지 않다. 그러나 이 네 가지를 다 갖춘 사람으로 곽자의를 꼽는데 주저하는 사람은 아무도 없다. 그래서 세상에 '곽분양(郭汾陽) 팔자'란 말이 유행하게 되었다.

1 광덕은 당나라 대종(代宗)의 연호이고, 토번은 당송(唐宋)시대 중국인들이 부르던 티베트족에 대한 호칭.

2 이때 곽자의는 흩어진 장졸들을 불러 모아 충성을 다할 것을 눈물로 호소, 겨우 4천여 군사를 대군인 것처럼 과장하여 20만 대군을 격파했다.

3 복고회은은 처음 삭방절도사가 되어 이광필(李光弼)과 함께 낙양을 회복하고 하북(河北) 지방을 평정하여 공을 세웠다. 그러나 공을 믿고 교만해져 안으로 심복을 심고 밖으로 회흘(回紇)과 연결, 반란을 일으켰다.

4 당송대 감숙(甘肅) 등 중국 서북 지역에 살던 터어키계 부족. 위구르(Uigur). 외오아(畏吾兒).

使至 回紇不信曰 郭公在可得見乎 使還報 子儀與數騎出 使人傳呼曰 令公來 回紇大驚 藥葛羅執弓矢立陣前 子儀免冑釋甲而進 諸酋長相顧曰 是也 皆下馬羅拜 子儀亦下馬 執手與之語 取酒相與誓約而還 吐蕃聞之宵遁 諸軍與回紇共追大破之 建中二年 尙父太尉中書令汾陽忠武王郭子儀卒

회흘은> 사신이 이르렀는데도 믿지 않고,

"곽공이 살아 있다면 만나볼 수 있습니까?"

하였다. 사신이 돌아와 이렇게 보고하자 자의는 두서너 명의 기병과 함께 나아가 사람을 시켜 큰 소리로 부르짖게 하였다.

"지금 영공(令公)께서 오셨다."

<이 소리를 듣고> 회흘은 크게 놀랐다. <장수> 약갈라(藥葛羅)가 활에 화살을 메워 가지고 진(陣) 앞에 나타나니, 자의가 투구와 갑옷을 벗은 채 앞으로 나아갔다. 그제야 여러 추장들이,

"틀림없다. 맞다."

고 하면서 모두들 말에서 내려 일제히 절을 하는 것이었다. 자의도 말에서 내려 그들과 손을 잡고 이야기하고 함께 술을 마시고 <함께 토번을 칠> 약속을 하고 돌아왔다. 토번이 이 소식을 듣고 밤중에 달아났는데 모든 군사들은 회흘과 함께 추격하여 토번을 크게 깨트렸다.

덕종(德宗) 건중(建中) 2년(781) 상보 태위 중서령 분양충무왕(尙父太尉中書令汾陽忠武王)[5] 곽자의가 죽었다.

자의가 두 어깨에 천하의 안위를 책임진 것이 30년이었다. 공이 천하를 덮

---

5 상보는 임금이 대신에 대한 최고의 존칭. 태위는 삼공의 하나요, 중서령은 중서성의 장으로 모두 관직. 분양충무왕은 봉호(封號)임.

子儀以身爲天下安危者三十年 功蓋天下 而主不疑 位極人臣 而衆不疾 嘗遣使至魏博 田承嗣西望拜之曰 玆膝不屈於人久矣 今爲公拜 校中書令凡二十四考 家人三千人 八子七婿皆爲顯官 諸孫數十人 每問安 不能盡辨 頷之而已 年八十三而終

었으나 임금은 의심하지 않았고, 지위는 신하로서 더 이상 오를 수 없는 자리였지만 아무도 그를 질투하지 않았다.

일찍이 자의가 위박(魏博)에 사신을 보냈더니 전승사(田承嗣)[6]가 서쪽으로 바라보고 절을 하면서 이렇게 말했다.

"내 무릎은 오래도록 남에게 굽혀 본 적이 없었는데, 이제 공에게 절을 합니다."

중서령으로 있으면서 고과(考課)를 받았는데 무릇 24번이나 우수했다.[7]

가인(家人)[8]이 3천 명이나 되었고, 아들 여덟 사위 일곱이 모두 드러났다. 여러 손자들이 수십 명이어서 문안을 드릴 때마다 다 구별할 수가 없어 머리만 끄덕일 뿐이었다. 83세를 살았다.

---

6 전승사는 본래 안록산의 부장(副將)으로 당에 침입했다가 패하자 복고회은에게 귀의하였다. 당은 변장(邊將)들을 회유할 목적으로 절도사직을 주고 군왕(郡王)에 봉했으나 끝내 칭신(稱臣)하지 않았다.

7 연말에 중서령의 고과를 매겨 상(上)이면 포상하고 하(下)가 되면 폄직시켰는데 곽자의는 숙종(肅宗) 때(758) 중서령이 되어 덕종(德宗) 3년(782)까지 24년 동안 상을 받았다.

8 가인은 한 집에 데리고 사는 사람을 의미하나 여기서는 부리는 사람, 즉 노복(奴僕)을 의미함.

10. 환관이 세우는 황제* —宦官跋扈

文宗皇帝 名涵 穆宗子也 爲宦者王守澄所立 後改名昂 太和二年 親策制擧人 時宦者益橫 建置天子 在其掌握 權出人主之右 無人敢言 賢良方正劉蕡 對策極言之 考官歎服 而不敢取 九年 上與李訓鄭注等 謀誅宦者 不克 注本宦者王守澄所引

문종황제(文宗皇帝)의 이름은 함(涵), 목종(穆宗)의 맏아들로 환관 왕수징(王守澄)에 의해서 옹립되었다. 뒤에 이름을 앙(昂)으로 고쳤다.

태화(太和) 2년(828)에 황제가 친히 책문(策問)[1]의 제목을 내어 선비를 뽑았다. 당시 환관의 횡포가 더욱 심하여 황제를 세우는 권한이 그들의 손안에 있어 그 권한이 천자를 능가했으나 감히 말하는 자가 없었다. 현량방정(賢良方正)[2]에 응시한 유분(劉蕡)이 <환관의 폐단을> 끝까지 말하여 고시관들이 모두 감탄하면서도 그를 뽑지 못했다.[3]

문종 태화 9년(835)에 상이 이훈(李訓)·정주(鄭注) 등과 환관을 죽일 계획을 모의했으나 성공하지 못하였다. 정주는 본래 환관 왕수징의 주선으로 출세한

---

* 문종 이후 천자의 폐립은 오로지 환관의 수중에 좌우되었다. 그래서 세상에서는 환관을 정책국로(定策國老)라고도 하고, 문생천자(門生天子)라고도 비아냥대었다. 정책국로란 천자를 세우는데 공이 있는 국가 원로란 뜻이고, 문생천자란 환관이 천자 보기를 마치 제자 대하듯 한다는 말이다. 환관 세력은 주전충(朱全忠)에 의해 토벌되었으나 당나라도 따라서 멸망하였다.

1 정책(政策)이나 경의(經義) 등에 대해 각자의 소회(所懷)를 밝히는 일종의 논술(論述) 고사.
2 한대(漢代)부터 시작된 인재 선발 방법. 당대 이후에는 과거의 한 종류가 됨.
3 환관이 두려워 최우수자를 선발하지 못했기 때문에 당시 비난이 빗발쳤고 급제자들까지 부끄러워했다.

訓本名仲言 又爲注所引 得見守澄 守澄薦於上 倜儻尙氣 有文辭口辯 多權數 上悅之 訓注揣知上意 數以微言動上 上意其可謀大事 以誠告之 訓注遂以誅宦者爲己任 訓旣與注 勢位俱盛 頗忌注 託以中外協勢 出注鎭鳳翔 進擢宦者仇士良以分守澄之權 訓同平章事 請除守澄 遣中使鴆殺之 注始與訓謀至鎭 遣壯士數百入護守澄葬 仍請令內臣盡送

사람이고, 이훈의 본명은 중언(仲言)인데 또 정주의 주선으로 수징을 만나 수징이 상에게 추천한 사람이다. <이훈은> 작은 일에 구애받지 않고 기절(氣節)을 숭상했으며, 글을 잘 하고 구변이 좋았다. 또 권모술수도 많아 상이 그를 좋아하였다. 이훈과 정주는 <환관을 제거하려고 하는>상의 본심을 알고는 상을 넌지시 충동질 하였다. 상도 그들이 큰일을 도모할 만하다고 생각하고 자신의 생각을 털어놓으니 이훈과 정주는 환관을 죽이는 일이 자기들의 임무라 여겼다.

그런데, 이훈은 <정주의 은혜를 입었음에도 불구하고> 형세가 대등하게 되자 자못 정주를 시기하게 되었다. 그리하여 안팎에서 힘을 합쳐야 한다는 이유를 구실삼아 정주를 봉상부(鳳翔府)[4] 절도사로 내보냈다. 환관 구사량(仇士良)을 발탁하여 왕사징의 권한을 나누고, 이훈 자신은 동평장사(同平章事)가 되어 왕사징을 제거할 것을 청했다. 문종은 궁중 사신을 보내어 왕사징을 독살하였다.

정주는 처음 이훈과 모의하기는, <정주가> 봉상부로 가서 장사 수백 명을 들여보내 수징의 장례식을 호위하게 하고 이어 <황제에게> 청하여 환관들을

4 장안의 외곽에 주둔하여 수도권을 방어하는 군대.

然後殺之 無遺類 訓心以爲如此 則功專歸注 乃謀先發 令人奏金吾廳事後石榴有甘露 宰相率百官拜賀 後勸上往觀 上令宰相先往視 訓陽言非眞 上顧仇士良 帥諸宦官往視 士良等旣至 見風吹幕起 執兵者無數 驚走告變 訓呼金吾衛士等上殿 僅擊死傷宦者十餘人 知事不濟而走 士良等命神策兵 殺金吾吏卒

모두 장례식에 참례시켜 거기에서 모조리 죽이자는 계획이었다. 이훈은 이렇게 되면 모든 공은 정주에게로 돌아갈 것이라 생각하고 계획을 먼저 실행하기로 작정하였다.

사람을 시켜 금오위(金吾衛) 청사(廳事)[5] 뒤에 있는 석류나무(石榴)에 감로(甘露)[6]가 내렸다고 아뢰게 하니, 재상들이 백관을 거느리고 하례(賀禮)를 올린 뒤 상에게 직접 가보도록 권하자 상은 재상들로 하여금 먼저 가보게 하였고, <재상의 일원인> 이훈은 사실이 아닌데도 <감로가 내렸다고> 거짓말을 했다. 상이 구사량을 돌아보고 여러 환관을 거느리고 가보고 오라고 했다. 사량 등이 그곳에 도착했는데 그때 마침 바람이 불어 장막이 들추어지자 장막 안에 수많은 무장 군사가 숨어 있는 것이었다. <환관들은> 놀라 달아나며 변란이 났다고 소리쳤다. 이훈은 금오위 군사들에게 전각(殿閣) 위로 오르라고 호령하여 겨우 환관 10여 명을 살상하였다. 그러나 일이 실패했음을 알고 달아나 버렸다.

사량 등은 신책병(神策兵)[7]에게 명하여 금오위 이졸(吏卒)을 살해하고 재상

---

5 금오는 어가를 호종하고 대궐을 경비하는 임무를 맡은 부대. 청사(廳事)는 건물의 뜻으로 '廳舍'와 같음.

6 천하가 태평하면 내린다는 이슬.

執宰相涯餗舒元輿等 誣以謀反腰斬之 訓之謀惟元輿知之 他相實不知也 自是天下事 皆決於北司 宰相行文書而已 訓爲人所殺傳首 注亦爲鳳翔監軍宦者所殺 末年 上嘗問近臣 朕何如周赧漢獻 對者憮然 上曰 赧獻受制强臣 今朕受制家奴 殆不如也

왕애(王涯)·가속(賈餗)·서원여(舒元輿) 등을 잡아 억지로 모반죄를 씌워 허리를 잘라 죽였다. 이훈의 계획은 서원여 혼자만 알고 있었을 뿐 다른 재상들은 모르는 일이었다.

이 일이 있고부터 정치는 모두 다 북사(北司)[8]에서 결정되고, 재상들은 문서 처리만 할 뿐이었다. <달아난> 이훈은 다른 사람에 의해 살해되어 그 머리가 조리돌려지고, 정주 역시 봉상부의 감군(監軍)인 환관에게 피살되었다.[9]

<문종이> 말년에 언젠가 가까운 신하들에게 묻기를,

"짐은 주(周)나라 난왕(赧王)이나 한(漢)나라 헌제(獻帝)와 비교하여 어떠한가?" 하니, 대답할 자가 망연자실한 표정이었다.[10] 그러자 상이 이렇게 말했다.

"난왕이나 헌제는 강한 신하에게 억압을 당했지만 지금의 짐은 집안 종놈들에게 제재를 받으니 거의 그들만도 못하다고 생각하오."

---

7 황제의 친위 군사. 덕종(德宗)이 좌·우 우림위(左右羽林衛)를 나누어 신책군을 만들었다.

8 환관들이 모여 일을 보는 관청. 이에 대해 재상들이 모여 일을 보는 관청을 남사(南司)라 하였다.

9 중앙의 주요 부대에는 군대를 감독하는 환관이 있었고, 정주를 죽인 환관의 이름은 장중청(張仲淸)이었다.

10 난왕이나 헌제는 모두 망할 때의 군주인데 문제가 자신을 이들에 비교하기 때문에 할 말을 잊은 것이다.

11. 당나라 말기의 당파 싸움—唐末朋黨

以李德裕同平章事 德裕在穆宗初爲學士 以李宗閔者 嘗對制策 譏切其父吉甫恨之 構貶宗閔 自是各分朋黨 更相排軋者 垂四十年 在文宗時 德裕爲侍郎 裵度薦其可爲相 宗閔有宦者之助遂相 惡德裕逼己而出之 且引牛僧孺竝相 相與排擯德裕之黨

이덕유(李德裕)로 동평장사(同平章事)를 삼았다. 덕유는 목종 초에 한림학사가 되어, 이종민(李宗閔)이란 자가 일찍이 황제가 출제한 책문(策問)에 대답한 글에서 그 아버지 길보(吉甫)를 여지없이 비난한 데 대해 한(恨)을 품고[1] 종민의 죄를 얽어 좌천시켰다.[2] 이후부터 각기 붕당(朋黨)이 나누어져 서로 배척하여 40년 동안 알력이 끊이지 않았다.

문종(文宗) 때에 덕유가 시랑(侍郎)이 되니, 배도(裵度)가 그를 재상감이라고 추천했다. 그런데 종민은 환관의 도움을 받아 드디어 재상이 되더니 덕유가 자기를 핍박한 것을 미워하여 지방으로 내보냈다.[3] 그리고 우승유(牛僧孺)를 끌어들여 나란히 재상이 되어 덕유의 무리를 배척하였다.

---

1 제책(制策)이란 문체(文體)의 하나로 황제가 내는 과제(科題). 당시 이덕유의 아버지 길보가 재상으로 있었는데 시정(時政)의 득실을 논하면서 재상을 여지없이 비판하여 길보는 헌종에게 울면서 자기의 입장을 변호하기까지 했다.

2 이종민이 과거 고시관에게 아는 사람을 부탁한 사실을 이덕유가 폭로함으로써 이종민은 검주자사(劍州刺史) 로 좌천되었다.

3 이덕유는 정활절도사(鄭滑節度使)로 좌천되었다. 정(鄭)은 정주(鄭州), 활(滑)은 활주의 약칭이다.

尋以德裕鎭西川 德裕作籌邊樓 圖蜀地形 南入南詔 西達吐蕃 日召老於軍旅習邊事者 訪以險易遠近 皆若身歷 練士卒葺堡障 以備邊 吐蕃將悉怛謀 以維州來降 維州本漢地 入兵之路 吐蕃得之 號爲無憂城 德裕極以得此州爲便 牛僧孺以爲不可納 以城併叛將歸 吐蕃誅之境上 極慘酷 牛李之怨 自是愈深

얼마 후 덕유를 서천(西川 : 四川)절도사로 삼았는데, 덕유는 주변루(籌邊樓)를 짓고 촉(蜀) 지방의 지도를 그려 놓아 남쪽으로 남조(南詔)가 들어오는 길과 서쪽으로 토번(吐蕃)까지 도달하는 길[4]을 훤하게 알 수 있게 했다. 그리고는 날마다 군무(軍務)에 익숙한 자와 변방 일에 소상한 자를 불러들여 길의 좋고 험함과 거리의 멀고 가까움을 물어 마치 자기가 직접 답사해본 것처럼 익숙하게 알았다. 그리고 군사를 훈련하고 요새의 성첩(城堞)을 보수하여 변방 방어에 대비했다.

토번의 장수 실달모(悉怛謀)가 유주(維州)를 가지고 투항해 왔다. 유주는 본래 한(漢)나라 땅이었는데 <토번의> 군대가 침입해 오는 길목으로 토번이 차지하고 있던 무우성(無憂城)이라는 곳이다.

덕유는 이 고을을 얻는 것이 <중국에> 더할 수 없이 좋다고 하였고, 우승유는 <투항을> 받아들이는 것이 불가하다고 하여[5] 성과 반장(叛將)을 함께 되돌려 보냈다. 토번은 국경에서 실달모를 처형하고 <그 가족들을> 참혹하게 죽였다. 우승유와 이덕유의 원한은 이로부터 더욱 깊어졌다.

---

4 남조는 중국 서남쪽에 있는 남이(南夷)의 일족이고, 토번은 서쪽 티베트족을 말한다.

5 우승유는 실달모의 투항을 받아들이는 것은 토번과 실화(失和)의 원인을 만드는 것이라는 이유로 반대했다. 그러나 실은 반대당이었기 때문에 덕유가 공 세우는 것을 저지하기 위함이었다.

僧孺尋罷 德裕入相 宗閔亦罷 宗閔再相 德裕又罷 二黨互相擠援 文宗嘗歎曰 去河北賊易 去朝廷朋黨難 德裕連被貶黜 及上立 召德裕相之 德裕言於上曰 正人指邪人爲邪 邪人亦指正人爲邪 在人主辨之 上嘉納

얼마 후 우승유가 파면되고 덕유가 들어가 재상이 되니, 종민 역시 파직되었고, 종민이 다시 재상이 되자 덕유가 또 파직되어, 두 당이 서로 배척하고 끌어들였다. 그래서 문종은 늘 탄식했다.

"하북(河北)의 적(賊)을 제거하기는 쉽지만, 조정의 붕당(朋黨)을 없애기는 어렵구나."[6]

덕유는 잇따라 좌천되어 궁벽한 시골로 쫓겨나 있다가 상(上 : 武宗)이 즉위함에 미쳐 덕유를 소환하여 재상을 삼았다. 덕유가 상에게 아뢰기를,

"바른 사람은 삿된 사람을 가리켜 간사하다고 하는데, 삿된 사람 역시 바른 사람을 가리켜 간사하다고 하니, 임금이 정(正)과 사(邪)를 분별해야 합니다."

하니, 상이 이 말을 옳게 여겼다.

6 북방 유목민족들을 물리치는 것은 중국 역대 왕조의 최대 과제였다. 이보다 어렵다고 한 것은 당파 싸움의 폐단을 상징적으로 말한 것이다.

12. 황소의 난—黃巢亂

僖宗皇帝名儇 懿宗少子也 年十三爲宦官所立 自懿宗以來奢侈日甚 用兵不息 賦斂愈急 水旱不以實聞 百姓流殍 無所控訴 所在相聚爲盜 濮州人王仙芝起 曹州冤句人黃巢應之 巢善騎射 喜任俠 嘗擧進士不第 與仙之共販私鹽 至是聚衆攻剽州縣 窮民歸之 數月至數萬 仙芝攻陷汝鄭唐鄧

희종황제(僖宗皇帝)의 이름은 환(儇), 의종(懿宗)의 작은 아들로 열세 살에 환관에 의해 옹립되었다. 의종 대 이래 사치는 날로 심해지고 전쟁은 그치지 않았으며 세금의 징수는 더욱 가혹해졌다. 홍수가 나도 가뭄이 들어도 황제에게 사실대로 보고되지 않고, 백성들이 떠돌아다니다가 굶어죽어도 호소할 곳이 없게 되니, 여기저기서 무리지어 도둑이 되었다.

복주(濮州) 사람 왕선지(王仙芝)가 군사를 일으키니, 조주(曹州) 원구현(冤句縣) 사람 황소가 이에 호응했다.[1] 황소는 말타기와 활쏘기를 잘 하고 의협심도 있었다. 일찍이 진사시에 응시했으나 급제하지 못하고, 왕선지와 같이 몰래 소금 장사를 했다.[2]

이때에 와서 무리를 모아 주현(州縣)을 노략질 하니, 곤궁한 백성들이 그에게로 모여들어 두어 달 사이에 수만 명이나 되었다.

왕선지는 여주(汝州)·정주(鄭州)·당주(唐州)·등주(鄧州)를 공략하여 함락시

1 복주(濮州)와 조주(曹州)는 모두 산동성에 있는 지명.
2 당시 소금은 국가가 운영하는 전매사업으로서 사사로이 파는 것은 불법이었다.

寇鄂州 陷安州 寇荊南 與招討使曾元裕 戰於申州而大敗 又大敗於黃梅斬之 黃巢陷鄆沂濮 掠宋汴南渡陷洪虔吉饒信 寇宣州入浙東 爲鎭海節度使高騈所破 遂趨廣南 陷廣州出潭州北渡 向襄陽 敗於荊門 復引而南

키고, 악주(鄂州)로 쳐들어가 안주(安州)를 함락시킨 뒤 형주(荊州) 남쪽 지역을 약탈하였다.[3] 그러나 초토사(招討使) 증원유(曾元裕) 군과 싸워 신주(申州)에서 크게 패하고, 또 황매현(黃梅縣)에서 대패하여 참형(斬刑)을 당했다.[4]

황소는 운주(鄆州)·기주(沂州)·복주(濮州)를 함락시키고, 송주(宋州)와 변주(汴州)를 약탈하고,[5] 남쪽으로 <양자강을> 건너 홍주(洪州)·건주(虔州)·길주(吉州)·요주(饒州)·신주(信州)를 점령하고, 선주(宣州)를 노략질한 뒤 절동(浙東)으로 들어갔다.[6] 여기서 진해절도사(鎭海節度使) 고변(高騈)에게 격파되자[7] 드디어 광남(廣南)으로 달려가 광주(廣州)를 함락시킨 뒤 담주(潭州)로 나왔다.[8] 북으로 <양자강을> 건너 양양(襄陽)으로 향하다가 형문(荊門)에서 패한 뒤[9] 다시

---

3 여주(汝州)는 하남에 속했고, 악주는 호광(湖廣)의 강하군(江夏郡)이다.

4 신주(申州)는 하남의 신양주(信陽州)이며, 황매현은 기주(蘄州)에 속한 고을이다.

5 운주·기주·복주는 모두 산동성에 있고, 송주·변주는 모두 하남(河南)에 있다.

6 홍주 이하 다섯 고을은 모두 양자강 남쪽 강서성(江西省)에 있고, 선주는 안휘성(安徽省) 선성현(宣城縣)이며, 절동은 절강(浙江) 동쪽의 절강성 지역을 말한다.

7 당시 고변의 종사관(從事官)이 신라 출신 최치원(崔致遠)이다. 최치원은 12살에 당에 유학하여 그곳에서 급제한 후, 황소의 난이 일어나자 출정하여 '토황소격문(討黃巢檄文)'을 지어 중국 천하에 문명(文名)을 떨쳤고, 이로 인해 『당서(唐書)』에 최치원전(崔致遠傳)이 실리기까지 하였다. 이 격문은 황소를 치자고 대중의 의분심을 촉발하는 격문이 아니라, 황소에게 그 잘못을 나무라고 귀순을 권유하기 위해 효유(曉喩)하는 편지이다. 이 글은 『동문선(東文選)』에 수록되어 있다.

8 여기서 광주는 광동성의 광주가 아니고 호남성 노산현(魯山縣)이며, 담주 역시 호남성 내에 있다.

9 양양과 형문은 모두 동정호(洞庭湖) 북쪽의 호북성(湖北省)에 있다.

陷宣州 自采石渡江 已而渡淮 陷申州 入潁宋徐兗之境 陷東都 引而西 入潼關 入長安 上出奔蜀 巢僭號大齊皇帝 諸道發兵赴援 先是沙陀李國昌之子克用 爲兵馬使 戍蔚州 大同軍諸將謀曰 今天下大亂 朝廷號令不復行於四方 此乃正英雄功名富貴之秋 李振武名聞天下 其子勇冠諸軍

<무리를> 이끌고 <양자강을 건너> 남으로 향하여 선주(宣州)를 함락시키고는 채석(采石)[10]에서 양자강을 되 건넜다.

얼마 후 회수(淮水)를 건너 신주(申州)를 점령하고, 영주(潁州)·송주(宋州)·서주(徐州)·연주(兗州)의 경내로 들어와 동도(東都:洛陽)를 떨어뜨렸다. <군사를> 이끌고 서향하여 동관(潼關)을 거쳐 장안(長安)으로 들어오니, 상은 촉(蜀)으로 달아나고 황소는 대제황제(大齊皇帝)라 참칭(僭稱)하였다. 각지에서 군사를 동원하여 구원에 나섰다.

이 앞서, 사타(沙陀) 이국창(李國昌)[11]의 아들 이극용이 병마사가 되어 울주(蔚州)에 주둔하고 있었는데, 대동군(大東軍)[12]의 여러 장수들이 모의하기를,

"지금 천하가 크게 어지러워 조정의 명령이 사방에서 시행되지 못하게 되었으니 이때야말로 영웅이 이름을 날리고 부귀를 얻을 절호의 기회이다. 이진무(李振武)[13]의 명성이 천하에 떨치고 그 아들의 용맹도 여러 군에서 출중하

---

10 채석은 일명 우저산(牛渚山)이라고도 하는데, 중요한 도강처의 하나이다.

11 사타는 서돌궐 계통의 부족, 이국창이 헌종(憲宗) 때 내부한 공로로 이(李) 씨 성과 절도사를 제수 받았다.

12 행정 구역. 선종(宣宗) 때(849) 하동(河東)의 일부 지역을 떼어 절도사를 두었다. 울주는 그 치소(治所).

13 이국창(李國昌)을 말한다. 이국창이 그때 진무절도사로 있었다.

若輔以擧事 代北不足平也 遣人潛詣蔚州 說克用 克用趨雲州取之 河東招義兵討之而大敗 克用寇忻代 逼晉陽 已而大爲盧龍兵所破 蔚朔兵亦討敗其父國昌 父子亡走達靼 至是朝廷赦其罪 召其兵討賊 克用將沙陀來 賊憚之曰 鴉軍至矣 連破賊 復長安 巢焚宮室而遁 至蔡州 節度使秦宗權降之 巢趨汴州 克用等 追擊大破之 未幾賊黨斬巢以降

니, 만약 거사를 돕는다면 대주(代州)[14] 이북의 땅은 힘 안 들이고 차지할 수 있을 것이다."

하고, 사람을 몰래 보내 이극용을 설득했다. 이에 극용이 운주(雲州)로 달려가 이를 빼앗으니, 하동(河東)에서 의병을 초모하여 이극용을 토벌했으나 크게 패하였다. 이극용은 흔주(忻州)와 대주를 침공하고 진양(晉陽)을 압박해 갔으나 노룡(盧龍)의 군대에게 패하였다. 울주(蔚州)와 삭주(朔州)의 군사들도 그 아버지 국창의 군사를 토벌하여 패배시키자 부자가 달단(韃靼)으로 도망갔었는데, 조정에서 죄를 사면해 주고 그 군사를 불러 적을 토벌하도록 한 것이다.

극용이 사타족의 군사를 거느리고 오니, 도적들은 '아군(鴉軍)[15]이 왔다'고 하면서 두려워하였다. <극용은> 잇따라 도적을 격파하여 장안을 수복하였다. 황소는 궁궐을 불태우고 달아나다가 채주(蔡州)에 이르러 절도사 진종권(秦宗權)을 깨트려 항복받았다. 황소가 변주(汴州)로 들어가니 극용 등이 추격하여 크게 깨트렸다. 얼마 안 있어 도적의 무리가 황소의 목을 베어 가지고 와서 항복하였다.

---

14 대주는 산서성(山西省)에 있던 고을. 대주 이북이란 낙양 이북의 태원(太原) 등지를 말한다.
15 이극용을 이아아(李鴉兒)라고 불렀는데, 그들 군복이 검정색이었기 때문이다. 아(鴉)는 갈가마귀이다.

6장

송대(宋代) (960 ~ 1279)

오대(五代)의 혼란을 종식시키고 통일 정권을 수립한 이가 송태조(宋太祖) 조광윤(趙光胤)이다.(960) 그는 절도사 출신으로 무력을 배경으로 권력을 잡았기 때문에 어떻게 해야 오대와 같은 잦은 정권 교체를 방지하여 자신의 왕조가 장구(長久)할 수 있겠는지를 잘 알았다.

정책의 요점은 모든 권력의 분산, 견제 기능 강화, 문관 우위의 정책 등이 그것이었다. 예를 들면, 중앙의 최고 행정은 중서성(中書省), 군사는 추밀원(樞密院), 재정은 삼사(三司)에서 나누어 맡았는데, 이들 내부에서도 사무를 엄격히 분장(分掌)하게 한다든가, 지방행정에서 군사·재정·사법·전매사업(專賣事業)을 분리한다든가, 무장(武將)의 순환 근무를 시행하고 인사권과 작전권을 분리한 것들이 그것이다.

또 오대십국의 혼란기를 통해 호족 세력도 완전히 소멸되었으므로 송대에는 귀족이 존재하지 않았다. 학문을 닦아 과거에 급제한 사람은 신분에 구애받지 않고 황제의 신임 여하에 따라 출세할 수 있었으므로 황제와 운명을 같이할 수 있는 관료체제가 성립할 수 있었다. 당대까지만 해도 황제의 사후 결재가 허용되었지만 송대에는 황제의 사전 결재 없이 국사 처리는 불가능했다. 이제 송은 완전한 독재군주체제(獨裁君主體制)를 구축하게 되었고 이 체제는 후대 왕조들의 전통으로 자리 잡았다.

그 결과 왕권은 절대적으로 안정되어 적어도 내부에서 황제권에 대항할 만한 세력이 나타날 소지는 없었다. 그러나 권력의 분산과 조직의 다

원화(多元化)는 필연적으로 정치의 비효율과 국방력의 약화를 초래하였다. 이는 북쪽에 있는 유목 민족들이 호시탐탐 남침의 기회를 엿보고 있는 상황에서는 치명적인 결함이 되었다.

송이 건국하기 훨씬 이전부터 거란족은 요(遼)나라를 건국하고 장성(長城) 이남까지 깊숙이 들어와 있었다. 송은 요를 산해관(山海關) 밖으로 몰아내기 위해 군사를 동원했으나 '전연(澶淵)의 맹약'(1004)을 맺어 막대한 세폐(歲幣)를 주면서 현상유지에 만족하는 수밖에 없었다.

이를 극복하기 위한 개혁정책이 시도되었으니 왕안석(王安石)의 신법이 그것이다. 그러나 이것도 보수파와 개혁파 간의 갈등만 부추겼을 뿐 별다른 성과를 거두지 못하고, 그 뒤 여진족이 흥기하여 금(金)을 세우자 금과 연합하여 요를 멸망시켰다. 그러나 이번에는 금의 침입을 받아 수도가 함락되어 나라가 멸망되고 황제가 잡혀가는 치욕을 당했으니, 이것이 이른바 '정강(靖康)의 변'이다.(1126)

이렇게 북송은 멸망하고, 한 황자(高宗)가 강남으로 내려와 나라를 계승하니 이것이 남송(南宋)이다. 남송도 150여년 동안 계속되다가 결국 몽고족의 원(元)에 의해 멸망되었다.(1279)

송대는 국방력의 약화로 계속 북방 민족들에게 시달리기는 했지만, 경제적·문화적으로는 획기적인 발전을 이룩한 시대였다. 강남이라는 천혜의 조건에서 나오는 풍부한 물산과 해안선을 이용한 활발한 대외 무역은 송나라 경제 안정의 바탕이 되었고, 이 경제적 안정이 송대 문화의 발전을 촉진했던 것이다.

송대는 산업·기술·문학·학술 등 각 분야에서 특기할 것이 많지만, 가장 대표적인 것은 성리학(性理學)의 성립이라 할 수 있다. 이제까지 생활 규범 내지 치술(治術)의 하나에 불과하던 유학이 성리학이란 유교철학으로 발전하고 이것이 이후 동아시아 각국에 심대한 영향을 주었기 때문이다.

1. 조송의 건국 — 趙宋建國

宋太祖 姓趙氏 名匡胤 其先涿人也 周世宗時 掌軍政凡六年 士卒服其恩威 數從征伐立大功 世宗一日 於文書篋中 得一木書 曰點檢作天子 時張永德爲點檢 世宗乃遷之 而易以匡胤 世宗殂 恭帝卽位之明年 命領宿衛 禦契丹 時主少國危 中外始有推戴之議 大軍旣出 夕次陳橋驛

송(宋)나라 태조의 성은 조 씨(趙氏)요, 이름은 광윤(匡胤)으로 그 선조는 하북성(河北省) 탁현(涿縣) 사람이다. 후주(後周) 세종(世宗) 때 6년 동안 군사 사무를 맡으니 사졸들이 그 은혜와 위엄에 복종했고, 여러 차례 정벌에 나가 큰 공을 세웠다. 세종이 하루는 문서 상자 속에서 목편(木片) 하나를 얻으니, 거기에 '점검이 천자가 된다'라고 씌어 있었다. 당시 장영덕(張永德)이 점검(點檢)[1]이었는데, 세종이 그를 다른 관직에 옮기고 조광윤으로 바꾸었다. 세종이 돌아가고 공제(恭帝)가 즉위한 이듬해 조광윤에게 명하여 숙위(宿衛)를 거느리고 거란을 방어하도록 하였다.

이때 임금은 어리고 나라는 위태하니 조정 내외에서 비로소 <조광윤을> 추대하자는 논의가 있었다. 대군이 이미 출발하여 저녁에 진교역(陳橋驛)[2]에

1 중국 오대(五代) 때의 관직명. 검점(檢點)이라고도 한다. 당시 시역(弑逆)의 쿠데타가 빈번히 일어나게 되자 도점검(都點檢)과 부점검을 두어 군사를 거느리고, 궁궐 내에 있을 때는 전정(前廷)에서 시위하고, 천자가 밖에 나갈 때는 어가(御駕)를 따르며 호위하게 하였다. 즉 경호 책임자를 말한다.

2 역참 이름. 지금 하남성(河南省) 개봉현(開封縣) 동북에 있었다.

軍士聚議 先立點檢爲天子 然後北征 環列待旦 點檢醉臥不知也 黎明 軍士擐甲執兵 直叩寢門曰 諸將無主 願策太尉爲天子 點檢驚起披衣 則相與扶出 被以黃袍 羅拜呼萬歲 擁上馬南行 拒之不可 乃攬轡誓諸將 整軍自仁和門入 秋毫無犯 恭帝遂禪位 以所領節鎭 爲宋州歸德軍 故國號曰宋 上旣誅李筠李重進 召樞密直學士趙普問曰

머물게 되었는데 군사들의 의논은, 먼저 점검<조광윤>을 추대하여 천자로 삼고 그런 뒤에 북정(北征)을 하자는 것으로 모아졌다. 그래서 에워싸고 아침이 되기를 기다렸는데 점검은 술에 취하여 누워 잤기 때문에 그 사실을 몰랐다. 동이 트자 군사들이 갑옷을 입고 무기를 들고서 곧장 조광윤이 자는 방문을 두드리며 말하기를,

"여러 장수들의 주인이 없을 수 없으니 태위[3]를 천자로 모시고자 합니다." 하였다. 점검이 놀라 일어나 옷을 입자 군사들이 서로들 부축하고 나와 황포(黃袍)를 입히고 둘러서서 만세를 부르며 절을 하고는 말 위에 앉혀 옹위하면서 남쪽으로 향하니 항거해도 되지 않았다. 이에 고삐를 잡고 여러 장수들에게 맹세하고[4] 군사들을 정돈하여 인화문(仁和門)으로 들어가는데 조금도 인민을 해침이 없었다. 공제가 드디어 선위(禪位)하고, 조광윤이 절도사로 있던 귀덕군(歸德軍)이 송주(宋州)에 있었으므로 국호를 송(宋)이라 하였다.

상이 이균(李筠)과 이중진(李重進)[5]을 죽인 뒤, 추밀직학사 조보(趙普)를 불러

---

3 삼공(三公)의 하나로 무관(武官)의 수장(首長). 당시 조광윤이 태위 직에 있었다.

4 부하들에게 다음과 같이 당부했다. "황태후와 황제를 놀라게 해서는 안 된다. 조정대신은 모두 내 친구들이니 범해서는 안 된다. 부고(府庫)의 재물에 손대지 말라. 이상을 준수하면 상을 주고, 어기면 즉시 처벌할 것이다."

5 이균은 후주의 숙장(宿將)이고, 이중진은 후주 태조의 생질로서 모두 절도사로 있었는데 조광

吾欲息天下兵 爲國家長久計 其道何如 普言唐季以來 帝王數易 由節鎭太重 君弱臣强而已 今莫若稍奪其權 制其錢穀 收其精兵 則天下自安 又言殿前帥石守信等 皆非統御才 宜授他職 上悟 召石守信等宴酣 屛左右謂曰 我非爾曹之力不至此 然終夕未嘗安枕也

물었다.

"나는 앞으로 천하의 병란을 뿌리 뽑아 국가가 장구할 계책을 세우려고 하는데 그 방도를 어떻게 하면 좋겠소?"

"당나라 말기 이래 <왕조가> 자주 바뀐 것[6]은 절도사의 권한이 너무 커서 군주는 약하고 신하는 강했기 때문입니다. 지금 그 권한을 차츰 거두어들여 약화시키는 길 밖에 없습니다. 그들의 돈이나 곡식을 제한하고 정예한 군사들을 <중앙으로> 거두어들인다면 천하는 저절로 편안해질 것입니다."

조보는 또 이렇게 말했다.

"전전사(殿前司)[7]의 장수인 석수신(石守信) 등은 모두 통제에 합당한 사람들이 아니니 다른 관직을 제수하는 것이 좋습니다."

상이 깨닫고, 수신 등을 불러 연회를 열었다. 잔치가 한창 무르익었을 때 측근을 물리치고 말했다.

"나는 그대들의 힘이 아니었더라면 이 자리에 오르지 못했을 것이오. 그러

윤이 송을 건국하자 승복하지 않고 반기를 든 것이다.

6 당이 망하고 난 뒤 중국은 오대십국의 혼란기가 도래했는데, 중원의 대표 격이었던 오대는 불과 54년 사이에 후량(後梁)·후당(後唐)·후진(後晋)·후한(後漢)·후주(後周)의 다섯 왕조가 명멸(明滅)했는데, 그 중 후한의 존립 기간은 4년에 불과하였다.

7 후주 때부터 설치한 황제 경호 임무를 담당한 관청. 무력에 의한 구데타 방지를 위해 설치되었다.

居此位者 誰不欲爲之 守信等頓首曰 陛下何爲出此言 天命已定 誰敢有異心 上曰 汝曹雖無異心 如麾下之人欲富貴何 一旦 以黃袍加汝之身 雖不欲爲 其可得乎 皆頓首泣曰 臣等愚不及此 惟陛下哀矜 指示可生之途 上曰 人生如白駒過隙 所爲好富貴者 不過欲多積金錢 厚自娛樂 使子孫無貧乏耳 汝曹何不釋去兵權 出守大藩 擇便好田宅

나 나는 밤새도록 베개를 높이하고 잠을 잘 수가 없소. <이런 줄을 안다면> 아무도 이 자리에 앉으려 하지 않을 것이오."

수신 등은 <황공하여> 머리를 조아리며 아뢰었다.

"폐하께서는 어찌 이런 말씀이시옵니까? 천명이 이미 정해졌는데 누가 감히 다른 뜻을 품겠사옵니까?"

"그대들은 비록 그런 마음이 없겠지만, 그대 부하들이 부귀를 탐낸다면 어찌하겠소. 어느 날 그대들의 몸에 황포(黃袍)가 한번 걸쳐지게 된다면 비록 <그대들이> 하지 않으려 한다고 되겠소?"

<이 말을 듣자> 모두들 머리를 조아리며 울면서 말했다.

"신등은 어리석어 여기까지는 생각이 미치지 못했습니다. 오직 폐하께서는 불쌍히 여기시어 <신등이> 살 수 있는 길을 지시해 주시옵소서."

"인생이란 마치 문틈으로 백구(白駒)[8]가 달려감을 보는 것처럼 한 순간에 지나지 아니하오. 때문에 부귀를 좋아함이란 많은 돈을 쌓아 마음껏 즐기고 자손들로 하여금 궁핍하게 살지 않도록 하고자 함일 뿐이오. 그대들도 <힘든>

---

8 세월이 빠름을 나타내는 단어인데, 백구(白駒)는 준마(駿馬) 혹은 일광(日光)의 두 가지 설이 있다.

爲子孫計 多置歌童舞女 日飮酒相安 不亦善乎 皆拜謝曰 陛下念臣等至此 所謂生死而肉骨也 明日皆稱疾請罷

군대생활을 벗어던지고 큰 번진(藩鎭)에 나가 다스리면서 좋은 전택을 차지하여 자손을 위한 계책을 세우며, 집안에 노래하는 사내아이 춤추는 계집아이들을 거느리고, 날마다 술이나 마시며 즐겁게 살아간다면 또한 좋은 일이 아니겠소."

모두들 절하고 사례하면서,

"폐하께서 신등을 이렇게까지 생각해 주시니, 이른바 '죽은 자를 살려서 뼈와 살까지 붙여 준다'는 말과 같습니다."

하고는, 이튿날 모두들 병을 칭탁하고 파직을 청하였다.

2. 송(宋)나라 초기의 명재상 조보—趙普剛毅

乾德二年 以趙普同平章事 普旣相 以天下爲己任 上倚信之 事無大小 悉咨決焉 上數微行幸功臣之家 不可測 普每退朝 不敢脫衣冠 一夕大雪 普意上不復出矣 久之聞叩門聲甚異 亟出 則上立雪中 普惶恐迎拜 卽普堂 設重裀地坐 熾炭燒肉 普妻行酒 上以嫂 呼之 普從容問曰 夜久寒甚 陛下何以出 上曰 吾睡不能著 一榻之外 皆他人家也

건덕(乾德) 2년(964) 조보(趙普)를 동평장사로 삼았다. 조보는 제상이 되자 천하의 일을 자기 임무로 삼으니 상이 믿고 의지해서 작은 일이건 큰 일이건, 모두 그의 자문을 받아 결정했다.

상(上 : 송 태조)이 즉위한 후 자주 미행(微行)으로 공신의 집을 방문하니 <언제 방문할는지> 예측할 수가 없었다. 그래서 조보는 매양 조정에서 물러 나와서도 마음 놓고 의관(衣冠)을 벗을 수가 없었는데, 하루 저녁에는 큰 눈이 내리자 조보의 생각에 '상께서 오늘은 나오시지 않을 것'이라 여겼다. 한참 동안 문 두드리는 소리가 나므로 이상해서 급히 나가 보니, 상이 눈 속에 서 있는 것이었다. 조보는 황공하여 맞이해 절하고서 즉시 마루로 인도하여 두터운 요를 깔고 앉아 숯불을 피워 고기를 굽고 조보의 처가 술잔을 올리니 상은 그녀를 수씨(嫂氏)라 불렀다.

조보가 조용히 물었다.

"밤이 이미 깊었고 날씨가 찬데 폐하께서는 어떻게 납시었습니까?"

"내가 잠을 자지 못하는 것은 침상 하나 바깥은 모두 남의 집들 뿐이어서

故來見卿 普曰 陛下小天下耶 南征北伐 此其時也 願聞成算所向 上曰 吾欲取太原 普默然 良久曰 非臣所知也 太原當西北二邊 使一擧而下 邊患我獨當之 何不姑留以俟 削平諸國 彼彈丸黑子之地 將何所逃 上笑曰 吾意正爾 姑試卿耳 於是用師荊湖 繼取西川 普沈毅果斷 嘗欲除某人爲某官

요.[1] 그 때문에 경이 보고 싶어 왔소."

"폐하께서는 천하를 적다고 생각하십니까? 지금은 남정북벌(南征北伐)할 때이오니 계획하고 계신 것이 있다면 듣고자 합니다."

"나는 태원(太原)[2]을 취하고 싶소."

하니, 조보가 묵묵히 듣고 한참 있다가 말하기를,

"그건 신이 미처 생각해보지 못한 것입니다. 태원은 서쪽과 북쪽 두 변방을 맡고 있는데, 한번 공격하여 항복시킨다면 변방 걱정을 우리가 단독으로 감당해야 할 것이니, 우선 미루어 두고 여러 나라가 평정될 때까지 기다리는 것이 어떻겠습니까? 저 탄환만한 작은 점이 장차 어디로 도망가겠습니까?"

하니 상이 웃으면서 말했다.

"내 생각도 그러하오. 우선 경의 생각을 알아보았을 뿐이오."

이에 형(荊)·호(湖) 지역에 군대를 동원, 계속하여 서천 지역을 취하였다.[3]

조보는 침착하고 의지가 굳세며 과단성이 있었다. 일찍이 어떤 사람을 어떤

---

1 송이 건국되기는 했으나 아직 오대십국(五代十國)의 말기라 주변에는 미처 통합되지 않은 나라들이 더러 있었다.

2 태원은 당시 십국의 하나인 북한(北漢)의 도성으로, 이때 거란의 지배하에 있었는데, 북에는 거란이 있고 서쪽에는 회흘(回訖)이 있어 국방의 요충지였다.

3 형·호 지방은 지금의 호북(湖北)과 호남 일대, 서천은 사천(四川) 지역이다.

上不許 明日又奏之 上怒裂其奏 普徐拾以歸 補綴以進 上悟乃可之 又有立功 當遷官者 上素嫌其人不與 普力請 上曰 朕固不與奈何 普曰 刑賞天下之刑賞 安得以私喜怒專之 上不聽起 普隨之 上入宮 普立宮門不去 上卒可之 普常設大甕於閤後 表疏意不可者 投其中燒之 其多得謗以此

관직에 제수하려 하는데 상에게 아뢰었으나 받아들이지 않자 이튿날 또 아뢰니 상이 노하여 그 서류를 찢어버렸다. 조보는 찢어진 서류를 천천히 주워 집에 가지고 가서 풀로 붙여 다시 바치니 상은 마침내 <자기의 잘못을 깨닫고> 이를 허락하였다.

또 어떤 사람이 공을 세워 꼭 승진시켜 주어야 할 사람이 있었는데, 상은 그 사람을 미워하여 허락하지 않았다. 조보가 굳이 청하면서 물러서지 않자 <태조가> 말했다.

"짐이 끝까지 허락하지 않는다면 어찌 하겠소?"

"상벌은 천하의 상벌이어야지 어찌 개인의 희노에 의해 좌우되겠습니까?"

상이 들은 척도 않고 일어나니 조보도 따라 일어났다. 상이 내전으로 들어가자 조보는 내전 궁문 앞에 서서 가지 않으니 상이 마침내 이를 허락했다.

조보는 늘 큰 항아리를 합문(閤門) 뒤에 비치해 놓고 황제에게 올리는 표문(表文)이나 소장(疏章) 가운데 자기 생각에 불가하다고 생각하는 것이면 그 속에 던져 넣고 불태워버렸는데, 그는 이 때문에 비난을 많이 받았다.

3. 조빈이 강남을 평정하다—曹彬平江南

開寶七年 命曹彬伐江南 初上屢遣使 喩江南國主李煜入朝不至 乃以彬及潘美等討之 戒以切勿暴略生民 務廣威信 使自歸順 不須急擊 取匣劍授彬曰 副將而下 不用命者斬之 美以下皆失色 自王全斌平蜀多殺人 上每恨之 彬性仁厚 故專任焉 先是 江南樊若水 擧進士不第 上書言事 不報

개보(開寶 : 송 태조의 연호) 7년(974), 조빈에게 명하여 강남을 정벌하게 하였다. 상이 강남국주(江南國主) 이욱(李煜)[1]에게 여러 번 사신을 보내 입조(入朝)하도록 달랬으나 오지 않았다. 이에 조빈과 반미(潘美) 등을 보내 그를 토벌하게 하되 절대로 백성들을 약탈하지 말도록 하여 위엄과 신의를 넓히기에 힘썼다. 스스로 귀순해 오도록 하고 급격하게 공격하지 말 것을 경계한 것이다. 갑(匣) 속에 든 칼을 조빈에게 주며 말하기를,

"부장(副將) 이하 누구든 명령을 듣지 않는 자는 베어도 좋소"

하니, 반미 이하가 모두 얼굴색이 달라졌다. 왕전빈(王全斌)이 촉(蜀)을 평정할 때 사람을 많이 죽인 이후 상이 이를 한스럽게 여겼었는데, 조빈은 성품이 인후(仁厚)했기 때문에 그에게 전임시킨 것이다.

이 앞서, 강남 사람 번약수(樊若水)가 진사시(進士試)에 응시했으나 급제하지 못하고 의견을 개진한 글을 올렸으나 답하지 않았다. 이에 채석(采石)[2]의 강가

---

1 당말 오대(五代) 때에 오월(吳越) 지방에 세웠던 남당(南唐)의 임금. '국주'라고 한 것은 왕을 폄칭한 말.

2 안휘성(安徽省)의 양자강(揚子江) 가에 있는 나루터.

乃釣魚采石江上 以繩度江廣狹 詣闕陳策 上用其言 令荊南造大艦 爲浮梁以濟師 至是用之 不差尺寸 八年 曹彬圍金陵急 李煜遣徐鉉入貢 求緩兵 鉉言煜 以小事大 如子事父 其說累數百 上曰 爾謂父子爲兩家可乎 鉉不能對還 尋復至奏言江南無罪 辭氣益厲 上怒 按劍曰 不須多言 江南亦有何罪 但天下一家 臥榻之側 豈容他人鼾睡乎 鉉惶恐而退

에서 물고기를 낚으면서 새끼줄로 도강처(渡江處)의 너비를 재어 대궐에 나와 계책을 진달했다. 상이 그의 말을 채용하여 형남(荊南) 지역에 명해 큰 배를 건조하여 부교(浮橋)를 만들어 군사를 건너게 했는데, 이때에 와서 그것을 사용해 보니 한 자 한 치도 착오가 없었다.

8년에 조빈이 금릉(金陵)을 급격히 포위하자 이욱은 서현(徐鉉)을 보내 입공(入貢)하고서 군사 공격을 늦추어 달라고 청하였다. 서현이 이욱의 말로,

"소국이 대국을 섬기는 것은 자식이 어버이를 섬기는 것과 같습니다."

고 하면서 그 말이 장황했다. 그래서 상이,

"그대는 <부자의 정의(情誼)를> 말하는데 부자(父子)가 두 집 살림을 해도 된다는 말이오?"

하니, 서현이 대답하지 못하고 돌아갔다. 얼마 후에 다시 와서, 강남이 무슨 죄를 지었느냐고 하면서 말투가 더욱 거칠었다. 상이 노하여 칼자루를 어루만지면서,

"여러 말할 필요 없다. 강남인들 또한 무슨 죄가 있겠느냐. 다만 천하는 한 집안과 같은데 침상 옆에서 어찌 다른 사람의 코고는 소리를 용납할 수 있겠는가?"

하니, 서현이 황공해서 물러갔다.

金陵受圍 自春徂冬 勢愈窮蹙 彬終欲降之 累遣人告煜曰 某日城必破 宜早爲之所 一日彬忽稱疾 諸將來問 彬曰 彬之疾非藥能愈 諸公若共爲信誓 破城不妄殺一人 則彬疾愈矣 諸將皆許諾 焚香約誓 翼日城陷 煜出降 捷書至 上泣曰 宇縣分割 民受其禍

금릉이 포위를 당한 채 봄에서 시작되어 겨울로 접어들자 <강남의 군사는> 형세가 더욱 위축되었다. 조빈이 끝내 항복을 받으려고 여러 번 사람을 보내 이욱에게 알리기를,

"모일(某日)에는 반드시 성을 함락시킬 것이니 마땅히 일찍 좋은 방도를 강구해야 할 것이다."

하고, 하루는 조빈이 갑자기 병이 났다고 막사에서 나오지 않았다. 여러 장수들이 문병을 오자 조빈은 말했다.

"이 조빈의 병은 약으로 나을 병이 아니오. 만약 제공들이 성을 함락시킬 때에 <죄없는 자는> 한 사람도 함부로 죽이지 않겠다고 공동 서약을 한다면 나의 병은 나을 것이오."

여러 장수들이 모두 <그의 말을 따르기로> 하고 향을 피우고 서약(誓約)을 했다. 이튿날 성이 함락되어 이욱(李煜)이 나와 항복하니, 드디어 남당(南唐)[3]이 망하였다.

승전(勝戰)했다는 보고가 이르자 상은 눈물을 흘리면서 이렇게 말했다.

"천하(宇縣)[4]가 분할되어 백성들이 그 화를 당하는구나. 성을 공격할 때에

3 남당은 이변(李昪)이 건국하여 3대 31년 동안 계속되었다.

4 우현(宇縣)은 우주의 현(縣)이란 뜻. '宇'는 우주, '縣'은 적현(赤縣)을 말하는데 적현은 중국을 의미한다.

攻城之際 必有橫罹鋒鏑者 可哀也 彬還 舟中惟圖籍衣衾 閤門通其榜子曰 奉勅江南幹事回 其不伐如此

필시 잘못 칼이나 화살을 맞은 자들이 있을 것이니 가엾은 일이다."

조빈이 돌아왔는데 배 안에는 지도와 호적, 옷과 이불뿐이고, 합문(閤門)이 그 보고서를 올렸는데,

"칙명(勅命)을 받들어 강남에 갔다가 일을 마치고 돌아왔습니다."
하였으니, 그는 이와 같이 공을 자랑하지 않았다.

4. 어진 이를 많이 등용한 송태종—宋太宗用賢

太宗皇帝 初名匡乂 太祖長弟也 太祖入京城 匡乂首請號令諸將戢士卒 仍自於馬前戒剽掠 太祖受禪 乃改名光義 尹開封同平章事 封晉王 建隆二年 昭憲杜太后臨崩謂太祖曰 汝知所以得天下者乎 太祖曰 皆祖考與太后之餘慶 太后笑曰 不然 正由柴氏使幼兒主天下耳

태종황제의 처음 이름은 광예(匡乂)로 태조의 바로 아래 동생이다. 태조가 서울로 들어갈 때, 광예가 앞으로 나아가 청하기를,

"여러 장수들에 호령하여 사졸들을 단속하게 해 주십시오."

하여 <태조의 허락을 받아> 스스로 말 앞에서 백성들을 노략질하지 말도록 경계했다.

태조가 <공제로부터> 선양(禪讓)을 받아 <제위에> 오른 뒤에는, 광의(光義)로 이름을 바꾸었다. <태조는 광의를> 개봉윤(開封尹)에 임명하여 동평장사(同平章事)를 겸하게 하고,[1] 진왕(晋王)에 봉하였다.

건륭(建隆) 2년(961)에 소헌두태후(昭憲杜太后)[2]가 임종할 때 태조에게 물었다.

"폐하는 어찌해서 천하를 얻게 되었는지 그 까닭을 아오?"

"모두가 조상님들과 어머님의 여경(餘慶)[3]이옵니다."

그 말에 태후는 웃으면서 말했다.

"아니오, 그렇지 않소. 바로 시(柴) 씨가 어린 아이를 황제로 세웠기 때문이

---

1 개봉은 송나라 서울인 변경(汴京 : 개봉), 윤은 장관으로 서울 시장격. 동평장사는 재상 급이다.
2 태조와 태종의 생모인 두(杜) 씨.
3 남에게 좋은 일을 많이 한 덕분으로 뒷날 그 자손이 누리게 되는 경사스러운 일.

汝萬歲後 當傳位晉王 晉王傳秦王 秦王以傳德昭 國有長君 社稷之福也 太祖曰 謹受教 太后呼趙普曰 趙書記共記吾言 不可違 因命普於榻前爲誓書 普署紙尾曰 臣普記 藏之金匱 太祖友愛篤至 晉王嘗寢疾灼艾 太祖亦自灸以分其痛 嘗曰 晉王龍行虎步

오.[4] 폐하가 돌아간 뒤에는 제위를 진왕(晋王)에게 전하고, 진왕은 진왕(秦王)에게 전하며, 진왕이 덕소(德昭)에게 전하게 해야 할 것이오.[5] 국가에 나이 든 임금이 있는 것은 사직의 복이오."

"삼가 가르치심을 받들겠습니다."

그러자 두태후는 조보(趙普)를 불러,

"조서기(趙書記)[6]도 함께 내 말을 기록했다가 절대로 어기지 말도록 하오."

하고는, 조보에게 명하자 침상 옆에서 서약서(誓約書)를 기록하게 했다. 조보는 <그대로 받아쓰고> 그 끝에 '신 조보는 기록한다.(臣普記)'라고 서명했다. 그리고 그것을 금으로 만든 궤짝 속에 넣어 두었다.

태조는 형제 사이의 우애가 매우 두터웠다. 진왕이 일찍이 병이 들어 쑥 뜸질을 하면서 <몹시 괴로워하는> 것을 보고는 자신도 뜸을 떠서 그 고통을 나누었다. 언젠가는 이런 말도 했다.

"진왕은 용이 승천(昇天)하는 것 같고 범의 걸음걸이처럼 <품위가 있고 위

---

4 시 씨는 후주(後周)를 지칭한다. 후주 세종(世宗)의 성명이 시영(柴榮)이다. 세종이 죽고 일곱 살 된 아들을 세웠다가 송 태조에게 선위하게 했으니 이가 공제(恭帝)이다.

5 진왕(晋王)은 태종, 진왕(秦王)은 태종의 동생, 덕소는 태조의 장남이다. 그러나 나중에 덕소는 자살하고 덕소의 동생은 병사했으며, 태종의 아들이 제위를 계승했다.

6 조서기(趙書記)라고 한 것은 당시 조보의 직위는 추밀부사(樞密副使)였으나 전에 장서기(掌書記)를 역임했기 때문에 전직으로 부른 것이다.

且生時有異 他日必作太平天子 福德非吾所能及也 太祖幸洛有布衣張齊賢 獻十策 召問賜食 且啗且對 太祖善其某策 齊賢固稱 餘策皆善 太祖怒斥使出 既還語晉王曰 吾幸西都 得一張齊賢 吾不欲用之 他日留與汝作宰相 蓋傳位之定久矣

엄이 있거든> 게다가 진왕이 출생할 때는 신기한 상서가 있었지. 후일 그는 반드시 태평한 나라의 천자가 될 거야. <나는 진왕이 가지고 있는> 덕망과 복록은 도저히 따르지 못해."

태조가 낙양(洛陽)에 거둥했을 때, 그곳에 살고 있던 포의(布衣) 장제현(張齊賢)이란 사람[7]이 열 가지 조목의 계책[8]을 바쳤다. 태조는 그를 불러 <그의 견해를 물어보고> 음식을 내려 주니, 그는 거침없이 한편으로 먹으면서 한편으로 대답하는 것이었다. 태조가 그 중 몇 가지는 좋은 생각이라고 하자, 제현은 다른 것도 다 좋다고 완강하게 우기므로 태조는 노여워서 물리쳐 내보냈다. 그러나 돌아와서 진왕에게 말하기를,

"내가 서도(西都)에 갔을 때[9] 장제현이란 한 선비를 얻었는데, 내가 쓰려고 하지 않은 것은 남겨 두었다가 후일 너에게 주어 재상을 만들고자 함이었다." 라고 했으니. 대개 <이것으로 보아 태종에게> 전위하려는 생각이 오래 전에 결정된 것임을 알 수 있다.

태종은 재위 22년에 설거정(薛居正)·심륜(沈倫)·조보(趙普)·송기(宋琪)·이

---

7 어떤 본에는 낙양(洛陽)을 촉(蜀)으로 쓴 곳도 있는데, 이는 잘못이다. 송태조가 촉 땅에 간 일은 없다.

8 백성을 부유하게 하고, 학문을 숭상하고, 어진 이를 들어 쓰고, 간사한 자를 징벌하고, 형벌을 가벼이 하고, 봉건제도를 실시하라는 것 등이었다.

9 주(周)의 동천(東遷) 이래 역사적으로 낙양(洛陽)을 동도(東都)라고 하였다. 이는 서주의 수도 호경(鎬京)의 동쪽에 위치하기도 했지만, 역대 왕조가 주로 낙양의 서쪽인 장안(長安)에 도읍했기 때문이다. 그러나 송대(宋代)에는 낙양이 수도 개봉(開封)의 서쪽에 있어 서도라 하였다.

太宗在位二十二年 薛居正沈倫趙普宋琪李昉呂蒙正張齊賢呂端等 相繼爲相 普凡再入再罷 尋卒 普初以吏道聞 寡學術 太祖嘗勸之讀書 普遂手不釋卷 每朝有大議 輒闔戶自啓一篋 取一書閱之 及卒家人視其篋 則論語也 嘗謂上曰 臣有論語一部 以半部佐太祖定天下 以半部佐陛下致太平 蒙正晩出 嘗與普並相 普甚推之 蒙正嘗置冊子夾袋中 疏四方人才姓名 以待選用

방(李昉)·여몽정(呂蒙正)·장제현(張齊賢)·여단(呂端) 등이 서로 이어가면서 재상이 되었는데, 조보는 두 번 재상이 되었고 두 번 그만두었다.

조보는 처음에 행정 능력으로 이름이 났으나 학술은 부족했는데, 태조가 언젠가 독서를 권유하자 조보는 드디어 책을 손에서 놓지 않았다. 조정에서 큰 논의가 있으면 언제나 문을 닫고 직접 상자를 열어 책을 꺼내 읽었다. 졸(卒)하게 되어 집안 사람이 그 상자를 보니 바로 『논어(論語)』였다. 일찍이 임금에게 이렇게 말했다.

"신에게 있는 『논어』 한 부(部) 중에서 반부(半部)는 태조를 도와 천하를 평정하는 데 썼고, 반부는 폐하를 보좌하여 태평성대를 이루는 데 썼습니다."

여몽정은 출사(出仕)가 늦었는데 일찍이 조보와 나란히 정승을 할 때에 조보가 매우 중하게 여겼다. 여몽정은 항상 호주머니 속에 책자를 넣고 다녔는데, 거기에는 사방 인재의 성명을 적어놓아[10] 뽑아 쓰는 데 대비한 것이었다.

전에 태조가 언젠가 장제현을 상(上 : 태종)에게 일러두었는데 제현이 진사(進士)로 급제하자 상은 그를 앞머리에 두었으면 하였더니 담당자가 그의 성명을

10 원문의 소(疏)는 여기서는 기록하다의 뜻이다.

初太祖嘗以張齊賢屬上 至齊賢擧進士 上欲置之上第 而有司第其名在下 乃詔一榜特與通判 卒至大用 呂端爲相 人謂 呂相作事糊塗 上知之曰 端小事糊塗 大事不糊塗 自上卽位以來以小人爲相者 盧多遜一人而已

후반에 두었다. 이에 조서를 내려 특별히 온 방(榜) 사람들을 통판(通判)에 제수하고[11] 나중에 크게 쓰기에 이르렀다.

여단이 재상이 되니, 어떤 사람이 '여상(呂相)은 일하는 것이 애매하다'고 하자, 상이 이를 알고서 이렇게 말했다.

"여상은 작은 일에는 모호하지만 큰일에는 모호하지 않다."

상이 즉위한 이후 소인(小人)으로서 재상이 된 자는 노다손(盧多遜)[12] 한 사람뿐이었다.

---

11 장제현이 진사시(進士試)에 급제했을 때, 제현은 순위가 수십 위에 처졌으므로 1등 진사가 되지 못하고 2등에 들게 되었다. 그리하여 태종은 궁여지책으로 1~2등 진사 130명을 모두 경관(京官)과 통판(通判)에 초탁하여 제수하였다. 이리하여 제현은 뒤에 크게 쓰이게 된 것이다.

12 하남(河南) 사람으로 그는 경사(經史)에 박통했으나 하는 일은 거짓과 음모가 많아 뒤에 큰 과실이 있어서 방축되었다.

5. 형이 동생에게 세폐(歲幣)를 바치다—澶淵之盟

景德元年 契丹主與其母蕭氏 大擧入寇 中外震駭 參政陳堯叟蜀人 請幸蜀 王欽若江南人 請幸江南 上以問宰相寇準 準問誰畫此策 上曰 卿姑斷其可否 勿問也 準曰 臣欲得獻策之臣 斬以釁鼓 然後北伐耳 遂定親征之議 上駐蹕韋城 尋至衛南 契丹擁兵抵澶州

경덕(景德) 원년(1004)에 거란 주(主)[1]가 그 어머니 소(蕭) 씨와 함께 대군을 몰아 침략해 오자, 전 송나라가 놀라고 당황했다. 참정(參政) 진요수(陳堯叟)는 촉(蜀) 출신이었으므로 촉으로 행행(行幸)하자고 청하고, 왕흠약(王欽若)은 강남(江南) 사람이었기 때문에 강남으로 가자고 청했다. 상이 재상 구준(寇準)에게 물으니, 구준은 되물었다.

"도대체 이것이 누구의 계책입니까?"

"누구의 계책인지는 묻지 말고, 경은 우선 <두 가지 중 어느 쪽을 택할 것인지만> 결단하시오."

"신의 생각에는 <그런 비겁한> 계책을 올린 신하의 목을 베어 그 피를 북에 바른 뒤에 북벌하는 일뿐이라고 생각합니다."

그리하여 드디어 황제가 친히 출정(出征)하여 거란군을 치자는 논의가 결정되었다.

상이 위성(韋城)에 머물렀다가 위남(衛南)에 이르니[2] 거란이 군사를 몰아 전

---

1 경덕은 송 진종(眞宗)의 연호, 거란 주는 성종(聖宗). '주(主)'라고 한 것은 폄칭(貶稱)이다.

圍合三面 李繼隆等出禦之 契丹將撻覽 中弩死 大挫退却 不敢動 寇準力勸上渡河 殿前帥高瓊亦力贊 猶豫間 瓊麾衛士進輦曰 陛下若不過河 百姓如喪考妣 梁適呵之 瓊怒曰 君輩此時尙責人失禮 何不賦一詩退虜邪 遂擁上以渡 旣至澶州登北城張黃旗幟 諸軍皆呼萬歲

주(澶州)를 삼면으로 포위했고 이계륭(李繼隆) 등이 나가 이를 막았다. <이 싸움에서> 거란의 장수 달람(撻覽)이 쇠뇌에 맞아 죽으니, <거란군은 기세가> 크게 꺾여 멀찍이 물러나 감히 움직이지 못하였다.

구준은 상에게 황하를 건너 <하북(河北)으로 진격해 나가기를> 힘껏 권하고 전전도지휘사(殿前都指揮使) 고경(高瓊)도 이 계획에 적극 찬동했다. 그런데도 <황제가> 결정을 내리지 못하고 머뭇거리자 고경이 호위군을 지휘하여 황제의 수레를 몰게 하고는,

"폐하께서 만약 황하를 건너가지 않으신다면 하북 백성들은 부모를 잃은 것 같이 슬퍼할 것입니다."

하니, <문관(文官)> 양적(梁適)[3]이 <황제를 위험한 곳으로 인도한다고> 나무랐다. 그러자 고경은 노하여,

"그대들은 이런 <위급한> 때에도 예를 잃었다고 남을 책망하는데, 그럼 시(詩)라도 한 수 지어서 오랑캐들을 물리쳐 보라."

하고는 드디어 상을 옹위하고 황하를 건넜다. 전주에 도착하고 나서, 북쪽 성에 올라 황기(黃旗)[4]를 비롯한 여러 깃발을 올렸다. <이를 본> 모든 군사들이

---

2 주필(駐蹕)은 어가가 잠시 머무는 것, 위성은 개주(開州)에 속한 현, 위남은 황하 남쪽 기슭.

3 『송감(宋鑒)』에는 양적이 아니고 풍증(馮拯)으로 되어 있다.

4 황기는 천자의 상징인 황색 깃발.

聲聞數十里 契丹氣奪 先是 王繼忠者陷虜 嘗言和好之利 故雖大擧 亦遣使以繼忠書來 上命曹利用報之 至是利用 與契丹使者韓杞皆來 請世宗所取關南故地 上曰 地必不可得 寧與金帛以和 準意亦不欲與 且畫策以進曰 如此則可保百年無事 不然數十歲後 戎復生心

만세를 부르자 그 소리가 수십 리에 들렸다. <이렇게 되자> 거란군의 사기가 꺾였다.

이보다 앞서 왕계충(王繼忠)[5]이란 자가 적에게 잡혀 <적진에 있으면서>화친의 이로움을 말했다. 그 때문에 거란은 비록 군사를 크게 동원하기는 했지만, 또한 <한편으로는> 왕계충의 글을 가지고 사신을 <송나라 군중에> 보내 왔다. 그래서 조이용(曹利用)에게 <화친 승낙의사를> 회보하게 했었다. 이때 조이용이 거란 사신 한기(韓杞)와 함께 와서, <화친 조건으로> 후주(後周)의 세종(世宗)이 빼앗아간 와교관(瓦橋關) 남쪽의 옛 땅[6]을 돌려 달라는 것이었다. 상은 이에 대해,

"토지는 <돌려 줄 수> 없으니, 차라리 금이나 비단을 주어 화의를 하라."

하였고, 구준 또한 주고 싶지 않아서 다른 계책을 올리면서 아뢰었다.

"이 계책대로 하시면 백년은 태평이 보장되겠지만, 그렇지 않으면 수십 년 뒤에 융적(戎狄 : 거란)이 또 다른 생각을 품을 것입니다."

---

5 개봉부 사람으로 정주(定州) 부도부서(副都部署)로 있다가 거란군의 포로가 되었는데, 그 뒤 양국간에 화의를 주선한 공로가 인정되어 요(遼)나라에서 군왕(郡王)에 봉해지고, 추밀사(樞密使)로 치사했다.

6 세종은 959년 스스로 장수가 되어 거란을 쳐서 연운(燕雲) 16주 중, 하북성 와교관(瓦橋關) 이남의 영주(瀛州)·막주(莫州)·역주(易州) 세 고을을 후주가 차지하게 되었는데, 이때에 빼앗긴 것을 말한다.

準蓋欲擊之 使隻輪不返 上曰 數十歲 當有能禦之者 吾不忍生靈重困 姑聽其和 遂再遣利用往 利用請歲賂金帛之數 上曰 必不得已 雖百萬 亦可 準召語之曰 雖有敕旨 不得過三十萬 如過此數 勿來見準 準斬汝矣 利用卒以絹二十萬 銀十萬定和議 南朝爲兄 北朝爲弟 交誓約 各解兵歸

구준의 생각은 대개 그들을 격파하여 단 한 척의 수레도 돌아가지 못하도록 하자는 것이었다. 그러나 상은 말했다.

"수십 년 후에는 능히 막아낼 사람이 나올 것이오. 나는 백성들이 거듭 괴로움을 당하는 모습을 차마 볼 수가 없소. 우선 그들의 화의를 받아들이는 것이 좋겠소."

드디어 조이용을 보내게 되었는데, 이용은 세폐(歲幣)로 줄 금백(金帛)의 수량을 <얼마로 할 것인가를> 물었다. 상은,

"정 부득이하면 백만금(百萬金)까지 주어도 좋소."

했는데, 구준은 이용을 불러 말했다.

"비록 폐하의 말씀이 계셨지만 30만금을 넘어서는 안 되오. 만약 이 수량이 초과한다면 돌아와 이 구준을 다시 볼 생각일랑 하지 마시오. 구준이 그대의 목을 벨 것이오."

이용은 마침내 비단 20만 필, 은 10만 냥으로 화의를 매듭짓고, 남조(南朝 : 宋)는 형이 되고 북조(北朝 : 遼)는 아우가 된다는 서약서를 교환한 후 각기 군사를 풀고 돌아갔다.

6. 왕안석의 신법 — 王安石新法

神宗卽位 富弼同平章事 王安石參政 安石旣執政 士大夫素重其名 以爲太平可立致 呂誨時爲御史中丞 將入對 學士侍讀司馬光 亦將詣經筵 相遇並行 光密問 今日所言何事 誨曰 袖中彈文 乃新參也 光愕然曰 衆喜得人 奈何論之 誨曰 君實亦爲此言邪 安石執偏見

신종(神宗)이 즉위하여 부필(富弼)이 동평장사(同平章事)가 되고, 왕안석(王安石)은 참지정사(參知政事)가 되었다. 왕안석이 참정이 되자 사대부들은 평소에 그의 명망을 중히 여겨 곧 태평을 이룰 것이라고 생각했다. 당시 어사중승(御史中丞)[1]이었던 여회(呂誨)가 입궐하여 상주(上奏)하려고 들어가는데, 학사시독(學士侍讀) 사마광(司馬光) 역시 경연(經筵)[2]에 나가던 중이라 서로 만나 나란히 가게 되었다. 사마광이 은밀히 묻기를,

"오늘 말하고자 하는 것은 무엇이오?"

"소매 속에 들어 있는 탄핵 주문은 바로 신임 참정에 관한 것이오."

하니, 사마광이 깜짝 놀라,

"많은 사람들이 적임자를 얻었다고 기뻐하는데 어찌 논박한단 말이오?"

하자, 여회는 이렇게 말했다.

"군실(君實 : 사마광의 자)도 그런 말씀을 하시오? 왕안석은 고집이 세고 다른

1 백관의 잘못을 탄핵하고 정사의 잘못을 바로잡는 관직이다.
2 임금을 모시고 경사(經史)를 강(講)하고 시사(時事)를 논하는 자리.

喜人佞己 天下必受其弊 光退而思之 不得其說 搢紳間 有傳其疏者 往往疑其太過 誨言 大姦似忠 大詐似信 安石外示朴野 中藏巧詐 驕蹇慢上 陰賊害物 疏其十事 上兩降手詔喩誨 誨論之不已 遂罷誨 安石建議 創制置三司條例司 議行新法 言周置泉府之官 變通天下法 以收利權

사람이 자기에게 아첨하는 것을 좋아하니, 천하가 반드시 그 피해를 입을 것이오."

사마광은 물러나와 생각해 보았지만 그 말을 이해할 수 없었고, 조정 중신들 간에 간혹 그 소(疏)를 전해 들은 사람들이 있었는데, <여회가> 너무 지나친 게 아닌가 의심하는 이들까지 있었다. 여회는,

"큰 간인(奸人)은 충성스러운 듯하고 큰 거짓은 믿음직한 것 같습니다. 왕안석은 외면으로는 소박(素朴)한 듯하나 마음속에는 교묘한 거짓을 감추고 오만하고 건방지게 상을 속이니 사람을 해치고 일을 그르칠 것입니다."

라는 등 열 가지를 상소하였다. 상이 두 번이나 친히 쓴 조서(詔書)를 내려 여회를 달랬으나 여회가 논박을 마지않자 드디어 여회를 파직하였다.

왕안석의 건의로 삼사조례사(三司條例司)를 설치하고 그 의논에 따라 신법(新法)을 시행했는데 그의 말은 이러했다.

"주(周)나라 때에는 천부(泉府)라는 관직을 두어 천하의 재물을 변통했는데, 후세 사람으로는 오직 상홍양(桑弘羊)과 유안(劉晏)[3]만이 겨우 이 취지에 부합했다. 지금 마땅히 천부의 법을 닦아 이권(利權)을 <국가가> 거두어 들여야 한다."

---

3 상홍양은 한(漢), 유안은 당대(唐代)의 재정가(財政家)이다.

安石多與呂惠卿謀 人號安石爲孔子 惠卿爲顔子 安石欲行青苗法 以爲周官國服爲息法也 蘇轍曰 以錢貸民 吏緣爲姦錢入民手 雖良民不免妄用 及其納錢 雖富民不免違限 鞭箠必用 州縣不勝煩矣 參政唐介爭論新法 不勝 疽發背卒 時人有生老病死苦之喩

왕안석은 많은 일을 여혜경(呂惠卿)과 계획했는데,[4] 사람들이 왕안석은 공자(孔子)요 여혜경은 안자(顔子)라고 이름 지었다.

왕안석이 청묘법(青苗法)[5]을 시행하려 하면서 『주례(周禮)』의 '국가에서 시행하는 이식(利息)을 취하는 법'이라고 하였다. 이에 대해 소철(蘇轍)은 이렇게 말했다.

"돈을 백성들에게 빌려주면 아전들은 이를 연유하여 부정을 저지르고, 돈이 백성의 수중에 들어가면 비록 어진 백성들이라도 함부로 사용함을 면할 수 없게 된다. 돈을 납부할 때가 되어서는 부유한 백성이라도 기한을 넘기지 않을 수 없고, 그러자면 반드시 형벌을 사용하느라 주현(州縣)이 말할 수 없이 소란해질 것이다."

참정 당개(唐介)는 신법을 가지고 논쟁하다가 등창이 나서 죽었다. 당시 사람들이 생로병사(生老病死) 문제를 가지고 이렇게 비유했다.

---

4 신종은 삼사조례사(三司條例司)를 설치하고 개혁을 실시케 하니, 왕안석은 여혜경 등과 함께 국가 부강을 최대 목표로 하는 새로운 제도를 실시하니 이것이 이른바 신법이다. 그 내용은 농사와 수리(水利), 청묘(青苗)·균수(均輸)·보갑(保甲)·모역(募役)·시역(市易)·보마(保馬)·방전(方田) 등의 여러 가지 법을 제정하고, 이 일을 관장하는 제거관(提擧官) 40여 명을 전국에 보내 그 시행을 감독케 했다.

5 신법의 하나. 정부에서 춘궁기에 백성에게 돈을 대여해 주고 추수를 마친 가을에 2푼(分)의 이자를 붙여 거두어들이던 제도

謂安石爲生 曾公亮爲老 介死 富弼議論不合 稱病 參政趙抃無如安石何 惟稱苦苦而已 安石折抃曰 君輩坐不讀書耳 抃曰皐夔稷契 何書可讀 安石亦不能對 新法施行後 天下騷然 而國未嘗富 邊鄙生事 徒多喪敗 而國未嘗强 神宗大漸 立爲太子 甫十歲 太皇太后同聽政 罷諸新法 安石每聞朝廷 變其法

"왕안석은 생(生)이요, 증공량(曾公亮)[6]은 노(老)요, 당개는 사(死)요, 부필은 의논이 합치되지 않자 병을 칭탁하여 나오지 않으니 병(病)이요, 참지정사(參知政事) 조변(趙抃)은 왕안석을 어찌 할 수 없어 오직 괴로워만 하고 있으니 고(苦)이다."

왕안석이 조변을 면박하기를,

"그대들 무리는 책을 읽지 않았기 때문이다."

하니, 조변이,

"고요(皐陶)·기(夔)·후직(后稷)과 설(契)이 어찌 책을 읽을 줄 알았겠는가?"[7]

라고 반박하자 왕안석 역시 대답하지 못했다.

신법이 시행된 뒤 천하가 시끄러워졌으나 나라는 부유해지지 않았다. 변방에서는 사단이 일어나고 한갓 잘못되는 일만 있을 뿐 국가는 강해지지 못했다. 신종이 돌아가고 나서 태자가 서니 겨우 10세라 태황태후가 함께 정사를 살피면서 신법을 혁파하였다.

<물러난> 왕안석은 조정에서 자기가 세워 놓은 신법을 바꾼다는 소식을

---

6 증공량은 인품이 중후했는데 왕안석과 의견이 맞지 않자 늙었음을 이유로 은퇴하여 벼슬하지 않았다.

7 모두 요순(堯舜) 시대의 어진 이들로서 당시에는 문자가 나오기 전이라 책이란 것이 없었기 때문에 그렇게 말한 것이다.

夷然不以爲意　及聞罷助役復差役　愕然失聲曰　亦罷至此乎　良久曰 此法 終不可罷 安石與先帝 議之二年乃行 無不曲盡

들을 때마다, 태연히 아무렇지도 않은 것 같았으나 조역법(助役法)을 폐지하고 도로 차역법(差役法)[8]을 쓰게 되었다는 말을 듣고는 깜짝 놀라 부지중에 부르짖었다.

"그 법까지 폐지하다니……."

그는 잠시 동안 말을 잇지 못하다가 다시 입을 열었다.

"이 법만은 폐지해서는 안 된다."

모역법은 왕안석이 2년 동안이나 신종과 의논한 끝에 실시한 것으로, 세세한 부문까지 규정한, 조금도 미비한 점이 없는 법률이었던 것이다.

---

8 조역법은 곧 모역법으로, 부역(賦役)을 면제 받는 대신, 재산 정도에 따라 돈을 내면 그 돈으로 인부를 사서 국역(國役)을 맡게 하는 제도. 차역법은 종전과 같이 호구(戶口) 당 노동력을 징발하던 부역 제도. 왕안석의 신법은 민병대제도인 보갑법(保甲法), 집집마다 말을 기르게 한 보마법(保馬法)을 비롯하여, 시역법(市易法)·방전균세법(方田均稅法)·삼사법(三舍法) 등 개혁적인 것들이었다.

7. 사마광의 인망—司馬光人望

元祐元年 以司馬光爲左僕射 時王安石已病 其弟以邸吏狀示之 安石曰 司馬十二作相矣 悵然久之 議者或謂 三年無改父道 新法姑稍損其甚者足矣 光慨然爭之曰 先帝之法 善者雖百世不可變 若安石惠卿等所建 爲天下害 非先帝本意者

원우(元佑 : 哲宗의 연호) 원년(1086)에 사마광(司馬光)을 좌복야(左僕射)로 삼았다. 당시 왕안석은 병이 들어 고향에 물러나 있었는데, 그 동생이 서울 집의 하리(下吏)가 보낸 편지를 갖다 보여 주자 왕안석은,

"사마십이(司馬十二)가 재상이 되었구나."[1]

하면서 한참 동안 실망하는 기색이었다. 의논하는 사람들이,

"삼년 동안 아버지의 법도를 고치지 않는다고 하였으니 신법은 우선 심한 것부터 없애 나가는 것이 좋을 듯합니다."[2]

하자, 사마광은 격앙된 표정으로 다투어 말하기를,

"선황제의 법이 좋은 것이라면 비록 백세라도 바꾸어서는 안 될 것이오. 왕안석·여혜경(呂惠卿) 등이 만들어 천하에 해를 끼치고 선황제의 본의도 아닌

---

1 사마광이 열 두 형제였기 때문에 당시에 '사마십이'라고 불렀다. 좌복야는 2품직으로 재상직이었다. 사마십이라고 한 것은 폄칭(貶稱)이다.

2 아버지가 정해 놓은 일은 자식이 함부로 바꾸지 않는 다는 뜻. 이는 적어도 '삼년상을 마치기까지는 아버지의 법도를 고치지 않아야 효라고 할 수 있다.'는 『논어』의 말을 인용한 것인데, 아버지 신종(神宗)이 정한 신법(新法)을 아들인 철종(哲宗)이 즉위하자마자 폐하는 것을 꺼려서 한 말이다.

當如救焚拯溺 猶恐不及 況太皇太后 以母改子 非子改父 衆議乃定 或謂光曰 章惇呂惠卿輩 他日有以父子之議 間於上 則朋黨之禍作矣 光起立拱手 厲聲曰 天若祚宋 必無此事 司馬光爲相 八閱月而薨 太皇太后 哭之慟 上亦感涕不已 贈太師溫國公 謚文正 光在位 遼人夏人使來 必問光起居 而遼人敕其邊吏曰 中國相司馬矣 切毋生事開邊隙

것들이야 마치 불 속에서 구해내고 물에 빠진 것을 건지듯이 오히려 미치지 못할까 두려워하듯 해야 하오. 하물며 태황태후(太皇太后)는 어머니로서 아들의 법을 고치는 것이지 아들이 아버지의 법을 고치는 것이 아니오."

하자, 중론이 이에 정해졌다. 어떤 사람이 사마광에게 말하기를,

"장돈(章惇)이나 여혜경 같은 무리가 훗날 부자간의 논의[3]로 상을 이간질한다면 화가 일어날 것입니다."

하니, 사마광이 일어나 손을 마주 잡고는[4] 큰 소리로 말했다.

"하늘이 만약 송나라를 버리지 않는다면 반드시 그런 일은 없을 것이오."

사마광이 재상이 된 지 8개월 만에 죽자 태황태후는 통곡을 하고 상도 또한 울기를 마지않았다. 태사(太師)에 온국공(溫國公)을 증직하고 시호를 문정(文正)이라 했다.

사마광이 재직 시에 요(遼)와 하(夏)의 사신이 오면 반드시 그의 안부를 물었다. 요나라에서는 그 변방 관리들에게 이렇게 경계하였다.

"중국에 사마광이 재상으로 있으니 절대로 변방에 사단을 일으키지 않도록

3 아버지가 만든 법을 아들이 고쳤으니 도리에 어긋난 일이라는 논리. 이는 바로 불효이다.
4 황제에 관계된 말을 하기 위하여 손을 마주잡아(拱手) 공경하는 태도를 보인 것이다.

及卒 京師民罷市 畫其像印鬻之 畫工有致富者 及葬 四方來會者 哭之如哭其親戚 光嘗語晁無咎曰 吾無過人 但平生所爲 未嘗不可對人言者耳 劉安世問光 一言可以終身行之者 光曰 其誠乎 安世問其所從入 曰自不妄語入

하라."

죽게 되자 서울 백성들은 모두 철시(撤市)하고, 그의 초상을 그려 인쇄해 판 화공(畫工) 중에는 부자가 된 자까지 있었다. 장례를 치르게 되자 사방에서 온 회장자(會葬者)들이 자기들 친척이 죽어 우는 것처럼 곡을 했다.

사마광이 언젠가 조무구(晁無咎)[5]에게 이렇게 말했다.

"나는 다른 사람보다 나은 점은 없다. 그러나 나는 평소에 남에게 이야기하지 못할 일을 행한 적은 없다."

유안세(劉安世)가 사마광에게 평생토록 실천할 말 한 마디를 묻자, 사마광은,

"그건 성실(誠實)일세."

하였고, 안세가 그런 경지에 들어가려면 어떻게 해야 하느냐고 물으니, 이렇게 대답했다.

"함부로 말을 하지 않는 것이 그 첫걸음이다."

---

5 조무구(1053~1110)의 이름은 보지(補之), 무구는 자이다. 신종(神宗) 때 진사가 되어 철종(哲宗) 대에 여러 관직을 역임했다. 문장을 잘 지을 뿐 아니라 글씨와 그림에도 능했다. 도연명(陶淵明)을 사모하여 귀래자(歸來者)라 자호(自號)했다.

8. 성리학의 성립—性理學成立

河南程顥字伯淳 弟頤字正叔 兄弟皆從濂溪周敦頤受學 敦頤字茂叔 博學力行 聞道早 遇事剛果 有古人風 爲政嚴恕 務盡道理 以名節自礪 雅有高趣 牕前草不除曰 與自家意思一般 黃庭堅稱 其人品甚高 胸中灑落 如光風霽月

하남(河南)의 정호(程顥)는 자가 백순(伯淳)이고, 동생 정이(程頤)는 자를 정숙(正叔)이라 했다. 형제가 모두 염계(濂溪) 주돈이(周敦頤)를 따라 배웠다.

주돈이는 자를 무숙(茂叔)이라 했는데, 널리 배우고 힘써 성인(聖人)의 도리를 실천하여 일찍 학문을 성취하였다.[1] 일을 처리할 때는 강직하고 과감하여 옛 군자의 풍도(風度)가 있었고, 정사를 할 때는 엄격하면서도 관후하여 사리에 맞게 하려고 힘썼다. 명예와 절조(節操)를 스스로 닦아 매우 고상한 취미가 있어 창문 앞의 풀을 베지 않으면서 말했다.

"<저 풀이 자라는 것이나> 우리가 살아가는 것이나 같다는 생각이오."[2]

황정견(黃庭堅)[3]은 이렇게 칭찬했다.

"그의 인품은 더없이 고상하고 마음은 순결하여 마치 비온 뒤 활짝 갠 달빛과 같다."

---

1 문도(聞道)는 성인(聖人)의 도(道)를 들음. 즉 학문의 성취를 의미한다.
2 자연생장의 이치는 사람이든 초목이든 같은 것이기 때문에 인간 위주로 다듬고 꾸며서는 안 된다는 말.
3 황정견(1045~1105)은 호를 산곡도인(山谷道人)이라 하는 송대(宋代) 최고의 시인으로 일컬어진다.

有太極圖通書 行于世 顥頤初從之 首令尋仲尼顔子所樂何事學成 各以斯文爲己任 顥嘗言一命以上 苟存心於愛物 於人必有所濟 神宗嘗使推擇人才 所薦數十人 以表叔張載弟頤爲首 熙寧中 以新法不合去國 至是 方召用遽卒 士大夫莫不哀傷之 文彦博采衆論 表其墓 曰明道先生 而弟頤爲之序曰

<저술로는> 『태극도(太極圖)』와 『통서(通書)』가 있어 세상에 전한다.

정호와 정이가 처음 주염계의 제자가 되었을 때, '먼저 공자와 안자(顔子)가 즐긴 바가 무엇인가'를 찾게 했다. <정호·정이 형제는> 학문이 성취된 후 사문(斯文)[4]을 각기 자기의 임무로 삼았다. 정호는 언젠가 이렇게 말했다.

"모든 관리들(一命以上)[5]이 진실로 만물을 사랑하는 생각을 마음속에 간직한다면 사람들에게 이익이 될 것이다."

신종이 일찍이 그로 하여금 인재를 추천하라고 하자 천거한 인물이 수십 인이었는데, 표숙(表叔)인 장재(張載)[6]와 동생 정이를 <소신대로> 맨 앞에 두었다. 희령(熙寧 : 神宗의 초기 연호) 연간에 <왕안석의> 신법(新法)이 자기의 뜻에 맞지 않으므로 벼슬을 버리고 갔다. 이때에 와서 막 불러 등용하려고 했는데, 갑자기 죽자 사대부들이 모두 애석해했다. 문언박(文彦博)[7]이 중론을 모아 그 묘비(墓碑)를 세웠는데, 명도 선생(明道先生)이라 하였다. 그리고 동생인 정

---

4 성인의 도를 교화(敎化)하는 일. 후대에 와서는 일반적으로 성리학을 지칭하게 되었다.

5 일명(一命)은 처음으로 임명된 최하급 관리를 말하므로 일명 이상이란 최하급 관리로부터 최고급 관리, 즉 모든 관리를 말한다.

6 표숙은 아버지보다 연소한 외숙의 이칭. 장재(1020~1097)는 주염계와 동년배로 처음에는 여러 학문을 두루 섭렵하다가 정호 형제의 영향을 받아 유학에 몰두했다. 그가 횡거진(橫渠鎭)에 살았기 때문에 횡거 선생으로 불렸다.

7 문언박(1006~1097)은 북송(北宋) 때 50여 년간 관직에 있으면서 인종(仁宗)·영종(英宗)·신종(神宗)·철종(哲宗) 4대를 섬긴 명상(名相).

周公沒 聖人之道不行 孟子死 聖人之學不傳 道不行 百世無善治 學不傳 千載無眞儒 無善治 士猶得明夫善治之道 以淑諸人 以傳諸後 無眞儒 天下貿貿焉 莫知所之 人欲肆而天理滅矣 先生生于千四百年之後 得不傳之學於遺經 辨異端息邪說 使聖人之道 復明於世 蓋自孟子之後一人而已 頤嘗語人欲知吾道者 觀此序可矣 張載字子厚 初無所不學 後聞二程之言 乃盡棄其學而講焉 有東銘西銘正蒙理窟等書 行于世人謂之橫渠先生

이가 비문에 쓰기를,

"주공(周公)이 돌아간 한 후 성인(聖人)의 도가 시행되지 않았고, 맹자가 죽은 뒤 성인의 학문이 전해지지 않았다. 도가 시행되지 않자 백세토록 좋은 정치가 없었고, <성인의> 학문이 전해지지 않자 천년 동안 참된 유학자가 없었다. 좋은 정치가 없었는데도 사대부들을 오히려 잘 다스리는 도를 밝혀 많은 사람들을 선하게 하여 후세에 전했다. <그러나> 참된 유학자가 없어 천하가 막막하게 아무것도 몰라 인간의 욕망이 횡횡하고 천리가 인멸(湮滅)되었다. 선생은 1천 4백년 뒤에 태어나 전하지 못하던 학문을 남은 경전(經傳)에서 터득하여 이단(異端)을 변석(辨析)하고 사설(邪說)을 그치게 하여 성인의 도를 세상에 다시 밝혔으니, 대개 맹자 이후에 한 사람이 있을 뿐이다."

하였다. 정이가 언젠가 다른 사람에게 이렇게 말했다.

"우리의 도를 알려고 하는 자는 이 비문을 읽어보면 된다."

장재의 자는 자후로 처음에는 학문이 없었으나 두 정(程) 씨의 이론을 듣고는 지금까지 배운 것을 다 버리고 유학에만 몰두했다. 『동서명(東西銘)』·『정몽』·『이굴』 등의 저술이 있어 세상에 전해진다. 사람들이 횡거 선생이라 한다.

宋自歐陽脩 以古文倡天下 文章雖大變 然儒者義理之學 至周程出 然後大明 雍敦頤載 皆歿于神宗之世 至是 顥又歿 惟頤在 學者宗之 爲伊川先生

共城邵雍 字堯夫 居河南 與二程友 雍之學 玩心高明 觀天地變化 陰陽消長 以達萬物之變 精於物數 推無不中 人謂之康節先生 富弼司馬光等 皆深敬重之

송(宋)나라에서는 구양수(歐陽修)[8]가 고문(古文)[9]을 제창한 뒤로부터 비록 문장이 크게 변혁되었지만, 유자(儒者)의 의리의 학문(性理學)은 주염계와 정호가 나온 뒤에 크게 밝혀졌다. 소옹 · 주돈이 · 장재가 모두 신종 조에 죽고, 이때에 와서 정호 또한 죽어, 정이만이 남게 되자 배우는 자들이 그를 종주(宗主)로 삼으니 이가 이천 선생(伊川先生)이다.

공성(共城)의 소옹(邵雍)은 자가 요부(堯夫)인데, 하남에 살면서 두 정자와 벗하였다. 소옹의 학문은 마음을 높고 밝은 경지에 이르게 하여 천지의 변화와 음양의 성쇠를 관찰해서 만물의 변화에 통달하였다. 수리(數理)에 정통하여 이를 토대로 모든 일을 추리하였으므로 그의 학설은 맞지 않는 것이 없었다. 사람들이 강절 선생이라 불렀는데, 부필과 사마광 등도 그를 깊이 존경했다.

---

8 구양수(1007~1072)는 자가 영숙(永叔)인데, 관직은 참지정사(參知政事)에 이르렀다. 당송팔대가(唐宋八大家)의 한 사람으로 당시 고문운동을 적극 제창하여 송대의 문풍을 일신시켰다.

9 고문(古文)이란 금문(今文)의 대칭(對稱)으로 진대(秦代) 이전의 문자나 전적(典籍) 혹은 그 문체(文體).

9. 송(宋)나라의 당파 싸움—元祐黨派

蘇軾程頤 同在經筵 軾喜諧謔 而頤禮法自持 軾每嘲侮之 光之薨也 百官方有慶禮 事畢欲往弔 頤不可曰 子於是日哭則不歌 或曰 不言歌則不哭 軾曰 此枉死市叔孫通 制此禮也 頤怒 二人遂成隙

소식과 정이는 함께 경연(經筵)[1]에 참여했는데, 소식은 해학을 좋아하고 정이는 예법을 지켜 몸가짐을 삼갔으므로 소식이 정이를 노상 조롱하였다.

사마광(司馬光)이 죽었을 때, 그날 마침 조정에 경사(慶事)가 있었으므로 백관들이 예를 마치고 조문(弔問)을 하러 갈 참이었다. 그러나 정이는 불가하다고 했다.

"공자께서는 조문을 하고 곡(哭)한 날에는 노래를 부르지 않는다고 했소."

"<그렇지 않소. 공자는 곡하고 나서 노래 부르지 않았다고 했지> 노래 부르고 나서 곡하지 않는다는 말은 하지 않았소."

누가 이렇게 반박하자, 소식이 말했다.

"이런 <까다로운 예법은 지금 살아 있다면> 시장 거리에서 횡사나 할 숙손통(叔孫通)이 만들어 낸 것이오."[2]

<이 말에> 정이는 노하여 두 사람 사이에 드디어 틈이 생겼다. <정이의>

---

1 학문에 뛰어난 관리들이 임금을 모시고 경사(經史)를 익히고 치도(治道)를 논하는 자리.

2 처음 진(秦)에 벼슬하다가 한(漢)에 항복하여 고조(高祖)를 설득, 노(魯)나라 선비들을 불러다 조정 의식을 정하게 하고, 한나라의 여러 조묘 전례(朝廟典禮)는 모두 그에 의해 만들어졌다. 이 말 또한 소식의 해학이었다.

頤門人朱光庭賈易 爲言官 力攻軾 傅堯兪王巖叟呂陶等 相繼論列 堯兪巖叟右光庭陶右軾 是時 元豊大臣 退於散地 皆啣怨入骨 陰伺間隙 諸賢不悟 方自分黨相攻 有洛黨川黨朔黨 洛黨 以頤爲領袖 光庭易爲羽翼 川黨以軾爲領袖 陶等爲羽翼 朔黨以劉摯王巖叟劉安世爲領袖 而羽翼尤衆 未幾 頤罷不復召 久之軾亦罷 後再入三入 皆不久而出

제자 주광정(朱光庭)과 가이(賈易)가 언관(言官)[3]이 되어 소식을 맹렬히 공격했다. 부요유(傅堯兪)·왕암수(王巖叟)·여도(呂陶)가 이어서 논쟁에 가담했는데, 부요유와 왕암수는 주광정을 옹호하고 여도는 소식을 옳다고 했다.

이때는 신종(神宗) 원풍(元豊) 연간(1078~1085)의 대신들이 한가한 관직에 물러나 모두들 원한이 골수에 박혀 몰래 <구당파의> 틈을 노리고 있을 때였다. <그런데도> 제현(諸賢)[4]들은 깨닫지 못하고 한창 자기들끼리 당을 나누어 서로 공격하였다.

낙당(洛黨)이니, 천당(川黨)이니, 삭당(朔黨)이니 하는 구별이 있었다. 낙당은 <낙양(洛陽) 사람인> 정이를 영수(領袖)로 하고 주광정과 가이가 우익이 되었으며, 천당은 <사천(四川) 출신인> 소식을 영수로 하고 여도가 우익이 되었다. 삭당은 <삭방(朔方 : 河北) 사람인> 유지(劉摯)·왕암수·유안세(劉安世)를 영수로 하였는데 우익이 더욱 많았다

얼마 안 있어 정이가 파직되어 다시 등용되지 않았고, 오래 뒤 소식 역시 파직되었다. 그 후 재차 삼차 조정에 들어갔으나 오래지 않아 나갔다.

---

3 임금의 잘못을 간하거나 정치의 득실, 백관의 잘못을 논핵(論劾)하는 관원.
4 원풍 연간의 대신들이란 신법당(新法黨)을 가리킨다. 『십팔사략』 저자는 구법당 인사들을 두둔하는 입장에서 제현(諸賢 : 여러 어진 이들)으로 기술하였다.

10. 정강의 변* —靖康之變

京師 自十一月受圍 凡四十日 有卒郭京者 言能用六甲法 生擒粘罕斡離不 盡令守禦人下城 獨坐城樓上 以親兵數百自衛 俄頃金人鼓譟而進 京紿衆曰 須自下城作法 因引餘兵南遁

서울이 <정강 원년> 11월부터 포위된 지 40일이 지났다. 이때, 병졸 중에 곽경(郭京)이라는 자가 자기가 육갑법(六甲法)[1]으로 적장 점한(粘罕)과 알리불(斡離不)을 사로잡을 수 있다고 큰소리를 쳤다. <그래서 조정에서는 깊이 생각해 보지도 않고 시험해 보도록 했다. 곽경은> 성 위에서 방어하는 군사들을 모두 내려오게 하고는 홀로 성루(城樓)에 앉아 군사 수백 명으로 자신을 호위하게 하는 것이었다. 조금 있다가 금군(金軍)이 요란스럽게 북을 치면서 진격해 오자, 곽경은 군중을 속여,

"이제 성을 내려가 육갑법을 쓸 때가 되었다."

하면서 성을 내려와 남은 군사를 이끌고 남쪽으로 도망가 버렸다. 이때 성에

---

* 12세기 초반(1115) 여진의 아구타(阿骨打)가 금(金)을 건국하니, 송은 금과 힘을 합해 거란족의 요(遼)를 공벌하여 산해관(山海關) 이서(以西)의 땅을 회복하려 하였다. 그러나 요를 멸망시키는 과정에서 금의 세력이 절대적으로 우세했으므로 산해관 서쪽 과거 요의 영지는 대부분 금이 점령하고 있었다. 송은 이 영토에 대한 미련을 버리지 못하여 몰래 요의 유장(遺將)들을 회유하는 등 금의 비위를 건드리게 되었다. 그러자 금이 송을 공격해 왔고, 다급해진 송은 막대한 양의 세폐(歲幣)와 인질을 보내기로 했는데 이것이 잘 이행되지 않았다. 그리하여 금이 대군을 몰아 수도 개봉을 압박하니, 휘종은 상황으로 물러나고 흠종(欽宗)이 즉위하여 금에 대항했다. 결국 포위된 지 40여일 만에 성이 함락되고 상황과 황제가 북으로 끌려가고 북송은 망하니(1127) 이 해가 정강(靖康) 1년이다.

1 육갑법이란 갑자(甲子)·갑인(甲寅)·갑오(甲午)·갑신(甲申)·갑술(甲戌) 등 갑자가 든 해에 태어난 사람 7,777명을 모아 부대를 지어 싸우면 대적할 자가 없다는 방술(方術)의 하나.

虜兵登城者纔四人 衆皆披靡大潰 上聞城陷 慟哭曰 朕不用种師道言 以至于此 時師道前一月卒矣 護駕人猶有萬餘 馬亦數千 張叔夜連戰四日 斬其貴將一人 欲護駕突圍而出 上惑於和 議不定 士卒號哭而散 虜使劉晏 請上出城 都民爭入臠而食之 何㮚欲率都民巷戰 聞者爭奮 金人由是 斂兵不下 惟以割地責金幣和議爲辭 以誤戰守之計

오른 적병은 겨우 4명이었는데, 군중은 풀이 바람에 쓸리듯 크게 무너졌다. 상(欽宗)은 성이 무너졌다는 말을 듣고, 통곡하면서 이렇게 탄식했다.

"짐이 충사도(种師道)의 말을 듣지 않다가 이 지경에 이르렀구나."[2]

이때 이미 충사도는 한 달 전에 죽고 없었다.

그래도 황제를 호위하는 군사는 만여 명이나 되었고, 말 또한 수천 필이 있었다. 장숙야(張叔夜)는 연 나흘 동안 싸우면서 적의 대장 1인을 베고 어가(御駕)를 호위하여 포위를 돌파하려 하였다. 그러나 상이 화의(和議)에 미련을 버리지 못했으므로 의논이 정해지지 않자 사졸들은 울면서 해산했다.

<이 틈을 타서> 금의 사신 유안(劉晏)이 상에게 성을 나가 항복하기를 재촉하니, 도성 백성들이 벌 떼처럼 달려들어 그 살을 난도질 해 먹어버렸다.

<재상> 하율(何㮚)이 도성 백성들을 거느리고 시가전을 펼치려 하자 이 소식을 들은 백성들이 앞 다투어 나섰다. 이후부터 금나라 군사들은 진영 안으로 들어가 나오지 못했다. 오직 영토의 할양, 금은과 비단 등 배상금 지불의 약속을 어긴 것을 나무라고 화친을 말함으로써 끝까지 싸워 지키려는 계책을

2 앞서 금군이 서울 개봉(開封)을 포위했다가 화의가 성립되어 포위를 풀고 물러갔는데, 이때 충사도는 황하 강변에 군대를 매복했다가 금군이 강을 건널 때 습격하자고 건의했으나 채택하지 않았었다

門下侍郎耿南仲力主和議 上以爲然 遂墮其計中 二元帥請與上皇相見 上曰 上皇驚憂已病 朕當自往 遂如靑城見之 二宿而返 明年春復請上出郊 續逼出上皇 張叔夜諫曰 今上一出不歸 陛下不可再往 臣當率勵精兵 護駕以出 縱虜騎追至 臣決死戰 或可僥倖 若天下不祚 死於封疆 不猶生陷於夷狄乎

오도(誤導)하였다.

문화시랑 경남중(耿南仲)이 힘껏 화친을 주장하니 상도 그렇게 생각하여 드디어 적의 계략에 넘어가게 되었다.

두 원수(元帥)[3]가 상황(上皇 : 徽宗)을 뵙기를 청하자 상은,

"상황께서는 놀라움과 걱정으로 병환이 나셨으니 내가 직접 나가겠다."

하고는 청성(靑城)[4]으로 가서 <적장을> 만나보고 이틀 밤을 묵고 돌아왔다.

이듬해(1127) 봄 다시 상을 성밖으로 나오라고 하여 <가두고는> 상황도 나오라고 계속 압박하자 장숙야가 <상황에게> 간했다.

"황제께서 한번 성을 나가시고 돌아오지 아니하시는데 폐하께서 또 가실 수는 없습니다. 신은 정병을 이끌고 어가를 호위하여 <포위를 뚫고> 나가겠습니다. 비록 오랑캐의 기병이 추격해 온다고 해도 신이 결사적으로 싸운다면 막아낼 수 있을 것입니다. 만약 하늘이 송나라를 돕지 않아 싸우다가 내 국토에서 죽는다고 하더라도 이적(夷狄)에게 함락되어 목숨을 부지하는 것보다야 낫지 않겠습니까."

---

3 금의 장수 점한과 알리불이다.

4 금군의 군영이 있는 곳. 청성은 개봉성 북쪽과 남쪽 두 곳에 있었는데, 이때는 북쪽의 재궁(齋宮)이었다.

上皇欲飮藥 范瓊所奪 逼上皇出宮 皇后太子親王帝姬皇族前後三千餘人悉赴軍前 城中子女金帛寶玩車服器用圖書百物括索 公私上下俱空 上在位不二年 國破 改元靖康 皇弟康王立于南京 是爲高宗皇帝

상황이 독약을 마시려 하는데 범경(范瓊)이 빼앗고는 상황을 압박하여 성을 나가게 하니, 황후·태자·친왕·제희(帝姬)[5]·황족 약 3천여 인이 적의 군진 앞으로 나갔다.

<금의 군사들은> 도성 안의 부녀자와 금·은·비단·보물·수레·의복·기명(器皿)·도서 등 모든 물품들을 모조리 휩쓸어 갔다. 그리하여 공가(公家)건 개인이건, 지위가 높은 사람이건 낮은 사람이건, 부자건 가난한 사람이건, 모두가 알몸이 되었다.

상이 재위한 지 2년도 못되어 나라는 망했으니, 고친 연호는 정강(靖康)이다. 황제의 동생 강왕(康王)이 남경에서 즉위하니 이가 고종황제이다.

5 휘종 정화(政和) 3년(1113)에 공주(公主)를 제희(帝姬)로 개칭했다.

11. 금(金)나라 군사도 두려워한 악비[*] —岳飛

岳飛爲湖北京西宣撫使 時淮東宣撫使韓世忠 江東宣撫使張俊 皆久已立功 而飛以列將拔起 世忠俊不平 飛屈己下之 二人皆不答 及飛破楊么 俊益忌之 於是嫌隙日深 上自如平江如建康 飛因扈駕以行 入見 疏論恢復 秦檜時爲樞密副使

악비(岳飛)가 호북(湖北)·경서(京西)의 선무사(宣撫使)가 되었다.

당시 회동선무사(淮東宣撫使) 한세충(韓世忠)과 강동선무사(江東宣撫使) 장준(張俊)은 모두 오래 전부터 <금군과 싸워> 공을 세워왔으나 악비는 여러 장수 중에서 발탁된 사람이었기 때문에 한세충과 장준이 불평스럽게 여겼다. 악비가 자신을 낮추어 예를 다했으나 두 사람은 인사도 제대로 받지 않았다. 악비가 양요(楊幺)[1]를 깨트리자 장준은 더욱 악비를 시기하게 되니 두 사람의 틈이 더욱 깊어졌다. 상(上 : 남송 高宗)이 평강(平江)으로 갔다가 건강(建康)으로 가게 되니, 악비가 어가(御駕)를 호위하게 되었다. 이를 인연으로 황제를 뵙고 상소하여 국토 회복을 논하였다. 진회(秦檜)는 이때 추밀원부사(樞密院副使)가 되어

* 정강의 변으로 나라가 망하고 상황과 황제가 북으로 끌려가자 흠종의 아우 강왕(康王)이 남경에 나라를 재건하니 이것이 남송(南宋)이다. 남송의 급선무는 북으로 끌려간 두 황제와 황족들을 송환해 오는 것이었다. 그리하여 고려(高麗)에까지 사신을 파견하여 그 중재를 요청하기도 했으나 일이 어렵다는 것을 안 고려의 발뺌으로 고려와 남송의 관계가 소원해지기도 했다. 인질이 금나라에 잡혀 있는 남송의 처지로서는 금에 공격적으로만 나갈 수가 없었는데, 그렇다고 무력으로 우세한 금이 화의에 적극적이지도 않았다. 이러한 과정에서 남송에는 진회(秦檜)를 중심으로 한 주화파와 그에 반대하는 척화파가 대립했으니, 악비는 척화파의 거두였다. 주전론을 주장하다 죽음을 당한 악비의 이미지가 각인(刻印)되어 지금도 중국 남부지방에서는 악비를 군신(軍神)으로 모신다.

1 양요는 나라가 혼란해진 틈을 타 동정호(洞庭湖)를 무대로 활동하던 도둑 떼의 두목.

主和議 忌飛成功沮之 紹興十年 金兵分四道南侵 劉錡大破兀朮於順昌府 檜急啓上召錡還 岳飛敗之於郾城 幾擒兀朮飛至朱仙鎭 檜急啓上 召飛還 十一年 兀朮陷廬州 侵和州 劉錡楊沂中敗之於槖臯 檜又啓上亟班師 沂中自瓜州渡返行在張俊自宣化歸建康 劉錡自采石歸太平州 罷宣撫司 以其兵隷御前 遇出師時 臨時取旨

화의를 주장하고 있었으므로 악비가 무공 세우는 것을 꺼려 저지하였다.

소흥(紹興) 10년(1140)에 금나라가 군사를 네 길로 나누어[2] 남침하였다. 유기(劉錡)가 적장 올출(兀朮)을 순창부(順昌府)에서 크게 격파했으나 진회가 급히 아뢰어 상이 유기를 소환하였다. 악비가 언성(郾城)에서 적을 깨트려 올출을 거의 사로잡을 뻔했는데 악비가 주선진(朱仙鎭)[3]에까지 이르니, 진회가 급히 아뢰어 상이 악비를 소환하였다.

소흥 11년, 올출이 여주(廬州)를 함락시키고 화주로 침입해 왔는데, 유기와 양기중(楊沂中)이 탁고에서 이를 격파했다. 그러자 진회는 급히 상(上 : 高宗)에게 아뢰어 군사를 되돌리게 했다.

양기중은 과주(瓜州)에서 <양자강을> 건너 행재(行在)로 돌아오고, 장준(張俊)은 선화(宣化)에서 건강으로 돌아오고, 유기는 채석(采石)에서 태평주(太平州)로 돌아왔다. <게다가 그들은> 선무사(宣撫使)를 파직당하고, <거느리고 있던> 군사는 천자의 친위군에 예속시켜, 군사를 낼 필요가 있을 때에는 임시로 성지(聖旨)를 받들게 하였다.

---

2 네 길이란, 산동(山東)에서 나오는 한 부대와 섬서(陝西) 오른쪽, 하남(河南), 동경(東京: 洛陽)을 목표로 들어온 네 부대를 말한다.

3 주선진은 전일 북송의 서울이었던 변경(汴京) 서남쪽에 있다.

以韓世忠張俊爲樞密使 岳飛爲副使 飛世忠尋罷 兀朮以書抵檜曰 爾朝夕以和請 而岳飛方爲河北圖 必殺飛乃可 張俊又構成飛罪 逮赴獄 檜奏誅飛及張憲岳雲 和議遂諧 飛事親孝立志慷慨 李取中原滅讐虜爲念 或問 天下何時太平 飛曰 文臣不愛錢 武臣不惜死 天下泰平矣

한세충과 장준은 추밀사(樞密使)가 되고, 악비는 추밀부사가 되었는데, 악비와 세충은 얼마 안 되어 파직되었다. 올출이 진회에게 글을 보내기를,

"그대는 조석(朝夕)으로 화친을 청하는데, 악비는 한창 황하 이북 지방을 공격할 계획을 세우고 있으니 반드시 악비를 죽인 뒤에라야 <화친을> 이룰 수 있을 것이다."

하고, 장준 또한 악비의 죄목을 얽어 그를 체포하여 옥에 가두었다. 진회가 상주하여 악비와 장헌(張憲)·악운(岳雲)을 죽이고[4] 화친을 성사시켰다.

악비는 어버이를 효도로 섬기고 뜻을 세움이 강개(慷慨)하여 중원(中原)을 빼앗고 원수인 오랑캐 멸하는 것을 자기의 신념으로 삼았다. 혹자가,

"천하가 어느 때나 태평하게 될 것인가?"

라고 물으면, 악비는 이렇게 대답했다.

"문신(文臣)이 돈을 좋아하지 않고, 무신(武臣)이 죽음을 아끼지 않는다면 천하가 태평해질 것이다."

---

4 진회는 금과의 화의를 성사시키기 위해 금이 가장 두려워하는 악비를 죽일 것을 묵약(默約)했다. 진회는 악비의 죄상을 열거하여 가두고는 옥중에서 독살하니 당시 악비의 나이는 39세였다. 장헌은 악비의 부장(部將)이고, 악운은 악비의 아들이다.

12. 주자학(朱子學)과 상산학(象山學) — 宋學流派

初 程頤卒於徽宗之世 其徒楊時 在欽宗光堯時 皆被擢 趙鼎雖不及識頤 而主張其學 惡之者 以楊時爲還魂 趙鼎爲尊魂 胡安國爲强魂 其後又有尹焞見召入經筵 焞盖頤晩年高弟也 士大夫名程氏之學曰道學 時好所尙 或冒此名以進 時好不同 亦多以此名見擠於世 延平李侗 受學於楊時之門人羅從彦 而熹又受學於侗 胡銓嘗薦於光堯

앞서 정이(程頤)는 휘종 대에 죽고, 그의 제자 양시(楊時)가 흠종과 고종(光堯)[1] 때에 모두 발탁되었다. 재상 조정(趙鼎)은 정이에게 직접 배우지는 않았지만, 그 학문을 이어받았다. 그래서 <당시 정이의 학설을> 미워하는 사람들은 양시를 환혼(還魂), 조정을 존혼(尊魂), 호안국을 강혼(强魂)이라 하였다.[2]

그 뒤 윤돈(尹焞)이 경연(經筵)에 불려들어 갔는데 윤돈은 정이 만년의 뛰어난 제자이다. 사대부들이 정씨(程氏)의 학문을 도학(道學)이라 이름 붙였다.

당시 도학이 숭상을 받자 이를 명목으로 출세하려는 자까지 생기고, 세상이 이를 좋아하지 않게 되자 또 이 이름으로 세상에서 배척당하는 일도 많았다.

연평(延平) 이통(李侗)은 양시(楊時)[3]의 문인인 나종언(羅從彦)에게서 배우고, 주희(朱熹)는 또 이통에게서 수학했다. 호전(胡詮)[4]이 고종 때 주희를 조정에 추

---

1 원문의 '光堯'는 고종이 제위(帝位)에서 물러나 상황(上皇)으로 있을 때의 존호(尊號).

2 환혼이란 정자의 혼령이 돌아왔다는 것이고, 존혼은 정자의 영혼을 존경한다는 것이며, 강혼은 정자의 영혼으로 해서 성질이 강해졌다는 것인데, 모두 비웃는 말이다.

3 양시(1053~1135)는 정자(程子) 형제를 스승으로 삼았기 때문에 당시 사람들이 그를 정학(程學)의 종주(宗主)로 삼았다.

熹不至 乾道以來屢召不起 特旨改秩奉祠 召入館不就 後爲南康守 浙東荒 除熹提擧往救之 過闕嘗一入奏事 至是召對 除兵部郎 與侍郎林栗不合 卽奉祠去 數月復召 熹辭 惟進封事言天下之大本 與今日之急務 大本在陛下之心 急務則輔翼太子 選任大臣 振擧綱維 變化風俗 愛養民力 修明軍政 六者是也 熹之同志 有廣漢張栻者 魏忠獻公浚之子

천했으나 주희는 나오지 않았다. 건도(乾道)[5] 이래 여러 차례 불렀으나 나오지 않자 특지(特旨)로 관직을 봉사(奉祠)로 바꾸어 관(館)에 들어오도록 불렀으나[6] 취임하지 않다가 뒤에 남강수(南康守)가 되었다.

절동(浙東) 지방에 흉년이 들자 주희를 제거(制擧)에 임명하여 가서 구제하게 했더니 대궐을 지나치다가 한번 들어가 상주(上奏)한 일이 있었는데 이때 이르러 불러 보았다. 병부(兵部)의 낭관(郎官)에 제수되었으나 시랑(侍郎)인 임률(林栗)과 화합하지 못하여 즉시 봉사직(奉祠職)으로 옮겼다가 사직하였다.

두어 달 만에 다시 불렀으나 주희는 사직하고, 봉사(封事)만을 올렸는데 천하의 큰 근본과 오늘의 급선무에 관한 일이었다. 즉 큰 근본은 폐하의 <덕을 쌓는> 마음에 있다는 것과 급선무란 태자를 보익(輔翼)할 것, 대신을 잘 고를 것, 기강을 진작시킬 것, 풍속을 바꿀 것, 민력(民力)을 보듬어 기를 것, 군정(軍政)을 잘 닦을 것 등 여섯 가지가 이것이다.

주희의 동지로 광한(廣漢) 사람 장식(張栻)이란 이가 있었으니, 위국공(魏國公)

---

4 호전은 고종에게 북쪽의 금을 치자는 북벌론을 강력히 주장하였다.

5 건도는 남송 효종(孝宗)의 초반기 연호(1165~1173).

6 봉사는 제사를 맡은 관직이고, 관이란 문학(文學)이나 유신(儒臣)을 우대하기 위한 관사(官舍)로 송나라 때는 소문관(昭文館)이라 하였다.

其學得之胡宏 宏安國子也 栻之言曰 有所爲而爲者利也 無所爲而爲者義也 學者誦爲名言 稱栻爲南軒先生 有呂祖謙者 公著之五世 希哲之四世孫也 亦祖程氏之學 學者稱爲東萊先生 皆先是數年卒矣 惟熹學問老而彌篤 學者共師宗之 稱爲晦庵先生 四方仰其人 如泰山北斗 南使至北 金人必問朱先生安在

에 봉군된 충헌공(忠獻公) 장준(張浚)의 아들로 호굉(胡宏)[7]에게서 배웠는데, 호굉은 호안국(胡安國)의 아들이다. 장식이 이렇게 말했다.

"특별한 사심(私心)을 가지고 행동하는 것은 이(利)이고, 자기를 생각하지 않고 하는 행위는 의(義)이다."

이 말에 대해 당시 학자들이 외면서 명언(名言)이라고 하였다. 장식을 남헌 선생(南軒先生)으로 불렀다.

여조겸(呂祖謙)이란 학자는 공저(公著)의 5세손이요, 희철(希哲)의 4세손으로[8] 역시 정자의 학문을 조술(祖述)하여 학자들이 동래 선생(東萊先生)으로 부른다. 모두 <주희보다> 몇 년 먼저 졸했다.[9]

오직 주희만은 늙어갈수록 더욱 독실해져 배우는 자들이 함께 종사(宗師)로 받들고 회암 선생(晦庵先生)이라 부르며 사방에서 그를 추앙하니 태산(泰山)과 북두(北斗) 같이 우러러보는 존재였다. 남송의 학자가 북조(北朝 : 金國)에 이르면 금나라 사람들이 반드시 주 선생(朱先生)이 잘 계시냐고 물었다.

같은 시대에 임천(臨川)에 육구연(陸九淵)이 있었으니, 세상에서 <그 호를 따

---

7 호굉은 어려서 양시(楊時)에게 수학했으나 뒤에는 당시의 대학자인 호안국에게 배웠다.

8 여공저는 철종(哲宗) 초, 우복야(右僕射)를 지냈고, 여희철은 장재(張載)와 정자(程子)에게서 수학했다.

9 장식과 여조겸 모두 주희보다 몇 년 앞서 죽었는데, 주희를 포함하여 이들 세 사람을 동남 삼걸(東南三傑)이라 칭한다.

同時有臨川陸九淵 世號象山先生者 與熹爭論太極圖說 且謂學有悟入 譏熹從事訓解 意見頗立異云

서> 상산 선생(象山先生)이라 부르는 사람으로 주희와 『태극도설(太極圖說)』에 대해 논쟁하고, 또 자기의 학설을 세웠다.

"학문에는 깨달음에 들어간다(悟入)는 것이 있다."[10]

또 '주희가 훈고(訓詁)만을 일삼는다'[11]고 기롱(譏弄)하는 등 자못 다른 의견을 세웠다.

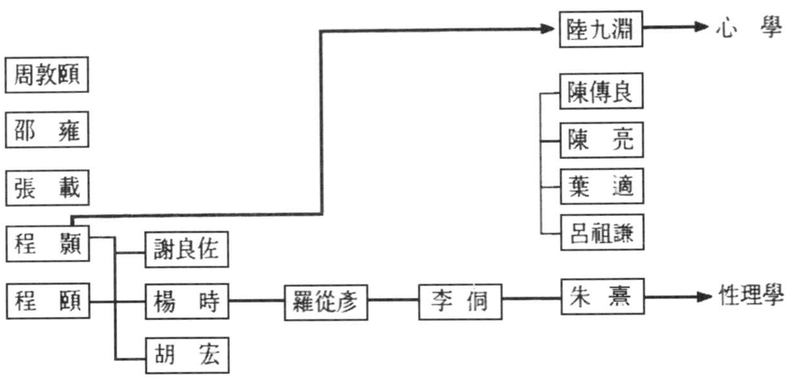

宋代 儒學의 系譜

10 이 뜻은, "학문은 자기의 마음에 깨달은 바가 있어 스스로 알아내지 못하면, 아무리 책을 읽어도 소용이 없다."는 것인데, 이 설은 후일 명대(明代)의 학자 왕양명(王陽明)에 계승되어 '지행합일(知行合一)'을 주장하는 양명학으로 발전했다. 그래서 양명학을 육왕학(陸王學)이라고도 한다.

11 주희는 수많은 유교 경전의 주석을 내었다. 이 때문에 성리학이 교조화(敎條化)한 조선(朝鮮)에 와서는 주희와 다른 경전 해석은 사문난적(斯文亂賊)으로 몰리기까지 했다.

13. 문천상의 충절[*] —文天祥忠節

封廣王昺爲衛王 陳宜中左丞相 張世傑少保 文天祥至 除右丞相 以與宜中世傑異意 不肯拜 九月 天祥開督府於南劒州 募兵得數千 遂復邵武軍 冬十月 天祥帥師次于汀州 興化軍通判張日中等來會 時贛寇猖獗 血江閩廣之路 日中等聞天祥開督勤王

광왕(廣王) 병(昺)을 봉하여 위왕(衛王)으로 삼고, 진의중(陳宜中)을 좌승상, 장세걸(張世傑)을 소보(少保)로 삼았다.[1] 문천상이 이르자 우승상에 제수했으나 의중·세걸 등과 뜻이 맞지 않아 취임하려 하지 않았다.

9월에 문천상이 검주(劒州)에 독부(督府 : 군사령부)를 설치하고 군대를 모집하여 소무군(邵武軍)[2]을 회복했다. 겨울 10월에 문천상은 군사를 거느리고 정주(汀州)로 가 주둔하자 흥화군(興化軍)의 통판(通判) 장일중(張日中)[3] 등이 와서 모였다. 이때 공주(贛州 : 江西)의 도둑이 창궐하여 강서·민(閩 : 福建)·광동(廣東) 일대가 피로 물들었다. 장일중 등은 문천상이 군사령부를 열어 의용군을 일으

---

* 12세기 중엽, 몽고의 쿠빌라이가 즉위하여 대도(大都 : 燕京)를 수도로 정하고 국호를 원(元)으로 하여 중국 대륙 지배의 야망을 펼쳐 나가자 가뜩이나 무력이 약한 남송은 그야말로 바람 앞의 등불이었다. 한때 동맹국이 되어 원수인 금(金)나라를 토벌하기는 했으나 이제는 송 자신이 몽고 침략에 노출된 것이다. 이 과정에서 수많은 충절(忠節)이 탄생했으니 문천상은 그 대표적인 인물이다.

1 1276년 1월, 원(元)군이 남송의 임안(臨安)을 점령하여 황제인 공제(恭帝)를 납치해 가자, 황제의 형인 익왕(益王) 등은 배를 타고 남쪽 복주(福州)로 내려와 황제에 올라 정부를 재구성하니 이가 단종(端宗)이다.

2 복건성(福建省)에 있는 지명. 군진(軍鎭) 중심으로 지역을 나누었기 때문에 '군(軍)'이라 한다.

3 장일중은 북송의 성리학자 장재(張載)의 후손이다.

遂各起兵來應 天祥遣趙時賞張日中趙孟濼 將一軍趨贛 以取寧都 遣吳浚 將一軍取雩都 劉洙蕭明哲陳子敬 皆自江西起兵來會 文天祥屯潮陽 鄒溤劉子俊皆集師會之 遂討盜陳懿劉興于潮 興死 懿遁 道張弘範兵 濟潮陽襲 天祥力不支 帥其麾下走海豐 張弘正追之 天祥方飯五坡嶺 弘正兵突至

켰다는 말을 듣고 드디어 각기 군사를 일으켜 내응한 것이다. 문천상은 조시상(趙時賞)·장일중·조맹영(趙孟濼)을 보내 한 부대를 거느리고 가서 공주를 공격, 영도(寧都)를 점령하게 하고, 오준(吳浚)에게도 한 부대를 거느려 보내 우도(雩都)를 점령하게 했다.[4] 유수(劉洙)·소명철(蕭明哲)·진자경(陳子敬)이 모두 강서로부터 군사를 일으켜 와서 합세했다.

<황제 병(昺)[5] 상흥(祥興) 원년(1278)에> 문천상이 조양(潮陽)[6]에 주둔하자 추봉(鄒溤)·유자준(劉子俊) 등이 군사를 모집하여 와서 한데 모였다. 드디어 반적 진의(陳懿)와 유흥(劉興)을 조주(潮州)에서 토벌하니 유흥은 죽고 진의는 달아났다.[7] <달아난 진의가 길잡이가 되니, 원(元)나라 장수> 장홍범(張弘範)의 군사는 조양을 건너 습격해왔다. 문천상은 힘이 지탱할 수 없음을 깨닫고 휘하 군사들을 거느리고 해풍(海豐)으로 달아났는데 장홍정(張弘正)이 이를 추격했다. 천상은 마침 오파령(五坡嶺)에서 밥을 먹다가 홍정의 군사가 갑자기 이르자 미

4 영도와 우도는 모두 강서성에 있는 현.

5 남송의 마지막 황제인 위왕(衛王) 병을 말한다. 1278년 공종(恭宗)이 원(元)나라 군사에게 항복하여 북으로 끌려가자 장세걸 등이 공종의 형인 익왕(益王) 하(昰)를 옹립하니 이가 단종(端宗)이다 그러나 단종 또한 2년 만에 죽자 그 동생인 병이 즉위한 것이다.

6 지금 광동성(廣東省) 조주(潮州).

7 달아난 진의는 원장(元將) 장홍범의 앞잡이가 되어 조양 공격에서 길을 안내했기 때문에 문천상이 쉽게 무너졌다.

衆不及戰皆 頓首伏草莽 天祥被執 呑腦子不死 鄒渢自剄 劉子俊自詭爲天祥 冀可免天祥 及執天祥 各爭眞僞 遂烹子俊而執天祥見 弘範 左右命之拜 天祥不屈 弘範釋其縛 以客禮見之 天祥固請死 弘範不許 或謂弘範曰 敵人之相不可測也不宜近之 弘範曰 彼忠義也 保無他 求其族屬被俘者悉還之處舟中以自從 厓山旣破 元張弘範等 置酒大會

처 싸우지 못하고 모두 수풀 속에 엎드려 있었다. 결국 천상은 사로잡혀 독약을 삼켰으나 죽지 않았고, 추봉은 자결했으며, 유자준은 자기가 문천상이라고 속여 문천상을 모면시키려 하였다. 문천상이 잡혀 오게 되자 각기 서로 진짜라고 다투다가 드디어 자준은 <끓는 물에> 삶겨 죽었다.

문천상이 잡혀 장홍범 앞에 <끌려> 나오니, 〈홍범의〉 측근들이 절을 하도록 명했으나 천상이 굽히지 않자 홍범은 그의 포박을 풀어주고 손님의 예로 대우했다. 천상이 굳이 죽여 달라고 청했으나 홍범은 허락하지 않았다. 어떤 이가 홍범에게 말하기를,

"적국 사람을 옆에 두어서는 안 되니 가까이하는 것은 불가합니다."

하니, 홍범은,

"저 사람은 충의지사(忠義之士)라 아무 일 없음을 보장할 수 있다."

라고 말하고, 포로가 된 족속들을 찾아 모두 돌려보냈다. <그리고 문천상에게는> 배 안에 있으면서 자유롭게 행동하도록 하였다.

애산(厓山)[8]이 격파되고 난 뒤 원(元)의 장홍범은 술자리를 크게 벌이고 문천상에게 이렇게 말했다.

---

8 남송의 마지막 거점.

謂文天祥曰 國亡丞相忠孝盡矣 能改心 以事宋者事今 不失爲宰相也 天祥泫然出涕曰 國亡不能救 爲人臣者 死有餘罪 況敗逃其死而貳其心乎 弘範義之 遣送于燕京 道經吉州 痛恨不食八日猶生 乃復食 十月 天祥至燕 不屈繫獄 勵操愈堅

"나라가 망했으니 승상의 충효는 끝났소. 송나라 섬기던 마음을 바꾸어 지금 <원나라를> 섬긴다면 재상의 자리를 잃지 않을 것이오."

하니, 천상이 눈물을 흘리면서,

"나라가 망했는데도 구하지 못했으니 남의 신하된 자로서 죽어도 죄가 남을 것인데, 하물며 감히 죽음에서 도망가 두 마음을 가질 수 있겠소?"

말하니, 홍범이 의롭게 여기고서 연경(燕京)으로 보냈다.

길이 길주(吉州)[9]를 지나게 되자 통한으로 밥을 먹지 않다가 8일 만에 깨어나 다시 밥을 먹었다.

문천상은 연경에 이르고 나서도 뜻을 굽히지 않아 옥에 갇혔는데 절조를 지키려는 마음은 더욱 굳어졌다.[10]

---

9 길주는 문천상의 고향이다.

10 원세조(元世祖) 쿠빌라이는 문천상을 회유하여 쓰기 위해 달랬으나 문천상은 한사코 죽기를 원했다. 이에 조서를 내려 연경(燕京)의 시시(柴市)에서 죽이니, 이때 문천상의 나이는 47세였다. 이리하여 문천상은 중국 역사에서 만고충절(萬古忠節)의 표상(表象)으로 자리매김되었다.

14. 애산(厓山)의 비극—南宋滅亡

祥興二年 正月 弘範兵至崖山 世傑力戰禦之 弘範無如之何 時世傑有甥韓在元帥中 弘範三使韓至宋師招世傑降 世傑不從曰 吾知降生且富貴 但義不可移耳 因歷數古忠臣以答之 弘範乃命文天祥 爲書招世傑 天祥曰 吾不能扞父母 乃教人叛父母可乎

상흥(祥興) 2년(1279) 1월, 원(元)나라 장홍범(張弘範)의 군사가 애산(厓山)[1]에 이르렀는데, 장세걸(張世傑)이 힘껏 싸워 막았으므로 홍범이 어찌할 수가 없었다. 이때 세걸의 생질(甥姪) 한모(韓某)가 원나라 장수의 진중(陣中)에 있어 홍범이 세 차례나 한을 송군의 진중에 보내 세걸의 항복을 종용하며 불렀으나 세걸은 따르지 않으면서,

"나도 항복하면 살고 또 부귀하게 될 줄 알지만 의리상 마음을 바꿀 수 없을 뿐이다."

하고, 옛날 충신들의 이름을 열거하는 것으로 답했다.

홍범은 이에 문천상(文天祥)에게 명하여[2] 세걸에게 항복을 권하는 글을 쓰도록 하자 문천상의 대답은 이러했다.

"내가 부모(임금)를 보호하지도 못하고서 남에게 부모를 배반하라고 교사(教唆)하는 것이 옳은 일인가?"

---

1 지금의 광동성(廣東省) 신회현(新會縣)의 남쪽 바다 가운데 있다.

2 문천상은 남송의 좌승상으로 있었는데 1년 전 원군에 포로가 되어 장홍범의 진중(陣中)에 잡혀 있었다.

固命之 天祥遂書所過零丁洋詩與之 其末有云 人生自古誰無死 留取丹心照汗青 弘範笑而置之 弘範復遣人語厓山士民曰 汝陳丞相已去 文丞相已執 汝欲何爲 士民亦無叛者 弘範又以舟師據海口 宋師樵汲道絶 兵士茹乾糧 十餘日而大渴 乃下掬海水飮之 水鹹 飮卽嘔泄 兵士大困 世傑帥蘇劉義方興等

그러나 굳이 명령하자, 천상은 드디어 영정양(零丁洋)[3]을 지날 때 지은 시를 주었는데, 그 마지막 구절에,

"인생에 누군들 죽지 않는 사람 있으랴(人生自古誰無死)

단심(丹心)을 남겼다가 한청(汗青)에 비추리(留取丹心照汗青)"[4]

라 하였다. 홍범은 <이를 보고> 웃으며 버려두고 더 이상 요구하지 않았다. 홍범은 다시 사람을 애산의 관리와 백성들에게 보내 말하게 했다.

"너희들의 진승상(陳丞相)은 가버렸고,[5] 문승상(文丞相 : 문천상)은 이미 잡혔다. 너희들은 <이 이상> 무엇을 어떻게 하려느냐?"

했으나 사민(士民)들 역시 배반하는 자가 없었다.

홍범은 또 수군으로 해구(海口)를 봉쇄하니 송나라 군사들은 땔나무와 식수의 길이 막혔다. 병사들은 건량(乾糧)[6]을 먹을 수밖에 없었는데, 10여 일이 되자 갈증이 심하여 바닷가로 내려와 해수를 떠먹으니 물이 짜서 마시는 즉시 구토와 설사를 하여 병사들이 큰 고통을 당했다. 세걸은 소유의(蘇劉義) · 방흥(方興)

---

3 영정양은 광동성(廣東省) 주강(珠江) 하구의 바다.

4 단심(丹心)은 충성심, 한청(汗青)은 진을 뺀 대나무 조각인데 종이가 없던 옛날에는 여기에 글을 썼으므로 문서 혹은 역사를 의미한다. 여기서는 사책(史冊)의 뜻.

5 진승상은 진의중(陳宜中)을 말하는데, 남송 말년에 승상이 되어 원병(元兵)을 막으려다 뜻대로 되지 않자 단종(端宗)을 모시고 동남아 지역으로 피란할 계획을 세우고 태국으로 갔다가 돌아오지 않았다.

6 밥을 짓기 전의 쌀 · 좁쌀 · 수수 같은 날곡식.

旦夕大戰 元李恒自廣州以師會攻 弘範命李恒守崖山北面 二月戊寅朔 世傑將陳寶 叛降于元 己卯 都統張達夜襲元師 敗還 元人進薄世傑之舟 甲申 弘範四分其軍 自將一軍 相去里許 令諸將曰 宋舟西艤厓山 潮至必東遁 急攻之勿令得去 聞吾樂作乃戰 違令者斬 先麾北面一軍 乘早潮而戰 世傑敗之 李恒等順潮退師 午潮上 元師樂作 宋師以爲且懈 不設備 弘範以舟師犯其前 南師繼之 宋師南北受敵

등을 거느리고 하루 종일 싸웠다. 원나라의 이항(李恒)이 광주(廣州)로부터 군사를 몰고 와 함께 공격하니, 홍범은 이항에게 명하여 애산 북면을 지키게 하였다.

2월 초하룻날(戊寅) 장세걸의 부장 진보(陳寶)가 배반하여 원군(元軍)에 투항하였다. 2일(己卯)에는 도통사(都統使) 장달(張達)이 밤중에 원군을 습격했으나 패하고 돌아왔다. 원나라 군사들이 진격하여 세걸의 배를 압박하였다. 7일(甲申)에 원군의 장수 장홍범은 군사들을 4개 부대로 나누어 자신이 한 부대를 거느리고 서로 1리쯤 떨어지게 하고는 여러 장수들에게 명령하였다.

"송나라 배들은 서쪽 애산에 의지하여 배를 대었다가 조수가 들어오면 반드시 동쪽으로 도망갈 것이다. <그때> 급히 공격하여 달아나지 못하도록 하라. 우리 군중에서 풍악(風樂) 소리가 울리거든 그때 가서 전투를 시작하라. 이 명령을 어기는 자는 목을 베리라."

먼저 북쪽의 한 부대를 지휘하여 처음 밀려오는 조수를 타고 싸우게 했으나 장세걸이 격파하니 이항 등은 조수를 따라 퇴각하였다. 정오에 조수가 올라올 때 원나라 군중에서 풍악 소리가 울려 퍼지자 송나라 군사들은 자못 해이해져 <공격의 신호인 줄도 모르고> 방비를 베풀지 않았다. 장홍범은 수군을 이끌고 그 전면을 침범하고 남쪽의 군사도 잇따라 오니 송나라 군사들은

兵士皆疲 不能復戰 俄有一舟檣旗仆 諸舟之檣旗皆仆 世傑知事去 乃抽精兵入中軍 諸軍大潰 元師薄宋中軍 會日暮 風雨昏霧四塞 咫尺不辨 世傑乃與蘇劉義斷維 以十六舟奪港而去 陸秀夫走帝舟 帝舟大 且帝舟環結 度不得出走 乃先驅其妻子入海 卽負帝同溺焉 帝崩 後宮諸臣從死者甚衆 越七日 屍浮海上者十餘萬人 因得帝屍及詔書之寶 已而世傑復還厓山收兵 遇楊太后 奉以求趙氏後而復立之 楊太后始聞帝崩

남북으로 적을 맞은 데다 병사들이 모두 지쳐서 더 이상 싸울 수가 없었다. 조금 있다가 한 배의 돛대 깃발이 넘어지고 모든 배의 깃발이 다 넘어지자 장세걸은 사태가 기운 것을 알고 정병(精兵)을 뽑아 중군(中軍)으로 들어갔다. 전군이 크게 무너지자 원나라 군사들은 송나라 중군을 압박했다. 마침 날이 저물었는데 비바람이 몰아치고 짙은 안개가 사방을 가리어 지척을 분간할 수 없었다. 장세걸은 이에 소유의(蘇劉義)와 함께 밧줄을 끊고 16척의 배로 항구를 탈출했다.

육수부(陸秀夫)는 황제의 배로 달아났는데 황제의 배는 너무 크고 또 다른 배들에게 둘러싸여 묶여 있어 도저히 도망갈 수가 없었다. 자기 처자식들을 바다 속으로 몰아넣고는 황제를 업고 함께 바다에 뛰어들어 빠져 죽었다. 황제가 붕어(崩御)하자 후궁과 여러 신하들로서 따라 죽은 사람이 매우 많았다. 7일이 지난 뒤 바다 위로 떠오른 시체가 10여 만 구(具)나 되었는데 여기에서 황제의 시체와 옥새(玉璽)를 찾았다. 얼마 후 장세걸은 다시 애산으로 돌아와 병사들을 수습하고, 양태후(楊太后)를 만나 조씨(趙氏)의 후사를 찾아 다시 세우고 받들겠다고 하였다. 양태후는 그제야 황제가 붕어한 것을 알고는 가슴을 치며 통곡하였다.

撫膺大慟曰 我忍死艱關至此者 正爲趙氏一塊肉耳 今無望矣 遂赴海死 世傑葬之海濱 世傑將趨安南 至平章山下 遇颶風大作 舟人欲艤岸 世傑曰 無以爲也 焚香仰天呼曰 我爲趙氏亦已至矣 一君亡復立一君 今又亡 我未死者 庶幾敵兵退 別立趙氏以存祀耳 今若此 其天意耶 若天不欲我復存趙祀 則大風覆吾舟 舟遂覆 世傑溺焉 自太祖至帝昺 凡一十八世三百二十年而亡

"내가 지금까지 온갖 어려움을 참고 죽지 않고 살아온 것은 바로 조씨네 살덩어리 하나를 위한 것이었는데 이제 희망이 없다."

그리고 드디어 물에 빠져 죽으니, 세걸이 바닷가에 장사지냈다.

장세걸이 안남(安南)으로 가려고 평장산(平章山) 아래에 이르렀는데 태풍이 크게 일어났다. 뱃사공이 언덕에 배를 대려 하자 세걸은,

"<부질없는 일이다> 그럴 필요가 없다."

하고, 탄식한 뒤 향불을 피우고 하늘을 향하여 호소했다.

"내가 조씨를 위해 일한 것도 이제 다 끝이 났습니다. 한 임금이 돌아가자 다시 한 임금을 세웠더니 지금 또 돌아가셨습니다. 내가 죽지 않고 살아 있음은 적병이 물러가거든 또 다른 조씨를 세워서 대를 잇고자 함일 뿐입니다. 지금 이러한 것이 하늘의 뜻입니까? 만약 하늘이 우리 조씨가 대 잇는 것을 바라지 않는다면 대풍이 크게 불어 우리의 배를 전복시켜 주소서!"

그 말이 끝나자 배는 드디어 전복되고 세걸은 물에 빠져 죽었다.

송나라는 태조로부터 황제 병(昺)에 이르기까지 18대 320년 만에 망하였다.

7장 원(元)·명(明)·청(淸)시대 (1279~1912)

지금부터 약 4~5천 년 전, 황하(黃河) 중하류 유역을 중심으로 출발한 중국이 오늘의 광대한 중국 강역으로 확대된 과정은 한족(漢族)과 주변 이민족(異民族) 간의 부단한 교섭의 역사였다.

때로는 무력으로 중국에 침입해서 건국한 이민족의 왕조도 있었으니, 남북조 시대(南北朝時代)의 오호십육국(五胡十六國)이나 요(遼)·금(金)·원(元)·청(淸)이 그것인데, 송대 이후 몽고족의 원과 만주족의 청은 그 대표적 전형(典型)이라 할 수 있다. 수적(數的)으로 절대적인 열세이고, 문화적으로도 후진(後進)인 이들 이민족이, 상이한 정치·군사·사회조직을 가지고 오직 무력 하나로 중국 대륙에 들어와 일부 지역이나 전 중국을 차지하여 수십 년 혹은 수백 년 동안 중국 왕조로 군림하지만, 드디어는 중국에 흡수당하여 동화되어 가는데 이것이 중국문화 흡수이론(吸收理論) 또는 중국문화 동화이론(同化理論)이다.

그런데 이에 반하여, 독일 출신의 미국인 사회경제학자였던 칼 비트포겔(Karl Wittfogel, 1896~1988)은 중국에 침입하여 건국한 이민족 국가를 정복왕조(征服王朝)로 보아야 한다는 정복왕조 이론을 제창하였다. 이 이론에 의하면, 이민족이 중국을 지배할 경우에 일어나는 두 문화 간의 공존관계에서 볼 때, 상호 영향 하에 각기의 특성이 수용되기도 하고, 또 그 특성에 대한 저항도 있으며, 때로는 각자의 문화와는 다른 형태의 제2문화가 형성된다는 것이다. 그리고 이것을 중국사회의 발전과 연관시켜 보려 하였다. 그러면서도 비트포겔은 정복왕조가 중국사회의 기층(基層) 구조에 어느 정도의 변화를 주었느냐 하는 본질적인 문제에 대해서는 충분한 해명을 하지 못하고 있다. 이것이 본 이론의 중대한 결함이다. 본서에서도 이 술어(述語)를 사용했지만 이는 외형의 정치사적인 구분에 의한 차용임을 밝혀 둔다.

1911년, 신해혁명(辛亥革命)으로 마지막 정복왕조였던 청(淸)이 멸망하고 중화민국 정부가 수립되었지만 그 앞날이 순탄하지 않았다. 당시 중국은 세계열강의 이권 쟁탈 대상이 된 지 이미 오래고, 국내에는 각지에 있던 군사 세력들이 중국 특유의 군벌화(軍閥化)의 길을 걷고 있었기 때문에 국민정부는 외세에 대항하면서 내전(內戰)을 치러야 하는 이중의 어려움에 직면했던 것이다. 그 중에서도 중국에 대한 일본의 침략은 국민당 정부의 운명을 결정적으로 바꾸어 놓았다. 대일(對日) 항쟁에 주력하기 위해 잠시 내전(內戰)의 중단을 선택하지 않을 수 없었으니 이것이 국공합작(國共合作)이다. 그러나 공산당(共產黨)은 이 기회를 이용하여 그들 특유의 심리전(心理戰)으로 민심을 사로잡아 확고한 반전(反轉)의 기회를 노리고 있었다. 결국 부패한 국민당 정부는 태평양전쟁 승리의 감격이 채 가시기도 전인 1949년, 대만(臺灣)으로 쫓겨나게 되고, 중국 대륙에는 중화인민공화국이 수립되었다. 중공(中共)은 1960년대 중반부터 권력투쟁의 일환인 문화혁명(文化革命)이라는 십여 년 간의 진통도 있었지만, 그 후 과감하게 자본주의 경제체제를 도입함으로써 연 8~9%의 경제성장을 수십 년째 지속하고 있다.

물이 높은 곳에서 낮은 곳으로 흘러 모든 저지대를 습윤(濕潤)시키듯, 선진 문화가 후진 사회로 흘러감은 필연의 귀결이다. 중국은 하나의 용광로(鎔鑛爐)와 같아 흙이든 돌이든 일단 들어가면 다 녹아 동화되어버렸다. 주변 종족으로 중국에 들어가 민족의 고유성을 견지한 이민족은 하나도 없다. 만주족(滿洲族)이 3백년 가까이 중국 대륙을 지배하며 호령했지만 청(淸)이 멸망한 지 백년도 안 된 지금, 만주족도 여진어(女眞語)도 그

흔적마저 찾기 어려운 현실이 이를 웅변으로 증명한다.

지금 중국에는 앞으로 필연적으로 닥칠 정체(政體)의 변화에 따른 정치 문제, 빈부 격차 문제, 소수민족 문제, 농촌 피폐 문제 등 허다한 문제점을 내포하고 있다. 그러나 현재의 경제 발전 추세로 나간다면 모두들 21세기 중반이면 세계 초일류 강대국이 될 것이라 전망하는데, 이는 중국문화 동화이론에 바탕을 둔 것으로 현재까지의 중국사를 본다면 그러한 추측이 가능하다. 그러나 자유 · 민주 사상이 보편화되고, 경제 · 사회 · 문화가 세계화되어 가는 현대 사회에서도 이 이론이 계속 유효할는지는, 유고(Yugoslavia)가 붕괴되고, 소련(蘇聯) 치하의 십여 개 소수 민족이 독립한 현실을 볼 때 단언할 수만은 없다. 앞으로의 역사 전개를 두고 볼 일이다.

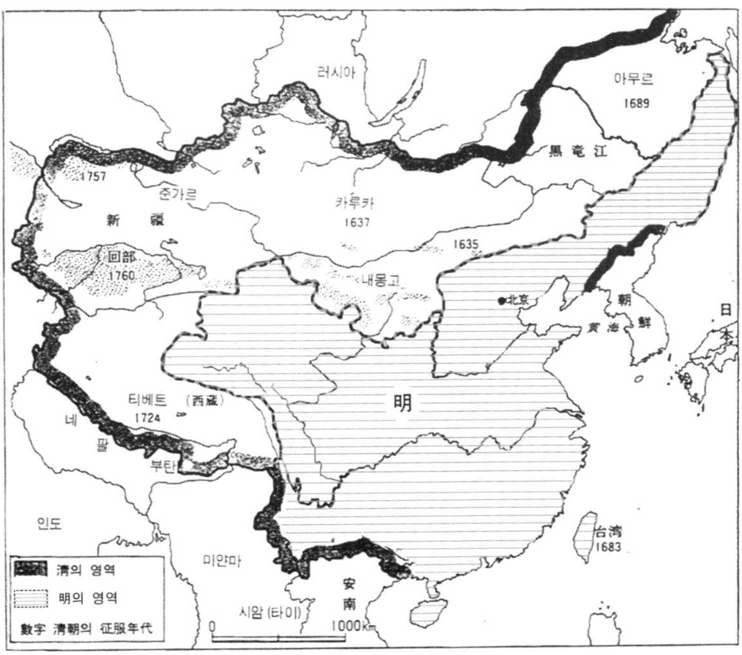

明代 이후 中國 領域圖(숫자는 淸朝의 정복 연대)

1. 정복 왕조의 등장—遼金元

오대십국(五代十國)의 혼란기가 시작하는 10세기 초, 요서(遼西) 지방을 근거로 거란족이 나라를 건국하니 이것이 요(遼)나라이다. 요는 중국 본토가 분열되어 있는 기회를 틈타 적극적인 중국 본토로의 진출을 시도, 송(宋)나라가 건국할 10세기 중엽에는 북중국의 요지인 연운십륙주(燕雲十六州)[1]를 차지하여 송을 압박하였고, 송 또한 이 지역을 되찾으려 했기 때문에 양국간의 충돌은 불가피했다. 그러나 양자의 대결 결과는 유목민족인 요의 우세로 끝나 송은 해마다 막대한 세폐(歲幣)를 공여했고, 요는 이것으로 군사력을 증강하고 문화를 향상시켰다.

그러다가 12세기 초가 되면 요의 지배 하에 있던 여진족이 아쿠타(阿骨打)에 의해 통합되어 금(金)나라를 세우고(1115) 요에 대항했는데, 송은 이 기회를 틈타 금과 연합하여 요를 멸망시켰다.(1125) 요는 멸망되었으나 이듬해에 바로 '정강(靖康)의 변(變)'[2]이 변이 일어나 북송도 멸망하였다.

그 즉시 일파가 남으로 내려와 남송(南宋)을 세웠으나 남송 역시 국력을 떨치지 못하고, 금과 강화와 전쟁을 되풀이하면서 1백년 가까이 굴욕을 참으며 세폐만 보내야 했다. 금 또한 송을 굴복시킨 후 전성기를 과시했으나 시대가 흐르면서 문약(文弱)에 빠져 유목민족의 강인함을 상실한 채 쇠퇴해갔다.

이즈음 몽고에서는 징기스칸이란 걸출한 인물이 나와 몽고왕국을 건설하고

---

1 지금의 북경을 중심한 하북성 북부지역에 있는 16개 주(州)를 말하는데, 오대의 후진(後晋)이 요(遼)로부터 군사 원조를 받는 대가로 할양한 땅이다. 송나라는 이 지역을 차지하기 위해 심혈을 기울였으나 끝내 성공하지 못하였다.

2 정강은 당시 송의 연호. 즉 송 흠종(宋欽宗) 원년(1126) 금의 태종(太宗)이 송의 서울인 변경(汴京)을 쳐서 함락시키고 흠종과 상황(上皇)인 휘종(徽宗) 및 비빈(妃嬪)과 궁녀, 그리고 많은 조정 신하들이 잡혀가고 북송이 멸망한 사건.

욱일승천의 기세로 뻗어나가자 송은 또 몽고를 끌어들여 금을 멸망시켰다.(1234) 그러나 이 결과는 이번에도 어김없이 '입술이 없으면 이가 시리다'는 순망치한(脣亡齒寒)의 고사(故事)가 그대로 적용되어 남송의 멸망만 재촉할 뿐이었다.

금을 멸망시켜 북중국을 차지한 쿠빌라이(忽必烈)는 북경(北京)을 수도로 삼고 국호를 원(元)으로 정한 뒤, 남진 정책을 강력히 추진하였다. 그 결과 처절하게 저항하던 남송도 멸망하고,(1279) 전 중국은 역사상 최초로 유목민족의 지배 하에 들게 되었다.

원은 중국을 차지한 뒤 문화 선진국인 중국민족을 효율적으로 다스리기 위해, 중국식 통치제도를 도입하고, 주자학(朱子學)을 장려하며, 원에 대한 저항 정도에 따라 각 민족들을 차별대우하면서 1백년 가까이 전 중국을 통치하였다. 그러나 14세기 중반이 되자 원조(元朝) 내부의 권력 다툼, 재정의 문란 등으로 국정이 어지러워진 데다 중국민족의 줄기찬 반항운동은 더 이상 통제할 수 없는 상태로 돌입하였다. 반몽운동 중에서 백련교도(白蓮敎徒)[3]의 반란이 가장 컸는데, 이 백련교도에서 나온 주원장(朱元璋)이 명(明)을 건국하고(1368) 북벌(北伐)을 단행하자 원은 자기들의 본향인 몽고 초원으로 쫓겨 가 명맥을 유지하니 이것을 역사에서 북원(北元)이라고 한다. 이 북원도 20년 뒤 명군의 토벌로 완전히 멸망하였다.(1388)

---

3 백련교는 원(元)나라 말기, 난성(欒城) 출신 한산동(韓山童) 부자가 "흰 연꽃이 피게 되면 미륵이 강림하는 극락세계가 온다"는 말로 무리를 모은 비밀 종교 단체. 한산동은 잡혀 죽었지만 원을 혼란으로 몰아 그 출신인 주원장은 명을 건국하기도 했다. 그 후 교세는 비밀리 계승되어 정치가 어지러울 때는 언제나 반란의 주동세력이 되었으니, 명·청대는 물론 19세기 말의 의화단(義和團)까지도 그 유파이다.

2. 한족(漢族)의 부흥—明

명태조(明太祖) 주원장(朱元璋)은 건국하자 이민족 지배의 잔재를 없애고 중국 고유의 문화전통을 회복하는 데 주력했다. 몽고풍을 폐지하여 중국 풍속을 복구하고, 유교의 장려, 교육의 진흥, 과거제의 정비, 율령(律令)과 예제(禮制)의 제정, 세금의 경감 등이 그것이다.

특히 그는 권신(權臣)의 발호를 방지하여 독재체제를 확립하고자 재상제도(宰相制度)를 폐지하고 모든 정치는 육부(六部)[1]가 중심이 되어 그 책임 하에 국사를 집행하도록 했다. 그 결과 송태조(宋太祖) 때부터 구축되기 시작한 군주권(君主權)의 절대화가 명실공히 실현되었다.

그리고 유교를 정치지도이념으로 삼아 사대부(士大夫)들에게는 유교경전(儒教經典)의 학습을 강조하여 유교윤리에 입각한 충성을 서약 받고, 일반 백성들에게는 육유(六諭)[2]를 송독(誦讀), 실천케 함으로써 유교주의의 대중화를 꾀하였다. 이러한 정책 덕분으로 국내 정치는 어느 정도 안정을 이룰 수 있었다.

문제는 변경(邊境)이었다. 북쪽에서는 다시 흥기한 몽고족들이 호시탐탐 기회를 엿보고 있었고, 동쪽 해안에는 왜구(倭寇)가 창궐하여 편할 날이 없었다. 때문에 15세기 중엽, 영종(英宗)은 몽고의 친정(親征)에 나섰다가 토목보(土木堡)에서 포로로 잡히는 수모를 겪기까지 하였다. 이후 대외정책은 피동적으로 전환되어 북쪽에는 만리장성을 쌓아 방어에 주력하고, 해안에서는 해금정책(海禁政策)을 펴 해변가 200여 리의 주민을 소개(疏開)시키는 등 소극 정책으로 일관했다.

---

1 육부란 행정을 분담한 이(吏)·호(戶)·예(禮)·병(兵)·형(刑)·공(工)의 6부를 말한다. 고려의 6부나 조선시대 6조와 같은 것이다.

2 육유란 명태조가 제정한 여섯 가지 대중용 유교 윤리. 즉 ① 부모에게 효순함(孝順父母) ② 이웃간에 화목함(和睦鄕黨) ③ 어른을 존경함(尊敬長上) ④ 자손을 가르침(教訓子孫) ⑤ 각자의 생계를 안정시킴(各安生理) ⑥ 비행을 저지르지 못하게 함(莫作非違)이다.

한족(漢族)의 명나라도 시대가 흐르면서 왕조 말기적 현상은 어쩔 수 없었다. 환관들이 성조(成祖)의 즉위를 도운 이래 계속 정치에 참여하고, 용렬한 황제가 잇따라 나오자 정치는 극도로 문란해졌다. 게다가 16세기 말에 일어난 조선의 임진왜란은 명에 심대한 타격을 주었다. 대군의 출병에 따른 인적(人的)·물적 손실은 명의 재정을 어렵게 했을 뿐만 아니라, 사회적 불안을 가속화시켰다. 이것은 동북 지방에서 흥기하고 있던 여진족에게 절호의 기회를 제공하게 되었다.

이러한 명조(明朝)는 쇠퇴를 틈타 섬서(陝西) 출신 이자성(李自成)이 반란을 일으켜 반란군이 북경에 진입하고 황제[崇禎帝]가 자살함으로써 276년간 중국을 지배했던 명은 종언(終焉)을 고하였다.(1664)

이때 산해관(山海關)에서 청(淸)나라 군사와 대치하고 있던 오삼계(吳三桂)는 앞뒤로 적을 맞이하게 되자 이자성을 토벌할 심산으로 청군을 끌어들이게 되고, 청은 이자성을 토벌한 뒤 돌아가지 않고 그대로 주저앉아 중국을 통치하게 되니. 중국은 다시 이민족의 지배를 받게 되었다.

명조의 군주들은 몇몇을 제외하고는 대부분 용렬했고, 환관의 정치 간여로 정치는 어지러웠지만, 경제·사회·문화적으로는 분명 괄목할 만한 진전을 보인 사회였다. 차·면직물·견직물·도자기 등의 수출로 대량의 은(銀)이 유입되어 화폐 경제의 발달은 물론, 성시(城市) 경제의 발달을 촉진시켰고 이 성시 경제의 발달에 따라 소설·희곡·가요 등의 대중 문학이 크게 유행하였다. 그리고 유학의 한 유파인 양명학(陽明學)의 성립이나 인쇄술의 발달 등도 이와 무관하지 않다.

3. 만주족(滿洲族)의 흥망—清

청(淸)은 이자성(李自成)에게 죽은 숭정제(崇禎帝)의 원수를 갚는다는 명분으로 중국 본토에 들어왔으나 한번 중국을 차지하자 다시 만주로 돌아가지 않았다. 물론 처음 수도였던 심양(瀋陽)을 제2의 수도로 삼아 중히 여겼지만 통치 수도는 북경(北京)이었다. 숫적으로 상대가 안 되고 문화적으로 야만인이라고 생각하던 만주족에 의한 통치는 중국인들의 자존심으로서 도저히 용인할 수 없는 일이었다. 그리하여 남중국에서는 명조 부흥운동이 줄기차게 일어났다.

청은 처음 중국인들의 환심을 사기 위해 숭정제의 장례를 후하게 치러 주고, 중국의 전통적인 문화와 풍습을 존중해 주겠다고 약속했다. 그러나 중국 통치에 자신이 붙게 되면서 통제의 고삐를 당기기 시작했다. 삼번(三藩)의 난[1]을 무자비하게 진압하고, 청조에 대한 복종의 표시로 모든 사람들에게 변발(辮髮)[2]을 강요했다.

청도 중국을 통치했던 다른 정복 왕조의 예와 같이 만주주의를 내세웠던 것이다. 제도와 법제는 명대(明代)의 것을 계승했지만, 중요한 관직은 모두 복수로 해서 만주인과 중국인을 병용(竝用)했고, 특정직은 만주인 독점으로 삼았으며, 공용문에는 만주문자와 한자를 병용시켰다. 그리고 일반 대중에게 영향력이 큰 지식인들을 회유하기 위하여 중국의 역대 전적(典籍)을 정리・편찬하는 사고전서(四庫全書) 편찬이라는 중국 역사상 최대의 문화사업을 추진했는데

---

1 삼번이란 청의 입관(入關)과 통일 사업에 특히 공이 많았던 오삼계・상가희(尙可喜)・경계무(耿繼茂) 세 사람을 운남(雲南)・광동(廣東)・복건(福建) 세 지방의 왕으로 봉하여 반독립적인 자치권을 부여했었다. 그러나 이는 청이 지향하는 중앙집권체제와는 역행하는 것이었으므로 이를 폐지하려 하자 삼번이 연합해서 반란을 일으켰다.

2 변발은 앞머리는 밀고 뒷머리만 남기고 뒤로 땋아 내린 만주식 머리 모양. 머리털 하나라도 부모로부터 받은 것이기 때문에 이를 훼손하는 것은 불효로 여기는 중국인들에게 머리털을 깎게 하는 것은 더없는 모욕이었다.

이 과정에서 반청 사상을 탄압한 '문자(文字)의 옥(獄)'[3]을 일으키기도 했다.

그 결과 청은 입관(入關) 후 반 세기 남짓한 사이에 완전한 중국왕조로 군림하게 되었고, 뒤에도 영명(英明)한 군주가 계속 즉위함으로써 나라의 기반은 더욱 굳어졌다. 이에 힘입어 역대 어느 한족(漢族) 왕조보다도 더 넓은 강역(疆域)을 차지하게 되어 티베트와 신강(新疆)은 물론 몽고까지 아우르는 광대한 지역에 대해 지배권을 행사했으니 이는 명조(明朝) 영역의 2배나 되는 지역이었다. 청조의 강역에서 몽고만 제외하고 나머지는 모두 현재의 중국 영토로 되었으니 여진족은 중국의 은인인 셈이다.

이즈음 서양 세력도 청에 접근했으나 초기에는 청조의 권위에 눌려 침략의 손길을 뻗칠 엄두를 못냈으니, 네르친스크(Nerchinsk) 조약(1689)으로 러시아의 동진(東進)이 한 때 저지된 것은 그 좋은 예이다.

산업혁명을 가장 먼저 이룩한 영국은 은과 모직물을 가지고 와서 중국의 차·비단·도자기 등을 수입해 갔는데, 차 수입의 급증으로 다량의 은이 유출되는 수입초과 현상이 계속되었다. 이에 영국은 인도에서 아편을 재배하여 이를 중국에 갖다 팔고 그 돈으로 차를 수입해 가는 삼각무역(三角貿易)을 전개하자 이번에는 중국의 아편 수요는 해마다 급증하여 대량의 중국 은이 빠져나가는 무역 역조 현상이 일어나게 되었다. 그 결과 청조는 은의 대량 유출로 국가 재정이 흔들리고, 국민들의 아편 흡연 문제는 심각한 사회 문제를 야기시켰다. 이제 영국과 청조와의 한판 승부는 시간문제로 남게 되었다.

그런데 18세기 말, 청조의 허약성을 만천하에 드러내게 된 하나의 사건이 있었으니 바로 호북(湖北)에서 일어난 백련교도(白蓮敎徒)의 난이었다.(1796~1804) 이 난을 평정하는 과정에서 청조가 자신 있게 믿었던 중앙군인 팔기군(八

---

3 문자의 옥이란 한족에 대한 사상 통제를 말한다. 즉 사고전서의 편찬을 위해 전국의 책을 널리 수집하게 되자 반여진적(反女眞的)인 문자와 내용이 있는 것들까지 수집되었다. 특히 남송(南宋) 때의 대금 항쟁(對金抗爭)에서 표출된 증오심은 수많은 문자로 기록되었었다. 이에 여진이나 청조에 대한 불순한 내용이 있는 서책은 출판과 소장(所藏)이나 구독을 엄금하고, 불순한 문자는 교정시켰으며, 저자는 본인은 물론 가족과 자손까지 처형되었다. 그리고 반청 서책은 금서(禁書)라 하여 불태워버리고 목록만 남기니 이것을 이른바 금서총목(禁書總目)이라 한다.

旗軍)의 허약과 청조(淸朝)의 무력함이 백일하에 드러나게 되었다.

이렇게 되자 외국 세력이나 한족들은 청조를 만만하게 보기 시작하고 도전하게 되었으니, 전자는 아편전쟁이요,(1840) 후자는 태평천국(太平天國)의 난이다.(1850) 태평천국의 난도 진압되기는 했지만 이는 정부군의 힘이 아니라 향용과 영국 등 외국군의 도움 덕택이었다. 외국 세력들은 태평천국을 세운 홍수전(洪秀全)보다는 청조가 자기들의 세력 침투에 더 유리하다고 생각하고, 청을 지원했던 것이다.

이후 청이 서양과의 세력 대결에서 번번이 패하게 되자, 서양은 물론 이제 막 제국주의(帝國主義) 국가로 발돋움한 아시아의 일본(日本)까지 가세하여 중국의 이권 분할에 참여하게 되었다. 이리하여 넓은 중국 대륙은 열강(列强)의 원료 공급지인 동시에 소비 시장으로 전락되었다.

이에 자극받은 일부 개혁파는 무비(武備)의 근대화와 정치체제의 개혁을 통해 난국을 극복하려는 이른바 양무운동(洋務運動)도 시도해 보았지만 서태후(西太后)를 중심으로 한 보수파와의 갈등만 심화되었을 뿐이다. 그리고 중국인들은 자기들이 유구한 전통을 가진 세계 제일의 문화민족이라고 자부했기 때문에, 비록 무기나 산업 기술이 앞섰다고는 하지만 야만인이라고 생각한 서양문화를 수용하는 데는 소극적일 수밖에 없었다.

이렇게 청나라가 주춤거리는 사이, 외국 세력의 이권 쟁탈전은 더해 갔고, 한족들에 의한 혁명운동이 비밀리에 일어났다. 중국인에 의한 중국을 재건설해서 위기에 놓인 중국을 구하고자 하는 한족 중심의 반청흥한(反淸興漢) 운동이 그것이다. 이 운동에는 손문(孫文)이 이끄는 흥중회(興中會)가 중심이 되었다. 손문은 드디어 근대적 공화국 수립을 목표로 1911년 10월 10일, 혁명을 일으키니 이것이 신해혁명(辛亥革命)이다.

그리고 이듬해 2월, 청조의 마지막 황제인 선통제(宣統帝)가 퇴위함으로써 250여 년 동안 중국 대륙을 지배했던 청은 멸망하였다. 청이 망한 지 100년도 안 된 지금, 중국 대륙을 호령하던 만주족은 흔적도 없이 사라지고 완전히 중국에 동화된 것을 보면 역사의 허망함이 느껴진다.

『십팔사략』 주요 연표

서력 기원	중국사	한국사 및 세계사
B.C. 4000년경		나일강 하류의 이집트 문명.
3000년경 2500년경		메소포타미아 지역 도시국가 발달. 인더스 강 하류의 인더스 문명.
2205년	우왕禹王, 안읍安邑에 하夏를 세움.	
1767년	성탕成湯, 하夏의 걸왕桀王을 쳐서 멸망시키고 상商을 건국.	
1700년경		함무라비(Hmmurabi) 법전 편찬.
1401년	상商의 반경盤庚, 도읍을 박亳으로 옮기고 국호를 은殷으로 고침.	
1193년		트로이(Troy) 전쟁(~ B.C. 1184)
1122년	주 무왕周武王, 목야牧野에서 은殷의 주紂를 멸망시킴.	
1115년	주 성왕周成王 즉위하고, 주공周公이 섭정이 됨.	
1108년	주周, 낙읍洛邑을 경영하여 동도東都로 삼음.	
777년 770년	 견융犬戎의 침입으로 주 평왕周平王이 도읍을 낙양洛陽으로 옮김.(春秋時代 시작)	그리스 제1회 올림픽 개최.(~B.C. 776)
750년		로마 도시 건설.(~B.C. 500)
679년	제 환공齊桓公, 패자覇者가 됨.	
670년		앗시리아(Assyria), 오리엔트 통일.
645년	제齊의 재상 관중管仲 죽음.	
630년	진 문공晉文公(重耳)이 초楚를 격파하고 覇者가 됨.	
556년		인도 석가모니 탄생.
551년	노魯 공자孔子 탄생.	
525년		페르시아(Persia) 오리엔트 지역 통일.

서력 기원	중국사	한국사 및 세계사
B.C. 509년		로마 공화정 시작.
500년	노 정공魯定公이 제 경공齊景公과 협곡夾谷에서 회합.	
496년	오왕 합려吳闔廬, 월왕 구천越勾踐을 쳤으나 패하고 사망.	
494년	합려闔廬의 아들 부차夫差가 부초夫椒에서 구천勾踐을 격파함.	
492년		페르시아 전쟁에서 그리스 승리(~B.C. 490)
473년	월 구천, 오 부차를 쳐서 오를 멸망시킴.	
469년		그리스 소크라데스(Socrates) 탄생
431년		펠로폰네수스(Peloponnesus) 전쟁(~B.C. 404)
403년	진晉이 한韓·위魏·조趙로 나뉘어 제후諸侯가 됨.(戰國時代 시작)	
386년	제齊 강씨姜氏 망하고 전씨田氏로 교체됨.	
372년	추鄒 맹자孟子 탄생.	
341년	제齊 손빈孫臏, 위군魏軍을 대파하고 방연龐涓을 죽임.	
334년		알렉산더 대왕 동방 원정(~B.C. 324) 각지에 알렉산드리아 건설.
333년	소진蘇秦의 합종책合從策 성립.	
331년		페르시아 제국 멸망.
328년	장의張儀, 연횡책連橫策 주장하여 진秦의 재상이 됨.	
317년	제齊, 합종책을 주장한 소진을 죽임.	
298년	제齊 맹상군孟嘗君, 한韓·위魏의 군사를 이끌고 진秦을 함곡관에서 격파함.	
284년	연장燕將 악의樂毅, 제齊의 70여 성을 항복받음.	

서력 기원	중국사	한국사 및 세계사
B.C. 284년	조趙 인상여藺相如, 진秦에서 완벽完璧하여 돌아옴.	
279년	제齊 전단田單, 화우공火牛攻으로 제齊 회복.	
264년		로마-카르타고, 포에니(Poeni) 전쟁 시작(~B.C. 164)
260년	진秦 백기白起, 장평長平에서 40만 조군趙軍을 패몰시킴.	
256년	주周 난왕赧王, 진秦에 패하고 주周 망함.	
247년	진왕秦王 정政(秦始皇)이 즉위함.	
230년	진秦이 한韓을 멸망시킴. 이후 6국(趙魏楚燕齊)이 차례로 망함(~B.C. 221)	
221년	진秦, 천하 통일(皇帝에 올라 郡縣制 시행)	
213년	분서갱유焚書坑儒(~B.C. 212)	
209년	진승陳勝·오광吳廣 반란을 일으킴. (B.C. 206년 秦亡)	
205년	항우項羽가 의제義帝를 죽임. 한漢·초楚 쟁패爭霸 시작.	
202년	항우項羽가 해하垓下에서 패하고 자살. 한왕漢王 유방劉邦 제위帝位에 오르고 관중關中에 도읍함.	
180년	한 문제漢文帝 즉위. 여태후呂太后 죽고 여씨呂氏 주살됨.	
157년	문제文帝 죽고 경제景帝 즉위.	
142년	무제武帝, 동중서董仲舒 발탁. 연호年號를 사용하기 시작함.(武帝 2)	
136년	오경박사五經博士를 둠.	
122년	장건張騫을 서역西域에 파견, 서역 개척.	
108년	조선에 사군四郡(樂浪 眞番 臨屯 玄菟)을 둠.	
97년	사마천司馬遷 사기史記 완성.	
81년	소무蘇武, 19년 만에 흉노에서 돌아옴.	

서력 기원	중국사	한국사 및 세계사
B.C. 59년		시저(Caesar), 로마 통령統領이 됨.
57년		신라新羅 건국.
54년	흉노의 호한야선우呼韓邪單于 귀순해 옴. 상평창常平倉 설치함.	
51년		시저 갈리아(Gallia, 西歐) 정복 완성.
44년		시저 원로원에서 심복에게 암살됨.
37년		고구려高句麗 건국.
30년		이집트 여왕 클레오파트라 자살.
27년		로마 제정帝政 시작됨.
18년		백제百濟 건국.
4년		그리스도 탄생.
A.D. 8년	한漢 외척 왕망王莽이 신新을 세우고 칭제稱帝함.	백제百濟가 마한馬韓을 멸망시킴.
18년	적미赤眉의 도둑이 일어남.	
22년	유수劉秀(光武帝)가 반 왕망 군사를 일으킴.	
25년	후한後漢 광무제光武帝 제위에 올라 낙양洛陽에 도읍.	
42년		금관가야金官伽倻 건국.
43년	마원馬援이 교지交趾를 정벌함.	
54년		로마 네로(Nero) 황제 즉위. 68년 자살.
56년		고구려, 동옥저東沃沮를 토멸함.
74년	반초班超 등을 서역에 파견, 제족諸族을 초유招誘함.	
79년		베스비우스 화산 폭발. 봄베이시 매몰.
94년	반초, 서역 50여 국을 초유한 공으로 정원후定遠侯에 봉해짐.	
121년		고구려가 한漢의 현도군 등을 공격함.
184년	황건적黃巾賊의 난 일어남.	

서력 기원	중국사	한국사 및 세계사
190년	동탁董卓이 헌제獻帝를 세우고, 이듬해 서울을 장안長安으로 옮김.	
191년	손견孫堅이 동탁의 군을 깨트림.	고구려 을파소乙巴素 재상이 됨.
194년	유비劉備가 서주徐州를 차지하고, 손책孫策은 강동江東을 공략함.	
196년	조조가 황제를 허許로 옮기고 스스로 대장군이 됨.	
208년	적벽대전赤壁大戰.	
220년	위왕魏王 조조 죽고 아들 조비曹丕가 헌제獻帝를 폐하고 스스로 제위에 오름.(魏文帝)	
221년	한중왕漢中王 유비, 제위에 오름.(蜀漢昭烈帝)	
229년	오吳 손권孫權, 칭제하고 건업建業에 도읍.	
244년		위장魏將 관구검毌丘儉에 의해 고구려 환도성丸都城 함락됨. 이듬해 현도玄菟·낙랑樂浪도 침략해 옴.
263년	위장魏將 등애鄧艾, 촉한을 침.(蜀漢亡)	
265년	사마염司馬炎, 위주魏主를 폐하고 제위에 오름.(西晉 武帝)	
280년	진晉이 오吳를 쳐 중국을 통일함.	
293년		선비족鮮卑族의 모용외慕容廆가 고구려를 침략함.
300년	진晉 팔왕자八王子의 난 일어나 골육상쟁骨肉相爭.	
307년		신라가 국호를 다시 신라로 환원.
311년	한漢의 유총劉聰, 낙양洛陽을 함락하고 회제懷帝를 잡아감.	
313년		고구려가 낙랑군을 토멸함.
316년	유요劉曜가 장안長安을 함락하여 서진西晉이 망함. 이듬해 사마예司馬睿가 강남에서 즉위함.(東晋)	
330년		로마 콘스탄티누스 황제, 비잔티움으로 천도遷都.

서력 기원	중국사	한국사 및 세계사
337년	모용황慕容皝이 연왕燕王이라 칭함.	
339년		연왕의 고구려 침략으로 도성 함락됨.
372년		전진前秦으로부터 고구려에 불교가 전래됨.
375년		이때부터 훈족(匈奴)의 압박으로 게르만 민족 대이동 본격화 됨.(~6세기)
383년	비수淝水의 대전大戰	
384년		동진東晋으로부터 백제에 불교 전래.
385년		고구려 현도군을 함락시킴.
392년		로마제국에서 기독교를 국교로 함.
395년		로마제국 동東·서西로 분열.
420년	유유劉裕가 동진東晋 공제恭帝를 폐위하고 송宋 건국.(劉宋武帝)	
479년	소도성蕭道成이 송宋을 멸하고 제齊 건국.(齊高帝)	
486년		프랑크족의 메로빙王朝(~752) 성립.(프랑스 국가의 성립 기원이 됨) 이를 전후하여 유럽 각지에 게르만족의 왕국 성립.
502년	소연蕭衍이 황제를 칭함.(梁武帝)	
513년		백제, 오경박사를 일본에 파견함.
557년	진패선陳霸先이 황제를 칭함.(陳武帝)	
562년		신라가 대가야大伽倻를 토멸함.
570년		마호멧(Mahomet) 탄생.
581년	북주北周의 양견楊堅이 칭제稱帝하고 수隋 건국.(隨文帝)	
589년	수隋, 남조의 진陳을 멸하고 중국을 통일.	
604년	수 양제隋煬帝, 부왕父王을 시해하고 제위에 오름.	
607년		백제, 수에 사신을 보내 고구려 정벌을 청함.

서력 기원	중국사	한국사 및 세계사
612년	수 양제 고구려를 친정親征했다가 참패함. 이후 614년까지 3차 침입했으나 실패.	을지문덕乙支文德의 살수대첩薩水大捷. 수의 멸망 원인이 됨.
618년	이연李淵이 稱帝하고 당唐을 세움.(唐高祖)	
622년		헤지라.(Hegira, 이슬람교의 紀元)
626년	이세민李世民이 태자太子 건성建成을 죽이고 태자가 됨. 제위를 물려받음.(~649, 정관의 치)	당의 사신이 고구려에 와서 삼국三國이 화친할 것을 권고함.
630년		왜倭가 처음으로 당唐에 사신을 보냄.
645년	당唐이 고구려高句麗를 공격했다가 패하고 귀환.	고구려, 안시성安市城에서 당군唐軍을 물리침.
655년	당 고종唐高宗, 재인才人 무 씨武氏를 황후로 삼음.	
660년		백제, 나당羅唐 연합군에게 멸망함.
668년	당唐, 고구려를 멸하고 안동도호부安東都護府를 설치함.	고구려, 나당羅唐 연합군에 멸망함.
676년	당, 안동도호부를 요동遼東으로 옮김.	신라, 당의 세력을 한반도에서 몰아냄.
683년	당, 고종高宗 죽고 무후武后가 정권을 잡음.	
690년	무후武后, 국호를 주周라 하고 칭제함.	
699년		고구려 유장遺將 대조영大祚榮, 진국震國을 세움.
705년	장간지張柬之 등이 중종中宗을 복위, 당唐을 회복함.	
710년	융기隆基, 군사를 일으켜 위후韋后를 제거하고 예종睿宗(相王)을 즉위시킴. 자신은 태자에 봉해짐.	
712년	현종玄宗(隆基)이 즉위함.	
713년		진震이 국호를 발해渤海로 고침.
742년	안록산安祿山을 평로절도사平盧節度使, 이임보李林甫를 재상으로 삼음.	
745년	양태진楊太眞을 귀비로 삼음.(楊貴妃)	
751년		신라, 불국사佛國寺 창건함.
755년	안록산 모반, 낙양洛陽을 함락함. 2년 뒤(757) 아들 경서慶緖에게 시해됨.	

서력 기원	중국사	한국사 및 세계사
759년	사사명史思明, 안경서安慶緖를 죽이고, 자신은 2년 뒤 아들 사조의史朝義에게 시해당함.	
780년	덕종德宗, 양세법兩稅法을 시행함.	
781년	분양왕汾陽王 곽자의郭子儀 죽음.	
800년		프랑코왕국의 샤르마뉴(Charlemagne), 교황으로부터 '로마인의 황제' 칭호 받아 전 유럽에 기독교전파 가속화됨.
830년	당唐 이덕유李德裕 · 우승유牛僧孺의 당파 싸움 격화.	
875년	황소黃巢의 난 일어남. 장안長安이 함락되기도 했으나 884년, 李克用에게 주살됨.	
892년		견훤甄萱, 자립하여 후백제後百齊 건국.
901년		궁예弓裔, 마진摩震 건국. 911년에 국호를 태봉泰封으로 바꿈.
907년	주전충朱全忠, 당唐을 멸하고 칭제稱帝함.(梁太祖) 야율아보기耶律阿保機 요遼 건국.(五代 시작. ~ 960)	
918년		왕건王建, 고려高麗를 세움.
926년		발해, 요遼에 멸망됨.
935년		신라 고려에 귀순. 이듬해 후백제 멸망.
958년		고려 최초로 과거제도 실시.
960년	조광윤趙匡胤, 宋을 건국.(宋太祖)	
975년	송宋, 조빈曹彬이 강남을 쳐서 병합함.	
993년		요遼, 고려에 침공. 서희徐熙의 외교술로 격퇴함. 이후 1018년까지 3차 내침. 3차가 강감찬姜邯贊의 귀주대첩龜州大捷이다.
1004년	요遼의 남침으로 전연澶淵의 맹盟을 맺음.	
1020년		고려, 요와 화친. 송과 공식외교 단절.
1054년		로마교회와 그리스정교회 분리함.
1069년	왕안석王安石의 신법新法 시작됨.	

서력 기원	중국사	한국사 및 세계사
1084년	사마광司馬光이 자치통감資治通鑑을 지어 바침.	
1086년	신법 폐지. 왕안석 · 사마광 죽음.	
1107년	정호程顥(明道) 죽음.	고려 윤관尹瓘, 여진 토벌하고 9성 축성함.
1115년	여진女眞, 아구타 금金을 건국하고 칭제稱帝.	
1126년	정강靖康의 변變, 송의 휘종徽宗 · 흠종欽宗 두 황제 납북拉北.(北宋亡)	
1128년		송사宋使 고려에 와서 金과의 교섭을 요청했으나 고려는 거절함.
1134년	악비岳飛가 양양襄陽 등 여섯 고을을 수복.	
1135년		고려에 묘청妙淸의 반란 일어남.
1141년	금金과 화의 성립. 금에 대해 칭신稱臣함. 진회秦檜가 악비를 죽임.	
1145년		김부식金富軾, 삼국사기 편찬.
1170년		고려에 무신武臣의 난 일어남.
1192년	육상산陸象山(九淵) 죽음.	
1200년	주희朱熹 죽음.	
1206년		몽고의 테무진 부족 통합, 칸汗이 됨.
1211년	몽고가 금을 쳐서 서경西京을 빼앗음.	
1221년		몽고 사신 고려에 와서 금품 요구.
1231년		몽고 고려에 침구. 5~6차 계속됨.
1234년	금金 멸망.	
1241년	송宋의 성리학자들 문묘文廟에 배향됨.	유럽 한자同盟(Hanseatic leage) 성립.
1260년	쿠빌라이 칸汗에 오름.	
1261년		고려, 몽고에 태자(元宗)를 보냄.
1271년	쿠빌라이, 대도大都(燕京)를 수도로 정하고, 국호를 원元으로 함.	
1274년		여몽麗蒙 연합군 일본 정벌(1차)

서력 기원	중국사	한국사 및 세계사
1279년	원의 장홍범張弘範, 송의 마지막 거점인 애산厓山에서 싸움. 송장宋將 장세걸張世傑 끝까지 항전, 황제 이하 전 군민 패몰하고 남송 멸망.	

역자 박찬수(朴贊洙)

1939년 경상북도 문경에서 출생.
고려대학교 문과대학 사학과를 졸업, 동 대학원에서 석·박사 과정 마침(문학박사).
민족문화추진회 부설 국역연수원을 졸업하고, 그곳에서 국역실장·기획실장·사무국장·국역연수원 강사를 역임, 현재 건국대학에서 강의하고 있다.
국역서로 『조선왕조실록』, 『오주연문장전산고』, 『동사강목』, 『산림경제』(이상은 공역), 『심리록』 1·2 외 다수가 있고, 저서로 『고려시대 교육제도사 연구』(학술원 추천도서)와 『한국에서 쓴 일본역사이야기』가 있다.

한문도 익히고 중국사도 배우는
십팔사략 선

저자 | 曾先之
역자 | 박찬수

초판인쇄 | 2006년 9월 10일
초판발행 | 2006년 9월 15일

발행자 | 洪錫禹
발행처 | 探求堂
출판등록 | 서울 제03-00993호(1950년 11월 1일)

주소 | 서울특별시 용산구 한강로 1가 158번지
전화 | (02) 3785-2211~2
팩스 | (02) 3785-2272
홈페이지 | www.tamgudang.co.kr

ISBN 89-87314-89-8 03910

값 15,000원